Verantwortung als Begriff, Fähigkeit, Aufgabe

Janina Sombetzki

Verantwortung als Begriff, Fähigkeit, Aufgabe

Eine Drei-Ebenen-Analyse

Janina Sombetzki
Kiel, Deutschland

Der diesem Buch zugrundeliegende Text wurde als Dissertation zur Erlangung des akademischen Grades Doktor Philosophiae (Dr.Phil.) an der Philosophischen Fakultät I der Humboldt-Universität zu Berlin eingereicht, gefördert durch die Deutsche Forschungsgemeinschaft (DFG) im Rahmen des Graduiertenkollegs „Verfassung jenseits des Staates: Von der europäischen zur globalen Rechtsgemeinschaft?" (Grakov), im Zeitraum 2009-2012, und gedruckt mit Unterstützung von DFG und Grakov.

Datum der Promotion (Disputation): 15.02.2013

Erster Gutachter: Prof. Dr. Volker Gerhardt
Zweiter Gutachter: Prof. Dr. Rahel Jaeggi
Dekan der Philosophischen Fakultät I: Prof. Dr. Michael Saedle

ISBN 978-3-658-04249-3   ISBN 978-3-658-04250-9 (eBook)
DOI 10.1007/978-3-658-04250-9

Die Deutsche Nationalbibliothek verzeichnet diese Publikation in der Deutschen Nationalbibliografie; detaillierte bibliografische Daten sind im Internet über http://dnb.d-nb.de abrufbar.

Springer VS
© Springer Fachmedien Wiesbaden 2014
Das Werk einschließlich aller seiner Teile ist urheberrechtlich geschützt. Jede Verwertung, die nicht ausdrücklich vom Urheberrechtsgesetz zugelassen ist, bedarf der vorherigen Zustimmung des Verlags. Das gilt insbesondere für Vervielfältigungen, Bearbeitungen, Übersetzungen, Mikroverfilmungen und die Einspeicherung und Verarbeitung in elektronischen Systemen.

Die Wiedergabe von Gebrauchsnamen, Handelsnamen, Warenbezeichnungen usw. in diesem Werk berechtigt auch ohne besondere Kennzeichnung nicht zu der Annahme, dass solche Namen im Sinne der Warenzeichen- und Markenschutz-Gesetzgebung als frei zu betrachten wären und daher von jedermann benutzt werden dürften.

Gedruckt auf säurefreiem und chlorfrei gebleichtem Papier

Springer VS ist eine Marke von Springer DE. Springer DE ist Teil der Fachverlagsgruppe Springer Science+Business Media.
www.springer-vs.de

Meinen Eltern

„Jede Systematik wirkt geradlinig, steht immer als eine einreihige Folge da, schließt sich vielleicht einlinig zu einem Kreise. Die Sache aber ist fast nie so. Während die Sache vieldimensional ist, ordnet man in jedem Augenblick eindimensional; während sie problematisch viele Zentren hat, ordnet man, indem man vielleicht viele eindimensionale Reihen aus einem Zentrum entwickelt; während die Sache konkret und unendlich ist, wird sie in ordnender Formung abstrakt und endlich. [...] Unsere Ordnung ist eine Gewaltsamkeit und dann vielleicht wieder ein Einschränken dieser Gewaltsamkeit."

„Von der Einheit zu reden ist fruchtlos, sie zu beweisen unmöglich, sie zu widerlegen ebenso unmöglich. Sie ist eine Idee, deren Verwirklichung in systematischer Ordnung, sofern sie kritisch zu sein versucht, ein schwankendes Gebilde zwischen System und Katalog sein muß."

(Karl Jaspers, *Psychologie der Weltanschauungen*, S. 17 f.)

Dank

Dieses Buch, bei dem es sich um die überarbeitete Version meiner Dissertation handelt, die ich im Februar 2013 an der Humboldt-Universität zu Berlin verteidigt habe, ist in dem Rausch von nicht ganz drei Jahren entstanden. Dies war nur möglich, da mich zum einen viele Personen begleitet und unterstützt haben. Zum anderen hat es mir der institutionelle Rahmen des durch die Deutsche Forschungsgemeinschaft (DFG) geförderten Graduiertenkollegs „Verfassung jenseits des Staates: Von der europäischen zur globalen Rechtsgemeinschaft?" (Grakov) erlaubt, meine Energie ausschließlich auf die Umsetzung dieses Vorhabens zu konzentrieren.

Doch es ist mein Erstbetreuer Volker Gerhardt, der das Projekt seit seinen ersten Zügen kennt und stets gefördert hat, weshalb ihm mein erster Dank gilt. Durch ihn hat es seine ‚Arendtsche Prägung' erhalten und wurde durch seine Überlegungen zur Selbstverantwortung bereichert. Ebenso sehr danke ich meiner Zweitbetreuerin Rahel Jaeggi, durch deren kritische Bemerkungen zur Kollektivverantwortung ich viel gewonnen habe. Ihre wiederholte Ermunterung, an meinem Vorhaben festzuhalten, hat mich bis zuletzt begleitet. Meinen ‚Doktoreltern' verdanke ich sowohl Engagement und Leidenschaft in der Sache als auch die nötige Distanz zum und den kritischen Blick auf das eigene Urteil.

Wulf Loh und Constantin Stroop danke ich dafür, dass sie die Arbeit in einer unschönen Rohversion akribisch gelesen, nahezu alles kritisch hinterfragt und mit mir über den Zeitraum eines Semesters in wöchentlichen Sitzungen diskutiert haben. Wulf Loh hat mein Konzept der politischen Verantwortung in vielen Punkten bereichert und Constantin Stroop danke ich für sein genaues Augenmerk und sensibles Sprachgefühl. Durch beide hat die Arbeit ein regelrecht neues Gesicht in punkto Transparenz und Struktur erhalten. Das Kapitel zur Klimaverantwortung hat durch Christian Baatz' kurzfristigen Einsatz enorm dazugewonnen, wenn es auch Klimaethiker wohl immer noch nicht zufriedenstellen wird, und Manuel Müller hat wesentliche Anregungen zum Abschnitt über Freiheit und Verantwortung beigesteuert. Peggy Büttner, Beate Sombetzki und andere haben die Arbeit z. T. mehrfach Korrektur gelesen, wofür ich ihnen sehr dankbar bin – alle etwaigen Fehler sind natürlich trotzdem meine eigenen.

Die Personen und Arbeitsbedingungen des Grakov waren von 2009 bis 2012 Garant dafür, dass ich mich gänzlich auf das Schreiben der Dissertation konzentrieren konnte. Der zweite Teil der Arbeit konnte deshalb 2011 an der

New School für Social Research in New York unter der Betreuung von Nancy Fraser fertig gestellt werden. In diesem Zusammenhang verdanke ich auch Nannerl O. Keohane von der Universität Princeton wertvolle Anmerkungen für mein Konzept zur politischen Verantwortung. Im Grakov hat die Arbeit ihren interdisziplinären ‚Anstrich' erhalten. Doch ich durfte hier nicht nur neue Disziplinen und Arbeitsweisen kennenlernen, sondern auch Kollegen und Freunde gewinnen, wofür ich dem Sprecher des Kollegs, Ingolf Pernice, überaus dankbar bin. Für die letzte Phase der Publikation der Dissertation waren mir die Personen und Strukturen der Christian-Albrechts-Universität zu Kiel ein neues philosophisches ‚Zuhause', dies gilt insbesondere für die Lehrstühle für Praktische Philosophie von Ludger Heidbrink und für Philosophie und Ethik der Umwelt von Konrad Ott.

Meine Familie hat mich ohne Vorbehalte und Zweifel unterstützt. Meinen Eltern, die mir in den letzten Jahren auch ganz praktisch mit Rat und Tat zur Seite gestanden haben, gilt mein ganzer Respekt und Dank für die treue Begleitung.

Inhaltsverzeichnis

Einleitung 13

A   Verantwortung als Begriff – Systematische Strukturanalyse 31

1   Minimaldefinition des Verantwortungsbegriffs 33

2   Die Bedingungen für die Möglichkeit zur Verantwortungsübernahme 43
   2.1   Kommunikationsfähigkeit 44
   2.2   Handlungsfähigkeit 46
   2.3   Urteilskraft 58
   2.4   Zusammenfassung 62

3   Relationselemente und Subkategorien des Verantwortungsbegriffs 63
   3.1   Erstes Relationselement: Das Subjekt der Verantwortung 65
       3.1.1   Die Subkategorie: Individualität oder Kollektivität des Subjekts 71
       3.1.2   Zusammenfassung 95
   3.2   Zweites Relationselement: Das Objekt der Verantwortung 95
       3.2.1   Erste Subkategorie: Partikularität oder Universalität des Objekts 99
       3.2.2   Zweite Subkategorie: Prospektivität oder Retrospektivität des Objekts 103
       3.2.3   Zusammenfassung 104
   3.3   Drittes Relationselement: Die Instanz der Verantwortung 105
   3.4   Viertes Relationselement: Der Adressat der Verantwortung 113
   3.5   Fünftes Relationselement: Die normativen Kriterien 118
       3.5.1   Die Subkategorie zum fünften Relationselement: Der Bereich der Verantwortung 125
       3.5.2   Die Subkategorie zu den Relationselementen Instanz, Adressat und normative Kriterien: Privatheit oder Öffentlichkeit 128
       3.5.3   Zusammenfassung 131

4   Bedingungsverhältnisse zwischen den Relationselementen 133

5   Erste Zwischenbilanz 139

B	**Verantwortung als Fähigkeit – Kind, Person und Gemeinschaft**	141
6	Verantwortungsübernahme bei Kindern	143
7	Selbstverantwortung als doppelte Daseinsverantwortung bei Hannah Arendt	151
8	Die doppelte Daseinsverantwortung – Selbstverantwortung als Metaverantwortung für die normativen Kriterien	161
9	Intersubjektivität und der Mensch als „weltbildendes" Lebewesen	173
10	Mitgliederverantwortung und die Verschränkung von Struktur- und Intersubjektivitätsebene	183
11	Zweite Zwischenbilanz	187

C	**Verantwortung als Aufgabe - Kontextualisierung**	189
12	Politische Verantwortung	193
	12.1 Partielle Verantwortung für das politische Gemeinwesen	194
	12.2 Volle Verantwortung für das politische Gemeinwesen	213
	12.3 Zusammenfassung	218
13	Verantwortung für den Klimawandel	221
	13.1 Klimawandel als Objekt der Verantwortung	222
	13.2 Der Adressat der Klimaverantwortung	229
	13.3 Das Subjekt der Klimaverantwortung	232
	13.4 Instanz und normative Kriterien der Klimaverantwortung	241
	13.5 Zusammenfassung	254
14	Dritte Zwischenbilanz	257

Schluss ... 261

Literaturverzeichnis ... 267

Einleitung

Thema, Ziel und Architektur der Untersuchung: In diesem Buch wird eine systematische Analyse der Verantwortung aus drei Perspektiven bzw. auf drei Ebenen unternommen, zum Zweck einer möglichst eindeutigen Identifizierung all der Kontexte, in denen es Sinn macht, von Verantwortung zu sprechen. Den Reflexionsrahmen der folgenden Überlegungen bildet dabei weder eine bestimmte philosophische Tradition, noch die Arbeitsweise innerhalb philosophischer Disziplinen, sondern die Verantwortungsforschung im Allgemeinen. Ihre wesentlichen Themen, Ansätze und Strategien werden auf den kommenden Seiten vorgestellt.

Die Ausgangsbeobachtung zu diesem Unterfangen stellt ein Paradox dar, insofern sich einerseits eine „enorme Konjunktur" (Heidbrink 2007b, S. 9) der Verantwortung in wissenschaftlichen und nicht-wissenschaftlichen Kontexten verzeichnen lässt sowie der eindeutig positive Gebrauch des Verantwortungsbegriffs. Andererseits kann man eine regelrechte Flucht vor Verantwortungsübernahme feststellen, was sich in dem Wunsch niederschlägt, Verantwortung an andere zu delegieren und möglichst vollständig abzugeben. In meinen Augen liegt die Ursache hierfür in der häufig schwammigen Verwendungsweise des Verantwortungsbegriffs. Hieraus folgt oftmals, dass die zur Verantwortungswahrnehmung Angesprochenen befürchten, von den Konsequenzen der Akzeptanz von Verantwortung überfordert zu werden und deshalb ein Tragen von Verantwortung schlichtweg ablehnen. Da von Verantwortung jedoch häufig in moralisch und rechtlich bedeutsamen Situationen die Rede ist, scheint es gerechtfertigt, eine Umgangsweise mit diesem Phänomen zu begründen, die es uns erlaubt, die Kontexte, in denen die Rede von Verantwortung Sinn macht, von solchen zu unterscheiden, in denen dies nicht der Fall ist. Dieses Vorhaben verschreibt sich zwar keiner philosophischen Schule explizit, aber das Projekt aus dem Themen- und Forschungsbereich der Praktischen Philosophie und Angewandten Ethik kann mit gutem Recht an der Schnittstelle von Philosophischer Anthropologie, Sozialphilosophie, Kulturphilosophie und normativer Ethik verortet werden.

Vier Kernthesen stellen das Fundament der folgenden Überlegungen dar: Erstens können aus einer vornehmlich etymologischen Minimaldefinition von Verantwortung alle wesentlichen Merkmale zu einer Begriffsbestimmung abgeleitet werden. Dabei stellt besagte Minimaldefinition den Versuch dar, die divergierende Rede über Verantwortung auch innerhalb der Verantwortungsforschung in drei wesentlichen Komponenten zu bündeln und damit diejenigen, die über Verantwortung nachdenken, sozusagen an einen gemeinsamen Tisch zu bringen (vgl. Kapitel 1). Zweitens verfügt der Verantwortungsbegriff über eine Struktur, insofern zwischen seinen Relationselementen ein Abhängigkeitsverhältnis besteht. Was hier mit „Struktur" und „Begriff" gemeint ist, wird weiter unten erläutert. Drittens ist nur in den Kontexten klar, was Verantwortung heißt, in denen alle Relationselemente voll definiert sind. Ergo macht es nur in solchen Momenten Sinn, den Verantwortungsbegriff zu gebrauchen. Und schließlich ist eine reine Auseinandersetzung mit dem Wort „Verantwortung" nicht hinreichend für ein Verständnis von Verantwortung in einem gegebenen Moment. Das Phänomen ist im Ganzen auf drei Ebenen zu erfassen, nämlich als Begriff, als Fähigkeit und als Aufgabe. Die Architektur dieses Buches, die die drei Teile, aus denen es besteht, verknüpft, stellt eine Analyse der Verantwortung auf besagten drei Ebenen dar:

1. Struktur der Verantwortung: Verantwortung als Begriff oder formales Prinzip
2. Genese der Verantwortung: Verantwortung als Fähigkeit oder intersubjektives Prinzip
3. Kontextualisierung der Verantwortung: Verantwortung als Aufgabe oder erlebtes Prinzip[1]

Vor diesem Programmhintergrund lautet die zentrale Frage: Wie kann das Konglomerat aus Begriff und Begriffsgebrauch, dem Wissen über verantwortliches Handeln und über die Funktion von Rollen sowie der direkten Anschauung einer Situation und dem spontanen Handeln aus dieser Situation heraus, in der nach Verantwortung gefragt wird – wie kann das Konglomerat aus diesen drei Elementen, den drei Ebenen, uns zur Identifizierung der Kontexte dienlich sein, in denen es Sinn macht, von Verantwortung zu sprechen?

Struktur und Begriff der Verantwortung: Die Verantwortung ist ein relationaler Begriff. Die Relationselemente und ihr Verhältnis zueinander stellen die Struktur der Verantwortung dar, d. h. Verantwortung als Relation wird strukturell durch die interne Verknüpfung ihrer Elemente konstituiert. „Struktur der Verantwortung" bedeutet, dass ein Abhängigkeitsverhältnis der Elemente der Verantwortung voneinander besteht, insofern sie sich in konkreten Kontexten immer wechselseitig definieren, sodass die Bestimmung eines der Elemente Informationen darüber enthält, wie eines oder mehrere der anderen Elemente zu definieren sind. In jeder Rede von Verantwortung werden diese Relationen im- oder explizit mit genannt. Der erste Teil thematisiert diese These von einer Struktur der Verantwortung. „Struktur" ist somit als eine Art Kategorienlabel zu

---

[1] Vgl. auch Robert Spaemann zu Verantwortung als Aufgabe in SPAEMANN 2007, S. 39.

verstehen – wann immer ich von der Struktur der Verantwortung spreche, wird damit auf Einheit und Verhältnis der Relationselemente referiert und ich befinde mich argumentativ auf der Begriffsebene des Analysemodells.

Den weiteren Ausführungen zu Verantwortung als einem Begriff liegt eine enge Definition von „Begriff" zugrunde, die sich vornehmlich auf den sprachlichen Gebrauch, die Etymologie und Genese des Wortes gründet. Im ersten Teil geht es also insofern um Verantwortung als Begriff im Sinne einer Analyse der Relationselemente, die aus einer etymologisch fundierten Minimaldefinition des Wortes „Verantwortung" gewonnen werden. Im Rahmen dieser engen Definition steht „Begriff" in semantischer Nähe zu „Wort". „Begriff" im weiten Sinne würde demgegenüber mit dem übereinstimmen, was ich meine, wenn ich von „Verantwortungskonzept" oder „-modell" spreche. Ein Verantwortungskonzept umfasst alle drei Analyseebenen, also Begriff (im hier gebrauchten engen Sinne), Fähigkeit und Aufgabe.

Neu an der Rede von einer Struktur der Verantwortung ist nicht die Auseinandersetzung mit den Relationselementen des Wortes „Verantwortung", denn damit haben sich bereits viele Verantwortungsforscher[2] befasst. Doch während bislang höchstens implizit von einer Struktur der Verantwortung ausgegangen wurde, verwende ich den Strukturbegriff für die Charakterisierung des Verhältnisses zwischen den Relationselementen explizit.[3] Hierin ist die Annahme enthalten, dass es sich insofern um eine Struktur handelt, als die Elemente in Abhängigkeitsverhältnissen zueinander stehen, d. h. in einem gegebenen Moment können aus einem oder mehreren Relationen die anderen Elemente mehr oder minder vollständig abgeleitet werden.[4] Darüber hinaus sind die Relationselemente für eine vollständige Bestimmung des Verantwortungsbegriffs notwendig. Wenn ein oder mehrere von ihnen nicht (vollständig) definiert werden können, verlangt die Verwendung des Verantwortungsbegriffs in dem fraglichen Kontext eine Erklärung. Überdies stellt die Struktur der Verantwortung nur eine der insgesamt drei Ebenen einer umfassenden Analyse des Phänomens dar. Weiter unten werden ein paar Ausführungen zu Vorgehen und Methode erfolgen sowie zu Funktion und Zusammenhang der drei Ebenen einer Verantwortungsanalyse.

---

2   Im Folgenden wird nur die männliche Form des Hauptwortes verwendet. Das Unterlassen der weiblichen Form bzw. des Binnen-I-Gebrauchs soll der Lesbarkeit der Arbeit und dem Textverständnis dienen.
3   Meines Wissens hat nur John A. Clark in dem Text „The Structure of Responsibility" (CLARK 1939) den Strukturbegriff direkt auf die Verantwortung bezogen. Im Gegensatz zu dem, was der Titel vermuten lässt, wird in dem Text nicht ersichtlich, warum Clark in der Überschrift von Struktur spricht.
4   Mit ableiten ist keine logische Ableitbarkeit gemeint, sondern die Erschließung von Informationen.

Der Stand der Dinge: In der vielfältigen Verwendung dieses verhältnismäßig jungen Konzepts liegt nicht nur die Gefahr einer Mystifizierung, sondern auch einer Entleerung des Begriffs. Hieraus kann eine regelrechte Flucht vor Verantwortungsübernahme resultieren. In dem Versuch einer Abhilfe für Verantwortungsflucht liegt mein Erkenntnisinteresse, wenn auch nicht vorgegeben werden soll, Flucht vor Verantwortungsübernahme wäre generell aus der Welt zu schaffen. Folgt man aktuellen Entwicklungstendenzen, könnte man geneigt sein, Günter Banzhafs Charakterisierung von Verantwortung als ein „moralische[s] Modewort der Moderne" (Banzhaf 2002, S. 13) zu teilen und Horst Dreier bemerkt überaus treffend:

> „Es ist selbst schon wieder eine inflationär gewordene Bemerkung, daß der Begriff der Verantwortung aus der wissenschaftlichen Literatur, der politischen Rede, den philosophischen, moraltheologischen und auch juristischen Diskursen nicht mehr wegzudenken, ja nahezu allgegenwärtig geworden ist." (Dreier 2000, S. 9)

Auf das Verantwortungsphänomen hat die Philosophie seit Sören Kierkegaards Rede von einer Verantwortung ausschließlich in der „absoluten Selbstwahl" (Lenk/Maring 2007, S. 567) in wachsendem Maße ihre Aufmerksamkeit gerichtet.[5] Mit Verweis auf ihre Relevanz für die Erklärung sowohl zwischenmenschlicher Beziehungen als auch für eine Reflexion des Verhältnisses des Individuums zu sich selbst wird die Verantwortung mittlerweile „[a]ls Schlüsselkategorie unseres praktischen Selbstverständnisses" (Honnefelder 2007, S. 37) aufgefasst und einige Autoren gehen so weit, sie als „neue[s] Grundwort unserer Sprache" (Schwartländer 1974, S. 1577) zu bezeichnen, was auch immer das konkret bedeuten mag.[6] Ein flüchtiger Blick in Zeitungen, Veranstaltungsprogramme und Werbebroschüren genügt, um festzustellen, dass sich die Behauptung einer in Heidbrinks Worten enormen Konjunktur des Verantwortungsbegriffs leicht verifizieren lässt, was sich bspw. in der Benennung zahlreicher Institutionen und gesellschaftlicher Formationen nach ihm zeigt.[7] Weiterhin wird seine Popularität in der Begründung ganzer Werbekampagnen deutlich, wie zur Zeit der Bundestagswahl 2009 in Deutschland, als die CDU auf Plakaten für ihre Kanzlerkandidatin Angela Merkel damit warb, dass diese „Wirtschaftskompetenz" mit „soziale[r] Verantwortung" zu verbinden wisse. Tagun-

---

5 Vgl. KIERKEGAARD 1987, S. 277.
6 Bruce Wallace Brotherston nennt die Verantwortung bereits 1929 „the nub of ethics" (BROTHERSTON 1929, S. 470).
7 Das *Haus der Verantwortung* in Österreich und das *Center for Responsibility Research* in Essen stellen hierfür zwei Beispiele aus einer langen Reihe von Organisationen dar.

gen und Konferenzen finden zum Thema Verantwortung statt[8], globale Krisen wie die ‚Klimakrise'[9] und die Finanzkrise seit 2008/09[10] werden unter dem Schlagwort Verantwortung reflektiert.

Wenn die hier in wenigen Worten beschriebene Rede von einer Konjunktur des Verantwortungsbegriffs, wie sich Ludger Heidbrink ausdrückt, überzeugt, verwundert es vielleicht, wenn andere Autoren scheinbar im Gegensatz hierzu von einem „Prozeß der Verantwortungsflucht" (Weber 1964, S. 280) sprechen, von der „Neigung, den Bereich der persönlichen Verantwortung Stück um Stück abzubauen" (ebd., S. 305). Dieser Vorgang einer „Abwälzung von Verantwortung" (Kodalle 1994, S. 181) habe mittlerweile solche Ausmaße angenommen, dass er als „Kennzeichen des Zeitalters" (Weber 1964, S. 305) gelten könne.[11] Deike Diening beschreibt das Phänomen der „Entscheidungsmüdigkeit" (Diening 2009, S. 3) durch zu viel Freiheit. Der mit persönlicher Freiheit einhergehende „Leistungsdruck" (ebd.) resultiere u. a. aus dem (christlichen) Gebot, sich die Welt zu unterwerfen. Verantwortungsflucht zeige sich in Form der angeführten Entscheidungsmüdigkeit z. B. bei Ärzten oder Managern, die den ständigen Wunsch verspüren, „die Verantwortung für Entscheidungen [zu] delegieren" (ebd.).[12]

Ich habe mich gefragt, warum der bewusste oder unbewusste Wunsch nach einem Innehaben von Verantwortung abnimmt bei gleichzeitiger Steigerung eines positiven Gebrauchs des Verantwortungsbegriffs. Denn freilich kann von der bloßen Verwendung eines Begriffs nicht auf ein tatsächliches Verhalten in Übereinstimmung mit demselben geschlossen werden. Doch warum genießt ein begriffliches Konzept solche Popularität, so dass es in allen Medien Verbreitung findet, warum wird die Verantwortung nicht nur „als gängige[r] Ausdruck im mitmenschlichen Verkehr des Alltags und in der Politik" (Ryffel 1967, S. 275)

---

8 In Graz wurde bspw. vom 20. bis 22. September 2010 die Konferenz *Responsibility in International Political Philosophy* abgehalten.
9 Vgl. den Berliner Sommerdialog, der von der *Stiftung Entwicklung und Frieden* vom 27. bis 28. September 2011 zum Thema *Anpassung an den Klimawandel. Neue Strukturen internationaler Zusammenarbeit als Ausdruck globaler Verantwortung?* organisiert wurde.
10 Vgl. THOMÄ 2009 sowie WALLACHER/RUGEL 2011. In einer Sendung des Philosophischen Quartetts wurde am 20. April 2009 mit dem Titel *Verantwortung und Risiko. Die Kunst, es nicht gewesen zu sein* unter der Moderation von Peter Sloterdijk die Frage behandelt, warum sich im Zuge der Finanzkrise niemand mehr verantwortlich fühlen möchte; URL: http://www.zdf.de/ZDFmediathek/content/738564?_inPopup=true [Stand: 16.09.2013].
11 Vgl. Dieter Birnbacher zu der Belastung durch Verantwortungsübernahme in BIRNBACHER 1995, S. 166.
12 Mathias Döpfner schildert das Problem der menschlichen Freiheit, indem er in DÖPFNER 2009, S. 1 auf die notwendige, allerdings seiner Ansicht nach unliebsame Verantwortungsübernahme des Individuums verweist. Bernhard Schlink bemerkt: „Dasselbe Muster des Weiterreichens von Verantwortung findet sich bei der Diskussion der Finanzmarktkrise" (SCHLINK 2010, S. 1054).

betrachtet? Warum wird sie zudem als Schlüssel- oder Zentralkategorie, gar als neues Grundwort bezeichnet und deutlich positiv konnotiert als Werbeslogan zum Einsatz gebracht, wenn im Grunde ‚alle Welt' vor der Verantwortung flieht und nach „möglichen Abschirmungsmechanismen" (Böcher 1996, S. 431) gegen sie sucht? Was hat es mit dieser Flucht vor Verantwortung auf sich?

Was bedeutet „Verantwortungsflucht"? Eine erste Interpretation von Verantwortungsflucht beinhaltet die prinzipielle Leugnung von Verantwortung. Verantwortung, so die Überlegung, gebe es schlicht nicht. Nachdem der Begriff ca. ein Jahrhundert lang vermehrte Beachtung gefunden hatte, habe sich gezeigt, dass er zur Analyse und Erklärung bestimmter gesellschaftlicher Phänomene, Geschehnisse oder Krisen unzureichend sei. Folglich weigert man sich nun berechtigterweise, sich weiter etwas aufzuerlegen oder zuschreiben zu lassen, das im Endeffekt die Bedeutung einer bloß bedrohlich wirkenden Worthülse nicht übersteigt. Und tatsächlich kann in einem Vorgriff als ein Ergebnis der folgenden Überlegungen angeführt werden, dass man von Verantwortung nicht in jedem beliebigen Kontext sprechen kann, sondern nur dann, wenn alle Relationselemente voll definiert sind. Vielleicht muss man sich eingestehen, dass wir diesem Konzept zu viel zugemutet haben und seinen Gebrauch begrenzen sollten. Dass man aber zumindest irgendetwas hiermit verbindet, ist anzunehmen, da sonst die Tatsache einer begrifflichen Konjunktur nicht mehr recht überzeugen könnte. Die Behauptung, der Begriff der Verantwortung sei leer, und es wäre somit gerechtfertigt, sich überhaupt nicht mehr für gar nichts verantwortlich zu fühlen, ergibt so lange keinen Sinn, bis ausgeführt wird, was genau darunter verstanden wird, und inwiefern die Annahme von Verantwortung in gewissen Kontexten und zur Lösung bestimmter Konflikte unplausibel erscheint. Dann allerdings umfasst die Ablehnung von Verantwortung, dass man inhaltlich sehr wohl etwas mit diesem Begriff verbindet, was die These einer behaupteten Leerheit desselben ad absurdum führt. Mein Verweis weiter oben auf die potenzielle Gefahr einer Begriffsentleerung, die in der inflationären Rede von Verantwortung liegt, ist etwas anderes als die Behauptung einer generellen Leerheit derselben.

Eine zweite Interpretation von Verantwortungsflucht referiert auf den Widerwillen oder gar die Angst, Verantwortung zu übernehmen. Man könnte annehmen, dass das Tragen von Verantwortung angesichts globaler Probleme bei zugleich mitunter schwierigen internationalen politischen Konstellationen als zu große Last empfunden wird. Leo Montada führt als Erklärung für eine Ablehnung von Verantwortung an, dass diese „serves to protect against blame and punishment, self-blame and guilt feelings. It [the denial of responsibility; J. S.] is forwarded as a reason to refuse liabilities, tasks and obligations. Basically, it is a strategy of defence" (Montada 2001, S. 79). Vielleicht, so lässt sich aus

Montadas Worten schließen, wird zwar bemerkt, dass es so etwas wie Verantwortung gibt, doch will man selbige nicht wahrhaben, will sich dagegen zur Wehr setzen, Verantwortung zu übernehmen und sich so einer potenziellen Verantwortungszuschreibung durch andere entziehen. Denn, so die These, eine solche zöge äußerst unangenehme Folgen nach sich, denen man im Alltag eher aus dem Weg zu gehen sucht. Doch ist es u. U. durchaus möglich bzw. wahrscheinlich, dass der Versuch, den aus der Verantwortungszuschreibung resultierenden Forderungen Folge zu leisten, nicht nur unbequeme, sondern sogar regelrecht unmenschliche Konsequenzen nach sich zieht.[13] Diese Sicht der Dinge scheint nahe zu liegen, wenn tatsächlich Lösungen für die bereits von zahlreichen Verantwortungsforschern beleuchteten Konflikte gefunden werden sollen, die sich mit der Verantwortung ergeben.

Diese zweite Erklärung für eine mögliche Verantwortungsflucht überzeugt intuitiv und mündet in dem Extrem einer Zuschreibung von Totalverantwortung jedes Einzelnen für ‚alles'. Im Zeitalter von Globalisierung und Massenvernichtungswaffen drohe Gefahr durch eine solche „Totalisierung der Verantwortung" (Birnbacher 1995, S. 143), denn das, wofür Menschen Verantwortung zu tragen haben, werde immer umfangreicher und unübersichtlicher, wohingegen der Raum, in dem niemand für irgendetwas verantwortlich sei, immer weiter schrumpfe. Eines der populärsten Beispiele für eine solche allumfassende ‚Seins'-Verantwortung findet sich in Hans Jonas' diskursbegründendem Werk *Das Prinzip Verantwortung*,[14] doch in unüberbietbarer Radikalität beschreibt Jean-Paul Sartre in einem kurzen Abschnitt mit dem Titel „Freiheit und Verantwortlichkeit" in *Das Sein und das Nichts* eine „absolute Verantwortlichkeit" (Sartre 2008, S. 951) jedes einzelnen Menschen für das komplette Sein.

Und dennoch ist der Begriff einer so genannten Totalverantwortung selbst weitestgehend ungenau, scheint aber im Allgemeinen eine volle Verantwortung des Einzelnen für „alles" (Lenk/Maring 1995, S. 247) zu meinen. Dieses Thema wird in nahezu jedem der folgenden Kapitel in der einen oder anderen Weise zur Sprache gelangen, denn die Konsequenz einer solchen Behauptung ist eine Ent-

---

13 Vgl. MONTADA 2001, S. 81 f. und auch Schlink, der in seinem Text „Die Zukunft der Verantwortung" wiederholt von „Verantwortungsüberforderung" (SCHLINK 2010, S. 1049) spricht. Iris Marion Young beschreibt in *Responsibility for Justice* vier Weisen, in denen die Menschen versuchen, Verantwortung zu vermeiden; vgl. YOUNG 2011, S. 153 ff. Emanuel Richter bemerkt: „Viele solcher Begriffe indizieren Ängste, Unberechenbarkeit, die Sorge vor Katastrophen. Man könnte semantisch von ‚Gefahrenindikatoren' reden, von ‚Alarmkategorien', deren Signifikanz im Hinweis auf eine akute Bedrohung liegt, wobei deren Ursachen, Erscheinungsformen und Folgen noch nicht klar genug einschätzbar sind, um schon mit präzisen begrifflichen Beschreibungen systematisch erfasst werden zu können." (RICHTER 2007, S. 443)
14 Vgl. JONAS 2003, S. 26 ff. und 189 ff. Auch Georg Picht spricht von einer „Unbegrenzbarkeit der Verantwortung" (PICHT 1969, S. 320), die er als „zu ihrem Wesen" (ebd.) „gehör[ig]" (ebd.) erklärt.

leerung des Verantwortungsbegriffs, mit der Folge, dass derselbe „unter der Last der Selbstüberschätzung [...] allen semantischen Halt zu verlieren [droht]" (Heidbrink 2003, S. 9). Absolute Verantwortungslosigkeit ist dort die Konsequenz, wo ausnahmslos alles von jedem verantwortet werden soll, denn wo „alle verantwortlich sind, kann prinzipiell kein Unterschied mehr zwischen denen gemacht werden, die verantwortlich sind und denen, die es nicht sind. Und damit verliert die Rede von Verantwortung tatsächlich jeden deutlichen Sinn" (Bayertz 1995, S. 67). Verantwortung verlangt Begrenzung und „[v]erantwortliches Handeln setzt stets eine wohldefinierte, also endliche Verantwortung, mithin ein gewisses Maß an Unverantwortlichkeit voraus" (Spaemann 1977, S. 174). Robert Spaemann fährt damit fort, dass dort, wo „eine solche Forderung [einer Totalverantwortung; J. S.] an den Menschen herangetragen wird, [...] sie dazu führen [muss], den Gedanken der persönlichen Verantwortlichkeit selbst auszuhöhlen" (ebd.). Die Behauptung einer totalen Verantwortung gleich welcher Spielart, nicht gleichbedeutend mit der globalen Verantwortung (vgl. Schluss), stellt den heimlichen Gegner aller folgenden Ausführungen dar.

Die Befürchtung einer Überforderung, die aus solchen Konzeptionen einer Totalisierung von Verantwortung resultiert, wird durch zwei Annahmen gestützt, zum einen durch eine logische Annahme, die die Verantwortung als Begriff definiert, der nicht ohne sein Gegenteil (als Nicht- und nicht als Un-Verantwortung) existiert. In der Totalisierung von Verantwortung läge somit per se ihre Negation begründet. Eine praktische Annahme impliziert zum anderen die Unfähigkeit des Einzelnen, die Verantwortung für alles, was es gibt, tragen zu können, selbst dann, wenn die erste Annahme nicht zutreffen sollte. Mit der Totalisierungsthese erkläre man also zugleich eine moralische Handlungsüberforderung des Menschen, der hilflos einem ihn überkommenden Schicksal entgegensieht.[15]

Zusammenfassend lässt sich festhalten, dass die erste Interpretation von Verantwortungsflucht die prinzipielle Leerheit des Verantwortungsbegriffs behauptet. Die zweite Interpretation nimmt an, dass die Übernahme von Verantwortung unhaltbare Konsequenzen wie bspw. die Zuschreibung von totaler Verantwortung nach sich zöge. Ich halte sie zwar intuitiv für überzeugend, sehe sie allerdings erst als Konsequenz der nun folgenden dritten Interpretation von Verantwortungsflucht. Der Widerwille, Verantwortung zu übernehmen aus Sorge vor Anforderungen, die den Einzelnen überfordern würden, resultiert daraus, dass der Verantwortungsbegriff häufig entweder als nicht definierbar

---

15 Walter L. Bühl drückt in *Verantwortung für Soziale Systeme* mit dem „Prinzip der Universalität" (BÜHL 1998, S. 22) das, wie er nennt, „Universalisierungsproblem" (ebd.) und also die Totalisierungsthese etwas anders aus.

behandelt (erster Aspekt) oder tatsächlich in konkreten Kontexten nicht vollständig bestimmt gebraucht wird (zweiter Aspekt).

Dritte Interpretation – erster Aspekt: Einige sind der Ansicht, dass sich die Verantwortung grundsätzlich „einer klaren Definition [entziehen]" (Heidbrink 2007b, S. 31) müsse. Der Grund hierfür liege in ihrer „schillernde[n] Vieldeutigkeit" (ebd., S. 1) bzw. „konnotativen Unschärfe" (ebd., S. 57).[16] So handele es sich bei der Verantwortung um einen „umbrella term" (Krawietz 2007, S. 310), unter dem sich alle möglichen Phänomene verbergen. Sicherlich stellt eine Erklärung, was Verantwortung heißen soll, in vielen Kontexten tatsächlich eine Herausforderung dar, aber es kann doch nicht überzeugen, die Möglichkeit einer klaren Definition prinzipiell zu verwerfen und im Gegenteil anzunehmen, dass es „das Schicksal der Rede von der Verantwortung [ist], in Paradoxien zu führen" (Meyer-Drawe 1992, S. 14).

Und auch die Annahme einer Undefinierbarkeit einzelner Verantwortungsformen, wie bspw. moralische, politische oder rechtliche Verantwortung, erscheint unplausibel. Johannes Schwartländer spricht z. B. davon, dass es sich bei der von ihm so genannten universalen Verantwortung[17] um eine „gar nicht bestimmbare Verantwortung" (Schwartländer 1974, S. 1582) handele und Pascal Delhom setzt eine „ethische Verantwortung [...], [die] nicht vor[schreibt], was wir zu tun haben" (Delhom 2007, S. 204). Er fährt damit fort, dass „die moralische Verantwortung frei von jeder Bestimmung in Bezug auf eine Aufgabe in der Welt" (ebd., S. 204 f.) sei und so letztlich „keinen Inhalt [habe]" (ebd., S. 206). Robert Bernasconi will Problemen globalen Ausmaßes wie bspw. Weltarmut ernsthaft mit der Vorstellung eines „hyperbolischen und unendlichen Begriff[s] von Verantwortung" (Bernasconi 2006, S. 242) begegnen. Solche und ähnliche Positionen, die in der Verantwortung etwas Unbestimmbares sehen, führen zu einer Mystifizierung des Begriffs,[18] und zudem hat Dreier vollkommen zu Recht darauf hingewiesen, dass aus der „inflationären Verwendung" (Dreier 2000, S. 11) des Verantwortungsbegriffs seine „Entwertung [...] und womöglich [...] politische Instrumentalisierung" (ebd.) resultieren kann. Dies geschieht vielleicht mit vielen Begriffen, ist aber in Bezug auf den der Verantwortung insofern problematisch, als er in wissenschaftlichen und nichtwissenschaftlichen Kontexten moralisch bzw. rechtlich anspruchsvolle Funktionen innehat.

---

16 Eine solche Haltung vertritt auch BÖCHER 1996, S. 433.
17 Vgl. SCHWARTLÄNDER 1974, S. 1581.
18 Bereits 1942 beginnt H. M. Kallen seinen Text „Responsibility" mit der Vermutung, dass der Verantwortungsbegriff „a subject of a greal [sic!] deal of mystification among theologians, obscuriantism among philosophers, and beating of the breast among psychologists" (KALLEN 1942, S. 350) ist.

Dritte Interpretation – zweiter Aspekt: Viele Menschen scheinen sich insbesondere auch im Kontext politisch und rechtlich prekärer Themen nicht darüber im Klaren zu sein, wer wofür überhaupt verantwortlich ist und welche Konsequenzen die Übernahme von Verantwortung nach sich zieht. Die hieraus resultierende Unsicherheit, die dann in einer im Rahmen der zweiten Interpretation geschilderten Angst vor eventueller Verantwortungsübernahme münden kann, lässt sich dadurch begründen, dass der Verantwortungsbegriff oft tatsächlich gar nicht vollständig bestimmt wird.[19] Zwar besteht auch in der Verantwortungsforschung ein Konsens darüber, dass die Verantwortung ein „Zuschreibungsbegriff" (Werner 2006, S. 542) ist, ein Relationsbegriff mit mehreren Elementen, doch welche Rolle diesen Relationen zukommt und um welche es sich dabei genau handelt, scheint weniger von Interesse zu sein. Darüber hinaus sei es auch gar nicht nötig, in jeder Rede von Verantwortung alle Relationen zu definieren. Christian Müller bestätigt zwar, dass die Verantwortung „eine vierstellige Relation [enthält]" (Müller 1992, S. 105), die man um weitere Elemente erweitern kann, doch hält er diese Tatsache offensichtlich für unwichtig, denn in seinen weiteren Überlegungen spielen etwaige Relationselemente keine Rolle mehr.[20]

Unklarheiten und Ungenauigkeiten im Gebrauch des Verantwortungsbegriffs rühren oft daher, dass nicht alle seine Elemente vollständig bestimmt werden, denn entweder wird die Möglichkeit einer eindeutigen Definition von Verantwortung schlechthin geleugnet, was unter dem ersten Aspekt der dritten Interpretation von Verantwortungsflucht geschildert wurde. Oder aber es werden zwar einige Relationselemente genannt, jedoch äußerst selten in ihrer Vollständigkeit und Funktion bestimmt, was den zweiten Aspekt ausmacht. Die hier besprochene Irritation einer Verantwortungsflucht trotz Konjunktur des Begriffs wird von Georg Picht in einer Weise aufgelöst, die sich mit meiner dritten Interpretation deckt. Er bemerkt, dass es fast so scheint „als bestünde ein Interesse daran, diesem Begriff jene unbestimmte Vieldeutigkeit zu erhalten, die es jedem erlaubt, von Verantwortung zu reden, ohne daß er sich dadurch verpflichtet und bindet" (Picht 1969, S. 318).

Vorgehen: Im ersten Teil des Buches, auf der ersten Ebene des Analysemodells, wird die Verantwortung als Begriff oder formales Prinzip betrachtet. Aus einer systematischen Strukturanalyse sollen dabei alle ihre Relationselemente und Subkategorien abgeleitet werden. Dafür soll in einem ersten Schritt eine Minimaldefinition von Verantwortung vorgeschlagen werden, auf die sich alle Verwendungsweisen des Begriffs in wissenschaftlichen und nicht-

---

19 Vgl. HEIDBRINK 2007b, S. 66 ff.
20 Vgl. auch BAYERTZ 1995, S. 15 f. Diese und weitere Positionen werden ausführlich in Kapitel 3 besprochen.

wissenschaftlichen Kontexten zurückführen lassen sollen (vgl. Kapitel 1). Die Minimaldefinition hat den Status eines Ausgangspunktes für alle weiteren Untersuchungen, ohne Abweichungen davon prinzipiell auszuschließen. Sie stellt einen ersten Ansatz dar, den Versuch, einen ersten, mithin möglichst sicheren Schritt hin zu einem Begriffsverständnis zu gehen, das zum einen phänomensensibel der Rede von Verantwortung in unterschiedlichen Kontexten gerecht wird und nicht bloß in einer verallgemeinernden Vereinfachung der Wirklichkeit mündet. Zum anderen soll das Bewusstsein dafür bewahrt werden, dass die Verantwortung häufig gemeinsam mit anderen Begriffen auftritt, wie z. B. Freiheit, Gerechtigkeit und Fairness, die häufig in ihrem ‚Dunstkreis' mitschwingen, die Debatten um die Verantwortung mitbestimmen und mit denen, durch die und in Abgrenzung zu diesen sie nur zu verstehen ist.

Nachdem das strukturelle ‚Rahmengerüst' oder ‚Skelett' der Verantwortung erstellt wurde, folgen im zweiten Teil des Buches, auf der zweiten Ebene des Analysemodells, Überlegungen dazu, wie die Fähigkeit zur Verantwortungsübernahme erworben wird. Es wird dort die Genese der Verantwortung im Menschen und seine wachsende Kompetenz, Verantwortung zu tragen, nachgezeichnet, denn in unterschiedlichen Stadien und Lebensabschnitten wird das Tragen von Verantwortung unterschiedlich erlebt. Ein Kind steht man direkt retrospektiv oder prospektiv für konkrete Einzelereignisse und vor bestimmten Instanzen, in den meisten Fällen den Eltern oder Erziehern, Rede und Antwort (vgl. Kapitel 6). Als vollständig entwickelte autonome Person ist der Einzelne zugleich retrospektiv und prospektiv für die Ausbildung einer Selbstidentität und für sein Leben nach selbst gesetzten Normen verantwortlich (vgl. die Kapitel 7 und 8). Als Mitglied eines sozialen Gefüges und innerhalb unterschiedlicher Kollektive in diesem sozialen Gefüge trägt man weitere Verantwortlichkeiten, die wieder rein retrospektiv oder prospektiv sind und in ihrem Status sehr unterschiedlich sein können (vgl. die Kapitel 9 und 10). In allen diesen Entwicklungsabschnitten kann man anhand des Moments der Intersubjektivität verschiedene Weisen der Verantwortungsübernahme von einander differenzieren, ob als Kind, als autonome Person in Form der Selbstverantwortung, anderen individuellen Verantwortlichkeiten oder aber als Kollektivmitglied.

Im dritten Teil des Buches, auf der dritten Ebene des Analysemodells, werden exemplarisch zwei Kontexte eines Vorkommens von und eines Fragens nach Verantwortung vorgestellt und wie Verantwortung hier als Problemlösungs- und Systematisierungsprinzip, eben als Aufgabe, zum Einsatz kommt. Der Aufbau der Arbeit in drei Teilen bzw. der Umgang mit der Verantwortung auf drei Ebenen soll die unterschiedlichen Zugangswege zum Verantwortungsphänomen und die divergierenden Zugriffsweisen zu den Herausforderungen damit verdeutlichen. Denn nach Verantwortung wird immer in konkreten Kontexten gefragt. Dabei ist der Ausgangspunkt oftmals ein bestimmter Gegenstand, für den ein Träger der Verantwortung gesucht wird, wie bspw. in der Frage „Wer ist verantwortlich für den Brand der Schule?". In anderen Situationen existiert bereits ein potenzielles Verantwortungssubjekt und unklar ist, wofür dasselbe Rede und Antwort zu stehen hat, wie z. B. in der Frage „Wofür sind die Bürger politisch verantwortlich?". Anhand einer Vervollständigung des Konzepts der politischen Verantwortung (vgl. Kapitel 12) und der Verantwortung für den Klimawandel (vgl. Kapitel 13) wird gezeigt, wie mit Hilfe der bereits vorliegenden Informationen zu einem oder mehreren Relationselementen die noch fehlenden Elemente definiert werden können.

Doch auch innerhalb der Forschung zur Verantwortung können grob drei Interessen-Lager ausgemacht werden, die einen Schwerpunkt jeweils auf einer der drei Ebenen setzen. Begriffsspezifische Verantwortungsforscher wie z. B. Kurt Bayertz, Richard McKeon, Jann Holl, Hans Lenk und Matthias Maring befassen sich tendenziell mit dem sprachlichen Konzept, der Geschichte, Etymologie und begrifflichen Struktur der Verantwortung, ohne dabei jedoch auf den praktischen Nutzen einzugehen, den dieses Wissen für die Erklärung intransparenter Kontexte haben könnte, in denen ja gerade nach Verantwortung gefragt wird. Warum ist es bspw. überhaupt interessant zu wissen, ob die Verantwortung über vier, fünf oder 20 Relationselemente verfügt und als Wort erst im Mittelhochdeutschen im Rechtsbereich auftrat? Im weitesten Sinne entwicklungspsychologische Verantwortungsforscher untersuchen Weisen der Verantwortungsübernahme in unterschiedlichen Phasen und Lebensabschnitten des Menschen. So setzt sich Wilhelm Weischedel als erster im deutschen Sprachraum in Form einer Monographie mit der Selbstverantwortung des autonomen Individuums auseinander, und Fischer und Ravizza zeigen, wie Kinder verantwortliches Handeln lernen. In diesen Studien spielen eventuelle begriffliche Aspekte der Verantwortung eine eher marginale Rolle. Problemorientierte Verantwortungsforscher arbeiten bereichsspezifisch und fragen bspw. danach, was politische Verantwortung ist, wie Thomas Ellwein oder wer Verantwortung für die Weltarmut trägt, wie Thomas Pogge oder wie globale Verantwortung zu verstehen ist, wie Ludger Heidbrink. Sie analysieren einen spezifischen Kontext, in dem es um Verantwortung geht. Als Extrem können hier außerdem Texte angeführt werden, die nur im Titel den Verantwortungsbegriff führen, wobei es im weiteren Verlauf gar nicht mehr eigentlich um Verantwortung geht bzw. der Verantwortungsbegriff oft als moralisch aufgeladener Platzhalter für eine Reihe ethischer Phänomene wie Gerechtigkeit, Fairness und Gleichheit fungiert.

Es gibt noch ein viertes – wenn auch das bislang wohl kleinste – Interessen-Lager innerhalb der Verantwortungsforschung. Einige Denker kreisen mehr oder minder explizit um das Thema von Möglichkeit und Unmöglichkeit einer genuinen Verantwortungsethik. So gebrauchen bspw. Karl-Otto Apel, Christian Müller, Rainer Beer, Farah Dustdar, Peter Fischer und Emanuel Richter diesen Begriff. Micha H. Werner differenziert in dem Text „Die Verantwortungsethik Karl-Otto Apels: Würdigung und Diskussion" in Abschnitt 1.1 drei Formen von Verantwortungsethik.[21] Im Gegensatz zu den zuvor angeführten Verantwortungsforschern, die sich wohl einem Nachdenken *über* Verantwortung verschrieben haben, geht es den Verantwortungsethikern vielmehr um ein Nachdenken *auf der Grundlage von* Verantwortung oder um ein Nachdenken *aus* Verantwortung. Ich stehe einem solchen Programm durchaus kritisch gegenüber und komme in Kapitel 3.5 kurz auf ein solches Unterfangen zurück.

Natürlich überschneiden sich diese Debatten-Lager in den bereits existierenden Arbeiten zur Verantwortung, einige Verantwortungsforscher machen das eine und das andere mehr oder minder explizit. Aber niemand hat meines Erachtens bislang ernsthaft ein Projekt begonnen, in dem versucht wurde, alle drei Perspektiven auf die Verantwortung in einem Analysemodell zu vereinen und die Vorzüge, die eine der drei Perspektiven jeweils bietet, die Informationen über Verantwortung, die entweder aus dem Wort, aus der Fähigkeit oder aus dem Problemlösungsprinzip gezogen werden können, in ein Erklärungsschema zu integrieren. Dabei denke ich, dass man in einem konkreten Moment eigentlich gar nicht anders kann, als sich in der Definition einer spezifischen Verantwortlichkeit zugleich auf allen drei Ebenen zu bewegen. Man kann das Wort „Verantwortung" nicht unabhängig davon denken, dass das Rede-und-Antwort-Stehen zugleich eine Fähigkeit im sozialen Raum ist, die wir durch Beobachtung und Ausübung bestimmter Rollen lernen. Man wüsste sonst gar nicht, was bspw. eine Instanz als Relationselement der Verantwortung tatsächlich sein soll und wer dafür in Frage kommen könnte. Man kann Verantwortung nicht allein als Fähigkeit analysieren, ohne sich zugleich Kontexte vorzustellen, in denen es für uns von Belang ist, dass jemand verantwortlich handelt bzw. in denen die Ablehnung von Verantwortung gerade problematisch erscheint. So gibt auch Hans Freyer an, dass es sich bei Verantwortung nicht ausschließlich um einen „Weltbezug" (Freyer 1970, S. 200) handelt, also das, was ich mit Kontextualisierung oder Aufgabe meine, „sondern sie ist geradezu eine Struktur, die einem Stück Welt gegeben wird" (ebd.).

Methode: Das Verhältnis, in dem die drei Ebenen Begriff, Fähigkeit und Aufgabe zueinander stehen, lässt sich als der Kontext beschreiben, in dem Verantwortung als Problemlösungsprinzip auftaucht, das, was uns in einem gegebenen Moment affiziert, das, was uns direkt anspricht und zum Handeln auffordert, indem es uns mit einem Problem konfrontiert und das, was gewissermaßen

---

21 Vgl. WERNER 2001.

geordnet werden muss, um verständlich zu sein. Historisch lässt sich sehr schön nachvollziehen, dass von Verantwortung vornehmlich in solchen, nämlich für den Betrachter unübersichtlichen, Kontexten die Rede ist, dass die Verantwortung, plakativ gesprochen, für solche Situationen gerade ‚gemacht' worden ist. Als Problemlösungsprinzip ist sie eindeutig zweckgebunden. Sie stellt eine Aufgabe dar. Das Ordnen des Kontextes geschieht auf der Begriffsebene, denn hier finden wir die Relationselemente nebst ihren Subkategorien des Wortes „Verantwortung", die sich wechselseitig definieren. Diese Ordnungskategorien innerhalb der begrifflichen Struktur der Verantwortung machen allerdings nur Sinn, weil sie sich direkt auf einen Kontext beziehen. Deshalb bedarf es im ersten Teil des Buches, in dem es um diese Begriffsstruktur geht, zahlreicher Beispiele, da man sonst gar nicht verstehen würde, wer als Instanz der Verantwortung in Frage kommt und warum, wer als Subjekt und was z. B. Individualität und Kollektivität der Verantwortung meint. Überdies müssen wir bereits gelernt haben, verantwortlich zu handeln, müssen die Rollen und ihre Funktion innerhalb einer Verantwortungszuschreibung kennen, müssen also Verantwortung als Fähigkeit erlernt haben, um die begrifflichen Kategorien, die Relationselemente, korrekt auf die Kontexte, in denen nach Verantwortung gefragt wird, anwenden zu können. Über welche Kompetenzen bspw. eine Instanz verfügt und inwiefern der Verantwortungsträger unter einem gewissen, durchaus auch psychosozialen, Druck steht, dem Geforderten nachzukommen – dieses Wissen können wir nicht der begrifflichen Struktur der Verantwortung und den Relationselementen entnehmen, sondern wir lernen es von Kindesbeinen an. Anhand dieses Wissens können wir mit den Relationselementen die Kontexte ordnen, die historisch gerade aufgrund ihrer Intransparenz und Komplexität die Verantwortung praktisch erst hervorgebracht haben.

Die Minimaldefinition ist das Fundament aller hier angestellten Überlegungen zur Verantwortung. Mit ihr steht und fällt die Begründung meiner These von einer Struktur der Verantwortung, die sich in einem Bedingungsverhältnis der Relationselemente und ihrer Subkategorien ausdrückt und signifikanter Bestandteil der Drei-Ebenen-Analyse ist. Die Minimaldefinition wird nicht aus Reflexionen über die Entstehung des Begriffs der Verantwortung abgeleitet, deren Wurzeln bis in die alt-griechische Antike und Vorläuferkonzepte wie das der Schuld oder der Pflicht zurückverfolgt werden können. Inwiefern bereits vor einem ersten Auftreten des Wortes „Verantwortung" davon gesprochen werden kann, dass Menschen in einem vergleichbaren Sinne als verantwortlich gelten konnten, ist weder Gegenstand der folgenden Ausführungen, noch von Relevanz für meine Analysen. Für meine Minimaldefinition ist eine etymologische Untersuchung des Wortes „Verantwortung" hinreichend und ihre drei Komponenten (vgl. Kapitel 1) wurden von vielen Verantwortungsforschern implizit bzw. in

Teilen explizit bereits zum Ausdruck gebracht. Die Minimaldefinition enthält deshalb einerseits tatsächlich ‚sehr viel' in dem Sinne, dass jede Rede von Verantwortung darauf zurückgeführt werden kann. Andererseits enthält sie jedoch nur ‚sehr wenig', insofern aus ihr die Relationselemente abgeleitet werden, die ohne konkrete Kontexte fast unverständlich bleiben müssen.

In der bisherigen Verantwortungsdebatte ist solch ein systematisches Unterfangen noch nicht unternommen worden, vielleicht weil von Verantwortung stets praktisch die Rede ist. Praktisch erweist sich jedoch eine Analyse der Relationselemente unabhängig voneinander oftmals als schwierig, und hierin liegt nun gerade die Pointe meiner These. Die Relationselemente und ihre Subkategorien, die im ersten Teil auf den ersten Blick nach als einzelne und autonome Bestandteile des begrifflichen ‚Skeletts' der Verantwortung untersucht werden, definieren und bedingen sich praktisch immer wechselseitig. Dies geschieht manchmal unter Vorrangstellung bspw. der normativen Kriterien, aus denen die anderen Relationselemente abgeleitet werden, in anderen Situationen anhand des Verantwortungssubjekts, das eine Bestimmung weiterer Relationselemente erlaubt. Eine Auseinandersetzung mit dem Phänomen der Verantwortung darf daher nicht bei einer abstrakten Strukturanalyse der einzelnen Relationselemente stehen bleiben. Im Gegenteil, mit der These, die Relationselemente tatsächlich unabhängig voneinander betrachten zu können und dabei zu weiterführenden Ergebnissen zu gelangen, würde ich meiner eigenen Konzeption von einer Struktur der Verantwortung, die ja gerade in einem Bedingungsverhältnis ihrer Elemente und in der Wechselseitigkeit ihrer Definition durch einander besteht, widersprechen. Die drei Ebenen des Analysemodells sind eigentlich mit einander verzahnt oder verschränkt und erlauben nur zusammen gesehen ein umfassendes Verständnis von Verantwortung in einem gegebenen Kontext.

Einordnung: Auf vier Anliegen zur Abgrenzung dieses Vorhabens von der Arbeit anderer Verantwortungsforscher sei noch hingewiesen. Das vorliegende Projekt weicht erstens von einem Vorhaben ab, wie es bspw. Amitai Etzioni unternimmt, der in seiner *Verantwortungsgesellschaft* keine systematische Untersuchung des von ihm verwendeten Verantwortungsbegriffs anstellt. Er gebraucht denselben undefiniert, um der Gesellschaft, die ihm zufolge gegenwärtig in ständiger Angst vor einem „ethische[n] Vakuum" (Etzioni 1999, S. 25) lebt, anhand einer so genannten „neuen goldenen Regel" (ebd., S. 19) einen „Kompaß zu[r] Orientierung" (ebd., S. 16) vorzustellen. Doch ein solches Grundverständnis von Verantwortung ist, wie oben angedeutet, höchstens die Basis einer Argumentation, wie auch die Minimaldefinition, wohl aber nicht ihr Endpunkt. Es wird überdies kein ‚Rezept' für die leichte Handhabung des Verantwortungsbegriffs vorgestellt. Die „Einheit" (Jaspers 1971, S. 18) jeden Systems, wie Karl Jaspers in seiner *Psychologie der Weltanschauungen* ausführt, bleibt in letzter Instanz „ein schwankendes Gebilde" (ebd.). Entscheidend ist, ob es gelingt, die Verantwortung so zu fassen, dass sie einerseits nicht mit der Verantwortungsflucht zusammenfällt, andererseits aber auch nicht zur Leerformel degeneriert. Die Komplexität dieses Phänomens soll im Rahmen dieses Buches nicht simplifiziert, sondern mit all seinen Herausforderungen aufgezeigt werden.

Zu Beginn wurde darauf hingewiesen, dass die folgenden Überlegungen nicht in den Rahmen einer bestimmten philosophischen Tradition fallen, sondern vor dem Hintergrund der Verantwortungsforschung im Allgemeinen zu sehen sind. Daraufhin wurde der aktuelle Stand der Verantwortungsforschung grob umrissen und diejenigen, die sich im weitesten Sinne mit der Verantwortung befassen, wurden in vier Forschungsgruppen differenziert. Dieses Projekt leistet also zumindest eine grobe Aufbereitung und Systematisierung der Verantwortungsforschung in unterschiedliche Bereiche, Themen und Strategien. Ich stelle auch den Stand einzelner Debatten innerhalb des Verantwortungsdiskurses vor, selbst wenn dies nicht Schwerpunkt des eigentlichen Vorhabens sein kann. Manche durchaus spannende ‚Baustelle' konnte lediglich ‚außen am Zaun' umrundet oder höchstens in Form eines kurzen Ausflugs betreten werden. Beispiele hierfür sind die Themen Freiheit und Verantwortung (vgl. Kapitel 2.2), Personalität und Verantwortung (vgl. insbesondere die Kapitel 2.2 und 3.1). Die Kollektivverantwortung stellt den wohl ausführlichsten Exkurs in diesem Buch dar (in Kapitel 3.1.1). Das in der Verantwortungsforschung gebräuchliche Vokabular wird geordnet und evaluiert, was maßgeblich im ersten Teil, in dem alle potenziellen Anwärter auf Relationselemente diskutiert werden, geschieht.

Die erste Prämisse dieses Vorhabens stellt die Annahme dar, dass sich menschliches Handeln durch die Reflexion sprachlicher Alltagsphänomene beeinflussen lassen kann. Reflexion ermöglicht einen bewussten Umgang mit ihnen, unabhängig von der Tatsache, dass häufig ein großer Unterschied zwischen Anspruch und Wirklichkeit besteht. Flucht vor Verantwortungszuschreibung kann mit diesem Projekt natürlich nicht prinzipiell aus der Welt geschaffen werden, sondern durch Systematik soll dieser Begriff (be)greifbarer werden. Unser Umgang mit Begriffen und ihre Verwendung sind uns nicht gleichgültig.[22] Vor dem Hintergrund dieser Bemerkungen stimme ich mit Picht nur zum Teil überein, der die Ansicht vertritt, dass man „Verantwortung nur tragen

---

22 Arendt beschreibt in ihrer Studie *Macht und Gewalt* den Vorgang eines eklatanten Wirklichkeitsverlustes, der aus dem unsauberen Umgang mit und aus der synonymen Verwendung von Begriffen folgt: „Sie [Begriffe; J. S.] synonym zu gebrauchen, zeigt nicht nur, daß man das, was die Sprache eigentlich sagt, nicht mehr hören kann, was schlimm genug wäre; der Unfähigkeit, Unterschiede zu hören, entspricht die Unfähigkeit, die Wirklichkeit zu sehen und zu erfassen, auf die die Worte ursprünglich hinweisen." (ARENDT 1995, S. 44)

[kann], wenn man sich dieser Verantwortung bewußt ist. Man kann sich seiner Verantwortung nur bewußt sein, wenn man begriffen hat, was Verantwortung heißt" (Picht 1969, S. 342). Picht zufolge resultiert aus dem Verständnis von oder dem Wissen über Verantwortung ein Bewusstwerden derselben, weshalb der Angesprochene dann in der Lage ist, tatsächlich Verantwortung zu tragen. Es erscheint mir umgekehrt häufig der Fall zu sein, dass man sich einer gewissen Verantwortung mehr oder minder bewusst ist, wie ein vages Gefühl oder eine Ahnung, die einen aufmerksam werden lässt, ohne dass man so genau weiß, was die Ursache dafür ist. Jedoch, um Verantwortung auch wirklich tragen zu können, um zu wissen, was man in der jeweiligen Situation tun muss, um dieser Verantwortlichkeit gerecht zu werden, muss man begriffen haben, was Verantwortung zumindest in dem fraglichen Kontext heißt. In meinen Augen liegt gerade das Problem darin, dass ein Wissen um Verantwortung der Bewusstwerdung derselben nicht notwendig vorgelagert ist, woraus häufig eine Flucht vor der Verantwortung resultiert.

A Verantwortung als Begriff – Systematische Strukturanalyse

Im ersten Teil dieses Buches geht es um Verantwortung als Begriff, beginnend mit einer Minimaldefinition des Wortes „Verantwortung", aus der dann die Relationselemente abgeleitet werden. Dabei soll eine Skizzierung der Genese der Verantwortung nicht nur die etymologische Stimmigkeit der Minimaldefinition garantieren, sondern auch gewährleisten, dass sie unser Alltagsverständnis trifft. Da jedoch auf der ersten Ebene des Analysemodells von Verantwortung in einer Fokussierung ihres begrifflichen ‚Skeletts' nur formal die Rede ist,[23] sollte jede inhaltliche Ausführung möglichst auf Exkurse begrenzt bleiben und ausschließlich einer Begründung der Relationselemente dienen. Auch die Minimaldefinition unterliegt normativen Implikationen, so sehr man sich auch bemühen mag, sie auf ein Minimum zu begrenzen (vgl. Kapitel 1). Dass im ersten Teil zur Erläuterung der Relationselemente zahlreiche Beispiele nötig sind, zeigt, dass jede etwaige Strukturanalyse der Verantwortung nicht ohne eine zumindest rudimentäre Kontextualisierung vorgenommen werden kann. Bereits hier findet also eine Verschränkung von Struktur- und Kontextualisierungsebene statt.

Die Verantwortung ist „parasitär" (Bayertz 1995, S. 65) gegenüber ihrem eigenen normativen Fundament. Wann immer der Verantwortungsbegriff gebraucht wird, bedarf er normativer Kriterien, die nicht aus ihm selbst abzuleiten sind, wobei in Kapitel 3.5 gerade der Versuch unternommen wird, eine Reihe von Normen zu begründen, die in jeder Rede von Verantwortung bereits enthalten sind. Doch unabhängig von diesem Exkurs kann man den Verantwortungsbegriff eher mit einem ‚Filter' vergleichen, mit dessen Hilfe Normen auf spezifische Kontexte übertragen werden und der eine Situation normativ begreifbar und bewertbar macht, als ‚Filter' zwischen einer Reihe normativer Kriterien auf der einen und Situationen, in denen Verantwortung wahrgenommen werden soll, auf der anderen Seite.

In aller Knappheit lassen sich die Ergebnisse des ersten Teils wie folgt zusammenfassen: Die Minimaldefinition enthält drei Komponenten, dass nämlich Verantwortung erstens die Fähigkeit des Rede-und-Antwort-Stehens meint, zweitens prinzipiell Ausdruck eines normativen und nicht eines rein deskriptiven Verhältnisses ist und drittens mit einer spezifischen psychomotivationalen

---

23 Vgl. LENK 1992, S. 115.

Verfasstheit des Verantwortlichen einhergeht (vgl. Kapitel 1). Die Bedingungen dafür, dass jemand in diesem Sinne verantwortlich sein kann, sind Kommunikations- und Handlungsfähigkeit sowie Urteilskraft (vgl. Kapitel 2). Vor diesem Hintergrund ist „Verantwortung" ein fünfstelliger Begriff, was Thema von Kapitel 3 sein wird. Verantwortlich ist ein Subjekt oder Träger (das Wer? – individuell oder kollektiv) für ein Objekt oder einen Gegenstand (das Wofür? – partikular oder universal, prospektiv oder retrospektiv) vor einer Instanz (das Wovor? – privat oder öffentlich) gegenüber einem Adressaten (das Warum? – privat oder öffentlich) und auf der Grundlage normativer Kriterien (das Inwiefern? – innerhalb eines Bereichs, privat oder öffentlich).

Das Verhältnis zwischen den fünf Relationen kann entweder negativ oder positiv konnotiert sein. Positiv konnotiert ist es dann, wenn ein Element Informationen für die Definition mindestens eines weiteren Elements enthält, wofür auf den kommenden Seiten mehrere Beispiele gegeben werden, insbesondere in den Kapiteln 3.1.1, 3.2.1 und 3.5.2, die ich dann in Kapitel 4 in drei Prinzipien übersetze. Negativ ist ein Verhältnis zwischen den Relationselementen dann zu bewerten, wenn sich Bestimmungslücken innerhalb eines Verantwortungskonzepts ergeben, da ein Element entweder nicht definiert werden kann, nur oberflächlich definiert ist oder ein Konflikt zwischen zwei Relationen vorliegt, was ebenfalls in Kapitel 4 thematisiert wird.

1 Minimaldefinition des Verantwortungsbegriffs

Die folgende Definition von Verantwortung ist minimal, insofern sie nur auf drei Komponenten als dem kleinsten gemeinsamen ‚Nenner' der hierzu innerhalb des Verantwortungsdiskurses bislang angestellten Überlegungen fußt. Unabhängig davon, dass man die frühen Wurzeln der Verantwortung bereits in altgriechischen und lateinischen Quellen aufdecken kann,[24] taucht das Wort selbst verhältnismäßig spät in zunächst vornehmlich rechtlichen Kontexten auf. Um die Minimaldefinition möglichst ‚eng' zu fassen, setze ich bei dem Wort an, ohne dabei Vorgängerkonzepte der Verantwortung wie bspw. das der Schuld und das der Pflicht gänzlich außer Acht zu lassen. Die Beziehung zwischen dem Verantwortungsbegriff und weiteren, z. T. deutlich älteren sprachlichen Konzepten wird an mehreren Stellen dieses Buches reflektiert, geht dabei jedoch nur insofern in die Minimaldefinition ein, als sich dies etymologisch erklären lässt.

Die nun folgenden Überlegungen setzen mit der Feststellung an, dass Verantwortung ein dialogisches Verhältnis zwischen demjenigen, der Verantwortung trägt und einem noch nicht näher definierten Gegenüber darstellt. Im *Grimmschen Wörterbuch* wird der Verantwortungsbegriff von „beantworten" (Grimm 1854-1961b, S. 79) abgeleitet, der transitiven Bedeutung des Verbs „verantworten" (ebd.), weshalb der dialogische oder Beziehungscharakter der Verantwortung innerhalb des Verantwortungsdiskurses auch große Aufmerksamkeit erfahren hat. Franz Josef Illhardt führt bspw. an, dass sich aus „[d]em dialogischen Charakter von Verantwortung" (Illhardt 1989, S. 1222) die Konsequenz ergibt, „die Eigenständigkeit des Dialogpartners anzuerkennen" (ebd.)[25], und Schwartländer nennt Verantwortung ein „dialogisches Prinzip" (Schwartländer 1974, S. 1585).[26] Wilhelm Weischedel verfasst auf der Basis der Annahme einer dialogischen Struktur die erste deutschsprachige Monographie zur Verantwortung,[27] in der er ausführt, dass „Verantwortung als Antwort also Of-

---

24 Einem solchen Unterfangen haben sich Verantwortungsforscher wie bspw. HOLL 1980 und MCKEON 1957 gewidmet.
25 Vgl. auch BARAN 1990, S. 690 und BAYERTZ 1995, S. 16. Liz Bijnsdorp äußert sich in ihrer Autobiographie *Die 147 Personen, die ich bin* über das Verhältnis von Ansprechbarkeit (mit einem Namen), Personalität (bzw. Existenz) und Verantwortung; vgl. BIJNSDORP 1996, S. 25.
26 Die dialogische Struktur der Verantwortung impliziert eine Wechselseitigkeit der Dialogpartner. Karl Löwith stellt diesen Vorgang in LÖWITH 1981, S. 129 dar.
27 Die erste Monographie zur Verantwortung stammt von Lucien Lévy-Brühl; vgl. LÉVY-BRÜHL 1884.

fenbarmachen gegen eine Frage [ist]. Als solches hat sie ihren Platz im Dialog" (Weischedel 1972, S. 16).[28]

Exkurs – Verantwortung und Zurechnung: Aufgrund seiner dialogischen Struktur ist der Begriff der Verantwortung gegenüber dem der Zurechnung, der in vielen Kontexten eine ähnliche Funktion übernimmt, komplexer.[29] Den folgenden Überlegungen vorgreifend umfasst die Verantwortung strukturell einen Träger (das Wer?), einen Gegenstand (das Wofür?), eine Instanz (das Wovor?), einen Adressaten (das Warum?) und normative Kriterien (das Inwiefern?), wohingegen in einem Zurechnungsakt erstens kein Adressat als Begründung einer Rede von Zurechnung enthalten ist (vgl. zum Adressaten der Verantwortung Kapitel 3.4). Daraus folgt zweitens, dass Zurechnung generell sehr viel hierarchischer ist (vgl. hierzu auch Kapitel 3.3) und drittens für gewöhnlich rein deskriptiv in Form einer Frage nach bspw. dem Verursacher von etwas erfolgt, wenn sich auch der Zurechnungsbegriff theoretisch um normative Kriterien erweitern lässt. Kurz gesagt ist ein Zurechnungsakt dreistellig gegenüber dem fünfstelligen Verantwortungsbegriff, insofern hier ein Objekt einem Subjekt durch eine Instanz zugeschrieben wird. Weiter unten definiere ich die Verantwortung als prinzipiell normatives Verhältnis, wohingegen es in einer Zurechnungskonstellation vornehmlich um die rein deskriptive Zuschreibung bzw. um die Organisation und Operationalisierung von Sachverhalten geht.[30] Meine Vermutung geht dahin, dass die Verantwortung aufgrund ihrer dialogischen Struktur sehr viel deutlicher auf Intersubjektivität angelegt ist und damit über den bloßen Zurechnungsakt hinausreicht (vgl. Kapitel 9).

Ein weiteres Unterscheidungskriterium zwischen Verantwortung und Zurechnung zeigt sich im Vergleich mit dem Englischen:

> „Andere Sprachen verwenden für diese beiden verschiedenen Arten von Verantwortung [prospektive und retrospektive Verantwortung; J. S.] auch verschiedene Ausdrücke, so im Englischen ‚accountability' und ‚liability' für die aus einer Zurechnung vergangener Ereignisse sich ergebende Rechenschaftspflicht und Verantwortlichkeit, sowie ‚responsibility' für die prospektiv an der Erfüllung von Aufgaben orientierte Verantwortung." (Günther 2006, S. 296)

---

28 Martin Buber fasst diese Antwort etwas anders auf: „Echte Verantwortung gibt es nur, wo es wirkliches Antworten gibt. Antworten worauf? Auf das, was einem widerfährt, was man zu sehen, zu hören, zu spüren bekommt" (BUBER 1962, S. 161). Da Buber zufolge das Wahrgenommene nicht notwendig sprachlich strukturiert sein muss, hat auch in der Antwort „die Sprache kein Alphabet" (ebd., S. 162), der Mensch antwortet „mit dem Wesen" (ebd., S. 163). Vgl. auch ebd., S. 244.
29 Vgl. KAUFMANN 2004a, S. 283.
30 Über den Zusammenhang von Verantwortung und Zurechnung vgl. KAUFMANN 2004b. Im Titel ihres Sammelbandes sowie im ersten darin enthaltenen Text bezeichnen Matthias Kaufmann und Joachim Renzikowski „Zurechnung als Operationalisierung der Verantwortung" (KAUFMANN/RENZIKOWSKI 2004, S. 7).

1 Minimaldefinition des Verantwortungsbegriffs

Zurechnung oder Zurechenbarkeit verweist Günther zufolge im Sinne der englischen Entsprechung accountability eindeutig auf eine retrospektive bzw. Ex-post-Verantwortlichkeit,[31] ohne dabei generell auszuschließen, dass der Zurechnungsbegriff auch prospektiv gebraucht werden kann. Es soll auch hier nicht darum gehen, Verantwortung und Zurechnung als gänzlich voneinander unabhängige Konzepte zu betrachten, da beide oft in denselben Kontexten Verwendung finden. Die hier zusammengestellten Merkmale zur Differenzierung zwischen Verantwortung und Zurechnung wirken ohne weitere Ausführungen vielleicht etwas willkürlich, werden aber im Einzelnen in den folgenden Kapiteln wieder aufgegriffen und dann näher erläutert.

Erste Komponente – Verantwortung als Rede-und-Antwort-Stehen: Auf der Grundlage der Ausführungen im *Grimmschen Wörterbuch* wurde Verantwortung oben als dialogisches Prinzip beschrieben, wobei „die bloße Beantwortung einer gestellten Frage" (Baran 1990, S. 691), also die Tatsache eines einfachen Antwort-Gebens, was jeder Kommunikation in irgendeiner Weise zugrunde liegt, nicht hinreicht, um das Eigentümliche des Verantwortungsphänomens zu erfassen. „Die Vorsilbe ‚ver' drückt [...] eine besondere Steigerung" (Kuhl 2008, S. 102), Fokussierung oder Zweckgerichtetheit gegenüber der bloßen Antwort aus. In ähnlicher Weise wie bspw. die *Ver*arbeitung einer Materie gegenüber dem Arbeiten einen in besonderer Weise zweckgebundenen Vorgang beschreibt und das *Ver*hören einer Person eine spezifische Form des bloßen Hörens darstellt, ist auch der Akt des *Ver*antwortens gegenüber dem einfachen Antworten etwas Besonderes, da auf einen konkreten Zweck hin ausgerichtet.[32] Und auch in der englischen Entsprechung klingt etwas Ähnliches an, insofern „Verantwortung die ability (Fähigkeit), [...] zu antworten (response)" (Engelsing 2009, S. 26) meint. Ability in responsibility übernimmt im Englischen die Funktion der deutschen Vorsilbe ver- in der Verantwortung. In demselben Sinne, in dem die Vorsilbe ver- eine Verstärkung oder Fokussierung des bloßen Antwortens bedeutet, lässt sich die ability in der responsibility als zweckgerichtete response, also Antwort, interpretieren. Insofern wird in der Verantwortung „ein Anspruch" (Piepmeier 1995, S. 87) geltend gemacht. Sie bedeutet so viel wie „‚Für-etwas-Rede-und-Antwort-Stehen'" (Werner 2006, S. 541) oder „to be answerable for [something]" (Duff 1998, S. 290).[33]

---

31 Vgl. BIRNBACHER 1995, S. 145 ff., DUFF 1998, S. 290 f. und WERNER 2006, S. 542. Retrospektivität und Prospektivität sind Thema von Kapitel 3.2.2.
32 Vgl. WEISCHEDEL 1972, S. 16 und außerdem BÖCHER 1996, S. 437.
33 Eberhard Grisebach bezeichnet die Verantwortung als einen „Du-Anspruch" (GRISEBACH 1924, S. 280). Auch Kallen spricht von „‚answerableness'" (KALLEN 1942, S. 351) in der Verantwortung. Vgl. überdies BERNASCONI 2006, S. 223, DREIER 2000, S. 18 f. und OTT 1998, S. 580.

Die Bestimmung von Verantwortung als Vermögen, Rede und Antwort stehen zu können, lässt sich auf die substantivische Verwendung des Begriffs hauptsächlich im Juristischen und später auch im Politischen seit dem 18. Jahrhundert zurückführen. Zuvor war von Verantwortung maßgeblich adjektivisch die Rede, „as early as the 13th century in French, in the last year of the 16th century in English, and in the middle of the 17th century in German" (McKeon 1957, S. 8). Doch erst mit dem substantivischen Gebrauch des Verantwortungsbegriffs setzt eine bewusste Reflexion über Verantwortung ein sowie die Möglichkeit einer Forderung nach Verantwortungswahrnehmung. Denn als Substantiv wird Verantwortung vergegenständlicht, zu einer Kompetenz, deren hinreichendes Vorliegen sich einschätzen und bewerten lässt. Diese Vermutungen sollen jedoch eine inhaltliche Reflexion über z. B. verantwortliches Handeln bereits vor dem substantivischen Begriffsgebrauch seit dem 18. Jahrhundert nicht kategorisch ausschließen, sondern nur vorherrschende Entwicklungstendenzen aufgreifen.

Substantivisch war von Verantwortung zunächst im Rechtsbereich die Rede, als Verteidigung vor Gericht sowie als Bestandteil der „Parlamentsdebatten des 18. Jh. über die Verantwortlichkeit des Ministers" (Lenk/Maring 2007, S. 566). Verantwortung wird als Vermögen zu etwas Einklagbarem und ermöglicht damit die Identifizierung eines Verantwortlichen und die Einforderung von Verantwortungswahrnehmung. Später folgte eine Übertragung des Verantwortungsbegriffs aus dem Rechtsbereich in die Politik, dann im 19. Jahrhundert auch in die Philosophie. Im Rahmen u. a. der „Entstehung der modernen Demokratie" (Bayertz 1995, S. 37), der politischen und gesellschaftlichen Umwälzungen durch Amerikanische und Französische Revolution,[34] dem dadurch aufkommenden Schlagwort des „responsible government" (McKeon 1957, S. 23) sowie „unter den Bedingungen großer Flächen- oder Nationalstaaten" (Bayertz 1995, S. 37) wurde die Reichweite der Verantwortung vom vornehmlich rechtlichen auf den politischen Bereich erweitert. Erst danach hielt sie durch Kierkegaard einen späten Einzug in die Philosophie im 19. Jahrhundert, um erst während des 20. Jahrhunderts zu einem Terminus zu werden, der in wissenschaftlichen und nicht-wissenschaftlichen Kontexten Verwendung findet.[35]

Aufgrund der hier nachgezeichneten Entwicklungstendenzen lässt sich Verantwortung als Lösungskonzept gerade für solche Kontexte begreifen, in denen die Übersicht über die Akteure durch große Komplexität und unübersichtliche Hierarchieverhältnisse erschwert wird, denn insbesondere in solchen Situa-

---

34 Vgl. MCKEON 1957, S. 23.
35 Vgl. LENK/MARING 2007, S. 567 und 569 sowie Fußnote 5. Auch Bernasconi fasst die Geschichte des Verantwortungsbegriffs insbesondere in Auseinandersetzung mit der gesellschaftlichen Entwicklung des Kapitalismus in BERNASCONI 2006.

1 Minimaldefinition des Verantwortungsbegriffs

tionen wurde der Begriff erstmals zum Einsatz gebracht. Er sollte der Ordnung und Aufhellung intransparenter Verhältnissen dienen und kann somit als neues Werkzeug begriffen werden, dass die bislang üblichen (wie bspw. die Konzepte der Pflicht- und Schuldzuschreibung; vgl. Kapitel 3.5) mindestens ergänzt, wenn nicht gar ersetzt. Da Handlungsabläufe mit der Zeit über die Zwischenschaltung von Instanzen immer vermittelter werden, sodass der Einzelne die Folgen seines Tuns gar nicht mehr vollständig zu überblicken in der Lage ist (Industrielle Revolution), greifen direkte Pflicht- und Schuldzuschreibungen immer häufiger zu kurz.[36] Verantwortung wurde von Anfang an als Aufgabe verstanden, die die involvierten Akteure mit der Lösung von Zuschreibungsproblemen konfrontiert und ihnen aufgibt, den Herausforderungen deprimierender Selbstwahrnehmung aufgrund eines Gefühls von Verlust von Handlungskontrolle zu begegnen.

Die erste Komponente der Minimaldefinition ist dahingehend zusammenzufassen, dass vor dem Hintergrund der dialogischen und damit „unaufhebbar intersubjektive[n] Struktur" (Werner 2006, S. 544) in der Verantwortung eine durch die Vorsilbe ver- begründete Fokussierung oder Verstärkung geschieht. Verantwortung ist eine zweckgebundene Form des Antwort-Gebens, nämlich die Fähigkeit, Rede und Antwort stehen zu können.

Zweite Komponente – Verantwortung als normatives Konzept: Es gibt zwei Verwendungsweisen des Verantwortungsbegriffs, nämlich einmal die Rede von Verantwortung in einem rein deskriptiven und kausalen und dann in einem normativen Sinne, wobei für Verantwortung als Rede-und-Antwort-Stehen maßgeblich der normative Begriffsgebrauch eine Rolle spielt.[37] Man kann zwar bspw. den Regen für das Nass-Sein der Straße verantwortlich machen oder die warmen Sonnenstrahlen für das Schmelzen des Schnees, doch können weder Regen noch Sonne Rede und Antwort stehen. Verantwortung ist in diesen und ähnlichen Beispielen synonym zu Verursachung oder kausale Zurechenbarkeit zu verwenden. Oben wurden bereits erste Vermutungen bezüglich einer Differenzierung zwischen Verantwortung und Zurechnung geäußert und dass Erstere gegenüber Letzterer vornehmlich normativ gebraucht wird. Dies lässt sich anhand dieser Beispiele nun vielleicht besser nachvollziehen:

> „Mitunter wird der Verantwortungsbegriff allerdings auch zur Beschreibung bloßer Kausalbeziehungen verwandt (z. B.: ‚Der Kurzschluss ist verantwortlich für den Hausbrand'). ‚X ist verantwortlich für Y' heißt dann nichts weiter als ‚X hat Y verursacht'. Dabei handelt es sich jedoch um eine eher metaphorische Begriffsverwendung […]." (Werner 2006, S. 542)

---

36 Vgl. LENK/MARING 1995, S. 242 ff.
37 Ich gebrauche den Begriff „normativ" in einem weiten Sinn als Synonym zu „bewertend" oder „evaluativ"; vgl. hierzu z. B. PRECHTL 1999b und VOSSENKUHL 2007, S. 931.

Kausalität ist für Verantwortung als Rede-und-Antwort-Stehen nicht notwendig,[38] was deutlich wird, wenn wir uns bspw. jemanden in einer repräsentativen Rolle vorstellen, der für einen Schaden gerade stehen muss, selbst wenn seine Aufgabe der Repräsentation mit dem geschehenen Unglück in keinem kausalen Zusammenhang gestanden hat. Im Übrigen kann dies auch als Unterscheidungskriterium zwischen Verantwortung und Schuld dienen, insofern Schuld im Gegensatz zur Verantwortung kausal begründet wird und aus diesem Grund häufig auch als rein individuelles Konzept interpretiert wird, wohingegen Verantwortung auch kollektiv getragen werden kann.[39] Im Folgenden wird von Verantwortung demnach nicht in dem schwachen Sinne einer rein kausalen oder deskriptiven Deutung die Rede sein, sondern es geht um (ggf. auch kausale) normative Verantwortung.

Auch die starke Interpretation von Verantwortung als per se moralisches Konzept, die R. Jay Wallace vorschlägt, wird dem weiteren Vorgehen nicht zugrunde gelegt werden. Wallace zufolge werden in einer Verantwortungskonstellation nicht nur allgemein zwischenmenschliche Beziehungen zum Ausdruck gebracht, sondern spezifisch moralische Beziehungen.[40] In der Verantwortung schlägt sich Normativität in Form von Moralität nieder oder kurz: Jede Verantwortlichkeit ist moralisch. Damit belädt Wallace seinen Verantwortungsbegriff mit mehreren inhaltlichen Implikationen, die ich im Rahmen dieses Unterfangens einer formalen Strukturanalyse nicht teilen kann. Indem Verantwortung als normatives Konzept verstanden wird, lassen sich Verantwortungsbeziehungen sehr viel allgemeiner als normative Beziehungen begreifen, von denen die moralischen einen besonderen Fall darstellen. Auf diese Weise kann zwischen bspw. moralischer, wirtschaftlicher, strafrechtlicher und politischer Verantwortung differenziert werden, ohne dabei annehmen zu müssen, dass jede Verantwort-

---

38 Hans Lenk und Matthias Maring beschreiben die „kausal-deskriptiv[e]" (LENK/MARING 1992, S. 85) Verwendungsweise „als ‚Grundlage der Zuschreibung' der evaluativen [also normativen; J. S.] Verantwortung" (ebd., S. 84).

39 Vgl. zum Schuldbegriff meine Ausführungen in Auseinandersetzung mit Arendt, die sich intensiv mit einer Differenzierung zwischen Schuld und Verantwortung auseinandergesetzt hat (vgl. Kapitel 7 und insbesondere die Fußnoten 198 und 202). Die Etymologie des Schuldbegriffs ist alles andere als klar, doch bereits früh wird die Nähe der Schuld zur Verursachung und Kausalität erkannt; vgl. hierzu einschlägig GLEI 2007, S. 1442. Die Nähe des Schuld- zum Verursachungskonzept und Kausalgesetz begründet, warum einige Denker in Artikeln zur Verantwortung Schuld-Beispiele aus der griechischen Antike als Beleg dafür anführen, dass bereits zu dieser Zeit eine Vorstellung von Verantwortung existiert haben muss, obwohl in diesen Beispielen das Wort „Verantwortung" ganz offensichtlich gar nicht auftaucht (vgl. Kapitel 3.1). Bayertz zufolge hat bereits Kelsen gezeigt, dass „die Idee eines Kausalgesetzes aus der Übertragung des Vergeltungsprinzips auf die Natur entstanden [ist]: aus der Vorstellung, daß die Ursache ‚schuld' an der Wirkung sei"; vgl. BAYERTZ 1995, S. 6 oder KELSEN 1941, S. 279 und 281.

40 Vgl. WALLACE 1994, S. 164.

lichkeit prinzipiell moralischer Natur ist. Aus dieser Überlegung resultiert eine Unterscheidung zwischen moralischen, wirtschaftlichen, strafrechtlichen und politischen Normen, denn solange nicht anzunehmen ist, jede Verantwortlichkeit sei moralisch, kann auch die Annahme, alle normativen Kriterien wären letztlich moralische, nicht überzeugen (vgl. hierzu auch Kapitel 3.5).

Das Dargestellte erhellt, dass Verantwortung und Zurechnung nicht gleichbedeutend sind, wie bereits weiter oben vermutet wurde. Sobald es um das Handeln nach Gründen geht, um das Vertreten von Meinungen und Positionen, um rationales Abwägen und Urteilen und nicht zuletzt um die unterschiedliche Gewichtung bestehender Kausalverhältnisse, wird mit dem Gebrauch des Verantwortungsbegriffs mehr gefordert als die bloße Zuschreibung eines Objekts zu einem Subjekt.[41] Zwar kann der Satz „Peter ist verantwortlich für den Tod seiner Großmutter" rein deskriptiv geäußert werden, um damit nicht mehr auszudrücken, als mit der Aussage, dass der Regen für das Nass-Sein der Straße verantwortlich ist, dass Peter den Tod seiner Großmutter also schlicht verursacht hat. Doch ist es auch möglich, ihn normativ z. B. vor Gericht zu äußern, indem Peter für den Tod seiner Großmutter für schuldig erklärt wird. Hingegen lässt der Regen, der das Nass-Sein der Straße verursacht, ausschließlich eine kausale oder deskriptive Interpretation zu. Mit der zweiten Komponente der Minimaldefinition, dass Verantwortung als Rede-und-Antwort-Stehen ein normatives Konzept darstellt, lässt sich der hier vorgeschlagene Ansatz als Mittelposition zwischen der schwachen Interpretation von Verantwortung als deskriptives oder kausales Verhältnis und der starken Deutung von Verantwortung als spezifisches normatives (bei Wallace z. B. moralisches) Konzept verstehen.

Dritte Komponente – Verantwortung erfordert eine spezifische psychomotivationale Verfasstheit des Verantwortlichen: Im *Grimmschen Wörterbuch* wird angegeben, dass das Wort „rede [...] zunächst die rechnung, die in bezug auf ein geldgeschäft gestellt oder abgelegt wird" (Grimm 1854-1861, S. 450) meint und insofern impliziert der Vorgang, in dem jemand „einem [anderen] zur rede steh[t]" (ebd., S. 451), dass der Angesprochene „auf befragen rechenschaft, schuldige oder geforderte auskunft [zu] geben" (ebd.) hat. Die zu begleichende Rechnung im finanziellen Sinne wird nun zu einer solchen im sprachlichen.[42] Das Rede-und-Antwort-Stehen ist gerade kein bloßes Gerede oder einfach Dahergesagtes, weshalb auch das „sich selbst zu rede setzen"

---

41 Vgl. KUTZ 2002, S. 551.
42 Hier wird die enge Verknüpfung zwischen den Konzepten der Verantwortung, Haftung und Kompensation deutlich. Obwohl sie oft in ähnlichen Kontexten verwendet werden, sind sie nicht gleichbedeutend, denn es sind bspw. Fälle von Haftung oder Kompensation für einen entstandenen Schaden vorstellbar, ohne dass den Akteuren dafür auch Verantwortung zugeschrieben wird. Umgekehrt können Menschen dazu aufgefordert werden, für etwas Rede und Antwort zu stehen, ohne dass sie dafür auch haften müssen.

(ebd.) als ein „bloszes nachdenken" (ebd.) die Vorstufe zum eigentlichen Rede- und-Antwort-Stehen umschreibt, denn die geschuldete oder geforderte Auskunft soll zuvor reflektiert werden, hat überlegt und bedacht zu geschehen, um als ‚Rechnung' gelten zu können. Der Charakter der Bewusstheit wird im Vorgang des Rede-und-Antwort-Stehens durch die Verwendung des Verbs Stehen eingefangen. In derselben Weise, in der eine Rechnung bewusst beglichen wird, kann auch die ‚sprachliche Rechnung' als Rede, die Ergebnis eines reflektierten Nachdenkens ist, nur ‚aufrecht', sowohl physisch wie psychisch, und bewusst ‚gezahlt' werden. Weiterhin legt die physische Konnotation des Stehens nahe, dass es sich bei diesem Prozess um einen ernsthaften, seriösen, vielleicht unbequemen, in jeder Hinsicht aber bedeutsamen Akt handelt. Der Ausdruck „Verantwortung tragen" verstärkt diese etymologische Interpretation zusätzlich.[43]

Mit der dritten Komponente wird vor dem Hintergrund dieser Ausführungen zum Rede-Stehen eine spezifische psychomotivationale Verfasstheit des Verantwortlichen zum Ausdruck gebracht. Sie enthält drei Elemente, wobei der Verantwortungsbegriff erstens das Begleichen einer Rechnung als einer nun eingeforderten Schuld impliziert. Abgeleitet von der ursprünglichen Bedeutung von Rede als Rechnung ist mit dem erweiterten Rede-Stehen der sprachliche Vorgang eines schuldig gebliebenen Antwort-Gebens gemeint. Nun trifft es allerdings unser Alltagsverständnis, dass wir den Verantwortungsbegriff nicht nur negativ konnotiert und nicht nur retrospektiv gebrauchen, da das Antwort-Geben auch prospektiv präventiv eingefordert werden kann und sich demzufolge adäquater mit Erklärungsfähigkeit erfassen lässt.[44] Die Minimaldefinition enthält eine neutrale Verwendung des Verantwortungsbegriffs, der retrospektiv und prospektiv sowohl in positiven als auch in negativen Zusammenhängen Verwendung finden kann (vgl. die Erläuterungen zu einer positiven Zuschreibung bspw. persönlicher Verantwortung in den Kapiteln 3.1.1 und 3.5). Das Rede-Stehen verweist evaluativ neutral darauf, dass der Verantwortliche für den fraglichen Sachverhalt erklärungsfähig ist. Rede-und-Antwort-Stehen als Erklärungsfähigkeit bedeutet, dass sich der Verantwortungsträger ein Urteil zu etwas bilden, sich zu etwas positionieren kann und auf diese Weise die in der Rede eingeforderte Schuld retrospektiv oder prospektiv begleicht. Dieser Gedanke von Erklärungsfähigkeit als Umsetzungsmodus der Verantwortung wird in den Kapitel 12.2 und 13.4 aufgegriffen und expliziert.

---

43   In seinem Text „Lebendigkeit und Selbstverantwortung – Erfahrungen aus der Körperpsychotherapie" geht Michael Munzel auch auf „[d]ie Rolle des Tragens" (MUNZEL 1998, S. 147) für ein Verständnis des Verantwortungsphänomens ein; vgl. insbesondere ebd., S. 147 f.
44   Traditionell entspricht der prospektiven Ausrichtung der Verantwortung der Pflichtbegriff (retrospektiv ist es wie gesagt der Schuldbegriff). Die Möglichkeit einer Korrelation von Verantwortung und Pflicht wird in Kapitel 3.5 thematisiert.

1 Minimaldefinition des Verantwortungsbegriffs

Um in diesem Sinne Rede stehen zu können, bedarf es mehrerer Vermögen wie Reflexionsfähigkeit und Urteilskraft. Hierin besteht das zweite Element der dritten Komponente meiner Minimaldefinition (die für die Möglichkeit zur Verantwortung insgesamt notwendigen Bedingungen sind Thema von Kapitel 2, zur Urteilskraft vgl. Kapitel 2.3). Drittens stellt der eigentliche Akt des Rede- und-Antwort-Stehens eine bewusste und bedeutsame Handlung dar, die durch den Verantwortlichen auch während des eigentlichen Akts und eben nicht nur im Rahmen etwaiger Reflexionen im Vorfeld ernsthaft vollzogen wird. Verantwortung als ‚Aktivität im Stehen' bedeutet, dass der Verantwortliche als Folge des Nachdenkens nun (eine) Haltung angenommen hat, die er in der Rede als ‚sprachliche Rechnung' äußert. Die Integrität und Ernsthaftigkeit der Verantwortung kommt in der Erklärungsfähigkeit als Umsetzungsmodus des Rede- und-Antwort-Stehens zum Ausdruck.

Fazit: Die drei Komponenten der Minimaldefinition von Verantwortung lassen sich folgendermaßen zusammenfassen: Verantwortung bedeutet (1) die Fähigkeit des Rede-und-Antwort-Stehens in (2) einem normativen Sinne und korreliert (3) mit einer spezifischen psychomotivationalen Verfasstheit des Verantwortlichen, was Roman Ingarden mit dem Tragen von Verantwortung als „realer psychischer Akt der Person" (Ingarden 1970, S. 7) umschreibt. Der Verantwortliche nimmt (3.1) seine Schuldigkeit wahr, was sich eingängiger durch ein allgemeineres Betroffen-Sein oder Sich-Angesprochen-Fühlen des Verantwortlichen ausdrücken lässt, da auf diese Weise auch nicht die Möglichkeit prospektiver und positiver Verantwortungszuschreibung ausgeschlossen wird. Der Verantwortliche ist hierzu in der Lage, da er (3.2) mit bestimmten kognitiven Vermögen ausgestattet ist und daher als Folge eines reflexiven Prozesses (3.3) eine Haltung annehmen kann, die die prinzipielle Bedeutsamkeit der Verantwortung widerspiegelt. So lässt sich Verantwortung in Rede-und-Antwort- Stehen und ebenso in Erklärungsfähigkeit übersetzen. Insbesondere anhand der dritten Komponente wird deutlich gemacht, dass mit Verantwortung mehr als ein bloßes Antwort-Geben gefordert wird, was in der Ernsthaftigkeit und Bewusstheit des Verantwortlichen zum Ausdruck gelangt, etymologisch durch das Rede-Stehen erklärt werden kann und sich begrifflich in der Vorsilbe ver- niederschlägt.

2 Die Bedingungen für die Möglichkeit zur Verantwortungsübernahme

In diesem Kapitel geht es noch nicht darum, wer oder was als potenzieller Verantwortungsträger überhaupt in Frage kommt, sondern das wird erst in Kapitel 3.1 über das Subjekt der Verantwortung thematisiert. Zunächst ist vor dem Hintergrund der Minimaldefinition von Verantwortung darüber nachzudenken, welche Voraussetzungen, die Heidbrink als Bündel an Vermögen und Fertigkeiten bezeichnet, erfüllt sein müssen, damit jemand Rede und Antwort stehen kann:

> „Wir müssen im Grunde schon sehr viel mitbringen, um verantwortlich handeln zu können. Zur Verantwortungsfähigkeit gehört ein ganzes Bündel an Vermögen und Fertigkeiten, die vom persönlichen Moralbewusstsein über praktisches Handlungswissen bis zum Umgang mit Unsicherheit reichen." (Heidbrink 2007b, S. 10)

Einige Verantwortungsforscher teilen im- oder explizit die Ansicht, dass eine eindeutige Benennung der Bedingungen für die Verantwortungsfähigkeit nicht möglich oder zumindest schwierig ist,[45] wofür zwei Gründe denkbar sind. Zum einen sind die Voraussetzungen für die Möglichkeit zur Verantwortungsübernahme zu zahlreich, unübersichtlich, nur holistisch erklärbar und zu dieser Überzeugung scheint auch Heidbrink in dem obigen Zitat zu tendieren. Zum anderen bedürfen die fraglichen Bedingungen für Verantwortung ihrerseits ebenso einer Definition wie bspw. der Freiheits- und der Personenbegriff, was ausschließlich innerhalb des Verantwortungsdiskurses ohne Rückgriff auf andere Arbeitsgebiete der Philosophie nicht zu leisten ist. Eine Diskussion dieser und anderer Konzepte kann auch im Rahmen meines Vorhabens nur in Ansätzen stattfinden. An vielen Stellen wird höchstens der ‚Stand der Dinge' in der Verantwortungsforschung referiert, um dem eigentlichen Thema einer Drei-Ebenen-Analyse den nötigen Raum zu lassen. Überdies sind zu vielen der Verantwortungsbedingungen bereits einschlägige Arbeiten erschienen. Die hier angestellten Überlegungen sind demzufolge eher als Übersichten und Zusammenfassungen der wesentlichen Gedankengänge zu verstehen. Es wird versucht, in aller gebotenen Knappheit die bekanntesten Positionen des Verant-

---

45 Vgl. bspw. WERNER 2006, S. 545.

wortungsdiskurses zusammenzustellen und nur wenn nötig durch Erläuterungen zu ergänzen. Die folgenden Ausführungen setzen mit dem Erscheinen des Wortes „Verantwortung" ein und etwaige Implikationen zu vorverantwortlichen Konzepten wie bspw. Schuld und Pflicht werden nur mit bedacht, soweit sie für ein Verständnis der Minimaldefinition notwendig sind (vgl. Kapitel 1). Daher wird gerade nicht auf eine Traditionslinie insbesondere der englischsprachigen Auseinandersetzung mit den Bedingungen für die Möglichkeit zur Verantwortungsübernahme abgestellt, die aus einer Werkinterpretation des Aristoteles gewonnen werden, nämlich Freiheit, Wissentlichkeit und Willentlichkeit.[46] Da Aristoteles das Wort „Verantwortung" noch nicht kannte bzw. eine alt-griechische Entsprechung nicht existiert, soll hier nicht darüber geurteilt werden, inwiefern bereits er über Verantwortung nachgedacht hat. In meinen Augen würde ein solches Unternehmen die Minimaldefinition mit inhaltlichen Annahmen überfrachten, die ihrerseits einer Begründung bedürften, und ist deshalb im Rahmen dieses Buches nicht zu leisten. Wenn über Verantwortung gesprochen wird, ist – so der Kerngedanke von Kapitel 1 – eine Auseinandersetzung mit dem Wort selbst, seiner Genese und Etymologie, vollkommen hinreichend. Wir müssen keine Interpreten Aristotelischer Schriften sein, um zu wissen, was Verantwortung heißt und welche Bedingungen ein Tragen von Verantwortung voraussetzt. Nicht um Freiheit, Wissentlichkeit und Willentlichkeit wird es also auf den kommenden Seiten gehen, sondern um Kommunikationsfähigkeit, Handlungsfähigkeit und Urteilskraft.

2.1 Kommunikationsfähigkeit

Bei Verantwortung handelt es sich um die Fähigkeit, Rede und Antwort stehen zu können (vgl. Kapitel 1). Dieser Deutung liegt über die Vorsilbe ver- ein zweckgerichtetes oder verstärktes dialogisches Prinzip des Antwortens zugrunde, woraus sich Kommunikationsfähigkeit als erste Verantwortungsbedingung ableiten lässt. Jede Verantwortlichkeit stellt einen Akt der Kommunikation dar. Um Rede und Antwort für etwas stehen zu können, muss der fragliche Akteur in der Lage sein zu kommunizieren. Innerhalb des Verantwortungsdiskurses spielt Sprachlichkeit als Voraussetzung für Verantwortung eine große Rolle.[47] Auch Weischedel bemerkt hierzu, dass „Verantwortung [...] nur da anzutreffen sein [wird], wo Sprechen möglich ist" (Weischedel 1972, S. 15), wobei angenom-

---

46 Einen Überblick hierzu gibt bspw. ESHLEMAN 2009. Einschlägig ist auch IRWIN 1980.
47 Vgl. z. B. PIEPMEIER 1995, S. 86 und SCHWARTLÄNDER 1974, S. 1580.

men werden sollte, dass auch eine taubstumme Person in der Lage ist, Rede und Antwort zu stehen. Tatsächlich wird der „konstitutive Zusammenhang von Sprachlichkeit und Verantwortung" (Piepmeier 1995, S. 86) in der Verantwortungsforschung gerade nicht unter dem allgemeineren Blickwinkel der Kommunikationsfähigkeit betrachtet. Dass Kommunikationsfähigkeit und nicht nur Sprachlichkeit als Voraussetzung für Verantwortung innerhalb des Verantwortungsdiskurses häufig übersehen oder in ihrer Bedeutung unterschätzt wird, kann mehrere Gründe haben. Einer liegt sicherlich darin, dass Kommunikations- eng mit Handlungsfähigkeit verknüpft ist und Letztere mit deutlich mehr Intensität diskutiert wird als Erstere (vgl. Kapitel 2.2). Handlung und Kommunikation scheinen immer gemeinsam aufzutreten, ohne dass dabei mit gutem Grund behauptet werden könnte, sie meinten dasselbe, will sagen, ein „Sprechakt ist die kleinste Einheit menschlicher Kommunikation, mit welcher der Sprecher gegenüber einem Hörer eine Handlung ausübt" (Krämer 2001, S. 60).[48] Zwar gibt es Handlungen, die keine Kommunikationsakte sind, aber umgekehrt gilt, dass Kommunikation prinzipiell eine Form des Handelns darstellt.[49] Ferner kann nicht behauptet werden, dass Ludwig Wittgensteins Reflexionen über die Dimensionen von Sprachhandlungen in der Verantwortungsforschung bislang besonders viel Aufmerksamkeit erhalten hätten.[50] Ebenso wenig werden die durch John Langshaw Austin begründete „*Theorie* des Sprechhandelns" (ebd., S. 135) und die durch John Roger Searle erzielten Ergebnisse aus einer Weiterführung der Sprechakttheorie

---

48 Vgl. überdies SEARLE/VANDERVEKEN 1987, S. 1. Zu Austins Verknüpfung von Sprache und Handlung vgl. insbesondere AUSTIN 1962, S. 21, 105 ff. und 110 ff. und erläuternd KRÄMER 2001, S. 265.
49 Ausgenommen sind Handlungskonzepte wie das von Arendt. Trotz der Tatsache, dass ich viele meiner Überlegungen in Anlehnung an und in Auseinandersetzung mit dem Arendtschen Denken gewinne (vgl. Kapitel 7), nutze ich ihren sehr speziellen Handlungsbegriff nicht als Fundament meines eigenen Ansatzes. Arendt erläutert ihren Handlungsbegriff insbesondere im fünften Kapitel von *Vita Activa*; vgl. ARENDT 2008b, S. 213 ff. und zur Erläuterung MAHRDT 2011, S. 266 f.
50 Vgl. insbesondere Wittgensteins Ausführungen in seinen *Philosophischen Untersuchungen*, bspw. WITTGENSTEIN 1995, S. 241 ff., 248 und 250 ff. Krämer äußert sich hierzu folgendermaßen: „Wenn Wittgenstein den Gebrauchs- und Tätigkeitsaspekt von Sprache so stark macht, tut er das also in einem ganz anderen Sinne als Searle, wenn er von ‚Sprechakten', oder als Habermas, wenn er vom ‚kommunikativen Handeln' spricht. Wittgensteins Sprachdenken zu verstehen heißt also, zu begreifen, worin die Andersartigkeit seiner Tätigkeitsauffassung von Sprache gegenüber den gewöhnlichen sprachpragmatischen Ansätzen besteht. Wir kommen dieser Andersartigkeit auf die Spur, wenn wir uns fragen, warum Wittgensteins ‚Sprachspiel' nicht mit ‚Sprechakten' zu identifizieren ist" (KRÄMER 2001, S. 110). Leider kann ich auf diese Unterscheidung hier nur hinweisen, nicht aber sie diskutieren.

unter einem verantwortungstheoretischen Fokus diskutiert.[51] Eine Arbeit zu den sprachanalytischen und kommunikationslogischen Grundlagen der Verantwortung steht also noch aus.

Vor dem Hintergrund dieser Überlegungen lässt sich der Unterschied zwischen Verantwortung und Zurechnung (vgl. Kapitel 1) dahingehend zuspitzen, dass in einem Zurechnungsakt kein Bewusstsein für ein Gegenüber, auch wenn dies nur das eigene Gewissen in Form einer Kommunikation mit sich selbst darstellt, enthalten sein muss. Mit der Zurechnungsinstanz muss das fragliche Subjekt nicht in der Weise kommunizieren können, wie dies im Rede-und-Antwort-Stehen der Verantwortung der Fall ist, denn im Zweifel wird ihm das Zurechnungsobjekt durch die Instanz einfach zugeschrieben. Der Zurechnungsbegriff fußt somit eher auf einer Vorstellung von Hierarchie als von Kommunikation (vgl. hierzu auch Kapitel 3.3).

2.2 Handlungsfähigkeit

Da die Objekte einer Verantwortlichkeit Handlungen und Handlungsfolgen darstellen (vgl. Kapitel 3.2), muss das fragliche Subjekt in der Lage sein zu handeln, um Verantwortung tragen zu können. Das Rede-und-Antwort-Stehen äußert sich in Form von Handlungen, es stellt eine Weise zu handeln dar. Mit dieser These setzen die folgenden Überlegungen ein. In einem ersten Schritt wird kurz der Handlungsbegriff für dieses Vorhaben definiert und in einem zweiten Schritt werden fünf Aspekte der Handlungsfähigkeit, die für die Möglichkeit zur Verantwortungsübernahme relevant sind, behandelt. In einem längeren und zugegebenermaßen etwas konfusen Gedankengang fasst Birgit Albs mehrere Charakteristika der Handlung zusammen, von denen einige im Folgenden besprochen werden sollen, weshalb es als Vorgriff und Zusammenfassung den anschließenden Ausführungen vorangestellt werden kann:

„Subjektiv wahrgenommene Handlungsalternativen, Kontrolle über den Beginn und den Verlauf eines Geschehnisses, Vorhersicht der Handlungsergebnisse und Ergebnisfolgen, Abwägung aller Vor- und Nachteile, Absicht, vielleicht gar Erwünschtheit als Ausgangs- oder Endpunkt dieses Abwägungs- und Entscheidungsprozesses - [sic!] das sind die wichtigsten Variablen, die eine Handlung konstituieren. Sie können in allen Kombinationen bestehen und je nach Perspektive, Persönlichkeit, Zeitpunkt und Kontext der Bewertung ganz

---

51 Krämer bietet mit ihrem Werk *Sprache, Sprechakt, Kommunikation* eine übersichtliche Darstellung dieser Ansätze. Sie führt dort aus, dass „doch mit Ludwig Wittgensteins *Philosophischen Untersuchungen* schon die Gebrauchsperspektive und mit John L. Austins *How to do Things with Words* bereits die Handlungsperspektive in die Sprachreflexion eingeführt [worden sei]. Searle hat seine Sprechakttheorie gerade als Fortbildung und Präzisierung von Austins Überlegungen verstanden." (Ebd., S. 55)

2 Die Bedingungen für die Möglichkeit zur Verantwortungsübernahme 47

unterschiedlich eingeschätzt werden. A m [sic!] Ende dieses Prozesses steht eine Handlung, die durchgeführt oder bewußt unterlassen wird." (Albs 1997, S. 22)

Kurzdefinition – was ist eine Handlung? Ein Kriterium, um Handlungen von bloßem Verhalten zu differenzieren, liegt in ihrer Intentionalität, insofern „Handlungen als zielbezogene Aktivitäten, als eine besondere Art des Verhaltens verstanden [werden]. [...] Mit der Beschreibung eines Verhaltens als Handlung beginnt die Möglichkeit der Verantwortungszuschreibung" (Nida-Rümelin 2007, S. 60). In einem Interview kehrt Nida-Rümelin das Verhältnis zwischen Handlung und Verantwortung um, indem er ausführt, dass „genau diejenigen Bestandteile unseres Verhaltens Handlungscharakter [haben], für die die jeweilige handelnde Person verantwortlich ist" (Nida-Rümelin 1998, S. 31). In beiden Fällen grenzt er unter Rekurs auf die Verantwortung Handeln von Verhalten ab, indem wir entweder für etwas verantwortlich sind, weil es eine Handlung darstellt oder eine Handlung als Handlung beschreiben können, weil wir dafür Verantwortung tragen. Handlungen zeichnen sich im Gegensatz zu instinktivem Verhalten oder Körperbewegungen wie bspw. der Herzschlag[52] durch „Absichtlichkeit" (Fischer 2006, S. 79) oder „bewusste Zweckgerichtetheit" (ebd.) aus, sodass spätestens durch „eine Analyse des Handlungskontextes" (Fenner 2008, S. 36) eine Handlung von bloßem Verhalten unterschieden werden kann.[53] Das Rede-und-Antwort-Stehen ist eine solche zielbezogene Aktivität, wie Nida-Rümelin oben angibt.

Im letzten Satz des Zitats von Albs wird auf eine weitere Komponente des Handlungsbegriffs hingewiesen. Sie charakterisiert Tun und Unterlassen gleichermaßen als Handlungen, eine Auffassung, der ich folge und mit der auch Peter Fischer übereinstimmt, der „die Unterlassung nicht als Kontrastbegriff zur Handlung" (Fischer 2006, S. 72) begreift, sondern Tun und Unterlassen als die vorstellbaren „zwei Handlungsmodi" (ebd.) versteht. Die Weigerung, Rede und Antwort zu stehen, stellt ebenso eine Handlung dar wie das Tragen von Verantwortung, zumindest, sofern anzunehmen ist, dass Intentionalität auch Merkmal von Unterlassungen ist. Auch Unterlassungen sind nicht mit bloßem Verhalten gleichzusetzen.[54] Darüber hinaus werden die Merkmale einer Handlung Albs zufolge je nach Zeitpunkt und Kontext unterschiedlich eingeschätzt, was daran liegt, dass Handlungen keine konkreten Gegenstände, sondern „Interpretationskonstrukt[e], d. h. [...] Resultat eines Verstehens" (ebd., S. 77) sind:

---

52 Vgl. Fischer 2006, S. 74.
53 Vgl. Fenner 2008, S. 33 und Heidbrink 2010, S. 7 f.
54 Mit der Differenzierung von „Handeln, Unterlassen und Zulassen" (Fenner 2008, S. 47) beschäftigt sich auch Fenner, die jedoch – im Gegensatz zu Peter Fischer und Albs – Handeln und Unterlassen „als Kontrastbegriffe" (ebd.) verstanden wissen möchte.

„Zum bloßen Verhalten kommt beim Handeln nichts real oder eigenständig Existierendes, nichts Materielles hinzu, sondern der Handlungscharakter ergibt sich wesentlich durch eine Interpretation, eine Deutung in Abhängigkeit von Konstrukten, von Modellen." (Lenk/Maring 1992, S. 77)

Die von Lenk und Maring genannten Konstrukte und Modelle zur Differenzierung zwischen Handeln und Verhalten können im Rahmen dieses Vorhabens nicht behandelt werden. Wann jemand Rede und Antwort steht bzw. wann Verantwortungsübernahme einzufordern ist, lässt sich erst vor dem Hintergrund bestehender Interpretationssysteme oder Weisen des Verstehens und der Identifizierung einer Handlung als Handlung ermitteln. Handlungen werden unter Rekurs auf die ihnen zugrunde liegenden Intentionen sehr unterschiedlich bewertet. In Kapitel 3.1.1 erläutere ich bspw., inwiefern einige Handlungen, die zwar von Individuen ausgeübt werden, ihren Gehalt erst einem größeren Sinnzusammenhang entnehmen, für den man nur kollektiv verantwortlich sein kann (vgl. auch die Kapitel 12 und 13 hierzu).

Handlungsfähigkeit in fünf Aspekten – 2.1 Folgenbewusstsein:[55] Wenn Handlungen im Gegensatz zu bloßem Verhalten intentional sind, muss jemand, der über Handlungsfähigkeit verfügen soll, laut Albs vorausschauend agieren können.[56] Heidbrink bemerkt in einem Interview, dass „es relativ schwierig [ist], Verantwortung ohne Wissen zuzuschreiben. [...] Denn erst ab diesem Moment [wenn die Akteure um die Folgen ihres Handelns wissen können; J. S.], fangen Menschen an, Verantwortung zu tragen" (Heidbrink 2008b, S. 5). Doch welches Wissen und wie viel davon ist nötig, damit jemand verantwortlich für etwas sein kann?[57] Das Wissen um die Folgen für die Beurteilung einer Handlung als gut oder schlecht lassen sich anhand der dem Handeln zugrunde liegenden Bewertungsmaßstäbe ermitteln. Dieter Birnbacher führt aus, dass all die Handlungsfolgen „[b]eurteilungsrelevant sind[,] die (nach einem objektiven Standard) vorausschaubar" (Birnbacher 2003, S. 183) sind.[58] Diese Definition ist, so Birnbacher zu Recht, „zwangsläufig wenig bestimmt" (ebd.), denn wie kann der objektive Standard definiert werden, der es dem Betrachter erlaubt, darüber zu urteilen, ob der fragliche Akteur über bestimmte Folgen Bescheid wissen konnte und vielleicht sogar musste? Inwiefern ist die Äußerung „Das hättest du aber wissen müssen!" von einem objektiven Standpunkt aus möglich?

---

55 Die folgenden Aspekte sind mit 2.1 bis 2.5 nummeriert, da Handlungsfähigkeit die zweite hier untersuchte Verantwortungsbedingung darstellt.
56 Vgl. BANZHAF 2002, S. 186 und BAYERTZ 1995, S. 8. Auch das, was Heidbrink in dem diesem Kapitel vorangestellten Zitat die Fähigkeit zum Umgang mit Unsicherheit nennt, lässt sich mit Folgenbewusstsein übersetzen, obwohl er damit auch eine gewisse Risikobereitschaft und das Vertrauen auf die eigenen Fähigkeiten meinen könnte.
57 Vgl. BARRY 2007, S. 137.
58 Vgl. hierzu auch MILLER 2007, S. 96.

2 Die Bedingungen für die Möglichkeit zur Verantwortungsübernahme 49

Felix Annerl differenziert in dem Text „Die zunehmend verantwortungslose Rede von der Verantwortung" drei Formen von Handlungsfolgen, von denen „jene Folgen, die niemand voraussehen konnte, da sie auf der gerade erreichten Stufe wissenschaftlicher Entwicklung gänzlich unerwartbar waren" (Annerl 1986, S. 273), von niemandem verantwortet werden können. Jenen Stand wissenschaftlicher Entwicklung umschreibt er auch mit „objektive[m] Wissensstand" (ebd.). Mit Annerls Definition von Objektivität ergeben sich gleich mehrere Schwierigkeiten. Bereits die Annahme, es existierte so etwas wie ‚die' Wissenschaft, die den Standard für Objektivität festlegt, überzeugt nicht, und ferner gibt es nicht ‚die' Erkenntnisse, die als Ergebnisse ‚der' Wissenschaft, sozusagen per se Objektivität generieren. Doch selbst wenn man sich bereit erklären würde, um des Arguments willen ‚die' Wissenschaft mit ‚den' Erkenntnissen anzuerkennen, ist nicht davon auszugehen, dass jeder zu jeder Zeit über den aktuellen Stand dieser Wissenschaft informiert ist. Überdies ist ein solch umfassendes Wissen keine notwendige Voraussetzung für Verantwortung, wenn wir nicht in fast jedem Kontext, indem bislang zumindest intuitiv der Gebrauch des Verantwortungsbegriffs überzeugt hat, eine Rede von Verantwortung nun vermeiden wollen. Und schließlich kann man trotz umfassendem Wissen unter bestimmten Umständen von seiner Verantwortung befreit oder für unverantwortliches Handeln entschuldigt werden. Annerls Objektivitätsbegriff ist also nicht besonders hilfreich.

> „Das Handlungssubjekt ist verantwortlich für: beabsichtigte Folgen (= Handlungsziel), indirekt (mit-)beabsichtigte, in Kauf genommene Folgen (= Mittel/Nebenwirkungen), nicht beabsichtigte und nicht vorausgesehene, aber prinzipiell voraussehbare Folgen (individuelles Wissensdefizit), prinzipiell nicht voraussehbare, aber auch nicht sicher auszuschließende Spätfolgen (prinzipielles Wissensdefizit)." (Fenner 2008, S. 228)

Bei Fenners beabsichtigten Folgen sind Intentionalität und Wissen per definitionem garantiert, doch bereits bei den indirekt (mit-)beabsichtigten Folgen kann lediglich von Wissen, nicht aber mehr von Intentionalität die Rede sein. Alle in diesem Zitat als beurteilungsrelevant aufgelisteten Folgenarten, bis hin zu denen, die laut Fenner unter ein prinzipielles Wissensdefizit fallen, lassen sich mit Birnbachers objektivem Standard erfassen.[59] Doch viel weiter als Birnbachers Objektivitätsbegriff haben auch Fenners Überlegungen nicht geführt. Wie lassen sich sein objektiver Standard und ihr prinzipielles Wissensdefizit eindeutig definieren? Klar scheint nur zu sein, dass der Akteur die nicht sicher auszu-

---

59 Fenner beruft sich in der Ausformulierung des prinzipiellen Wissensdefizits auf Jonas' Konzept einer „‚Heuristik der Furcht'" (FENNER 2008, S. 45): „Wo irreversible negative Spätfolgen nicht sicher ausgeschlossen werden können, sollte nicht gehandelt werden. Tut man es trotzdem, handelt man unverantwortlich" (ebd.). Vgl. hierzu auch JONAS 2003, S. 390 ff.

schließenden Folgen in seine Erwägungen für oder gegen eine Handlung mit einzubeziehen in der Lage sein muss und dass wir dazu prinzipiell fähig sind, zeigen wir in jedem Moment, in dem wir handeln. Dies ändert nichts daran, dass Konfliktsituationen eine Zuschreibung von Verantwortung erschweren können, sondern Verantwortung offenbart sich hier erstmals als graduelles Phänomen. Von Verantwortung kann nur in dem Maße gesprochen werden, in dem die für sie notwendigen Bedingungen gegeben sind (vgl. Kapitel 3.1), weshalb man sich in einer Analyse der Handlungsfähigkeit mit Herausforderungen der hier geschilderten Art konfrontiert sieht. Auch aus diesem Grund ist Urteilskraft eine Voraussetzung für Verantwortlichkeit (vgl. Kapitel 2.3). Ein objektiver Standard zur Bewertung beurteilungsrelevanter Handlungsfolgen kann hier nicht ermittelt werden, da aus dem Verantwortungsbegriff nicht abgeleitet werden.[60] Man muss ihn in den fraglichen Kontexten suchen und definieren (vgl. die Kapitel 12 und 13, in denen auch zwischen Unsicherheit und generellem Nicht-Wissen-Können differenziert wird).

2.2 Kontextwahrnehmung als Geschichtlichkeit: Banzhaf gibt an, dass für die Möglichkeit zur Verantwortungsübernahme eine „ganzheitliche Wahrnehmung dessen, was eine Situation erfordert" (Banzhaf 2002, S. 186), nötig ist, was sich ihm zufolge in „eine[m] Blick für das Ganze" (ebd.) äußert. Nur wenn der Akteur den Handlungskontext erfasst, kann er die potenziellen Folgen seines Tuns kalkulieren. Der Blick für das Ganze als Aspekt der Handlungsfähigkeit meint, dass der Verantwortliche um die Handlungsbedingungen, die seiner Situation ihre spezifischen Konturen verleihen, weiß. Zwar muss bspw. ein Fabrikarbeiter in der Bedienung einer Maschine nicht über alle gegenwärtigen Handlungen im Fabrikgebäude tatsächlich informiert sein, sondern er beweist einen Banzhafschen Blick für das Ganze, indem er seine Maschinenführung als Handlung definiert, die aber zugleich bestimmten Gesetzen wie der Mechanik der Maschine gehorcht und raum-zeitlich in das Fabrikgebäude zum Zeitpunkt x einzuordnen ist. Auch die in Kapitel 1 als Umsetzungsmodus der Verantwortung vorgeschlagene Erklärungsfähigkeit äußert sich in der Selbsteinordnung in einen Handlungskontext.

Selbsteinordnung in einen Handlungskontext schlägt sich allgemeiner in der Auffassung von einer „Geschichtlichkeit aller menschlichen Verhältnisse" (Schwartländer 1974, S. 1580) bzw. in der raum-zeitlichen Lokalisierung derselben nieder, denn nur, indem der Vergangenheit gedacht wird, kann „Zukunft entw[orfen]" (Banzhaf 2002, S. 186), können also Handlungskonsequenzen eingeschätzt werden. Der Akteur akzeptiert in seiner Wahrnehmung der eigenen Geschichtlichkeit den gegenwärtigen Zustand der Welt als der für den Men-

---

60 Das Strafrecht ist ein Beispiel für die Schaffung objektiver Standards.

2 Die Bedingungen für die Möglichkeit zur Verantwortungsübernahme

schen größtmögliche Handlungsraum. Die Einsicht, dass für die Möglichkeit zu handeln erst eine menschliche Welt existieren muss, erscheint trivial. Ich komme in den Kapiteln 7 und 8 darauf zurück.

2.3 Wahrnehmung der Individualität als Einheit – Personalität:

Das Konzept der personalen Identität hat erstmals John Locke in der zweiten Auflage seines „Essay Concerning Human Understanding" diskutiert und es dort mit Selbstbewusstsein und Erinnerungsvermögen ausgestattet.[61] Zwar kann personale Identität als metaphysisches Problem in diesem Buch nicht thematisiert werden, doch „diachrone Identität, d. h. [die] Identität im Zeitablauf" (Quante 1999, S. 9) ist Teil unseres Verständnisses von Handlungs- in Bezug auf die Verantwortungsfähigkeit. Nur Personen können verantwortlich sein:

> „Die Einheit des Selbst muß vielmehr über größere Handlungssequenzen hinweg erkennbar sein, um auch unter geänderten Bedingungen als eben *dieses bestimmte Individuum* identifizierbar zu sein, von dem vorgreifend auf einen späteren Handlungserfolg schon lange vorher die Rede war." (Gerhardt 1999, S. 286)

Paul Ricœur verknüpft Gerhardts Einheit des Selbst mit ihrer Verantwortlichkeit, insofern dass „[s]ich jetzt verantwortlich zu zeigen bedeutet [...], zu akzeptieren, daß man heute für denselben gehalten wird, der gestern etwas getan hat und morgen etwas tun wird" (Ricœur 2005, S. 357).[62] Das als Einheit handelnde Individuum mit einer „Ich-Identität" (Haker 2006, S. 400) wird durch seine raum-zeitliche Stabilität konstituiert, anhand der Normen und Gründe, die jemanden leiten, erhält der Verantwortungsträger Wiedererkennungswert.[63] Über die Selbstwahrnehmung als raum-zeitlich stabile Identität bzw. als Person ist die Welt als beständiger Handlungsraum erfahrbar (vgl. die Kapitel 7 und 8). Die

---

61 Vgl. insbesondere LOCKE 1988, S. 419 f. Übersichtliche Erläuterungen zu Locke finden sich bspw. in HAKER 2006, S. 401 und QUANTE 1999, S. 9 ff.

62 Vgl. KLIMESCH 2005, S. 126 sowie das Kapitel „Die Verantwortung und die Identität ihres Subjekts" bei Ingarden in INGARDEN 1970, S. 51 ff., weiterhin auch HAKER 2006, S. 400 ff. und NEYER/LEHNART 2008, S. 82 f. Zur Definition von Individualität vgl. bspw. BURKARD 1999, S. 431 und PRECHTL 1999c.

63 Einschlägig sind z. B. Charles Taylors *Quellen des Selbst. Die Entstehung der neuzeitlichen Identität* (TAYLOR 1996, S. 57 ff.), Derek Parfits *Reasons and Persons* (vgl. hier den kompletten dritten Teil über Personal Identity; PARFIT 1984, S. 199 ff.) sowie insbesondere Christine M. Korsgaards *Self-Constitution. Agency, Identity, and Integrity*. David Copp gibt in seinem Text „Social Unity and the Identity of Persons" einen Überblick über die verschiedenen Positionen dazu, was eine Person ist; insbesondere COPP 2002, S. 366 ff. Auch der Sammelband *Personale Identität* enthält einschlägige Ansätze, nebst eines äußerst anschaulichen Überblickstextes von Quante (QUANTE 1999). Quante hat den Personenbegriff auch von moralischer und rechtlicher Seite beleuchtet, v. a. in dem Text „Die Bedeutung des Personenbegriffs für den moralischen Status der Person", enthalten in dem Tagungssammelband *Der Mensch als Person und Rechtsperson* (QUANTE 2011).

autonome Person ist der Verantwortungsträger par excellence (vgl. Kapitel 3.1), insofern das Konzept der autonomen Person die Verantwortungsbedingungen bündelt. Autonomie meint Kommunikations- und Handlungsfähigkeit sowie Urteilskraft (vgl. die Kapitel 3.1 und 6).

2.4 Einflussmöglichkeit ist ein weiterer Aspekt der Handlungsfähigkeit als Bedingung für die Möglichkeit zur Verantwortungsübernahme. Michael Pauen verknüpft Verantwortung mit Freiheit bzw. Handlung und Kontrolle, insofern Handlungen Kontrolle und Freiheit voraussetzen (vgl. die Ausführungen zur Freiheit weiter unten in diesem Kapitel). Um handeln zu können, muss ein Akteur Albs zufolge die „Kontrolle über den Beginn und den Verlauf eines Geschehnisses" besitzen und Pauen fasst diese Überlegungen mit der Bemerkung zusammen, dass, „[j]e geringer die Abhängigkeit der Handlung von der Person [je erzwungener also die Handlung; J. S.], desto geringer das Maß an Kontrolle, desto geringer folglich auch das Maß an Verantwortung" (Pauen 2008a, S. 51) ist. Albs und Pauen stimmen mit anderen Verantwortungsforschern in der Ansicht überein, dass „I am responsible at least for what I thus control" (Duff 1998, S. 291),[64] doch werden dabei die Begriffe „Einfluss" und „Kontrolle" häufig sehr ähnlich gebraucht. So bspw. auch bei Heidbrink, da man ihm zufolge nicht dort verantwortlich ist, „[w]o jemand keinen Einfluss auf Entwicklungen nehmen kann, weil er nicht zum Handeln in der Lage ist" (Heidbrink 2008a) und auch für Otto Neumaier bedeutet „Handlungsmacht" (Neumaier 2008, S. 72) als Voraussetzung für Verantwortung, dass ein „Subjekt [...] [in der Lage sein muss], den Sachverhalt p mit einer Handlung h kausal zu beeinflussen" (ebd.).[65]

Die Begriffe „Einfluss" und „Kontrolle" synonym zu gebrauchen, überzeugt jedoch nur dann, wenn mit Kontrolle keine absolute Ausübung von Einfluss gemeint ist, denn das würde unser Verständnis von Verantwortung unterfordern. Im Alltagsgebrauch verlangen wir nicht nur unter der Voraussetzung absoluter Kontrolle, dass jemand Rede und Antwort für etwas steht. Die „Maximalposition" (Werner 2006, S. 546), dass jemand für alles verantwortlich ist, was er in welch geringem Maße auch immer beeinflussen kann, stellt die Gegenposition hierzu dar und in ihr liegt die in der Einleitung geschilderte Gefahr einer Totalisierung und Entgrenzung von Verantwortung begründet. Vor dem Hintergrund der hier angestellten Überlegungen lässt sich diese Vorstellung einer Totalverantwortung nun folgendermaßen entkräften: Verantwortung setzt Handlungsfähigkeit voraus und eine Handlung ist über Intentionalität von bloßem Verhalten zu differenzieren. Doch bereits im Falle bloßen Verhaltens wird

---

64 Vgl. auch NIDA-RÜMELIN 2007, S. 62.
65 Ebenso spricht Young von Macht als einem der Parameter, nach denen sich das Maß von Verantwortung bestimmen lässt; vgl. YOUNG 2011, S. 144 f. und auch OTT 1998, S. 581 f.

Einfluss ausgeübt, weshalb Einflussnahme noch kein Anzeichen für Verantwortlichkeit ist. Das Verantwortungskonzept ist über die Bedingung der Handlungsfähigkeit anspruchsvoller, insofern hierfür nicht nur Einfluss, sondern intendiertes Einwirken, wenn auch keine absolute Kontrolle gegeben sein muss (vgl Kapitel 3.2).

2.5 Freiheit wird nun als letzter wesentlicher Aspekt der Handlungsfähigkeit in Bezug auf die Möglichkeit, Verantwortung zu tragen, besprochen. Innerhalb des Verantwortungsdiskurses ist man sich hinlänglich darüber einig, dass Freiheit eine der notwendigen Verantwortungsbedingungen ist und dass überdies das „gesamte Rechtssystem [...] auf der Voraussetzung [basiert], daß es so etwas wie Willensfreiheit und persönliche Verantwortung gibt" (Pauen 2001, S. 23).[66] Willensfreiheit scheint intuitiv für die Erklärung von Phänomenen wie Handlung, Schuld und Rechtfertigung zu überzeugen,[67] doch während hierüber weitestgehend Einigkeit besteht,[68] gestaltet sich eine Festlegung auf eine der vielen Definitionen des Freiheitsbegriffs als schwierig, sodass Heidbrink sogar von einem „jahrhundertealte[n] Streit zwischen Freiheit und Verantwortung" (Heidbrink 2007b, S. 19) spricht. Wallace zufolge denken wir uns zwar potenzielle Verantwortungsträger als frei, „while having only a vague conception of how this freedom is to be understood" (Wallace 1994, S. 60). Nur eine Minderheit unter den Verantwortungsforschern widerspricht der Überzeugung, Freiheit stelle eine Bedingung für die Möglichkeit zur Verantwortungsübernahme dar.[69] Im Folgenden wird eine zwischen diesen Extremen vermittelnde Strategie vorgeschlagen, insofern Freiheit und Verantwortung als unterschiedliche Phänomene vorgestellt werden, mit denen man sich auch unabhängig voneinander befassen kann. Freiheit wird hier über das Scharnier der Handlungsfähigkeit als Verantwortungsbedingung von sekundärer Relevanz gedacht.

Zwar scheint eine Bestimmung des Freiheitsbegriffs eine größere Herausforderung darzustellen, doch auf eine Alltagsdefinition kann man sich verhältnismäßig schnell einigen, insofern Freiheit in der Wahl zwischen verschiedenen Handlungsalternativen liegt:

---

66 Dieser Hinweis ist insofern interessant, als der Verantwortungsbegriff historisch zuerst im rechtlichen Bereich auftauchte, bevor er in Politik und Philosophie übernommen wurde (vgl. Kapitel 1). Gerade im juristischen Bereich „[bestehe] hinter allen ungelösten Streitfragen [ein] Konsens [...], dass Freiheit den Menschen für sein Wollen und Handeln im rechtlichen Sinne verantwortlich macht." (LAMPE 2008b, S. 30)
67 Vgl. auch MONTADA 2001, S. 81 und PAUEN 2008b, S. 43.
68 Vgl. neben Pauen bspw. GLANNON 2006, KANE 1999, KEIL 2007 und ROSKIES 2006.
69 Vgl. bspw. FISCHER 1988, LOHMAR 2005 und MORSE 2007. Malte Engel äußert sich in seiner Dissertation *Kognitive Fähigkeiten als Bedingung moralischer Verantwortung* zu diesen Positionen (ENGEL 2011, S. 17 ff.).

"A dominant role in nearly all recent inquiries into the free-will problem has been played by a principle which I shall call ‚the principle of alternate possibilities.' This principle states that a person is morally responsible for what he has done only if he could have done otherwise." (Frankfurt 1969, S. 829)

Handlungsfreiheit ist Frankfurt zufolge jedoch nicht notwendig, um eine Person für etwas verantwortlich zu erklären, denn man kann sich Situationen vorstellen, in denen wir jemandem Verantwortung zuschreiben, obwohl er nicht über Handlungsfreiheit verfügt.[70] Die seiner Ansicht nach unabdingbare Voraussetzung für Freiheit ist das Vorhandensein so genannter Volitionen zweiter Stufe, die Willensfreiheit generieren – zu wollen, was man wollen will.[71] Pauen weist darauf hin, dass in solchen Situationen „der Handelnde die *ausschließliche* Quelle seines Tuns sein" (Pauen 2001, S. 26) müsste. Susan Wolf beschreibt diese Positionierung, dass wir deshalb verantwortlich für etwas sind, weil wir über Willensfreiheit verfügen, als „deep-self view" (Wolf 1988, S. 50). Damit teilt sie die Ansicht von Denkern wie Frankfurt, Gary Watson[72] und Charles Taylor[73], die besagt, dass wir uns selbst, d. h. unsere eigene Person, unseren Charakter, unser Selbst, verändern können.[74]

Als Konsequenz der gegen Ende des 20. Jahrhunderts aufgrund neuerer Erkenntnisse der Hirnforschung aufgekommenen Debatte um die Möglichkeit oder Unmöglichkeit von Willensfreiheit liegt vielen Verfechtern der Freiheitsidee daran, Ansätze zu begründen, die einen gegenseitigen Ausschluss von Determinismus und Freiheit vermeiden (die Position des Kompatibilismus). Da auch mentale Zustände wie Überlegungen, Einstellungen und Wünsche durch „neuronale Prozesse im Gehirn realisiert" (Pauen 2008b, S. 53) sind, kann die Vorstellung von Freiheit auf dem Fundament eines radikalen Indeterminismus

---

70 Frankfurt schildert das in dem Text „Alternate Possibilities and Moral Responsibility" mit dem populären Black-Jones-Beispiel (FRANKFURT 1969, S. 829 f.).
71 Vgl. hierzu FRANKFURT 1971, S. 7 und ebd., S. 10.
72 Vgl. WATSON 1975.
73 Vgl. TAYLOR 1976, S. 149.
74 Wolf bemerkt hierzu: „All [Frankfurt, Watson und Taylor; J. S.] agree that if we are responsible agents, it is not just because our actions are within the control of our wills, but because, in addition, our wills are not just psychological states *in* us, but expressions of characters that come *from* us, or that at any rate are acknowledged and affirmed by us. For Frankfurt, this means that our wills must be ruled by our second-order desires; for Watson, that our wills must be governable by our system of values; for Taylor, that our wills must issue from selves that are subject to self-assessment and redefinition in terms of a vocabulary of worth" (WOLF 1988, S. 49). Wolf erweitert diesen Ansatz um ihre „sane deep-self view" (ebd., S. 56): „The desire to be sane is […] a desire that one's self be connected to the world in a certain way – we could even say it is a desire that one's self be *controlled* by the world in certain ways and not in others" (ebd., S. 55). Und weiter: „[W]e may understand sanity, then, as the minimally sufficient ability cognitively and normatively to recognize and appreciate the world for what it is." (Ebd., S. 56)

2 Die Bedingungen für die Möglichkeit zur Verantwortungsübernahme

nicht überzeugen. Im Rahmen einer Widerlegung „der Annahme, Physik und Neurobiologie würden eines Tages zeigen, daß Freiheit gar nicht existiere, daß wir also nicht mehr sind als etwas kompliziertere Automaten, die für ihr Handeln nicht zur Rechenschaft gezogen werden können" (Pauen 2001, S. 24), müsse nun um der Freiheit willen festgelegt werden, wie eine Person genau determiniert ist, damit sie trotzdem bzw. gerade deshalb als frei gelten kann. Ebenso wie Frankfurt, Watson, Taylor und Wolf, die Selbstdetermination als eine Art Programmierung der eigenen Person verstehen, begreift auch Pauen Freiheit als „Selbstbestimmung" (ebd.) durch eigene Wünsche und Vorstellungen. Im Rahmen seines kompatibilistischen Ansatzes begründet er eine spezielle Determiniertheit des freien Willens, sozusagen eine Programmierung der Person durch „zuschreibbare Präferenzen" (Pauen 2008b, S. 48), insofern „[d]eterminierte Handlungen [...] selbstbestimmt und frei [sind] [...], wenn sie durch die Person, oder konkreter: durch die personalen Präferenzen der Person determiniert sind" (ebd., S. 50 f.):

> „Von Freiheit ließe sich also dann sprechen, wenn eine Person in bewußt erfahrener Übereinstimmung mit ihren spezifischen Intentionen, Überzeugungen und Charakterzügen handelte, von Unfreiheit, wenn ihr Handeln durch äußere Zwänge und Hemmnisse eingeschränkt oder gar bestimmt würde." (Pauen 2001, S. 24)

Damit jemand Rede und Antwort stehen kann, muss er laut Pauen über Intentionen, Überzeugungen und Charakterzüge verfügen. Er bezeichnet Freiheit als Selbstbestimmung, also Determination des personalen Willens durch zuschreibbare Präferenzen, was bedeutet, dass Verantwortung als Möglichkeit, Rede und Antwort stehen zu können, die Handlungsfähigkeit einer individuellen und durch eigene Wünsche geleiteten und somit selbstbestimmten Einheit erfordert.[75] Im Gegensatz zu kompatibilistischen und inkompatibilistischen Verfechtern der These, dass Willensfreiheit eine notwendige Voraussetzung für Verantwortung darstellt, argumentieren Stephen J. Morse und Achim Lohmar für die entgegengesetzte Position. Morse betont, dass das Freiheitsproblem metaphysisch[76] und daher im praktischen Leben, ebenso im Recht, nicht von Belang

---

75 Im Gegensatz zu solchen kompatibilistischen Positionen, die Freiheit und Determinismus als miteinander vereinbar betrachten, haben Inkompatibilisten wie Robert Kane angenommen, von Freiheit könne nur in den wenigen Momenten eines menschlichen Lebens die Rede sein, wenn eine Person tatsächlich durch nichts determiniert wird. Kane nennt diese Momente „self-forming actions or SFAs" (KANE 1999, S. 224). Sie treten in Konfliktsituationen auf, wenn sich die Unentschlossenheit einer Person darüber, wie sie handeln soll, darin äußert, dass mehrere ‚neuronale Netzwerke' im Gehirn des Verantwortlichen gleichermaßen stark ‚feuern', sodass eine (spontane) Entscheidung für eine der mindestens zwei Handlungsoptionen vollkommen undeterminiert und somit frei erfolgt.

76 Vgl. MORSE 2007, S. 213.

ist. Menschen sind nicht aufgrund ihrer metaphysischen Willensfreiheit für etwas verantwortlich, sondern da sie über bestimmte kognitive Vermögen verfügen:

> „Forensic psychiatry and psychology address problems genuinely related to responsibility, including consciousness, the formation of mental states such as intention and knowledge, the capacity for rationality, and compulsion, but they never address the presence or absence of free will." (Morse 2007, S. 203)

Ähnlich äußern sich auch Wallace, Watson, John Martin Fischer und Taylor. Wallace bspw. fasst unter den „powers of reflective self-control" (Wallace 1994, S. 155) zwei Bedingungen für Verantwortung zusammen, nämlich „the general ability to grasp and apply moral reasons and to regulate their behavior by the light of such reasons" (ebd.). Er nimmt an, dass die Vorstellung, „that moral responsibility is crucially connected to the capacity to respond to reasons is a natural one" (Watson 2004, S. 289) und begründet diese Annahme in dem Essay „Reasons and Responsibility" in Auseinandersetzung mit der Position von John Martin Fischer und Mark Ravizza.[77] Fischer und Ravizza halten einen Akteur für verantwortlich, „insofar as the mechanism that actually issues in the action is reasons-responsive" (Fischer 1988, S. 84) und Taylor bezeichnet jemanden für befähigt, Rede und Antwort zu stehen, da er ein „strong evaluators" (Taylor 1976, S. 287) ist. Da sie die eigenen Wesenszüge reflektieren, können Menschen Verantwortung tragen.[78] Diese Überlegungen, dass für die Verantwortungsfähigkeit weniger Freiheit in einem metaphysischen Sinne als vielmehr bestimmte kognitive Vermögen nötig sind, überzeugen. Morse zufolge sprechen wir beispielsweise Menschen mit einer geistigen Behinderung nicht deshalb Verantwortung in vollem Sinne ab, weil wir sie als unfrei erachten bzw. werfen die Frage, ob sie in einem prinzipiellen oder metaphysischen Sinne als frei gelten können, gar nicht auf. Kinder und in ähnlicher Weise Menschen mit bestimmten chronischen Krankheiten oder Formen von Behinderung verfügen Morse zufolge (noch) nicht über Verantwortungsbedingungen wie Rationalität und Ansprechbarkeit für (moralische) Gründe.[79]

Diese Ausführungen sollen natürlich nicht besagen, dass Freiheit keine Voraussetzung für Verantwortung darstellen kann, sondern ähnlich wie Malte Engel[80] wird die Frage nach den Bedingungen für die Möglichkeit zur Verantwortungsübernahme über Kompetenzen wie Handlungsfähigkeit und kognitive Vermögen wie Rationalität (vgl. Kapitel 2.3) beantwortet und nicht auf eine

---

77 Vgl. auch WATSON 2004, S. 289.
78 Vgl. TAYLOR 1976, S. 299.
79 Vgl. MORSE 2007, S. 209.
80 Vgl. ENGEL 2011, S. 17 f.

2 Die Bedingungen für die Möglichkeit zur Verantwortungsübernahme 57

Idee metaphysischer Willensfreiheit zurückgeführt. Inwiefern für die angeführten Fähigkeiten und Kompetenzen Freiheit in einem metaphysischen Sinne nötig ist, kann hier nicht diskutiert werden, weshalb ich Freiheit oben eine Verantwortungsbedingung von sekundärer Relevanz genannt habe, insofern sie u. U. eine Voraussetzung für Handlungsfähigkeit darstellt.

Björn Burkhardt beschreibt in dem Text „Und sie bewegt uns doch: die Willensfreiheit" seinen Ansatz als Konsequenz aus Peter Singers Differenzierung zwischen Erster- und Dritter-Person-Perspektive. Selbst wenn ‚die' Neurowissenschaft die prinzipielle menschliche Unfreiheit tatsächlich nachweisen könnte (Dritte-Person-Perspektive), werden wir uns als frei handelnde Wesen verstehen (Erste-Person-Perspektive)[81], und beide Positionen sind – hier distanziert sich Burkhardt argumentativ von Singer – nicht in einem Konflikt:

> „Der springende Punkt ist also nicht, dass das deliberierende Subjekt glauben muss, es besitze Entscheidungsfreiheit, sondern dass es so entscheiden muss, als ob es frei wäre. [...] Diese Feststellung steht nicht in Widerspruch zu den Ergebnissen der Hirnforschung [...]. Die entscheidende Frage ist [...] nicht, ob wir einen freien Willen haben [im metaphysischen Sinne; J. S.], sondern ob die Überzeugung, so oder auch anders entschieden zu können, empirische Konsequenzen hat. Wir urteilen und handeln also nicht nur so, als gäbe es den freien Willen (so Singer), wir müssen vom praktischen Standpunkt aus so entscheiden, als gäbe es ihn [...]." (Burkhardt 2003)

Dass Freiheit unabhängig davon, ob sie sich metaphysisch begründen lässt, ein unumgängliches Element unseres Selbstverständnisses darstellt, dass sie ein „fundamental aspect of our social lives" (Kutz 2002, S. 553) ist, überzeugt. In manchen Kontexten, in denen darüber nachgedacht wird, ob jemand verantwortlich für etwas ist oder nicht, scheint jedoch ein Rekurs auf Handlungsfähigkeit und Autonomie (vgl. Kapitel 3.1) sowie auf kognitive Vermögen wie Rationalität und Urteilskraft (vgl. Kapitel 2.3) praktikabler zu sein. Wie oben bereits angedeutet, definiere ich Autonomie als Selbstbestimmung, in der die drei Verantwortungsbedingungen, Kommunikations- und Handlungsfähigkeit sowie Urteilskraft zusammenfallen und Personalität konstituieren.[82]

Fazit: Eine Handlung ist intentional und lässt sich hierüber von bloßem Verhalten unterscheiden, realisiert sich in den beiden Modi Tun und Unterlassen und ist abhängig von einem Interpretationskontext. Handlungsfähigkeit zeichnet sich als Verantwortungsvoraussetzung durch Folgenbewusstsein, Kontextwahrnehmung, Personalität, Einflussmöglichkeit und Freiheit aus.

---

81 Burkhardt begründet seine Haltung u. a. mit einem Zitat von Kant; vgl. KANT AA 08, S. 13.
82 Vgl. zum Autonomiebegriff z. B. PRECHTL 1999a.

2.3 Urteilskraft

Verantwortung als Rede-und-Antwort-Stehen stellt eine gesteigerte oder zweckgebundene Form des bloßen Antwortens dar (vgl. Kapitel 1), weshalb der fragliche Akteur Normen als Maßstab für die Entscheidung, ob Verantwortungsübernahme eingefordert werden kann, benötigt. Verantwortung beruht daher auf Urteilskraft, die dem Verantwortlichen die Gründe und Kriterien an die Hand reicht, mit deren Hilfe er sein Handeln als Rede-und-Antwort-Stehen beurteilen kann.[83] Verantwortung als normatives Konzept, für das ein reines Kausalverhältnis nicht hinreichend ist, meint, dass sie „stets mit einem Werturteil verknüpft ist" (Bayertz 1995, S. 13), wofür der Verantwortliche „auf ein jeweils bestimmtes System von Normen und Werten" (ebd., S. 15) zurückgreifen kann. Für die Ausbildung eines solchen Normensystems muss er urteilen können.

Dabei spielt die Weise, in der ein potenzieller Verantwortungsträger zu seinen handlungsleitenden Gründen gelangt ist, ob bspw. durch Erziehung oder eigene Reflexion, keine Rolle. Selbst für die Übernahme und das Akzeptieren von Normen ist ab einem Punkt in der Entwicklung des Kindes zu einer autonomen Person zumindest in einem rudimentären Sinne Urteilskraft nötig. Auch Kinder können bereits gewissermaßen verantwortlich für etwas sein, sofern sie über eine Reihe von Meinungen und Urteilen verfügen, ohne dass sie zu diesen ausschließlich durch eigenes Nachdenken gelangt sein müssen (vgl. Kapitel 6). Die Akzeptanz von Regeln erlaubt irgendwann keine Entschuldigung von Verantwortungsübernahme mehr, sofern davon ausgegangen werden kann, dass sich auch die anderen Verantwortungsbedingungen – Kommunikations- und Handlungsfähigkeit – graduell entwickeln und bereits in einem Mindestmaß vorhanden sind (vgl. zur Gradualität der Verantwortung auch Kapitel 3.1). Bereits das Akzeptieren von Normen impliziert eine Zustimmung aufgrund von Urteilskraft, wenn auch der fragliche Akteur für die Übernahme voller Verantwortung vollständig entwickelt und in der Lage sein muss, eigenständig Urteile in einem anspruchsvollen Sinne zu fällen. Verantwortung als Rede-und-Antwort-Stehen erfordert also mehr als ein bloßes Antworten in Form einer Berufung auf Meinungen, soweit sie prinzipiell und potenziell die Fähigkeit zur Urteilsbildung und Reflexion mit sich bringt bzw. beruht bereits die bloße Berufung auf Meinungen auf Urteilskraft in einem schwachen Sinne.

Das Zusammenspiel von Verantwortung und Urteilskraft – drei Schwierigkeiten: Wie oben bereits ausgeführt, beruht Verantwortung als normatives Kon-

---

83 Urteilskraft als das Vermögen, Besonderes unter Allgemeines (Begriffe und Regeln) zu subsumieren (bestimmende Urteilskraft), sowie in Ausnahmesituationen neue Regeln zu definieren (reflektierende Urteilskraft), wurde maßgeblich von Kant untersucht; vgl. KANT AA 05, Erste Einleitung, Abschnitt V und KANT KrV, AA 03, B 172.

zept auf Urteilskraft. Doch aus dem impliziten und unhinterfragten Gebrauch von Normen kann es zu missverständlichen und falschen Verantwortungszuschreibungen kommen, wenn jemand bspw. aufgrund starker moralischer Intuitionen an das Gewissen appelliert und das Mittragen von Verantwortung für z.B. den Klimawandel oder die Weltarmut verlangt. In diesem Fall wird die Urteilskraft selbst als Instanz unausgesprochener Werte, als verbindlich und universal gültig, gesetzt. Dabei generiert sie jedoch aus sich heraus erst die Normen, die über den Verantwortungsbegriff auf die fraglichen Situationen übertragen werden (vgl. die Filtermetapher der Verantwortung in der Einleitung zum ersten Teil). Darüber hinaus kann es geschehen, dass normative Kriterien in den Verantwortungsbegriff selbst integriert werden, wobei er jedoch von sich aus keine spezifischen Normen festlegt. Ferner wird die Frage nach Verantwortung mit der Frage nach den normativen Kriterien dieser Verantwortung oft verwechselt und Äußerungen wie „Aber wäre es denn nicht verantwortungsvoll, xy zu tun?" oder „Unsere Verantwortung nötigt uns doch dazu, xy zu tun!" lassen sich als Indikatoren einer solchen Verwechslung deuten. ‚Die' Verantwortung veranlasst niemanden dazu, irgendetwas zu tun oder zu unterlassen, sondern es sind normative Kriterien, die in solchen Äußerungen unausgesprochen zur Geltung kommen.

Welche Normen überhaupt als Maßstab zu einer Bestimmung von Verantwortung dienen können, bspw. in Form einer Liste aller potenziellen Verantwortungskriterien, kann im Rahmen dieses Projekts nicht thematisiert werden, das ja gerade eine kontextinsensitive, formale Analyse des Verantwortungsphänomens darstellt. Nur in Form eines Exkurses wird in Kapitel 3.5 ein Vorschlag für eine Reihe normativer Kriterien gemacht, die sich meiner Ansicht nach aus der Minimaldefinition ergeben und in jedem Gebrauch des Verantwortungsbegriffs mitklingen.

3.1 Verantwortung und kognitive Vermögen:[84] Innerhalb des Verantwortungsdiskurses hat das Zusammenspiel von Urteilskraft mit anderen kognitiven Vermögen für die Möglichkeit zu Verantwortungsübernahme bereits vermehrt Aufmerksamkeit erhalten (vgl. auch die Ausführungen in Kapitel 2.2 im Abschnitt über Freiheit), Nida-Rümelin definiert bspw. Rationalität als eine wesentliche Voraussetzung für Verantwortung.[85] Schwierig erscheint dabei eine eindeutige Bestimmung dieser Kompetenzen und Fähigkeiten:

> „Ein solches einheitliches Verständnis von Rationalität gibt es aber nicht und kann es genaugenommen auch gar nicht geben, da der Begriff der Rationalität erstens kontextspezi-

---

84 Die folgenden Aspekte sind mit 3.1 und 3.2 nummeriert, da Urteilskraft die dritte hier untersuchte Bedingung für die Möglichkeit zur Verantwortungsübernahme darstellt.
85 Vgl. NIDA-RÜMELIN 2007, S. 71.

fisch verschiedene Bedeutungen annehmen kann und zweitens durch verschiedene notwendige Bedingungen bestimmt wird, die selbst wiederum in Frage gestellt werden können, keinesfalls aber absolut verbindlich sind." (Diehl 1999, S. 135)

Es zeigt sich nun das paradoxe Bild, dass „unsere philosophisch ausgereiften Vorstellungen davon, was menschliche Vernunft bzw. persönliche Rationalität ausmacht, selbst wiederum gewisse normative Prinzipien enthalten, die keineswegs absolute Gültigkeit beanspruchen können" (ebd.). Überdies geht es insbesondere in den Situationen, in denen nach Verantwortung gefragt wird, gerade nicht um ein möglichst eindeutiges ‚Sein oder Nicht-Sein' von Urteilskraft, sondern sowohl sie selbst als auch die mit ihr zusammenspielenden kognitiven Vermögen stellen graduelle Phänomene dar. Oft obliegt denjenigen, die Verantwortungsübernahme fordern, gar nicht die Entscheidungsgewalt über das Ob eines Vorliegens von Urteilskraft und Rationalität, sondern eines Wie viel, um beurteilen zu können, ob der fragliche Akteur für sein Verhalten zu entschuldigen ist oder nicht.[86] Doch stößt ähnlich wie bei der Definition des Freiheits- und des Handlungsbegriffs auch das Vorhaben einer umfassenden Bestimmung der kognitiven Vermögen, die mit Urteilskraft zusammengehen, hier an seine Grenzen. Die (um auf das Problem der Folgenbemessung aus Kapitel 2.2 zu rekurrieren) objektiven Standards zur Beurteilung dessen, was man prinzipiell unter bspw. Rationalität zu verstehen hat, können im Rahmen dieses Buches nicht ermittelt werden.

3.2 Verantwortung und zwischenmenschliche Institutionen: Neben weiteren kognitiven Vermögen wie Reflexion und Rationalität hängt Urteilskraft als Verantwortungsbedingung auch mit zwischenmenschlichen Institutionen wie Versprechen, Verlässlichkeit und Vertrauen[87] als Grundlage zwischenmenschlicher Beziehungsverhältnisse zusammen. Diese drei Aspekte, über die ich Inter-

---

86 Robin Attfield befasst sich in *The Ethics of the Global Environment* mit Fällen „nicht-idealer Entscheidungsbedingungen", in denen die Akteure zwar weniger Verantwortung tragen, ihnen allerdings auch nicht zugestanden wird, sich ihrer Verantwortung vollkommen zu entziehen: „Billions of humans are subject to authoritarian regimes, but are not completely deprived thereby of all opportunities for forming constructive decisions in their daily lives. Hence, while ideal decision-making situations [...] frequently remain unachievable, this cannot be allowed to absolve the majority of humanity living in non-ideal conditions from all responsibility, much less from environmental responsibility in particular. Greater responsibility, however, attaches to people living in relatively open societies and with greater-than-average opportunities" (ATTFIELD 1999, S. 196). Auch Young befasst sich mit der Verantwortung der Opfer (vgl. Fußnote 142). Michael Walzer spricht in *Just and Unjust Wars* davon, dass in autoritären Regimen mindestens die Möglichkeit zur Flucht bestünde und daher ein Mindestmaß an Handlungsfreiheit immer gegeben sei (WALZER 1977, S. 298). Unabhängig davon stehe außer Frage, dass Bürgern demokratischer Systeme weit mehr Einflussmöglichkeit und somit deutlich mehr Verantwortung zukomme.

87 Vgl. MÜLLER 1992, S. 107.

2 Die Bedingungen für die Möglichkeit zur Verantwortungsübernahme

subjektivität definiere (vgl. Kapitel 9), spielen insbesondere zur Erklärung der prospektiven oder Ex-ante-Verantwortung[88] eine Rolle, insofern jede prospektive Verantwortlichkeit als Bereiterklärung, für einen zukünftigen Gegenstand Rede und Antwort zu stehen, im Kern ein Versprechen enthält. Darüber hinaus lässt sich ein solches Versprechen z. B. in strafrechtlicher Form in Gesetzen und Verträgen implementieren und wird auf diese Weise zu etwas Einklagbarem. In der dritten Komponente der Minimaldefinition, dass Verantwortung etwas ist, das dem fraglichen Akteur eine gewisse Haltung abverlangt (vgl. Kapitel 1), klingt an, dass nur derjenige für etwas Rede und Antwort stehen kann, der in der Lage ist, Versprechen zu geben, verlässlich zu handeln und dem andere Menschen zumindest in einem grundlegenden Sinne vertrauen können, ohne dass hierbei Versprechen, Vertrauen und Verlässlichkeit eine allzu starke moralische Aufladung erfahren sollten.[89]

Derjenige, der verantwortlich für etwas ist, verfügt über Personalität (vgl. Kapitel 2.2), doch Ricœurs Worte, „daß man heute für denselben gehalten wird, der gestern etwas getan hat und morgen etwas tun wird" (Ricœur 2005, S. 357), erhalten über ihre Bedeutung für die Erklärung von Handlungsfähigkeit hinaus eine wichtige Funktion in der Beschreibung der zwischenmenschlichen Institutionen Versprechen, Vertrauen und Verlässlichkeit. So folgert Nida-Rümelin, dass „[e]rst die Festlegung auf Gründe [...] das Handeln und die Verständigungspraxis [strukturiert] und [es] erlaubt [...], Personen als sich in der Zeit durchhaltende Akteure wahrzunehmen" (Nida-Rümelin 2007, S. 71). Das Festlegen auf normative Kriterien, zu denen jemand durch Urteilskraft gelangt, gewährleistet Personalität und garantiert überdies Versprechen, Vertrauen und Verlässlichkeit sowie insbesondere die Möglichkeit prospektiver Verantwortungsübernahme. Die Verknüpfung von Urteilskraft mit den hier genannten zwischenmenschlichen Institutionen ist darin zu sehen, dass durch Erstere, bzw. durch die Ausbildung von handlungsleitenden Gründen, erst ein Normalfall konstituiert wird, aus dem Versprechen, Vertrauen und Verlässlichkeit in der sozialen Praxis folgen.

---

88 Vgl. BIRNBACHER 1995, S. 145 ff., DUFF 1998, S. 290 f. und WERNER 2006, S. 542. Retrospektivität und Prospektivität sind Thema von Kapitel 3.2.2.
89 Auf das Zusammenspiel von Verantwortung, Versprechen und Verlässlichkeit geht auch Bernasconi im Rahmen seiner Auseinandersetzung mit der Entwicklung des gesellschaftlichen Kapitalismus ein. In seiner Interpretation Lockes beschreibt er, wie „die Vorstellung verantwortlich zu sein nicht nur den keimenden demokratischen Institutionen, sondern auch dem Bedürfnis des aufkommenden Kapitalismus entspricht, dem Versprechen mehr Nachdruck zu verleihen" (BERNASCONI 2006, S. 224). Das Locke-Zitat, auf das er seine Überlegungen stützt, findet sich in LOCKE 1823, S. 22.

2.4 Zusammenfassung

In diesem Kapitel wurde ein kurzer Überblick über die in der Verantwortungsforschung betrachteten Bedingungen zur Möglichkeit von Verantwortungsübernahme gegeben, sofern sie für die im ersten Kapitel vorgestellte Minimaldefinition von Belang sind. Sie lassen sich wie folgt zusammenfassen:

1. Kommunikationsfähigkeit
2. Handlungsfähigkeit
   2.1 Folgenbewusstsein
   2.2 Kontextwahrnehmung als Geschichtlichkeit
   2.3 Wahrnehmung der exemplarischen Individualität als Einheit – Personalität
   2.4 Einflussmöglichkeit
   2.5 Freiheit
3. Urteilskraft
   3.1 Kognitive Vermögen, insbesondere Reflexion und Rationalität
   3.2 Zwischenmenschliche Institutionen; Versprechen, Vertrauen und Verlässlichkeit

Den Abschnitt über Freiheit als einen Aspekt der Handlungsfähigkeit sowie als Verantwortungsbedingung mit sekundärer Relevanz habe ich mit der allgemein akzeptierten Ansicht begonnen, mit der menschlichen Willensfreiheit würde unser gesamtes alltagssprachliches Konzept von Verantwortung stehen und fallen. Dem scheint im Rahmen einer Definition von Freiheit als Selbstbestimmung durch zuschreibbare Präferenzen, wie sie Pauen vorschlägt, zugestimmt werden zu können. Es konnte jedoch gezeigt werden, dass weitere Bedingungen für Verantwortung erfüllt sein müssen, die von einer etwaigen Diskussion um Möglichkeit oder Unmöglichkeit von Freiheit unabhängig sind, wie bspw. Kommunikationsfähigkeit. Und auch Urteilskraft als Fundament der Gründe und Präferenzen, die schließlich den freien Willen determinieren, bedarf nicht der Freiheitsprämisse. Freiheit kann also ggf. eine notwendige, nicht aber hinreichende Bedingung für die Möglichkeit zur Verantwortungsübernahme darstellen, eine Feststellung, die sich insbesondere gegen diejenigen richtet, die den Verantwortungs- und den Freiheitsbegriff nahezu synonym gebrauchen bzw. Freiheit als maßgebliche Bedingung für Verantwortung betrachten.

Anhand der Ausführungen in diesem Kapitel erhellt, dass Heidbrinks Charakterisierung der Verantwortungsbedingungen als Bündel (vgl. die Einleitung zum zweiten Kapitel) treffend ist, da sie keine Hierarchie darstellen, in der sich eine Voraussetzung aus der anderen herleiten lässt.

3 Relationselemente und Subkategorien des Verantwortungsbegriffs

Vor dem Hintergrund der bisherigen Überlegungen hinsichtlich der Verantwortungsbedingungen ist das erste Thema dieses Kapitels nun das Subjekt der Verantwortung. In jeder Rede über Verantwortung, in allen etwaigen Definitionen, wird implizit angenommen, dass es jemanden gibt, auf den diese Ausführungen zutreffen. Rede-und-Antwort-Stehen existiert nur in Form eines Jemand, der Rede und Antwort steht.

Dass Verantwortung ein relationaler Begriff ist, kann zwar innerhalb des Verantwortungsdiskurses als common sense betrachtet werden, doch wurde bislang weder über die genaue Anzahl der Relationselemente nachgedacht, noch eine Begründung für die angeführten Elemente gegeben, was in den meisten Fällen auf eine fehlende Definition des Verantwortungsbegriffs zurückzuführen ist, aus der etwaige Relationselemente abgeleitet werden könnten. Dieser Mangel an Genauigkeit schlug sich in der Verantwortungsforschung in einer zumeist willkürlich anmutenden Auflistung von Elementen nieder, auch wenn Konrad Ott versichert, dass es dabei „gewiß nicht darum [gehe], Rekorde an ‚Stelligkeit' aufzustellen" (Ott 1998, S. 582). Alfred Schütz betont erstmals, dass es sich bei der Verantwortung um ein relationales Konzept mit zwei Elementen, nämlich Objekt und Instanz, handelt.[90] Die Zuschreibung von drei Relationselementen, Subjekt, Objekt und Instanz, insbesondere im Recht tradiert, wurde auch von Bayertz übernommen,[91] der diese jedoch mit den normativen Kriterien zu einer vierstelligen Relation erweitert.[92] Dem folgen auch Peter Fischer und Rainer Piepmeier.[93] Lenk und Maring definieren den Verantwortungs- als sechsstelligen Begriff.[94] Am äußeren Ende dieser Skala befindet sich Günter Ropohl, der der Verantwortung sieben Relationselemente zuweist.[95] Einige Relationen sind innerhalb des Verantwortungsdiskurses verhältnismäßig unstrittig, wie z. B. Subjekt, Objekt und Instanz, doch darüber hinaus variiert zum einen die genaue

---

90 Vgl. SCHÜTZ 1972, S. 256.
91 Vgl. auch CLARK 1939, S. 467, FREYER 1970, S. 197 f., FÜHR 1996, S. 213, NUNNER-WINKLER 1993, S. 1187 und WALDENFELS 1992, S. 130.
92 Vgl. BAYERTZ 1995, S. 16.
93 Vgl. FISCHER 2006, S. 105, PIEPMEIER 1995, S. 92 und überdies SCHLINK 2010, S. 1048.
94 Vgl. LENK/MARING 2007, S. 570.
95 Vgl. ROPOHL 1994, S. 111 ff.

Anzahl der Relationselemente und zum anderen ist man sich über den Status einiger davon uneins. Ropohl führt bspw. den Zeitpunkt der Verantwortungsübernahme, Prospektivität oder Retrospektivität, als eines der sieben Relationselemente an,[96] wohingegen Lenk und Maring darin lediglich eine „sekundäre Unterscheidung" (Lenk/Maring 1992, S. 82) sehen.

Das, was Lenk und Maring mit ihrer Rede von sekundären Unterscheidungen theoretisch andeuten oder vorbereiten, wird in diesem Buch explizit umgesetzt, indem erstmals eine Unterscheidung zwischen Relationselementen und Subkategorien der Verantwortung getroffen wird. Die Relationselemente leite ich aus der Minimaldefinition ab und begründe mit ihrer Hilfe, warum es sich erstens um fünf und nicht um mehr oder weniger Elemente handelt und warum es zweitens genau diese und keine anderen sind. Doch warum überhaupt eine neue begriffliche Differenzierung? Ist nicht allein die Rede von Relationselementen bereits so abstrakt, dass sie weit entfernt von jedem denkbaren praktischen Nutzen des Verantwortungsbegriffs ist? Sind etwaige Subkategorien einfach als akademische Spielereien zu verstehen? Ganz und gar nicht. Die Subkategorien bestimmen die Relationselemente näher und sind ihre notwendigen Ergänzungen, ohne welche eine Verantwortlichkeit nur oberflächlich definiert ist. Jedoch können sie selbst nicht den Rang eines genuinen Relationselementes innehaben, denn sie sind abhängig davon, dass bestimmte Elemente bereits existieren. Diese Unterscheidung ist also wesentlicher Bestandteil einer Begründung der genauen Anzahl und Auswahl von Relationselementen.

Um ein Beispiel zu geben: Der Zeitpunkt der Verantwortungsübernahme, also Prospektivität oder Retrospektivität, stellt im Gegensatz zu Ropohls Vermutung kein Relationselement dar, da hierfür bereits ein Verantwortungsgegenstand existieren muss. Man muss bereits wissen, *wofür* jemand Rede und Antwort steht, um angeben zu können, *wann* er dies tut, ob die fragliche Verantwortlichkeit also prospektiv oder retrospektiv ist. Wenn jemand bspw. Peter die Verantwortung für das Ölgemälde seiner Mutter zuschreiben möchte, kann erst jetzt, nämlich in Abhängigkeit von einer Identifikation des Ölgemäldes als Verantwortungsgegenstand, davon die Rede sein, ob es sich dabei um eine retrospektive Verantwortung handelt (wenn Peter z. B. das Ölgemälde zerstört hat und nun dafür gerade stehen muss) oder um eine prospektive (wenn er bspw. darauf aufzupassen hat, während seine Mutter im Urlaub ist). Der Satz „Peter trägt die Verantwortung für das Ölgemälde seiner Mutter" enthält zwar einen Verantwortungsgegenstand aber keine zeitliche Einordnung, die entweder aus dem Kontext der Äußerung erschlossen werden oder durch zusätzliche Angaben erfolgen muss. Die Erfassung des Zeitpunkts der Verantwortungsübernahme ist

---

96 Vgl. ebd., S. 112 f.

3 Relationselemente und Subkategorien des Verantwortungsbegriffs

von der Bestimmung eines Verantwortungsobjekts zwar abhängig, jedoch nichtsdestotrotz notwendig, denn sonst könnte aus dem Satz „Peter trägt die Verantwortung für das Ölgemälde seiner Mutter" kein Zeitpunkt abgelesen werden, weshalb dann die Verantwortungszuschreibung völlig unklar bliebe.[97]

Die Relationselemente und mit ihnen die Subkategorien, die Erstere präzisieren, sind das strukturelle Rahmengerüst des Verantwortungsbegriffs, sein ‚Skelett', wenn man so will. In jeder Rede von Verantwortung können sie definiert werden und müssen es, soll in dem fraglichen Kontext überhaupt klar sein, was Verantwortung heißt bzw. was die Zuschreibung von Verantwortung den potenziell Beteiligten abverlangt. Strukturell enthält die Verantwortung begründet über die Minimaldefinition fünf Relationselemente, nämlich ein Subjekt bzw. einen Träger (das Wer?), ein Objekt bzw. einen Gegenstand (das Wofür?), eine Instanz (das Wovor?), einen Adressaten (das Warum?) sowie normative Kriterien (das Inwiefern?). Ein Verantwortungsmodell oder -konzept ist eine konkrete Verantwortlichkeit unter Fokussierung ihrer Elemente und der dazugehörigen Subkategorien. Man kann bspw. von dem Konzept der Klimaverantwortung reden oder von dem Verantwortungsmodell der Lehrer, die für ihre Schüler Rede und Antwort zu stehen haben. Werden in einer gegebenen Situation einige der Relationselemente oder Subkategorien entweder ungenau oder gar nicht erfasst, treten in dem fraglichen Verantwortungskonzept Lücken auf und es entstehen Schwierigkeiten bei einer eindeutigen Zuschreibung von Verantwortung. In Kapitel 4 werden verschiedene Möglichkeiten besprochen, wie es zu solchen Verantwortungsmodellen mit Leerstellen kommen kann und im Schlussteil dieses Buches mache ich ein paar Vorschläge, wie mit unvollständig bestimmten Verantwortungsmodellen umzugehen ist.

3.1 Erstes Relationselement: Das Subjekt der Verantwortung

Das dritte Kapitel wurde mit der Feststellung begonnen, dass es das Rede-und-Antwort-Stehen nur in Form eines Jemand gibt, der Rede und Antwort steht. Nun wird dieser Jemand thematisiert und erläutert, dass es sich dabei nur um die autonome Person handeln kann. Hieran schließen sich Überlegungen zur Verantwortung als graduelles Phänomen in Abhängigkeit vom Entwicklungsstand des Verantwortlichen bzw. abhängig von den Fähigkeiten und Vermögen als Bedingungen für die Möglichkeit zur Verantwortungsübernahme, nämlich Kommunikations- und Handlungsfähigkeit sowie Urteilskraft (vgl. Kapitel 2).

---

97 Vgl. Kapitel 3.2.2 zu Prospektivität und Retrospektivität als Subkategorie zum Objekt der Verantwortung.

Die autonome Person als Subjekt der Verantwortung: Ruft man sich die Ausführung des letzten Kapitels in Erinnerung, wird ersichtlich, dass nur Menschen, nicht aber Gegenstände oder Tiere für die Zuschreibung von Verantwortung in Frage kommen, denn nur Menschen scheinen über Kommunikations- und Handlungsfähigkeit sowie Urteilskraft zu verfügen, selbst wenn man bereit wäre, den meisten Tieren immerhin noch Kommunikationsfähigkeit zuzuschreiben und einigen höher entwickelten Säugern vielleicht sogar rudimentäre Formen von Handlungs- und Urteilskraft. Gerade die Erörterungen zu den für Verantwortung relevanten Aspekten der Handlungsfähigkeit (vgl. Kapitel 2.2) legen ein Konzept autonomer Personalität nahe,[98] das seinerseits sicherlich nicht zu allen Zeiten Gültigkeit besaß. Wahrscheinlich lassen sich die Wurzeln der Verantwortung, die als Wort erstmals adjektivisch in Frankreich im 13. Jahrhundert auftauchte (vgl. Kapitel 1), bis in die griechische Antike zurückverfolgen.[99] Bayertz spricht bspw. davon, dass „[i]n traditionellen Gesellschaften [...] auch Tiere und sogar unbelebte Gegenstände für Schädigungen zur Rechenschaft gezogen [wurden]" (Bayertz 1995, S. 6) und dass „[b]is weit ins Mittelalter hinein [...] die Rechtsgeschichte eine Fülle von Zeugnissen für gerichtliche Anklagen und Verurteilungen von Tieren [kennt]" (ebd., S. 7).[100] Werner beruft sich auf Platon, um Beispiele für die „Bestrafung von Tieren und sogar von toten Gegenständen [anzuführen] – etwa die Auspeitschung schlecht läutender Kirchenglocken" (Werner 2006, S. 543).[101] Allerdings geht es in allen diesen Fällen, in denen wörtlich gar nicht von Verantwortung, sondern von Schuld die Rede ist, nicht eigentlich darum, inwiefern etwaige Tiere oder Gegenstände für etwas Rede und Antwort stehen können. Es sind die Interpreten der Texte, die die Annahme treffen, dass, wann immer jemandem oder etwas Schuld für etwas

---

98 Vgl. Christopher Kutz: „For it is in understanding responsibility that we see ourselves as actors, creators, emphathizers, and sufferers. It is in understanding responsbility, in short, that we know ourselves as persons." (KUTZ 2002, S. 589)
99 Vgl. HOLL 1980 und MCKEON 1957.
100 E. P. Evans gibt in *The Criminal Prosecution and Capital Punishment of Animals* Zeugnisse von Verurteilungen von u. a. Schweinen, Hähnen und Hunden: „In 1266, at Fontenay-aux-Roses, near Paris, a pig convicted of having eaten a child was publicly burned by order of the monks of Sainte Geneviève" (EVANS 1906, S. 140). Weiterhin führt er aus: „Brutes and human criminals were confined in the same prison and subjected to the same treatment" (ebd., S. 142). Außerdem: „In 1474, the magistrates of Bâle sentenced a cock to be burned at the stake ‚for the heinous and unnatural crime of laying an egg'" (ebd., S. 162).
101 Die einschlägige Stelle bei Platon lautet: „Wenn aber etwas Lebloses einem Menschen das Leben raubt [...], indem sich einer daran stößt oder er auf ihn herabfällt [...] [und] wird der Gegenstand für schuldig befunden, soll man ihn über die Grenze schaffen" (PLATON 1990, 873c/874a).

3 Relationselemente und Subkategorien des Verantwortungsbegriffs 67

zugeschrieben wird, das fragliche Wesen bzw. der fragliche Gegenstand dafür auch verantwortlich ist.[102]

Wie bereits ausgeführt, setzen meine Überlegungen zur Minimaldefinition mit dem Wort „Verantwortung" und nicht mit seinen historisch mehr oder minder eindeutig zu identifizierenden Vorgängerkonzepten in der griechischen Antike ein. Vor diesem Hintergrund ist in der Minimaldefinition insbesondere unter Rekurs auf Handlungsfähigkeit eine Vorstellung autonomer Personalität enthalten, die alle Wesen (und sonstige Entitäten) außer dem Menschen aus dem Kreis potenzieller Verantwortungsträger auszuschließen scheint.[103] Vor dem Auftreten des Wortes „Verantwortung" war vielleicht in *anderer Weise* von Verantwortung die Rede, vielleicht war es eine *andere Idee* von Verantwortung, die auch Tiere und Gegenstände als mögliche Träger einschließt. Aus solchen Überlegungen resultiert jedoch nichts unmittelbar Relevantes für den Gebrauch des Verantwortungsbegriffs und für dieses Projekt, solange es sich nicht etymologisch im Wort niedergeschlagen hat. Der Zusammenhang zwischen dem Verantwortungs- und dem Personenkonzept erhellt, insofern von Verantwortung erstmals im Rechtsbereich die Rede war, bevor sie von dort aus in andere Bereiche übernommen wurde (vgl. Kapitel 1), da der Personenbegriff im Recht die Funktion einer Kennzeichnung der Rechtsfähigkeit übernimmt.[104]

Darüber hinaus beruht die Fähigkeit, Rede und Antwort stehen zu können, nicht nur auf einem Konzept davon, was eine autonome Person ist, sondern Verantwortung und Personalität sind auch kulturell eingebettet. Inwiefern die Minimaldefinition universal ist, da vielleicht in allen Kulturen ähnliche Vorstellungen von Handlungsfähigkeit und Urteilskraft vorherrschend sind, kann hier nicht thematisiert werden. Innerhalb der Verantwortungsforschung ist die Anzahl derer, die sich einer „Betrachtung der [V]erantwortlichkeit aus transkultureller Perspektive" (Tuna 1998, S. 48) widmen, äußerst übersichtlich und in meinen Augen bislang leider nicht sehr ergiebig.[105] In diesem Bereich müssen

---

102 Vgl. meine einleitenden Bemerkungen in das Kapitel 2 sowie die kurzen Ausführungen zum Schuldbegriff in Kapitel 1 und insbesondere in Fußnote 39.
103 Zu dem „spannungsreiche[n] Verhältnis von ‚Mensch' und ‚Person'" (STURMA 2006, S. 461) äußert sich Dieter Sturma in seinem Artikel „Person" im *Handbuch Ethik* (DÜWELL et al. 2006) und außerdem HATTENHAUER 2011 sowie QUANTE 2011, S. 76 f. Vgl. umfassend GERHARDT 1999.
104 Für eine Auseinandersetzung mit dem Konzept der Rechtsperson ist der Text „‚Der Mensch als solcher ist rechtsfähig' – Von der Person zur Rechtsperson" (HATTENHAUER 2011) von Christian Hattenhauer einschlägig, in dem die Entwicklung diese Konzepts in drei Schritten vorstellt wird. Vgl. überdies BURKARD 1999, S. 431 und zur Entwicklung des Personenbegriffs im Recht sowie zur Unterscheidung zwischen natürlicher und juristischer Person NASS 1964, S. insbesondere S. 33 ff.
105 Elke Mader untersucht das Menschenbild der Shuar (ein Indianerstamm im ecuadorianischen Amazonasgebiet) und zieht aus ihren Betrachtungen Schlüsse über deren Verantwortungskon-

einschlägige Arbeiten noch geschrieben werden.[106] Die diesem Buch zugrunde liegende These lautet, dass jeder Gebrauch des Verantwortungsbegriffs durch die Minimaldefinition erfasst wird, was zu einer Vorstellung autonomer Personalität führt. Unter Autonomie ist dabei keine metaphysische Vorstellung von Freiheit zu verstehen, sondern umfasst die im letzten Kapitel besprochenen Verantwortungsbedingungen.[107] Die autonome Person als, wie unten von Bernhard Leipold und Werner Greve genannt, dynamisches System ist Träger dieser Eigenschaften und der Personenbegriff wird essentialistisch an Charakteristika geknüpft, die zugleich Bedingungen für die Möglichkeit zur Verantwortungsübernahme darstellen und mindestens potenziell gegeben sein müssen, damit der fragliche Akteur Rede und Antwort stehen kann.[108]

> „Die Wortmarke ‚Selbst' (ebenso verwandte Konstrukte wie ‚Identität') bezeichnen ein dynamisches System […], das zum einen Überzeugungs- und Erinnerungsinhalte umfasst (wie sehen wir uns aktuell?), und zum anderen die Prozesse und Mechanismen, die diese Inhalte herstellen, stabilisieren oder auch verändern. Das bedeutet […], dass […] mit ihr kein singulärer oder funktionaler ‚Kern' der Person benannt ist, sondern eine heterogene Vielfalt von Strukturen und Prozessen: *Das Selbst gibt es nur im Plural.*" (Leipold/Greve 2008, S. 399)

Mit diesen Worten wird die Brücke zwischen autonomer Person und Selbst geschlagen. Kinder können zwar in manchen Situationen bereits für eine bestimmte Handlung oder für ein Ereignis Rede und Antwort stehen, obwohl sie noch nicht in vollem Sinne über die Verantwortungsbedingungen verfügen und noch keine vollständig entwickelten autonomen Personen sind, weshalb sie allerdings gerade keine volle Verantwortung für sich selbst tragen können (vgl. Kapitel 6). Identität im Plural, wie Leipold und Greve ausführen, legt den Gedanken nahe, dass die autonome Person trotz raum-zeitlicher Kontinuität und

---

zept (MADER 2005). In seinem Text „Heil, Unheil und Verantwortung bei schriftlosen Völkern" stellt Rüdiger Schott eine Reihe von Verantwortungszuschreibungen bspw. bei den australischen Aborigines vor und erfasst den Verantwortungsbegriff in kontextueller Nähe zur „religiöse[n] Dimension von ‚Heil' und ‚Unheil'" (SCHOTT 1989, S. 113). Es geht allerdings aus vielen seiner Beispiele nicht hervor, warum er hier speziell von Verantwortung spricht. Der Text „‚Es ist besser, das Leben als die Ehre zu verlieren'" von Soner Tuna ist nicht weiterführend. Der Autor kommt dort vom einem Hintergrund einer unreflektierten Differenzierung zwischen ‚westlichen' und ‚orientalischen' Kulturen (vgl. TUNA 1998, S. 49) zu dem Schluss, dass in letzteren „[d]as Konzept der Eigenverantwortung" (ebd., S. 54) praktisch nicht existent ist.

106 In einem Sammelband über *Neue Perspektiven auf Verantwortung*, der z. Z. im Entstehen ist und von Gabriel Zimmerer herausgegeben wird, wird Joao Neisinger einen Text zum „Verantwortungsbegriff im Neokonfuzianismus Chinas" publizieren.
107 Vgl. über den Zusammenhang von Personalität und Autonomie z. B. KORSGAARD 2009, S. 213.
108 Vgl. BURKARD 1999, S. 432.

3 Relationselemente und Subkategorien des Verantwortungsbegriffs 69

Stabilität aufgrund ihres prozessualen Kerns nicht ‚fertig' wird, sondern sich beständig mit mehr oder minder großem Aufwand wandelt.[109] Personen haben ein Selbst, einen Charakter, verfügen über Wünsche, Meinungen und Handlungsgründe, selbst wenn diese ihnen oft nicht bewusst sind. Ihre Gründe sind Bestandteil von Maßstäben und Lebensentwürfen und stehen im Hintergrund der Entscheidungen, die sie treffen. Diese laut Leipold und Greve Strukturen und Prozesse machen die autonome Person aus, sind Resultate ihrer Urteilskraft, und selbst wenn sie in vielen Fällen als regelrechte „Mechanismen" (ebd.) erlebt werden mögen, können sie überdacht und ggf. verworfen werden. Auf die in diesem Absatz nur angestoßenen Überlegungen zum Kernbestand der autonomen Person und zum Zusammenspiel von autonomer Personalität, Identität und Selbst komme ich maßgeblich in Kapitel 8 über die Selbstverantwortung zurück und lege dar, warum für diese Form des Rede-und-Antwort-Stehens ein „Selbstverständnis (bzw. eine Selbstdeutung)" (Prechtl 1999c, S. 251) nötig ist.

Verantwortung als graduelles Phänomen: Die Eingrenzung des Kreises der Verantwortungsträger auf den Menschen als autonome Person ist noch nicht der letzte Schritt zur Definition des Verantwortungssubjekts, denn tatsächlich wird die Fähigkeit, Rede und Antwort stehen zu können, gar nicht einmal allen Menschen gleichermaßen zugesprochen. Personen mit chronischem Leiden, mit einer spezifischen geistigen oder körperlichen Behinderung, gelten nicht in vollem Sinne als verantwortungsfähig, da sie nicht in vollem Umfang über die notwendigen Voraussetzungen verfügen (vgl. auch das Beispiel von Morse in Kapitel 2.2 im Abschnitt über Freiheit). Auch Kinder kommen bis zu einem bestimmten Punkt in ihrer Entwicklung nicht als volle Verantwortungssubjekte in Betracht, da sie über die Verantwortungsbedingungen zwar potenziell bereits verfügen, sich diese Vermögen und Kompetenzen aber erst mit der Zeit vollständig ausbilden. Aufgrund dessen, dass manche chronisch kranke und behinderte Personen sowie Kinder in unterschiedlichem Maße von der Übernahme von Verantwortung entschuldigt werden, sprechen einige auch vom ‚Erwachsen-Sein' als Sammelbegriff der einzelnen Voraussetzungen für Verantwortung. Arendt zufolge sind erst Erwachsene Menschen im eigentlichen Sinne, Kinder stellen „Menschen, die im Werden sind und noch nicht *sind*" (Arendt 2000a, S. 267 f.), dar. Unabhängig davon, ob dieser Gedanke überzeugt oder nicht, verstärkt er die Intuition, dass erst dem hinlänglich gesunden Erwachsenen als vollständig entwickelte autonome Person die Vermögen und Fähigkeiten für

---

109 Franz J. Neyer und Judith Lehnart gehen in NEYER/LEHNART 2008, S. 85 darauf ein, dass sich die persönliche Identität eines Menschen sein ganzes Leben über verändern kann; vgl. überdies GRUNDMANN 2006, S. 43 ff.

Verantwortlichkeit in vollem Sinne zuzuschreiben sind.[110] Vor diesem Hintergrund überzeugt die Charakterisierung von Verantwortung selbst als ein graduelles Phänomen.[111] Nida-Rümelin bspw. beschreibt Kinder als potenzielle Verantwortungsträger in Abhängigkeit von einem Vorliegen bestimmter Kompetenzen:

> „Die moralische Verantwortung begleitet die Handlungszuschreibung von den ersten Lebensjahren an. Schon sehr kleine Kinder können Antworten auf die Frage geben, warum sie dies oder das gemacht haben. Sie lernen das Spiel des Begründens, sie lernen verantwortlich sein, im Zuge der wachsenden Kontrolle, sprich: Des [sic!] zunehmenden Handlungscharakters ihres Verhaltens. So wächst die Fähigkeit, ein eigenständiges Leben zu führen, […] und damit die Verantwortlichkeit, bis sie sich zur vollen auch gegenüber der Rechtsgemeinschaft wirksamen Form entwickelt." (Nida-Rümelin 2007, S. 63)

Ein „gradualistische[s] Verständnis" (ebd.) von Verantwortung hat in der Verantwortungsforschung gerade deshalb breiten Anklang gefunden, da auch von Handlungsfähigkeit, Freiheit, Rationalität und Urteilskraft in unterschiedlichen Ausprägungen gesprochen werden kann, was auch in den Worten Nida-Rümelins mitklingt.[112] Wallace führt als Bedingungen für Verantwortung „the powers of reflective self-control" (Wallace 1994, S. 157) an und fasst hierunter „(1) the power to grasp and apply moral reasons, and (2) the power to control or regulate his behavior by the light of such reasons" (ebd.). Mit diesen Überlegungen im Hinterkopf leuchtet die Beschreibung von Verantwortung nicht nur als graduelles Phänomen, sondern als Fähigkeit, die über den Erwerb weiterer Kompetenzen wie bspw. Handlungsfähigkeit und Rationalität gelernt wird, unmittelbar ein. Die Gradualität der Verantwortung schlägt die Brücke zur zweiten Ebene des Analysemodells, da über sie nachvollziehbar wird, inwiefern Verantwortung nicht etwas ist, das man im Sinne eines ‚Ganz oder Gar nicht' entweder hat oder nicht hat, sondern das man eher besser oder schlechter *kann* und das überdies kontextsensitiv von dem Vorliegen weiterer Bedingungen abhängig ist und daher ggf. situativ bedingt auch abgesprochen werden kann. Wenn diese Fähigkeiten graduell vorliegen, sind Menschen auch in unterschiedlichem Ausmaß verantwortungsbefähigt:

> „Just as one may distinguish between rudimentary and more developed abilities to speak a foreign language, play squash, or solve differential equations, so one might in principle dis-

---

110 Vgl. hierzu ebenso ARENDT 2000a, S. 265. Hier führt sie aus, „daß das Kind ein werdender Mensch, daß die Kindheit ein vorübergehendes Stadium ist, in dem sich das Erwachsensein vorbereitet."
111 Vgl. WILLIAMS 2006.
112 Vgl. zu einem gradualistischen Freiheitsverständnis unter Rekurs auf Verantwortung bspw. DIEHL 1999, S. 122 und PAUEN 2008a, S. 49.

tinguish different levels of development of the powers to grasp moral reasons and to control one's behavior accordingly." (Wallace 1994, S. 157)

Die Begründung der Fähigkeit, Rede und Antwort zu stehen, in der autonomen Person kann allerdings nicht in jedem Kontext, in dem von Verantwortung die Rede ist, überzeugen – zumindest nicht auf den ersten Blick. Denn oft geht es nicht um einen, sondern um mehrere Menschen, die als potenzielle Verantwortungsträger in Betracht kommen, weshalb die hier angestellten Überlegungen zur autonomen Person und zur Gradualität der Verantwortung zwar für individuelle Verantwortungszuschreibungen relevant zu sein scheinen, aber auf den ersten Blick nicht unbedingt für die Zuschreibung von Kollektivverantwortlichkeit. Individualität und Kollektivität als Konkretisierung des Verantwortungssubjekts ist Thema des folgenden Kapitels.

3.1.1 Die Subkategorie: Individualität oder Kollektivität des Subjekts

Da der Schritt von den Ausführungen im vorherigen Kapitel über die autonome Person zum individuellen Verantwortungsträger leichter zu gehen ist als zum kollektiven, werden nun zuerst die für die individuelle Verantwortungszuschreibung in der Verantwortungsforschung gebräuchlichen Termini definiert. Danach beschreibe ich mein Konzept der überindividuellen Verantwortung, wobei im eigentlichen Sinne nur Individuen über die Bedingungen für die Möglichkeit zur Verantwortungsübernahme verfügen. Warum der Begriff der Kollektivverantwortung dennoch nicht einfach verworfen werden kann, wird in einem dritten Schritt in Auseinandersetzung mit den im Verantwortungsdiskurs gebräuchlichen Modellen zu einer Charakterisierung des Verhältnisses von individueller und kollektiver Verantwortungszuschreibung begründet. Hier stelle ich meinen hybriden Ansatz vor. Ferner wird ein Gedankenexperiment als eine Art Testverfahren zur Ermittlung der Gegenstände, für die nur Kollektive Rede und Antwort stehen können, entworfen und zuletzt definiere ich drei Weisen überindividueller Verantwortungszuschreibung.

Erstens – individuelle Verantwortung: In den Sätzen „Peter trägt die Verantwortung" und „Die Firma trägt die Verantwortung" stellt im ersten Fall Peter das Verantwortungssubjekt dar, im zweiten die Firma und insofern ist dieses Relationselement in beiden Sätzen zumindest auf den ersten Blick definiert, auch wenn es sich dabei um verschiedene Subjektarten zu handeln scheint. Beginnen wir mit dem ersten Satz. Zwar ist es unter gewöhnlichen Umständen wohl nahe liegend, Peter als Individuum zu betrachten, doch ist mit dieser Feststellung noch nicht geklärt, was für eine Art individueller Verantwortungszuschreibung sich in der unspezifischen Äußerung, dass Peter Rede und Antwort steht, verbirgt. Unter Rekurs auf individuelle Verantwortungsträger tauchen in der Verantwortungsforschung mehrere Begriffe, allerdings mit mangelnder definitorischer Schärfe, auf, nämlich individuelle, alleinige, persönliche, volle, ganze, Eigen- und Selbstverantwortung. Dieses Vokabular wird auf zwei Ebenen gebraucht, zum einen auf den Verantwortungsträger bzw. die Anzahl der Verantwortungsträger referierend, in manchen Fällen mit einer besonders positiver Konnotation (individuelle, alleinige, persönliche und Eigenverantwortung), zum anderen in Bezug auf den Gegenstand und die Menge der Verantwortung, die der fragliche Akteur zu tragen hat (volle und ganze Verantwortung). Die Selbstverantwortung stellt eine besondere individuelle Verantwortung dar (vgl. die Kapitel 7 und 8).

Die Begriffe der individuellen, alleinigen, persönlichen und Eigenverantwortung werden im Folgenden gleichbedeutend gebraucht und referieren alle darauf, dass es in dem fraglichen Kontext nur einen und nicht mehrere Verantwortungsträger gibt. Der synonyme Gebrauch der Begriffe „Eigen-" und „Selbstverantwortung", den einige Verantwortungsforscher empfehlen,[113] überzeugt unter Voraussetzung der unten kurz vorgestellten (sowie in Kapitel 8 ausführlich erläuterten) Definition der Selbstverantwortung hingegen nicht. Kurz gesagt ist die Selbstverantwortung eine Verantwortung, die ich für mein Selbst trage und Eigenverantwortung stellt eine Verantwortung, die ich für etwas mir Eigenes trage, dar. Zwar lässt sich mit dem mir Eigenen in bestimmten Situationen auf das Selbst verweisen, insofern das individuelle Selbst als Untergruppe der Dinge, für die man Eigenverantwortung tragen kann, zu begreifen ist. Allerdings trägt ein Einzelner darüber hinaus für eine ganze Reihe anderer Dinge Eigenverantwortung, d. h. „Selbst" und „Eigen" referieren zunächst auf unterschiedliche Verantwortungsobjekte. Das Attribut „persönlich" wird häufig dann gebraucht, wenn sich der fragliche Akteur einer adäquaten Erfüllung seiner Verantwortung rühmen oder stolz darauf sein kann, seiner Verantwortung besonders aufmerksam und hingebungsvoll nachgekommen zu sein. Das Persönliche der persönlichen Verantwortung bringt positiv assoziiert einen außergewöhnlichen Status individueller Verantwortungsübernahme zum Ausdruck (vgl. Kapitel 3.5).

Als Vorgriff auf die folgenden Ausführungen soll bereits hier die individuelle Verantwortung von Kollektivmitgliedern, die Mitgliederverantwortung, von genuiner Individualverantwortung, die jemand unabhängig von etwaigen überindividuellen Handlungskontexten trägt, differenziert werden. Zwischen beiden Formen der Eigenverantwortung lässt sich anhand des Objekts, für das Rede und Antwort gestanden werden soll, unterscheiden, wie auf den kommenden

---

113 Bspw. HEIDBRINK 2006, S. 131 und NULLMEIER 2006, S. 151.

3 Relationselemente und Subkategorien des Verantwortungsbegriffs 73

Seiten zu zeigen sein wird. Im eigentlichen Sinne ist jede Verantwortlichkeit individuell – in manchen Fällen als genuine, in anderen als Mitgliederverantwortung. Volle und ganze Verantwortung stellen ambige Ausdrücke dar, denn in einigen Fällen werden sie gleichbedeutend mit der alleinigen oder individuellen Verantwortung gebraucht, bei der das fragliche Individuum der einzige, der ‚volle' oder ‚ganze', Verantwortungsträger ist. Da aber diese Rede von einer vollen bzw. ganzen Verantwortung keine Unterscheidungsmöglichkeit zu der oben vorgestellten individuellen, alleinigen, persönlichen und Eigenverantwortung erlaubt, werden beide Begriffe im Folgenden nicht mit Referenz auf den Verantwortungsträger gebraucht. In den meisten Fällen wird mit der vollen und ganzen Verantwortung sowieso etwas anderes zum Ausdruck gebracht, dass nämlich ein oder mehrere Subjekte die Verantwortung für den ‚ganzen' oder ‚vollen' Gegenstand tragen, d. h. mit der vollen bzw. ganzen Verantwortung wird auf das Objekt und nicht, wie dies in der selteneren, zuerst genannten Verwendungsweise der Fall ist, auf das Subjekt der Verantwortung referiert. Diese zweite Interpretation nutzend, differenzieren auch Lenk und Maring Kontexte, „in denen jemand volle (unverminderte)" (Lenk/Maring 1995, S. 250) Verantwortung trägt, von Situationen, in denen jemand „alleinige (ausschließliche) Verantwortung" (ebd.) hat.

Die Selbstverantwortung stellt eine besondere Form der Individualverantwortung dar (vgl. ausführlich die Kapitel 7 und 8). Selbstverantwortung meint zwar immer alleinige Verantwortung, aber umgekehrt deckt sich nicht, wie bereits oben angemerkt, jede Eigenverantwortung mit Selbstverantwortung. Selbstverantwortung ist erstens nur als genuine Individualverantwortung und nicht als Mitgliederverantwortung vorstellbar, was bei der Eigenverantwortung nicht der Fall ist, denn, wie gesagt, es gibt individuelle Mitgliederverantwortung. Dass Selbst- ausschließlich als genuine Individualverantwortung denkbar ist, liegt zweitens daran, dass in ihr alle Relationselemente durch den Träger definiert werden, was bei anderen Formen individueller Verantwortungszuschreibung nicht zutrifft. Selbstverantwortung ist die Verantwortung des Einzelnen (Subjekt, das Wer?) für sich selbst (Objekt, das Wofür?), vor sich selbst (Instanz, das Wovor?), gegenüber sich selbst (Adressat, das Warum?) und auf der Grundlage selbst gesetzter normativer Kriterien (Maßstab, das Inwiefern?). Diese Definition der Selbstverantwortung ist innerhalb des Verantwortungsdiskurses bis zu diesem Punkt tradiert. Doch darüber hinaus ist die Selbstverantwortung prinzipiell zugleich prospektiv und retrospektiv, was bei anderen Formen der Individualverantwortung nicht notwendig zutrifft. Dieser Aspekt ist in der Verantwortungsforschung bislang nicht reflektiert worden.

Noch einmal zusammengefasst – das Vokabular individueller Verantwortungszuschreibung:

- Individuelle, alleinige, persönliche und Eigenverantwortung: werden gleichbedeutend gebraucht und meinen, dass in dem fraglichen Kontext nur einer und nicht mehrere Akteure Rede und Antwort stehen.
  - Persönliche Verantwortung ist positiv konnotiert.
  - Differenzierung zwischen genuiner Individual- und Mitgliederverantwortung eines Einzelnen in einem Kollektiv.
  - Bei Lenk und Maring die alleinige bzw. ausschließliche Verantwortung.
- Volle und ganze Verantwortung: referieren auf das Objekt und nicht auf das Subjekt der Verantwortung und meinen demzufolge, dass einer oder mehrere für einen Gegenstand die ‚volle' oder ‚ganze' Verantwortung tragen.
  - Bei Lenk und Maring die volle bzw. unverminderte Verantwortung.
- Selbstverantwortung: ≠ Eigenverantwortung, kann nur als genuine Individual- und nicht als Mitgliederverantwortung auftreten. Alle Relationselemente fallen mit dem Träger zusammen. Sie ist prinzipiell zugleich prospektiv und retrospektiv.

Vor dem Hintergrund dieser Überlegungen kann nun zu dem ersten Beispielsatz zu Beginn dieses Abschnitts zurückgekehrt werden. In einer Situation, in der ein Satz wie „Peter trägt die Verantwortung" geäußert wird, ist zwar das Relationselement des Verantwortungsträgers bereits oberflächlich durch Peter definiert, doch muss in der Subkategorie erklärt werden, welche der Weisen individueller Verantwortungszuschreibung den Sachverhalt trifft, ob es sich also um eine genuine Individual- oder um eine Mitgliederverantwortung handelt, ob der Satz eine volle oder gar Peters Selbstverantwortung zum Ausdruck bringt.

Zweitens – überindividuelle Verantwortung: Wenden wir uns dem zweiten Beispielsatz zu Beginn des letzten Abschnitts zu: „Die Firma trägt die Verantwortung". Sobald klar ist, dass mit der Firma nicht auf ein einzelnes Individuum wie etwa Peter referiert wird, stellen sich zwei Fragen, nämlich die nach dem Wer und nach dem Wie viel. *Wer* ist hier mit der Firma gemeint? Handelt es sich um eine Verantwortung der Leiter oder Vorstände derselben, also einiger Einzelpersonen, um eine Verantwortung bestimmter Gruppen, als Teile des Kollektivs oder aller Mitglieder des Unternehmens? Oder referiert die Verantwortung der Firma auf etwas ganz anderes? Darüber hinaus bleibt zu ermitteln, *wie viel* Verantwortung jeder Träger hat, unter der Voraussetzung, dass es hierauf eine wohlbegründete Antwort gibt. Die Frage nach dem Wer wird in diesem und dem nächsten Abschnitt behandelt, die nach dem Wie viel ist Thema des fünften Abschnitts dieses Kapitels.

Die Kollektiv- ist in klassischer Gegenüberstellung zur Individualverantwortung eine der großen Baustellen und sicherlich eines der populärsten Themen innerhalb der Verantwortungsforschung.[114] Der Kollektivbegriff als unspezifische Bezeichnung überindividueller Verantwortungszuschreibung wird daher auch den folgenden Überlegungen zugrunde gelegt, auch wenn unter einem Kollektiv bspw. in der Sozialphilosophie vielleicht etwas anderes verstanden wird als innerhalb des Verantwortungsdiskurses, und ich den Terminus „überindividuell" tendenziell für treffender halte als „kollektiv". Die Verantwortungsforschung differenziert zumeist zwischen zwei Kollektivarten: Einerseits geht es um Korporationen, Organisationen oder Unternehmen, die durch verschiedene Rollen gesteuert und durch ein kollektives Bewusstsein sowie planvolles und geregeltes Verhalten strukturiert sind. Andererseits sind mit einem Kollektiv unorganisierte Gruppen und solche, die sich zufällig gebildet haben sowie höchstens über eine gemeinsame Intention oder ein gemeinsames Ziel verfügen, gemeint. Tracy Isaacs fasst dies in *Moral Responsibility in Collective Contexts* in „two types of collective agents – organizations and goal-oriented collectives" (Isaacs 2011, S. 23) – zusammen.

Diese herkömmliche Klassifizierung spielt im Folgenden keine maßgebliche Rolle, da sie nur vor dem Hintergrund einer eindeutigen Zuschreibung von Handlungsfähigkeit innerhalb von Kollektiven getroffen werden kann, d. h. sie setzt bereits voraus, dass es ein bestimmtes Maß an Handlungsfähigkeit in einem fraglichen Kollektiv gibt, wodurch dasselbe entweder den Status bspw. einer Korporation erhält oder aber auf einer weniger organisierten Stufe kollektiven Agierens verbleibt, z. B. in Form einer zufälligen Gruppe. Ein Kollektiv entweder als bloße Gruppe oder aber als planvolle Organisation zu bezeichnen, hängt also davon ab, inwiefern es durch Rollen, Hierarchie, ein Kollektivbewusstsein und damit maßgeblich durch Handlungsfähigkeit strukturiert ist. Die Frage danach, in welchem Ausmaß in einem Kollektiv von Handlungsfähigkeit gesprochen werden kann, hat die Frage danach, durch wen besagtes Kollektiv als Kollektiv besteht, die Frage nach dem Wer, bereits beantwortet bzw. übersprungen. Diejenigen Verantwortungsforscher, die Kollektive auf die oben vorgestellte Weise klassifizieren, zielen damit eigentlich auf die Frage nach dem Wie viel, indem sie bereits voraussetzen, dass in einer Organisation im Gegensatz zu einer bloßen Gruppe ein bestimmtes Maß dieses Wie viel bereits erreicht ist. Im Folgenden wird der Kollektivbegriff demgegenüber unspezifisch gebraucht, ohne weiter darauf einzugehen, ob damit bspw. eine zufällige Gruppe oder eine Korporation zu verstehen ist. Es ist bezeichnend, dass innerhalb der Verantwortungsforschung das Thema der Kollektivverantwortung bislang maßgeblich anhand dieser und ähnlicher Klassifizierungsweisen verschiedener Kollektivarten auf der Grundlage von Prämissen über die Handlungsfähigkeit von

---

114 Zur Einführung und Übersicht bieten sich bspw. FRENCH 2006, LÜBBE 1998, MAY/HOFFMAN 1991, RISSER 2006 und SMILEY 2005 an.

Kollektiven diskutiert wurde. Im Gegensatz dazu wird hier ein Entwurf verschiedener Kollektivverantwortlichkeiten anhand der Art des fraglichen Objekts, für das Rede und Antwort gestanden werden soll, vorgeschlagen. Funktioniert also überindividuelle bzw. kollektive Verantwortungszuschreibung ebenso wie individuelle, können kollektive Subjekte wie Individuen Rede und Antwort stehen?[115] Einige Verantwortungsforscher bezweifeln, dass Kollektive gleich Individuen Akteure bzw. Handlungssubjekte darstellen, da sie nicht so wie sie über die Bedingungen für Verantwortung verfügen.[116] Die erste ausschlaggebende Kritik an der Annahme, Kollektive wären Personen oder quasi-Personen und könnten deshalb wie diese auch Verantwortung tragen, formulierte H. D. Lewis in dem Aufsatz „Collective Responsibility", wo er annimmt, dass moralische Werte nur Einzelnen zuzuschreiben sind (vgl. die Überlegungen in Kapitel 2.3) und daraus schließt, dass Verantwortung ausschließlich individuell sei[117] und man Kollektive höchstens metaphorisch verantwortlich nennen könne.[118] Diese Position, dass im eigentlichen Sinne nur Individuen über die Voraussetzungen für die Möglichkeit zur Verantwortungsübernahme verfügen, erscheint aus mehreren Gründen plausibel:

Zum einen werden Termini wie „Kollektivbewusstsein" und „Kollektivhandlung" nur dann zu Recht unter Rekurs auf Kollektive gebraucht, wenn ihren Mitgliedern Handlungsfähigkeit und Bewusstsein zuzuschreiben ist. Tier- oder Kinderkollektive gibt im eigentlichen Sinne nicht, denn Kinder verfügen noch nicht vollständig über die Verantwortungsbedingungen und auch die Rede vom Ameisenstaat ist eine Metapher – Ameisen können trotz ihrer Organisiertheit nicht handeln. Deshalb muss man den Begriff des Kollektivbewusstseins nicht gleich verwerfen, aber ein solches Bewusstsein unterscheidet sich nicht von denen seiner Einzelmitglieder, es kann keinen eigenständigen Status, keine

---

115 Vgl. hierzu MAY/HOFFMAN 1991, S. 2.
116 Natürlich gibt es auch Vertreter der Position, dass Gruppen sehr wohl als Personen oder zumindest wie Personen behandelt werden können, bspw. COOPER 1991, FRENCH 1991 und JAEGGI 2009, S. 532. In MAY/HOFFMAN 1991, S. 2 ff. werden drei Strategien vorgestellt, wie eine Begründung dieser Annahme glücken könnte. Rahel Jaeggi führt an dieser Stelle jedoch aus, dass die Zuschreibung institutioneller Verantwortung mitnichten bedeutet, dass nicht die Mitglieder derselben, sondern die Institution als solche ausschließlich verantwortlich zu bezeichnen ist.
117 Vgl. LEWIS 1991, S. 17 und überdies BRIESKORN 2000, S. 199 f., MATHIESEN 2009, S. 739, MILLER 2006, S. 176, SEEBASS 2001, S. 98, SMILEY 2005, VELASQUEZ 1991, S. 144, WERNER 2006, S. 545 f. und WILLIAMS 2006. Kay Mathiesen teilt die Ansicht, dass Kollektive nicht wie Individuen über die für die Verantwortungsfähigkeit notwendigen Voraussetzungen verfügen und kommt dennoch zu dem Schluss, dass es sinnvoll ist, Kollektivverantwortung als Zuschreibungskonzept zu gebrauchen.
118 Vgl. HEIDBRINK 2008b, S. 5. Velasquez nennt die Zuschreibung kollektiver Verantwortung „elliptisch" (VELASQUEZ 1991, S. 112). Nida-Rümelin bemerkt, dass die Rede von Kollektivverantwortung „figurativ" (NIDA-RÜMELIN 2007, S. 83 f.) ist.

3 Relationselemente und Subkategorien des Verantwortungsbegriffs 77

gleichwie selbstständige Existenz gegenüber den Bewusstseinszuständen seiner Mitglieder erlangen. Überdies sind nur Personen in der Lage, Intentionen zu formen und haben einen Körper, mit dem sie handeln können. Institutionen und juristischen Personen kann man lediglich in übertragenem Sinne einen Körper zuschreiben.[119] Auch in einem praktischen Sinne ist die Behauptung, Kollektive könnten einen eigenen und von ihren Mitgliedern unabhängigen Verantwortungsstatus innehaben, fraglich, folgt man bspw. Velasquez' Überlegungen zu einem „organizational totalitarianism" (Velasquez 1991, S. 129):

> „[V]iewing the corporation as an entity that can ‚act' and ‚intend' like a large-scale personality will result in our being tempted to look upon the corporation as a larger-than-human person whose ends and well-being are more important than those of its members. We will be tempted, that is, to look upon the corporation as organic theories of the state looked upon the state: since the corporation is a whole person (with its own group mind) and the member merely a part, the interests of the corporation's members may legitimately be sacrificed to the corporation's interests and the good of the individual may be subordinated to the corporation's good." (Velasquez 1991, S. 129)

Die Frage ist nun, wie sich der Begriff der Kollektivverantwortung untermauern lässt, vor dem Hintergrund der hier angestellten Überlegung, dass Verantwortung ein genuin individuelles Phänomen darstellt. Im nächsten Schritt werden verschiedene innerhalb der Verantwortungsforschung gebräuchliche Modelle zu einer Charakterisierung des Verhältnisses von individueller und kollektiver Verantwortung besprochen und die von mir präferierte „hybrid view" (Isaacs 2011, S. 33) von Tracy Isaacs vorgestellt.[120] Mit diesem Konzept soll zum einen der Gedanke, dass Individuen die eigentlichen Verantwortungsträger darstellen, eingefangen und zum anderen dem Begriff der Kollektivverantwortung größere inhaltliche Prägnanz verliehen werden. Dann erhält auch die Frage nach dem Wer der Kollektivverantwortung eine Antwort.

Drittens – Modelle der Verantwortungszuschreibung: Die Verantwortungsforschung unterscheidet die Sicht des „Reduktionismus oder ethischen Individualismus" (Lenk/Maring 2007, S. 572) von der „des Kollektivismus oder Korporativismus" (ebd.). Auf die Spitze getrieben sieht der Reduktionismus in der Kollektivverantwortung eine Leerformel, da es eigentlich nur Individualverantwortung gibt. Tatsächlich, so der radikale Reduktionist, könnte man den Begriff der Kollektivverantwortung aus unserem Wortschatz streichen, es bestehe kein Unterschied zwischen genuiner Individual- und Mitgliederverantwortung. Er könnte bspw. der Meinung sein, dass „[j]edes Gruppenmitglied ‚voll'

---

119 Vgl. das „mens-rea-Argument" und das „actus-rea-Argument" in VELASQUEZ 1991, S. 113.
120 Isaacs beschreibt als Vertreter eines hybriden Ansatzes bspw. KUTZ 2000, MILLER 2009 und TUOMELA 2007 und fasst diese Position in ISAACS 2011, S. 33 f. zusammen.

verantwortlich" (Lenk/Maring 1995, S. 250) oder, dass „[j]edes Gruppenmitglied ‚partiell' verantwortlich" (ebd.) ist.[121] Der Kollektivismus geht hingegen davon aus, dass Kollektivverantwortung einen autonomen Status gegenüber den individuellen Zuschreibungsmechanismen von Verantwortung erlangen kann. Der radikale Kollektivist nimmt an, dass es Kollektivverantwortung ohne individuelle Verantwortlichkeit der Mitglieder des fraglichen Kollektivs gibt,[122] insofern die „Gruppe als solche voll [...] und ausschließlich verantwortlich, d. h., daß kein Gruppenmitglied verantwortlich ist" (ebd., S. 251). Der im Folgenden vorgestellte Ansatz ist weder kollektivistisch, noch reduktionistisch, sondern hybrid. Gegen den Kollektivismus wurden im letzten Abschnitt einige Einwände formuliert. Zwar verfügen ausschließlich Individuen im eigentlichen Sinne über die Bedingungen für Verantwortung – das Zugeständnis an den Reduktionisten –, doch manche Gegenstände können nur von Kollektiven verantwortet werden. Hybrid sind bspw. die Positionen, dass die „Gruppe als solche [...] und alle Mitglieder [...] voll verantwortlich" (ebd.) sind und die, dass die „Gruppe als solche [...] voll und alle Mitglieder [...] partiell verantwortlich" (ebd.) sind. Das Konzept der Mitverantwortung, das weiter unten besprochen wird, fügt diesen hybriden Ansätzen einen weiteren hinzu: Die Gruppe als solche ist voll und alle Mitglieder sind einerseits voll, andererseits partiell verantwortlich.

Individuelle Mitglieder- hat ein anderes Objekt als genuine Individualverantwortung, was im folgenden Abschnitt näher thematisiert wird. Mit dem Begriff der Kollektivverantwortung lässt sich die Abhängigkeit des Subjekts vom Objekt der Verantwortung einfangen und vermittelt hierüber etwas über die Art und Menge seiner Verantwortlichkeit. Ein Begriff von Kollektivverantwortung wird nicht deshalb benötigt, um damit zum Ausdruck zu bringen, dass das Kollektiv unabhängig von seinen Mitgliedern über die Verantwortungsbedingungen verfügt, um damit also den Verantwortungsträger näher zu bestimmen, sondern um zu erklären, wie ein Kollektiv für Gegenstände Rede und Antwort steht, die gewissermaßen zu komplex sind, als dass ein Einzelner dafür verantwortlich sein könnte. Diese Position ist deshalb hybrid, da sie Verantwortung zwar auf Individuen zurück bezieht, jedoch Kollektivverantwortung nicht auf Individuen reduziert.[123] Im Gegensatz zu anderen Ansätzen leite ich das Kollektive dieser Verantwortlichkeit nicht aus den Verantwortungsträgern ab, sondern aus dem -gegenstand. Die Frage nach dem Wer der Kollektivverantwortung lässt sich nun dahingehend beantworten, dass in einem Kollektiv alle zur Verantwortungs-

---

121 Diese und die folgenden Zuschreibungsmodelle haben Lenk und Maring von Richard DeGeorge übernommen; vgl. DEGEORGE 1986, S. 98 f.
122 Vgl. HEIDBRINK 2003, S. 201.
123 Vgl. LENK/MARING 1995, S. 271.

3 Relationselemente und Subkategorien des Verantwortungsbegriffs 79

übernahme befähigten Mitglieder verantwortlich sind und nicht das Kollektiv als etwaige autonome Person. Die Rede von Kollektivverantwortung markiert gewissermaßen spezifische Objekte, für die nur eine Mitglieder- aber keine genuine Individualverantwortung übernommen werden kann.

Viertens – Mitgliederverantwortung: Die zweite Frage nach dem Wie viel der Kollektivverantwortung wird nun unter Rekurs auf drei Zuschreibungskonzepte beantwortet, nämlich Vollverantwortung, partielle bzw. Teilverantwortung und Mitverantwortung. Warum spricht man in einem gegebenen Moment überhaupt von Kollektivverantwortung? Entweder, da in der fraglichen Situation tatsächlich mehrere Menschen anwesend sind und gleichermaßen die Voraussetzungen dafür mitbringen, für den Verantwortungsgegenstand Rede und Antwort zu stehen. Solche Fälle fallen unter das Modell der Vollverantwortung. Oder aber es ist deshalb von Kollektivverantwortung die Rede, weil das fragliche Objekt zu komplex ist, um von einem Einzelnen allein verantwortet werden zu können, worauf die Konzepte der Teil- und der Mitverantwortung referieren.

Die Verantwortungsforschung unterscheidet zwischen der „Invarianz-Sicht" (ebd.) und der „Differenz-Sicht" (ebd.). Letztere nimmt an, dass sich die Verantwortlichkeit von jemandem qualitativ bzw. quantitativ verändert, sobald weitere Verantwortungsträger für denselben Gegenstand anzunehmen sind, was die Invarianz-Sicht bestreitet. Eine Entscheidung für ausschließlich eine der beiden Positionen kann nicht überzeugen, sondern beide erscheinen in Abhängigkeit davon, in welchen Kontexten von Verantwortung gesprochen wird, plausibel. Die Mitglieder eines Kollektivs tragen dann jeweils eine volle Verantwortung für das fragliche Objekt, wenn eigentlich auch nur ein Mitglied allein dafür verantwortlich sein könnte. Dass es sich dabei dennoch um eine Kollektiv- und nicht um eine genuine Individualverantwortung handelt, liegt daran, dass zum Zeitpunkt des Geschehens tatsächlich mehrere Akteure beteiligt sind. Solche Fälle voller Verantwortung als Mitgliederverantwortung lassen sich unter der Invarianz-Sicht erfassen. Die Zuschreibungskonzepte der Teil- und der Mitverantwortung treffen hingegen zu, wenn der Gegenstand der Verantwortung zu komplex für einen einzelnen Träger ist, d. h. der Grund, warum es sich hier um Kollektivverantwortung handelt, liegt in der Besonderheit des Verantwortungsobjekts selbst. Solche Fälle lassen sich unter der Differenz-Sicht ermitteln. Dennoch sind die folgenden Ausführungen als Explikationen zum Subjekt und nicht zum Objekt der Verantwortung zu verstehen, anders gesagt, die Subkategorie der Individualität oder Kollektivität gehört zum Subjekt und nicht zum Objekt der Verantwortung. Denn sie beschreibt, von welcher Art die Mitgliederverantwortung in Abhängigkeit von der Art des Verantwortungsgegenstands ist, worin auch meine These von einer Struktur der Verantwortung eine erste Begründung

3.1 Erstes Relationselement: Das Subjekt der Verantwortung

erhält, insofern das Objekt der Verantwortung gewissermaßen vorgibt, wie viel Verantwortung das fragliche Subjekt (Singular oder Plural) dafür hat. Wenn die Zuschreibung von entweder Teil- oder Mitverantwortung abhängig von der Art des fraglichen Verantwortungsgegenstands ist, benötigt man ein Prinzip dafür, wie sich in einem konkreten Fall ermitteln lässt, ob das Objekt zu komplex ist, als dass ein einzelnes Individuum dafür allein Rede und Antwort stehen könnte. Das nun folgende Gedankenexperiment soll in genau solchen Situationen, in denen fraglich ist, ob es sich bei einem potenziellen Verantwortungsgegenstand um den einer Individual- oder Kollektivverantwortung handelt, dazu dienen, unsere Intuitionen zu ermitteln und zu überprüfen. Die Heuristik trägt den leider etwas holperigen Namen „Eine-Welt-eine-Person-Perspektive" (EWEP-Perspektive):

> EWEP-Perspektive: Man stelle sich eine Welt vor, in der nur ein einziger Verantwortungsträger lebt. Wenn in dieser Welt der fragliche Verantwortungsgegenstand intuitiv immer noch vorstellbar ist, kann es sich um eine Individualverantwortung des Akteurs handeln. Ist das Objekt, um das es geht, intuitiv nicht mehr vorstellbar, wenn nur ein einzelner Verantwortungsträger auf der Welt lebt, kommt nur die Zuschreibung einer Teil- oder Mitverantwortung in Frage.

Es kommt hier darauf an, den Verantwortungsträger möglichst allgemein auf seine Funktion als autonome Person hin zu beschreiben, nicht als eine spezifische Person in einem bereits definierten Kontext. Es handelt sich um eine Welt, in der ‚irgendein' Verantwortungssubjekt allein lebt. Deshalb ist die EWEP-Perspektive kontext*insensitiv* und zeigt, inwiefern das Verantwortungsobjekt Rückschlüsse darüber zulässt, ob es sich um ein individuelles oder kollektives Subjekt handelt und demzufolge, von welcher Art seine Verantwortlichkeit ist. In Kapitel 3.2.1 über die Subkategorie der Partikularität oder Universalität des Verantwortungsgegenstands wird diesem Gedankenexperiment eine zweite Heuristik gegenübergestellt, die kontext*sensitiv* veranschaulicht, inwiefern die Definition des Subjekts Informationen über die Bestimmung des Objekts enthält (vgl. zu einer verschränkten Anwendung beider Heuristiken Kapitel 10).

Vollverantwortung: Mitgliederverantwortung in Form voller Verantwortung meint, dass theoretisch auch ein Einzelner allein für den Gegenstand Rede und Antwort stehen könnte. Dass dennoch von kollektiver Verantwortung die Rede ist, liegt daran, dass mehrere Menschen an demselben Geschehen beteiligt sind. Jedes Kollektivmitglied verantwortet das fragliche Objekt in vollem Maße, ganz so, als hätte man allein gehandelt (vgl. die Kurzdefinitionen zum Vokabular individueller Verantwortungszuschreibung zu Beginn dieses Kapitels), was voraussetzt, dass alle Beteiligten gleichermaßen und hinreichend über die Verantwortungsbedingungen verfügen. Volle Verantwortlichkeit eines Einzelnen

3 Relationselemente und Subkategorien des Verantwortungsbegriffs 81

als Mitgliederverantwortung bestünde auch dann, wenn man die fraglichen Akteure unter der EWEP-Perspektive auf einen Träger reduzierte. Dann würde aus der vollen Verantwortung als Mitglieder- eine genuine Individualverantwortlichkeit werden. Gegenstände einer Zuschreibung von Mitglieder- in Form voller Verantwortlichkeit sind unter der EWEP-Perspektive intuitiv immer noch vorstellbar.

Um diese Ausführungen etwas anschaulicher zu gestalten, denke man sich bspw. eine Verantwortungsübernahme für ein Lebewesen, wie die der Erziehungsberechtigten für ein Kind. Es handelt sich um eine volle Verantwortung der einzelnen Erzieher als Kollektivmitglieder für den ‚vollen' oder ‚ganzen' Gegenstand des Kindes, was adäquater mit seinem Wohlergehen (und nicht mit seiner Zeugung oder ‚Herstellung') zum Ausdruck gebracht wird. Das Wohlergehen des Kindes ist unter der EWEP-Perspektive intuitiv immer noch vorstellbar, auch ein Einzelner könnte dafür Rede und Antwort stehen. Die Verantwortung der Erziehungsberechtigten für das Wohl des Kindes bezieht sich nur dann auf einen einzelnen Teil desselben, wenn dies aus dem Kontext eindeutig hervorgeht, wohingegen sich sein Wohlergehen für gewöhnlich nicht auf einen ‚Abschnitt' desselben begrenzen lässt, sondern es in seiner Gesamtheit umfasst. Jede Kollektivverantwortung für etwas Lebendes, wie andere Menschen, Tiere und sogar Pflanzen, sind als Fälle einer Vollverantwortlichkeit der Kollektivmitglieder beschreibbar, da es sich dabei um Organismen handelt, die nicht in ihre Einzelteile zergliedert werden können, die keine bloße Anhäufung oder Sammlung einzelner Teile darstellen. Das Lebewesen ist ‚mehr', als die ‚Summe seiner Teile'.[124] Solche Gegenstände, deren einzelne Elemente, wie z. B. der linke Arm des Kindes plus sein Haarschnitt plus ein Abend im Leben des Kindes, sich nicht aufsummieren lassen, sondern sich im Zusammenspiel wechselseitig verstärken, werden im Folgenden synergetische Verantwortungsobjekte genannt (vgl. dazu den Abschnitt über Mitverantwortung weiter unten).

Unabhängig von der Verantwortung für Lebewesen kommen Fälle von Mitglieder- in Form voller Verantwortlichkeit wohl verhältnismäßig selten vor, da die meisten unbelebten Objekte hergestellt und deshalb auch in ihren Bestandteilen zu verantworten sind, was im kommenden Abschnitt über Mitglieder- als Teilverantwortung eine Rolle spielen wird. Um das Zuschreibungskonzept der Vollverantwortung noch etwas weiter zu explizieren, kann man sich bspw. vorstellen, die Erziehungsberechtigten würden ihrer Verantwortung für das Kind nicht gerecht werden. Wird einem Kind dauerhaft geschadet, kann es

---

124 Auch Larry May spricht in *Sharing Responsibility* von solchen Verantwortungsgegenständen als von den Objekten einer kollektiven Verantwortung, die nicht teilbar ist „thereby rendering the group's actions more than merely the sum of the actions of the members of the group" (MAY 1992, S. 38).

in gravierenden Fällen vorkommen, dass man es in die Obhut anderer gibt. Der Verlust des Kindes trifft die Erzieher nicht zu gleich großen Anteilen. Es entfallen nicht 50% des Verlustes auf das eine und 50% des Verlustes auf das andere Kollektivmitglied, sondern jeder erleidet den Verlust des Kindes in vollem Umfang. Haben sich die Personen bspw. vor Gericht für das Verantwortungsobjekt einer Schädigung des Wohlergehens des Kindes zu verantworten, müssen sie dies in gleichem Maße und in Bezug auf den gesamten Gegenstand hin leisten.

Die im Folgenden zu besprechenden Zuschreibungskonzepte der Teil- und der Mitverantwortung treffen auf Kontexte zu, in denen nicht deshalb von Kollektivverantwortung die Rede ist, weil mehrere Akteure hinreichend über die Verantwortungsbedingungen verfügen, sondern weil der fragliche Gegenstand zu komplex für eine genuine Individualverantwortung ist und unter der EWEP-Perspektive intuitiv nicht mehr vorgestellt werden kann:

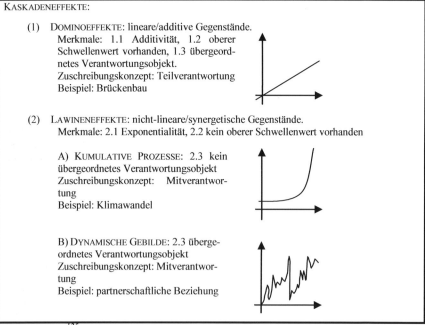

KASKADENEFFEKTE:

(1) DOMINOEFFEKTE: lineare/additive Gegenstände.
Merkmale: 1.1 Additivität, 1.2 oberer Schwellenwert vorhanden, 1.3 übergeordnetes Verantwortungsobjekt.
Zuschreibungskonzept: Teilverantwortung
Beispiel: Brückenbau

(2) LAWINENEFFEKTE: nicht-lineare/synergetische Gegenstände.
Merkmale: 2.1 Exponentialität, 2.2 kein oberer Schwellenwert vorhanden

A) KUMULATIVE PROZESSE: 2.3 kein übergeordnetes Verantwortungsobjekt
Zuschreibungskonzept: Mitverantwortung
Beispiel: Klimawandel

B) DYNAMISCHE GEBILDE: 2.3 übergeordnetes Verantwortungsobjekt
Zuschreibungskonzept: Mitverantwortung
Beispiel: partnerschaftliche Beziehung

Schaubild 1[125]

---

125 Sabine Hohl und Dominic Roser entwerfen vier graphische Darstellungsweisen des Klimawandels vor; vgl. insbesondere HOHL/ROSER 2011, S. 490 ff.

3 Relationselemente und Subkategorien des Verantwortungsbegriffs

Partielle oder Teilverantwortung: Wenn das fragliche Verantwortungsobjekt zu komplex für eine genuine Individualverantwortung ist und es sich bei demselben um einen linear entstandenen Gegenstand handelt (vgl. Schaubild 1, Erläuterungen folgen weiter unten), tragen die Kollektivmitglieder jeweils eine partielle bzw. Teilverantwortung dafür, d. h. dass sie im Einzelnen hinreichend, wenn auch in unterschiedlichem Maße, über die Voraussetzungen zur Verantwortung verfügen. In Bezug auf die Bedingung der Handlungsfähigkeit meint dies bspw. verschiedene Grade an Folgenbewusstsein, unterschiedliche Wissensstandards und Einflussmöglichkeiten. Darüber hinaus steht der Einzelne nicht für den ganzen Gegenstand Rede und Antwort, sondern nur für einen Teil desselben. Diese Form der Mitgliederverantwortung hat kein Äquivalent in einer genuinen Individualverantwortlichkeit, denn es liegt in der Struktur des Verantwortungsgegenstands, dass er nur kollektiv, nicht aber von Einzelnen verantwortet werden kann. Reduziert man unter der EWEP-Perspektive alle Träger auf einen, lässt sich der fragliche Gegenstand intuitiv nicht mehr vorstellen, man kann nur noch in einem übertragenen Sinn annehmen, der Einzelne hätte die Verantwortung dafür.[126] Und doch erfolgt die Bewertung der einzelnen Handlung über das Objekt im Ganzen (was in Schaubild 1 unter Merkmal 1.3 eingefangen wird; ich komme unten darauf zurück).

Damit diese einleitenden und ohne Beispiel recht abstrakten Bemerkungen etwas anschaulicher werden, stelle man sich eine Gruppe Arbeiter vor, die eine Brücke bauen. Das Objekt des Brückenbaus (vgl. Schaubild 1) verantwortet jedes Kollektivmitglied zu einem Teil. Es ist dabei zwischen verschiedenen Bewertungsperspektiven der einzelnen Handlungen der Akteure zu differenzieren, insofern jeder Brückenbauer eine Voll- als genuine Individualverantwortung für sein konkretes Tun hat, z. B. einen Kran steuern und eine Teilverantwortung für *dieselbe* Tat, nämlich einen Kran steuern, die nun jedoch unter dem übergeordneten Projekt des Brückenbaus interpretiert wird. Hierauf bin ich in Kapitel 2.2 am Ende des Abschnitts zu der Kurzdefinition des Handlungsbe-

---

[126] Aus diesem Grund nennt man die kollektive häufig auch stellvertretende Verantwortung, da der Einzelne etwas verantwortet, das er nicht selbst verursacht hat. Joel Feinberg spricht in FEINBERG 1991 bspw. von „vicarious liability" (ebd., S. 56). David T. Risser beschreibt in RISSER 2006 Feinbergs Verantwortungsformen. Doch auch der Begriff der Stellvertreterverantwortung ist mehrdeutig, denn damit wird nicht nur auf Fälle referiert, in denen das Objekt nicht im eigentlichen Sinne vom Träger verantwortet wird, sondern auch auf Träger, die Verantwortung an Stelle von jemand anderem haben, weil das eigentliche Subjekt (seine) Verantwortung nicht selbst auf sich nehmen kann. Dies ist bspw. der Fall, wenn Eltern für ihre Kinder verantwortlich sind. Aufgrund der Unselbstständigkeit der Kinder übernehmen für einen bestimmten Zeitraum andere Menschen an ihrer Stelle die Verantwortung für sie. Klaus-M. Kodalle bemerkt hierzu: „Ursprünglicher Ort dieser stellvertretenden Wahrnehmung von Verantwortung ist die Fürsorge für Unmündige" (KODALLE 1994, S. 183). Aufgrund seiner Mehrdeutigkeit sehe ich im Folgenden davon ab, diesen Begriff zu gebrauchen.

griffs bereits kurz zu sprechen gekommen, dass manche individuell ausgeführte Handlung ihren Gehalt einem größeren Sinnzusammenhang entnimmt. Jeder Einzelne kann zwar für sich allein einen Kran steuern und trägt dafür dann auch die alleinige Verantwortung, doch zumeist tut man so etwas nicht einfach so und nur um Kran Steuerns willen, sondern diese Handlung bekommt Gehalt und Bewertung durch ein übergeordnetes Ziel, in diesem Fall der Brückenbau (vgl. Schaubild 1, Merkmal 1.3). Der Brückenbauer trägt also im eigentlichen Sinne keine genuine Individualverantwortung für sein Tun, sondern als Kollektivmitglied eine partielle Verantwortung für einen Teil des Brückenbaus. Vor diesem Hintergrund überzeugt sowohl die Rede von der kollektiven Verantwortung der Brückenbauer für den Brückenbau, als auch von der partiellen Verantwortlichkeit der einzelnen Arbeiter in ihren Rollen als Brückenbauer für ihren Anteil am Brückenbau (als Mitgliederverantwortung) bzw. von ihrer genuinen Individualverantwortung für die einzelnen Handlungen wie einen Kran steuern.

Teilverantwortungsobjekte haben eine lineare Natur, d. h. sie entstehen durch die konstante Addition einzelner Handlungen (vgl. Schaubild 1, Merkmal 1.1). Der Brückenbau wird durch das Tun der Arbeiter definiert und die einzelnen Handlungen lassen sich zusammen unter dem Verantwortungsgegenstand des Brückenbaus subsumieren. Unter der EWEP-Perspektive ist er intuitiv nicht mehr vorstellbar, denn für gewöhnlich kann kein einzelner Mensch eine Brücke ganz allein bauen, zumindest dann nicht, wenn man dabei an herkömmliche Brücken denkt. Daher ist die Verantwortung für den Brückenbau aufzuteilen, was über die Wahrnehmung und Erfüllung von Rollen gewährleistet wird, wenn „sich das einzelne Mitglied verpflichtet, eine Teilaufgabe zu erfüllen, welche das gemeinsame Ziel erreichen und die Gesamtaufgabe erfüllen läßt" (Brieskorn 2000, S. 199). Irritation darüber, wie viel partielle Verantwortung einem Kollektivmitglied zukommt, entsteht häufig deshalb, weil die Rollen, die unsere Aufgaben innerhalb von Gruppen definieren, unscharf sind. Rollen dienen dazu, die Handlungen, die unsere Teilverantwortungsobjekte darstellen, zu determinieren.

Mitglieder- in Form von Teilverantwortung der Beteiligten umfasst die meisten Fälle kollektiver Verantwortungszuschreibung. Wenn behauptet wird, dass ein Einzelner die Verantwortung für das Objekt einer Teilverantwortung allein trägt, ist damit nicht im eigentlichen Sinne gemeint, dass er dasselbe tatsächlich verantworten kann oder muss, sondern seinen Teil davon. Es wird zum Ausdruck gebracht, dass der Genannte die Verantwortung für einen besonders bedeutsamen und umfassenden Teil des Ganzen trägt oder auch, dass er die vielen partiellen Verantwortlichkeiten der anderen Kollektivmitglieder in seiner Person vereint repräsentiert. Manchmal kommt es also vielleicht vor, dass man einem Einzelnen die Verantwortung für einen Gegenstand auferlegt, der im Grunde zu komplex ist, als dass er für ihn allein Rede und Antwort stehen könn-

3 Relationselemente und Subkategorien des Verantwortungsbegriffs 85

te. Doch die Erklärung für eine Verantwortungszuschreibung, die den fraglichen Akteur eigentlich überfordert, ist in solchen Momenten darin zu sehen, dass wir einen Gegenstand unter vielerlei Perspektiven betrachten und eine Einzelhandlung, die zu seinem Entstehen nur beigetragen hat, jedoch nicht das Ganze tatsächlich ausmacht, extrapolieren und damit ihren Bedeutungsgehalt verstärken können. Lineare Verantwortungsgegenstände verfügen nicht nur über einen unteren, sondern auch über einen oberen Schwellenwert, insofern z. B. der Brückenbau zu einem raum-zeitlich relativ konkret bestimmbaren Moment beginnt und endet (vgl. Schaubild 1, Merkmal 1.2). Was es hiermit auf sich hat, wird im nächsten Abschnitt im Vergleich mit der Mitverantwortung besprochen.

Mitverantwortung: Ähnlich wie bei einer Mitglieder- als Teilverantwortung ist auch im Falle der Mitverantwortung das fragliche Objekt zu komplex für einen Verantwortungsträger allein. Die Gegenstände, um die es hier geht, teilen eine Gemeinsamkeit mit Lebewesen, die oben als potenzielle Verantwortungsobjekte einer Vollverantwortung beschrieben wurden, nämlich die, dass sie synergetische Verantwortungsgegenstände darstellen. Im Gegensatz zu den linearen Objekten der Teilverantwortung sind sie nicht-linear entstanden (vgl. Schaubild 1, Merkmal 2.1; ich komme gleich darauf zurück)[127] und verfügen überdies nicht über einen oberen Schwellenwert (vgl. Merkmal 2.2).[128] Viele Verantwortungsgegenstände zeichnen sich nicht nur durch einen unteren, sondern auch durch einen oberen Schwellenwert aus, der dessen raum-zeitlichen Abschluss markiert. Betrachten wir wieder den Fall der Brückenbauer.

Bei dem Verantwortungsobjekt des Brückenbaus gibt es sowohl einen unteren als auch einen oberen Schwellenwert, denn zunächst muss ein bestimmtes Maß an Arbeiten vollzogen worden sein, damit davon die Rede sein kann, dass hier eine Brücke entsteht. Dieser Zeitpunkt markiert den unteren Schwellenwert, wobei der Grund dafür, dass ich hierbei von Schwellenwerten und nicht von einfachen Zeitpunkten spreche, darin liegt, dass ihre Setzung eine gewisse Variabilität aufweist. Je nachdem, ob bspw. ein vorbeigehender Spaziergänger oder ein Architekt einen Blick auf die Brückenbauer wirft, kann der Moment des unteren Schwellenwertes, also des raum-zeitlichen Beginns des Brückenbaus, früher oder später gesetzt werden. Ein weiterer Moment markiert als oberer Schwellenwert den raum-zeitlichen Abschluss des Objekts. Die Annahme, dass jemand nach Fertigstellung der Brücke, indem er einen Stein auf selbiger ablegt,

---

127 Bühl spricht von „nicht-linearen oder komplexen Systemen" (BÜHL 1998, S. 97); vgl. überdies LENK/MARING 1995, S. 257. Erstmals sind Anton Leist und David Lyons auf die philosophische Relevanz einer Differenzierung zwischen linear und nicht-linear entstandenen Gegenständen eingegangen; vgl. LEIST 1989, S. 185 und zudem LYONS 1965, S. 63 ff.

128 Die Problematik einer Zuweisung von Schwellenwerten wird häufig in engem Zusammenhang mit der Linearität oder Nicht-Linearität eines Gegenstands behandelt; vgl. LEIST 1989, S. 184 f. und PARFIT 1984, S. 61.

damit noch an ihrem Bau beteiligt sein würde, kann nicht überzeugen. Eine solche Handlung ist besser als Überdetermination zum eigentlichen Gegenstand des Brückenbaus zu beschreiben[129] und kann nicht mehr als retrospektive Verantwortungswahrnehmung für den Brückenbau verstanden werden. Jeder, der nach dem Überschreiten des oberen Schwellenwertes hinzukommt, ist nicht mehr für die gebaute Brücke verantwortlich, die auch ohne ihn bestünde.[130]

Bei allen synergetischen Verantwortungsobjekten verhält es sich hingegen insofern anders, als sie keinen solchen oberen Schwellenwert aufweisen, weshalb man in einem ersten Schluss folgern kann, dass alle Beteiligten zu jedem Zeitpunkt retrospektiv Verantwortung für den Gegenstand tragen. Die Intensität des Geschehens steigert sich mit jedem neu Hinzugekommenen, synergetische Objekte enthalten in sich nicht bereits ihren eigenen raum-zeitlichen Abschluss. Sie haben eine exponentielle Natur (vgl. Schaubild 1, Merkmal 2.1). Im Falle einer Mitglieder- als Teilverantwortung für einen linearen Gegenstand wie bspw. den Brückenbau ist es möglich, den Anteil eines jeden Akteurs mit mehr oder minder großem Aufwand auf denselben zurückzuführen. Das Ganze des Verantwortungsobjekts wird durch die partielle Verantwortlichkeit jedes Einzelnen ‚aufgeteilt' und die Summe der einzelnen Handlungen ergibt zusammen den Brückenbau. Das gilt nicht für synergetische Verantwortungsgegenstände, bei denen sich die Wirkung der Einzelteile im Zusammenspiel verstärkt, weshalb die Mitglieder des fraglichen Kollektivs für diese Kategorie von Objekten auch eine besondere Form von Verantwortung tragen, nämlich eine Mitverantwortung, die ich als Kombination aus Voll- und Teilverantwortung definiere. Synergetische Gegenstände lassen sich in zwei Unterkategorien differenzieren (vgl. Schaubild 1), zum einen in die Gruppe der kumulativen Prozesse und zum anderen in die Gruppe der dynamischen Gebilde. Beide Unterkategorien zeichnen sich durch die Merkmale der Exponentialität und des Fehlens eines oberen Schwellenwertes aus (vgl. die Merkmale 2.1 und 2.2), wohingegen die kumulativen Prozesse im Gegensatz zu den dynamischen Gebilden keine übergeordneten Gegenstände darstellen (vgl. Merkmal 2.3). Dies in aller Kürze und als Vorgriff auf die folgenden Ausführungen. Jetzt ein wenig ausführlicher.

Kumulative Prozesse – Beispiel Klimawandel: Jonas zufolge sind mit kumulativen Prozessen ganz neue ethische Herausforderungen entstanden, denn „[a]lle herkömmliche Ethik [rechnete bislang] nur mit nicht-kumulativem Verhalten" (Jonas 2003, S. 27).[131] Als Beispiele für kumulative Prozesse lassen sich

---

129 Auf das Phänomen der Überdetermination als ein Überschreiten des oberen Schwellenwertes ist erstmals Leist in LEIST 1989, S. 191 eingegangen.
130 Durch Sonderregelungen kann man nachträglich mit dem bereits abgeschlossenen Geschehen des Brückenbaus verknüpft werden, bspw. in der Rolle eines Brückenwarts.
131 Vgl. auch RÖTZER 1998, S. 12.

3 Relationselemente und Subkategorien des Verantwortungsbegriffs 87

der Klimawandel, der Welthandel, die Welt-Finanzkrise und Konstitutionalisierungsvorgänge auf der internationalen Ebene anführen.[132] Da es sich in dieser Kategorie von Verantwortungsobjekten also um äußerst verschiedenartige Phänomene zu handeln scheint, werden auf den kommenden Seiten zwei Beispiele für kumulative Prozesse vorgestellt, nämlich der anthropogene Klimawandel[133] (vgl. ausführlich Kapitel 13) und Fälle struktureller Ungerechtigkeit wie Iris Marion Young sie beschreibt. Ein kumulativer Prozess ist ein Lawineneffekt und Lawineneffekte fallen in die Kategorie der Kaskadeneffekte, die sich über mehrere Stufen hinweg entwickeln und im Falle der Lawineneffekte von Stufe zu Stufe verstärken (vgl. Schaubild 1). Je länger seine Entwicklung andauert, d. h. je mehr Stufen sein Wachstum umfasst, desto stärker wird der Lawineneffekt. Der Begriff „kumulativ" wird teilweise synonym zu „synergetisch" gebraucht,[134] aber auch als Oberkategorie von Prozessen, die sich dann in synergetische und additive differenzieren.[135] Alles in allem herrscht hier keine Einheitlichkeit. Kumulative Prozesse definiere ich als Unterkategorie nicht-linearer oder synergetischer Verantwortungsgegenstände. Sie teilen die zwei Merkmale aller nicht-linearen Objekte, nämlich exponentielles Wachstum sowie das Fehlen eines oberen Schwellenwertes (vgl. Schaubild 1, die Merkmale 2.1 und 2.2).

Kumulative Prozesse enthalten in ihrer Entwicklung mehrere kleinere und größere Kippmomente oder „tipping point[s]" (Lenton et al. 2008, S. 1786), die sich gegenseitig ‚triggern' und mit deren Überschreiten sich die Entwicklung sprunghaft und plötzlich fortsetzt. Diese Kippmomente sind nicht mit dem unteren Schwellenwert gleichzusetzen, der als raum-zeitlicher Beginn des Prozesses zu verstehen und im Fall des Klimawandels wohl zur Zeit der Industrialisierung anzusetzen ist. Doch von ihrem Beginn an verlaufen kumulative Prozesse exponentiell und entwickeln eine Eigendynamik, weshalb sie sehr viel schwerer zu kalkulieren sind, als lineare Prozesse.[136] Je länger und je mehr Menschen in den Klimawandel involviert sind, desto schwieriger ist ein Ausstieg bzw. ein Anhal-

---

132 Mit der politischen Mitverantwortung für den Prozess der Konstitutionalisierung habe ich mich in SOMBETZKI 2012 befasst.
133 Es geht in diesem Buch ausschließlich um den anthropogenen Klimawandel; vgl. auch WEART 2011, S. 67 und 69.
134 Bspw. in LENK/MARING 1995, S. 254. Die Begriffe werden zumindest unspezifisch differenziert gebraucht. Bühl orientiert sich in seinen Ausführungen zu „kumulative[n] oder synergetische[n] Effekte[n]" (BÜHL 1998, S. 27) an Lenk und Maring.
135 Vgl. HEILAND et al. 2006. Andererseits sind additive Prozesse auch als lineare Prozesse aufzufassen und kumulative bzw. synergetische Prozesse als nicht-lineare Prozesse.
136 Vgl. MESSNER/RAHMSTORF 2010, S. 71, STEFFEN 2011, S. 27 und URL: http://www.fs.fed.us/ ccrc/topics/cumulative-effects.shtml [Stand: 30.09.2013]: „Climate changes influence vegetation, water, and disturbance frequencies, and these changes, in turn, influence one another. A change in one aspect causes a cascade of responses that in some cases counteract and in others magnify the initial change."

ten desselben.[137] Bei manchen kumulativen Prozessen erlangt die Entwicklung mit Erreichen eines speziellen tipping points, dem ‚Point of no Return', ihren Höhepunkt, der abhängig vom jeweiligen Kontext und unter Einbeziehung äußerst unterschiedlicher (politischer, wirtschaftlicher, sozialer) Faktoren den Moment markiert, nach dessen Überschreiten der Zustand für den Menschen als unhaltbar definiert wird. Ein solcher ‚Point of no Return' ist allerdings nicht der obere Schwellenwert, der als raum-zeitlicher Endpunkt den kumulativen Prozess abschließen würde. Einen oberen Schwellenwert gibt es bei synergetischen Gegenständen nicht (vgl. Kapitel 13.1). Im Falle des Klimawandels kann es nicht zu einer Überdetermination kommen, da jeder weitere Akteur Teil des exponentiellen Prozesses wird und das Geschehen intensiviert.

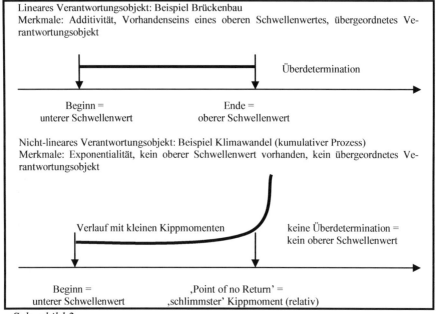

Schaubild 2

---

137 Vgl. MESSNER/RAHMSTORF 2010, S. 63 und 70. Einige kumulative Prozesse kommen nicht durch eine Wechselwirkung menschlichen Verhaltens und physikalischer Prozesse zustande, sondern rein durch menschliches Verhalten. Hier wird der Aspekt der Eigendynamik abgeschwächt und eher mit dem Begriff der Pfadabhängigkeit erfasst. Der Prozess der Konstitutionalisierung internationalen Rechts stellt einen sozial generierten, kumulativen Prozess dar.

3 Relationselemente und Subkategorien des Verantwortungsbegriffs 89

Jede Darstellung eines kumulativen Prozesses ist modellhaft und kann Exponentialiät nur unzulänglich abbilden, denn es wird ein linearer Prozess suggeriert, bei dem ein Kippmoment auf den nächsten folgt, bis zu einem bestimmten Moment ein spezifischer Akteur mit seinem Handeln den ‚Point of no Return' überschreitet. Dies schlägt sich auch psychologisch nieder, insofern aufgrund der unüberschaubaren Anzahl an Involvierten, sehr viel später eintretender wahrnehmbarer Folgen und eines globalen Schauplatzes die persönliche Verbundenheit mit den ausgelösten Phänomenen nicht erlebt wird und oft auch gar nicht erlebt werden kann.

Für synergetische Gegenstände tragen die Kollektivmitglieder in den meisten Fällen eine Mitverantwortung (auf etwaige Ausnahmen komme ich weiter unten zu sprechen). Im Falle eines kumulativen Prozesses kann für gewöhnlich kein Einzelner dafür allein Rede und Antwort stehen und unter der EWEP-Perspektive sind sie intuitiv nicht mehr vorstellbar. Mitverantwortung impliziert dabei sowohl die Übernahme einer Teil- als auch einer Vollverantwortung durch die Beteiligten, Mitverantwortung ist eine Kombination aus Teil- und Vollverantwortung. Die Verantwortungsträger sind einerseits partiell für den von ihnen verursachten Teil des Ganzen verantwortlich, analog zu den Brückenbauern, die für ihren Beitrag zum Brückenbau Rede und Antwort zu stehen haben. Andererseits tragen sie eine volle Verantwortung für den Klimawandel, vergleichbar mit den Erziehern, die jeweils für das Wohl ihres Kindes im Ganzen verantwortlich sind, da ihrer Beteiligung an einem exponentiellen Prozess eine andere Bedeutung zukommt, als dies bei den Brückenbauern der Fall ist, insofern bspw. spätere Handlungen die Interpretation früherer Handlungen beeinflussen können. So wird das Verantwortungskonzept der Mitverantwortung zwei Tatsachen gerecht, dass nämlich erstens die Beteiligten am Klimawandel keine Brückenbauer sind, deren Tun in jedem Fall aus dem Geschehen abgelesen werden kann und auf die sich etwaige Bestandteile des Prozesses zu irgendeinem Zeitpunkt im Einzelnen zurückführen lassen. Darüber hinaus können sie aus dem Klimawandel nicht so einfach aussteigen, weshalb sich hier die Zuschreibung einer Vollverantwortung anbietet (wie sich das inhaltlich umsetzen lässt, wird in Kapitel 13.4 diskutiert). Zweitens kann man dennoch bei den Involvierten z. T. sehr unterschiedlich hohe Beteiligungsweisen am Klimawandel ausmachen und zwischen manchen Akteuren und ihrer Beteiligung differenzieren. Dieses Moment wird mit der zusätzlichen Zuschreibung einer Teilverantwortung eingefangen.

Kumulative Prozesse – Beispiel Fälle struktureller Ungerechtigkeit nach Young: Unter Rekurs auf Youngs „social connection model", das sie in ihrem Buch *Responsibility for Justice* beschreibt, wird nun ein zweites Beispiel für kumulative Prozesse als Unterkategorie der synergetischen Gegenstände besprochen:

> „The social connection model of responsibility says that individuals bear responsibility for structural injustice because they contribute by their actions to the processes that produce unjust outcomes. Our responsibility derives from belonging together with others in a system of interdependent processes of cooperation and competition through which we seek benefits and aim to realize projects." (Young 2011, S. 105)

Mit dem social connection model will Young der Tatsache gerecht werden, dass in vielen Situationen aufgrund unübersichtlicher und komplexer Handlungszusammenhänge Zuschreibung von Verantwortung nur schwer möglich ist, eine Tatsache, auf die sie mit ihrem Konzept der strukturellen Ungerechtigkeit antwortet. Mit der Ergänzung des herkömmlichen Verantwortungsmodells, dem „liability model" (ebd., S. 97),[138] um das social connection model der Verantwortung, will sie insbesondere Fälle erfassen, in denen zwar auch einzelne Menschen für etwas verantwortlich sind, allerdings nur kollektiv dafür Rede und Antwort stehen können.

> „Each is personally responsible for the outcome in a partial way, since he or she alone does not produce the outcomes; the specific part that each plays in producing the outcome cannot be isolated and identified, however, and thus the responsibility is essentially shared." (Young 2011, S. 110)[139]

Youngs Überlegungen zum social connection model weisen große Ähnlichkeit mit meiner Schilderung synergetischer Gegenstände auf, insofern man zwar durchaus einzelne Akteure im Gesamtgeschehen identifizieren kann, doch ihren Beitrag anders als bspw. den eines Brückenbauers zu bewerten hat. Zwar ist der Einzelne für das Ganze in a partial way verantwortlich, doch lässt sich sein Tun nicht vom Ganzen isolieren, was Young am Beispiel ungerechter Arbeitsverhältnisse in Entwicklungsländern veranschaulicht, von denen Bürger der westlichen Industrienationen profitieren, indem sie Mode in Geschäften einkaufen, die diese unfairen Arbeitsbedingungen unterstützen.[140] Auch die Bürger westlicher Industriestaaten tragen einen Teil der Verantwortung für diese strukturell unge-

---

138 Eine gute Zusammenfassung desselben findet sich in einem älteren Text. Hier sagt sie: „The most common model of assigning responsibility derives from legal reasoning to find guilt or fault for a harm. Under the fault model, one assigns responsibility to particular agents whose actions can be shown as causally connected to the circumstances for which responsibility is sought" (YOUNG 2004, S. 368). Weiterhin bezieht sie in dieses „liability model" nicht nur die in diesem Zitat beschriebene „fault liability" mit ein, sondern zudem das, was sie unter „strict liability" (ebd.) versteht.
139 Ebenso YOUNG 2011, S. 96 f.
140 Besonders anschaulich dargestellt in YOUNG 2006, S. 107 ff.

3 Relationselemente und Subkategorien des Verantwortungsbegriffs 91

rechten Arbeitsverhältnisse, auch wenn ihr Ausmaß im Einzelnen nicht eindeutig bestimmbar ist. Young geht es in ihrer Konzeption nicht nur um die Identifizierung einzelner Schuldiger, sondern insbesondere um den Versuch, sich mit irgendwelchen Vorwänden wie bspw., dass man keine Zeit hat, sich zu informieren oder selbst nur ‚Opfer des Systems' ist, herauszureden.[141] Jede noch so geringe Beteiligung bedeutet Verantwortung, ohne dabei notwendig jedem Einzelnen ein Maß Schuld zuzuschreiben. „To the extent that we participate in ongoing operations of a society in which injustice occurs, we ought to be held responsible. This does not, however, make us guilty or blameworthy or directly liable for paying compensation to victims of harm" (Young 2011, S. 104). Meiner Ansicht nach kann Youngs social connection model das Problem der Verantwortungszuschreibung bei synergetischen Gegenständen jedoch nicht genau erfassen, denn aus ihren Worten geht nicht hervor, wie viel Verantwortung die Beteiligten tragen und wie sie selbige wahrzunehmen haben. Über das hier vorgeschlagene Zuschreibungsmodell der Mitverantwortung kann hingegen zwischen einer Teil- und einer Vollverantwortung aller Involvierten differenziert werden (vgl. Kapitel 13.4 hierzu).

Ebenso wie der Klimawandel verfügen auch Fälle struktureller Ungerechtigkeit nicht über einen linearen Verlauf, sondern entwickeln sich exponentiell, über mehrere kleinere und größere tipping points (vgl. Schaubild 1, Merkmal 2.1). Sie weisen dabei keinen oberen Schwellenwert auf, der als raum-zeitlicher Endpunkt das Geschehen abschließt (Merkmal 2.2), insofern sie als Prozesse inhärent nicht bereits ihr eigenes Ende enthalten, um als solche erkennbar zu sein. Sowohl der Klimawandel als auch Fälle struktureller Ungerechtigkeit stellen in Bezug auf ihre Bestandteile, soweit als solche identifizierbar, kein übergeordnetes Verantwortungsobjekt dar (Merkmal 2.3). Die Unterdrückung von Arbeitern in Entwicklungsländern und der Modekonsum von Bürgern aus westlichen Industrienationen erhalten Sinngehalt und Bewertung nicht erst über den Verantwortungsgegenstand der Fälle struktureller Ungerechtigkeit, d. h wir sprechen hier nicht deshalb von Unterdrückung und Modekonsum, da es sich um Fälle struktureller Ungerechtigkeit handelt, sondern unabhängig davon. Ebenso wenig sind der Ausstoß von Fabrikgasen und das Autofahren erst über das Verantwortungsobjekt des Klimawandels nachvollziehbar, will sagen, nicht erst aufgrund des Klimawandels kann man Autofahrt und Fabrikgase als solche definieren und als umweltschädlich beschreiben. Anders als das Tun der Brückenbauer, das seinen Sinn vornehmlich aus dem Verantwortungsgegenstand

---

141 Wie auch Attfield (vgl. Fußnote 86) betont Young mehrfach, dass selbst die Opfer (in ihrem Beispiel vornehmlich die Fabrikarbeiter) nicht von ihrer Verantwortung freigesprochen werden können, wenn sie weiterhin als handlungsfähige Personen betrachtet werden sollen; vgl. YOUNG 2011, S. 113.

des Brückenbaus erhält, stellen also weder der Klimawandel noch Fälle struktureller Ungerechtigkeit übergeordnete Verantwortungsobjekte dar, d. h. hier ist das Verhältnis zwischen dem Ganzen und seinen Bestandteilen ein anderes als dies bei linearen Gegenständen der Fall ist (vgl. hierzu ausführlich Kapitel 13.2).[142]

Die Unterkategorie der dynamischen Gebilde: Neben der Unterkategorie der kumulativen Prozesse als synergetische Gegenstände gibt es eine zweite Kategorie nicht-linearer Verantwortungsobjekte, nämlich die der dynamischen Gebilde (vgl. Schaubild 1). Beispiele für dynamische Gebilde sind soziale Institutionen, die Bühl auch „amorphe Systeme" (Bühl 1998, S. 97) nennt, wie eine Beziehung zwischen mehreren Menschen, der Staat oder Deutschland. Auch diese Verantwortungsobjekte zeichnen sich durch eine exponentielle und keine lineare Natur aus und verfügen nicht über einen oberen Schwellenwert, der den raum-zeitlichen Endpunkt des dynamischen Gebildes markiert (vgl. die Merkmale 2.1 und 2.2). Sie stellen weder konkrete Objekte, noch Prozesse dar, sondern changieren als Institutionen und Systeme zwischen diesen beiden Phänomenklassen. Im Gegensatz zu den kumulativen Prozessen sind dynamische Gebilde übergeordnete Verantwortungsgegenstände (vgl. Merkmal 2.3), worauf ich im Folgenden und insbesondere in Kapitel 13.2 zu sprechen kommen werde.

Bereits im Zuge meiner Überlegungen zum Zuschreibungskonzept der Mitgliederverantwortung in Form von Vollverantwortung wurden Lebewesen als synergetische Gegenstände beschrieben. In vielen Fällen kann für eine gewisse Anzahl Lebewesen entweder eine genuine Individual- oder aber eine Voll- als Mitgliederverantwortung angenommen werden, wie das bspw. bei der Verantwortung der Erzieher für ein oder mehrere Kinder der Fall ist. Ebenso gibt es auch einige kumulative Prozesse, wie bspw. die Verseuchung einer Pfütze,[143] die keine Mit-, sondern eine Vollverantwortung implizieren, wenn dies auch insbesondere bei kumulativen Prozessen eher die Ausnahme denn die Regel darstellt, denn selbige sind zumeist unter der EWEP-Perspektive intuitiv nicht mehr erkennbar. Soziale Institutionen sind als synergetische Gegenstände unter der EWEP-Perspektive intuitiv nicht mehr vorstellbar, weshalb die Involvierten für selbige eine Mitverantwortung tragen. Deshalb zeigen diese Beispiele zunächst nur, dass die Gruppe der synergetischen Gegenstände insgesamt größer ist, als die Gruppe der Gegenstände einer Mitverantwortung, was bereits anhand der Ausführungen zur Vollverantwortung am Beispiel der Erzieherverantwortung dargelegt wurde. Zwar sind synergetische Objekte nicht per se Ge-

---

142 Anregungen zu einer Präzisierung dieses Gedankens verdanke ich Christian Baatz.
143 Ich danke Prof. Dr. Lukas Meyer für dieses Beispiel.

genstände einer Mitverantwortung, allerdings stellen Objekte einer Mitverantwortung prinzipiell synergetische Gegenstände dar. Als Beispiel für ein dynamisches Gebilde wird hier eine partnerschaftliche Beziehung, stellen wir uns ein Paar in einer Krise vor, besprochen. Eines der Mitglieder des Paarkollektivs äußert während eines Gesprächs, dass ihm an der Beziehung viel liege, dass niemand da sei, der es ihnen abnehme, sich um selbige zu bemühen, dass demzufolge nur sie beide die Verantwortung für diese Beziehung tragen würden und niemand sonst. Der Verantwortungsgegenstand der Beziehung kann im Gegensatz zum Brückenbau nicht in seine Bestandteile zerlegt werden, denn woraus, kann man sagen, besteht denn eine Beziehung? Selbst wenn man bereit wäre, die Beteiligten selbst, d. h. ihre Emotionen, die wechselseitige Anerkennung, ihr Engagement usw. als wesentliche Aspekte einer Beziehung zu identifizieren, kann doch ein Vergleich zwischen den Beziehungspartnern und den Brückenbauern nicht überzeugen. Ihre Gefühle und Handlungen, wie etwa die Liebe des Partners x plus die Kommunikationsakte eins bis zehn des Partners y plus ein gemeinsamer Kinobesuch usw. ‚ergeben' nicht in der Summe die Beziehung, sondern die Aspekte, die als Beziehungsbestandteile zu interpretieren sind, verhalten sich exponentiell zu einander.

Darüber hinaus sind Beziehungen unter der EWEP-Perspektive intuitiv nicht mehr vorstellbar. Dieser Gegenstand ist demzufolge für eine genuine Individualverantwortung zu komplex,[144] woran sich zeigt, dass die Partner dafür eine Mit- und keine genuine Individualverantwortung tragen. Ihr Beitrag ist auf der einen Seite in Form der Zuschreibung einer Teilverantwortung einzufangen, denn manchmal lässt sich sehr wohl zwischen Weisen der Beteiligung differenzieren und es ist gerade wichtig, dass die Akteure als Individuen ausgemacht werden können. Auf der anderen Seite äußert sich ihre Mitverantwortung in einer Vollverantwortung, analog zu der vollen Verantwortung der einzelnen Erzieher für ihr Kind. Allerdings stellen dynamische Gebilde im Gegensatz zu kumulativen Prozessen übergeordnete Verantwortungsgegenstände dar, anders ausgedrückt lassen sie in diesem Punkt einen Vergleich mit linearen Objekten zu. Denn ähnlich wie das Tun der Brückenbauer als Bestandteile des Brückenbaus interpretiert werden und hierüber maßgeblich ihren Sinn beziehen, werden die Bestandteile und Aspekte einer Beziehung nur darüber verständlich, dass es sich um zwei Menschen handelt, die in einem freundschaftlichen oder partnerschaftlichen Verhältnis zu einander stehen (vgl. Schaubild 1, Merkmal 2.3). Dieses Merkmal dynamischer Gebilde wird eine maßgebliche Rolle in Kapitel

---

144 Das mutet trivial an, da soziale Institutionen bereits ontologisch unter der EWEP-Perspektive nicht vorstellbar sind und nicht nur als Verantwortungsobjekte nicht gedacht werden können, wie dies bei meinen anderen Beispielen der Fall ist. Dennoch stimmt das Gedankenexperiment der EWEP-Perspektive auch hier mit unseren Intuitionen überein.

13.2 anhand des Beispiels der Verantwortung für die politische Gemeinschaft spielen.

Fazit: Ich habe zwischen drei Formen kollektiver Verantwortungszuschreibung unterschieden, wobei die erste, die Vollverantwortung der Mitglieder eines Kollektivs dann als Zuschreibungskonzept in Frage kommt, wenn der besagte Gegenstand auch von einem Träger allein hätte verantwortet werden können. In solchen Kontexten ist deshalb von Kollektivverantwortung die Rede, da mehrere Akteure am Geschehen beteiligt waren. Teil- und Mitverantwortung sind abhängig von der Struktur des Objekts, für das die Verantwortlichen Rede und Antwort zu stehen haben. Sie sind zu komplex für eine genuine Individualverantwortung und unter der EWEP-Perspektive intuitiv nicht mehr vorstellbar. Eine Teilverantwortung tragen Kollektivmitglieder für lineare Gegenstände, die additiv entstanden sind und neben einem unteren auch einen oberen Schwellenwert aufweisen. Mitverantwortung, die eine Kombination aus Voll- und Teilverantwortung darstellt, haben sie für nicht-linear entstandene Objekte mit einer exponentiellen Natur, die allerdings nicht über einen oberen Schwellenwert verfügen. Die Kategorie der synergetischen Gegenstände weist zwei Untergruppen auf, zum einen die Gruppe der kumulativen Prozesse, die im Gegensatz zu den linearen Objekten keine übergeordneten Verantwortungsgegenstände darstellen. Zum anderen finden sich hier dynamische Gebilde, die hingegen als übergeordnete Verantwortungsobjekte zu interpretieren sind.

Indem man kumulative Prozesse und dynamische Gebilde als Verantwortungsgegenstände denkt, werden sie verdinglicht, d. h. indem man Klimawandel und Beziehung Verantwortungsobjekte nennt, werden willkürlich untere und obere Schwellenwerte gesetzt, um von ihnen wie von Dingen zu sprechen, die man begreifen, hinlänglich kontrollieren und in Verantwortungskonstellationen übersetzen kann. Dies ist problematisch, weil sich nur lineare Objekte relativ eindeutig anhand raum-zeitlicher Schwellenwerte markieren lassen. Insofern enthält das Kategorienlabel „synergetischer Gegenstand" eine contradictio in adiecto, da mit dem Attribut synergetisch darauf verwiesen wird, dass hierunter kumulative Prozesse und dynamische Gebilde fallen, die mit dem Gegenstandsbegriff jedoch nicht angemessen zu erfassen sind. Kumulative Prozesse stellen keine eindeutigen konkreten Objekte, sondern, wieder Name schon sagt, Prozesse dar und dynamische Gebilde enthalten als Institutionen und Systeme vielleicht einige Aspekte linearer Gegenstände, changieren aber ansonsten zwischen diesen auf der einen und Prozessen auf der anderen Seite.

3.1.2 Zusammenfassung

Verantwortungssubjekt sind für gewöhnlich autonome Personen, da nur sie die Voraussetzungen für die Möglichkeit zur Verantwortungsübernahme in hinreichendem Maße mitbringen (vgl. Kapitel 2). Kinder stellen keine Verantwortungsträger in vollem Sinne dar, ebenso wenig wie Menschen mit chronischem Leiden oder bestimmten Behinderungen, sie können höchstens in graduell schwächerem Sinne verantwortlich für etwas sein (vgl. Kapitel 6). Das Relationselement des Subjekts der Verantwortung wird in der Subkategorie näher als individuell oder kollektiv bestimmt, wobei jemand individuell, allein, persönlich oder in Form einer Eigenverantwortung für etwas Rede und Antwort stehen kann, die Begriffe der vollen oder ganzen Verantwortung hingegen auf den Verantwortungsgegenstand und nicht auf den Träger rekurrieren. Die Selbstverantwortung stellt eine besondere Form genuiner Individualverantwortungszuschreibung dar (vgl. die Kapitel 7 und 8).

Individuen sind die eigentlichen Verantwortungsträger, weshalb ich zwischen genuiner Individual- und individueller Mitgliederverantwortung unterscheide, nicht aber zwischen individueller Verantwortung auf der einen, und einer eigenständigen Verantwortung, die das Kollektiv unabhängig von seinen Mitgliedern trägt, auf der anderen Seite. Doch einige Gegenstände erweisen sich als zu komplex für eine genuine Individualverantwortung. In solchen Fällen gibt die Art des Objekts vor, ob es sich um eine Teil- oder um eine Mitverantwortung der Kollektivmitglieder handelt. Daher habe ich meinen Ansatz zwischen den Extremen eines radikalen Reduktionismus und eines radikalen Kollektivismus als hybride Position verortet.

3.2 Zweites Relationselement: Das Objekt der Verantwortung

In jedem Verantwortungskonzept muss es ein Objekt bzw. einen Gegenstand geben, denn warum sollte jemand dazu veranlasst sein, Rede und Antwort zu stehen, wenn er dies nicht für jemanden oder etwas tut? Man ist prinzipiell *für etwas* oder *für jemanden* verantwortlich, wobei sich hier die in der Einleitung beschriebene Gefahr einer Totalisierung von Verantwortung auf zweierlei Weisen, nämlich in Form einer Unter- sowie als Überbestimmung des Gegenstands äußern kann. Die bloße Feststellung, dass man verantwortlich für etwas ist, genügt nicht, um die fragliche Verantwortlichkeit auszuformulieren und dabei den potenziellen Träger nicht zu überfordern, denn sonst wird ihm entweder Verantwortung auferlegt, ohne dass ihm genau gesagt wird, wofür (Unterbestimmung des Gegenstands), oder aber er soll für ‚alles' Rede und Antwort stehen (Überbestimmung). In beiden Fällen würde es sich um eine Totalisierung von Verantwortung über das Objekt handeln.

Unterbestimmung des Gegenstands: Diese Form der Totalverantwortung resultiert daraus, ohne konkretes Objekt von Verantwortung zu sprechen. Verantwortung ohne die Definition eines Gegenstands einfach so einzufordern, bedeutet, dass man gewissermaßen mit dem Finger auf jemanden zeigt und dabei „Du bist verantwortlich!" sagt, ohne näher auszuführen, wie sich die Wahrnehmung dieser Verantwortlichkeit für den Angesprochenen praktisch gestalten würde. Eine Verantwortlichkeit ohne Gegenstand suggeriert, dass sie ohne näheren Grund einfach so existiert und ihren Träger vor Anforderungen stellt, ohne selbige genau auszuführen. Eine solche gegenstandslose Verantwortung klingt in den Worten Delhoms in dessen Wiedergabe der Position Emmanuel Lévinas' an, wenn er ausführt, dass, „da diese [ethische] Verantwortung nie erfüllt werden kann und von keiner Bestimmung einer Aufgabe her begrenzt wird, sie unendlich" (Delhom 2007, S. 198) ist. Delhom zufolge fordert Lévinas' Rede von Verantwortung ein bloßes „[A]ntworten" (ebd., S. 205), „enthält […][aber] noch keine Bestimmung dessen, was ich zu antworten habe" (ebd.).[145] Wie soll es möglich sein, anders als bloß in übertragenem Sinne in Form eines bloßen Antwortens Rede und Antwort zu stehen, ohne dabei in moralisierende Phrasen zu verfallen?

Überbestimmung des Gegenstands: Eine Übernahme totaler Verantwortung, insofern jeder potenzielle Verantwortungsträger quasi für ‚alles' Rede und Antwort zu stehen hat, meint, dass man für alle vorstellbaren Gegenstände gleichsam ‚auf einmal' die Verantwortung trägt, wenn man schon einmal seine Verantwortung als Mensch akzeptiert hat. Aus der bloßen Tatsache, dass man Mensch ist, resultiert Verantwortung – das scheint in dieser klassischen Position der Totalverantwortung mitzuklingen. Diese Weise einer Totalisierung von Verantwortung in Form einer Überbestimmung des Gegenstands folgt direkt auf die zuvor beschriebene Unterbestimmung desselben, sie stellt gewissermaßen die zweite Stufe zu einer Totalisierung durch Unterbestimmung dar. Ludger Honnefelder spricht bspw. von einer „Entgrenzung" (Honnefelder 2007, S. 41) des Verantwortungsbegriffs durch eine Erweiterung des zu Verantwortbaren ins nahezu Unermessliche:

> „Denn wenn die unter die Verantwortung fallenden Folgen um Neben- und Folgenfolgen erweitert werden, ist Begrenzung nötig, soll die darauf bezogene Verantwortung nicht ins

---

145 Delhom führt weiter aus: „Denn die ethische Verantwortung hat keinen Inhalt. Sie ist nichts anderes als ein Horchen, ein Zuhören der Anderen und deren Ansprüchen, ein Wachwerden für diese Ansprüche, die erst in der ethischen Antwort, das heißt in diesem Zuhören, hörbar werden" (DELHOM 2007, S. 206). Bei Lévinas finden sich Stellen, die Delhoms Interpretation unterstützen, bspw. in LÉVINAS 1992, S. 225 f.

3 Relationselemente und Subkategorien des Verantwortungsbegriffs 97

Endlose gehen. Verantwortung für alles und jedes wird zum Unbegriff." (Honnefelder 2007, S. 41)

Verallgemeinerung und Entgrenzung der Verantwortung meint hiernach, dass zu viele Objekte in den Kreis der zu verantwortenden Dinge aufgenommen werden. Konsequent wäre demnach anzunehmen, dass hierunter irgendwann auch Gegenstände fallen, auf die man unmöglich Einfluss ausüben kann, wie bspw. Naturphänomene, was ebenfalls in Honnefelders Worten angedeutet zu werden scheint, sofern man nicht der Ansicht ist, dass alle Folgenfolgen innerhalb einer Verantwortungszuschreibung bis ins Kleinste prognostiziert, kalkuliert und kontrolliert werden können. Diejenigen, die in dieser Weise von Verantwortung sprechen, lassen sich in zwei Gruppen teilen, nämlich zum einen solche, die tatsächlich glauben, eine Person könne auf alles Einfluss ausüben und wäre daher auch für alles verantwortlich. Zum anderen sehen einige in der Fähigkeit zur Einflussnahme keine notwendige Verantwortungsbedingung, weshalb eine Totalverantwortlichkeit für alle denkbaren Objekte auch solche Gegenstände einschließt, die dem Einfluss der potenziellen Verantwortungsträger prinzipiell entzogen sind. Folgt man den in Kapitel 2.2 angestellten Überlegungen zu einer Differenzierung zwischen den Extremen eines bloßen Einwirkens und absoluter Kontrolle, wozu die Möglichkeit zur Einflussnahme den Mittelweg darstellt, kann auch diese Position zu einer Totalisierung von Verantwortung nicht überzeugen.

Was kommt als Gegenstand der Verantwortung in Frage? Wenn man die Gegenstände, für die man im Allgemeinen Rede und Antwort steht, zu klassifizieren versucht, ergeben sich vor dem Hintergrund der in Kapitel 2 definierten Verantwortungsvoraussetzungen, nämlich Handlungs- und Kommunikationsfähigkeit sowie Urteilskraft, vier Objektklassen: Man kann für Lebewesen, für unbelebte Gegenstände, für Ereignisse und für Handlungen und deren Folgen verantwortlich sein. Doch nimmt man die ersten drei Gruppen näher in den Blick, scheint es auch in diesen Fällen generell um eine Verantwortung für Handlungen bzw. Handlungsfolgen zu gehen. Schauen wir uns ein paar Beispiele an. Verantwortung für ein Lebewesen wie bspw. ein Kind zu tragen, lässt sich in eine Reihe von Aufgaben und Handlungen übersetzen, die von den Verantwortungsträgern zu erfüllen sind und das Wohlergehen des fraglichen Kindes fokussieren. „Verantwortung für das Kind" ist gleichbedeutend mit „Verantwortung für das Wohlergehen des Kindes, definiert durch die Handlungen xy". Auch die Verantwortung für einen Gegenstand wie z. B. das Ölgemälde meines Freundes bedeutet, für bestimmte Handlungen und Handlungsfolgen Rede und Antwort zu stehen (vgl. das in der Einleitung zu Kapitel 3 gegebene Beispiel). Die Verantwortung für das Feuer im Chemieraum, womit in diesem Fall nicht das Feuer als Gegenstand gemeint ist, sondern als Ereignis, kann für gewöhnlich nur jemand tragen, dessen Aufgabe entweder in der Pflege der betreffenden Räumlichkeiten und dem Schutz der sich darin aufhaltenden Schüler und Lehrer besteht. Oder aber, falls das Feuer direkt von jemandem verursacht wurde, ist die Verantwortung für die Handlungen gemeint, deren Konsequenzen in dem Ausbruch des Feuers münden. Demnach ist „Verantwortung für das Feuer im Chemieraum" gleichbedeutend mit „Verantwortung für den Ausbruch des Feuers und den dadurch entstandenen Sachschaden, definiert durch die Handlungen xy".

Verantwortung und Rollen: An diesen Beispielen zeigt sich nicht nur, dass es in einer Verantwortungszuschreibung generell um Handlungen und Handlungsfolgen geht, für die der Träger Rede und Antwort zu stehen hat, sondern auch, dass der Verantwortungsbegriff offensichtlich in die unmittelbare Nähe zu jeweils an die vorliegende Situation geknüpfte Rollen gehört. Man kann für gewöhnlich für ein Kind nur dann verantwortlich sein, wenn man zu ihm in irgendeiner Beziehung steht, die über eine Rolle genauer bestimmt wird. Die den folgenden Überlegungen zugrunde liegende These lässt sich dahingehend ausformulieren, dass Rollen die Gegenstände unserer Verantwortlichkeiten festlegen, dass also „Vater, Richter, Erzieher, Kanzler [...] Rollen [sind], in denen die Menschen konkret ihre Verantwortung verwirklichen" (Schwartländer 1974, S. 1584). Mit diesen Worten scheint Schwartländer zu meinen, dass erst über die Rollen, die wir innehaben, klar wird, wofür wir jeweils Rede und Antwort zu stehen haben. Es wird jedoch noch zu zeigen sein, ob Verantwortungsübernahme per se in Rollen eingebettet ist, ob also jede Verantwortung eine Rollenverantwortung darstellt (vgl. Kapitel 14). Hier genügt zunächst ein Hinweis darauf, dass die Gegenstände, für die wir verantwortlich sind, zumindest in vielen Fällen durch Rollen definiert und begrenzt werden, was die korrekte Identifizierung eines Verantwortungsobjekts (und ebenso eines -subjekts) in der jeweiligen Situation erleichtert.[146] Die folgenden zwei Fragen werden den Leser bis in die Kapitel 12.1 und 14 begleiten: Wie ist erstens der Begriff der Rolle im Vergleich zu dem der Beziehung und zum Beruf zu bestimmen, und was sagt eine solche Definition verantwortungstheoretisch aus? In Abhängigkeit von einer Antwort hierauf und die vorherigen Überlegungen wieder aufgreifend, bleibt zweitens zu überlegen, ob tatsächlich jede Verantwortung eine Rollenverantwortlichkeit darstellt.

---

146 Vgl. auch DUFF 1998, S. 292, WERNER 2006, S. 543 und WILLIAMS 2006.

3.2.1 Erste Subkategorie: Partikularität oder Universalität des Objekts

Für die Vervollständigung eines Verantwortungsmodells genügt die einfache Identifizierung einer Handlung, eines Sets an Handlungen bzw. Handlungsfolgen als Verantwortungsobjekt nicht. Das bisher in der Verantwortungsforschung gebräuchliche Vokabular kann das, was im Folgenden besprochen werden wird, nicht erfassen, weshalb ich zwei neue Begriffe in Form einer Subkategorie zum Verantwortungsgegenstand einführe, nämlich die Partikularität oder Universalität des Objekts. Schauen wir uns hierzu die folgenden Beispielsätze an:

1. „Person(en) x trägt/tragen die Verantwortung für dieses Abendessen."
2. „Person(en) x trägt/tragen die Verantwortung für Pauls Sicherheit."
3. „Person(en) x trägt/tragen die Verantwortung für Europa."
4. „Person(en) x trägt/tragen die Verantwortung für die Menschheit."

Zunächst lässt sich festhalten, dass in allen vier Sätzen ein Verantwortungsgegenstand angegeben ist, nämlich das Abendessen, Pauls Sicherheit, Europa und die Menschheit. Doch ohne nähere Erläuterungen zum jeweiligen Kontext, scheint man mehr mit der Verantwortlichkeit im ersten Satz, als mit der im vierten anfangen zu können. Denn wenn jemand für ein Abendessen verantwortlich ist, bedeutet das wahrscheinlich, dass man es entweder selbst zubereitet, an der Zubereitung maßgeblich beteiligt ist oder zumindest wichtige Anweisungen dazu erteilt. Daher hat der fragliche Verantwortungsträger, wenn es z. B. jemandem nach dem Verzehr schlecht geht, dafür Rede und Antwort zu stehen. Vielleicht lässt sich darüber hinaus noch eine Erweiterung des Verantwortungsobjekts auf die gesamte Situation, bspw. die Räumlichkeiten, die Musik, die Tischdekoration und das Verhalten anderer Gäste denken. Doch in jedem Fall sind die Handlungen, die unter das Verantwortungsobjekt des Abendessens zu subsumieren sind, einer ersten Intuition folgend verhältnismäßig eindeutig bestimmbar. Hingegen scheint eine kontextfreie Definition von „Menschheit" als Verantwortungsgegenstand im vierten Satz einige Herausforderungen mit sich zu bringen, kann damit doch sowohl auf die gegenwärtig lebenden Menschen referiert werden, als eine zahlenmäßig abgeschlossene Gruppe oder aber (zusätzlich) auf die zukünftigen Generationen. Weiterhin kann man mit dem Begriff der Menschheit ein Ideal meinen bzw. die Idee aller vergangenen, gegenwärtigen, zukünftigen und prinzipiell möglichen Menschen. Darüber hinaus ist eine Ausformulierung der Handlungen, die mit diesem Verantwortungsgegenstand erfasst werden sollen, ohne Kontext nahezu unmöglich. Gibt die im vierten Satz genannte Verantwortlichkeit bspw. vor, die Menschheit zu schützen oder sie weiterzuentwickeln (von der praktischen Umsetzung ganz zu schweigen)? Die Verantwortungsobjekte im zweiten und dritten Beispielsatz erlauben kontextfrei eine leichtere Definition als die Menschheit, wenn sie auch sicherlich nicht so eindeutig sind wie das Abendessen. Welche Handlungen die Sicherheit einer Person gefährden, ist für gewöhnlich relativ klar, und ohne nähere kontextuelle Bestimmung Pauls ist anzunehmen, dass diese Bedingungen auch auf ihn zutreffen. Doch was im dritten Satz mit Europa genau gemeint ist, lässt sich ohne Kontext nicht so einfach sagen, insofern undurchsichtig bleibt, ob die Verantwortung dafür z.b. Europas Schutz und Sicherheit betreffen – und hierbei wäre im Gegensatz zum zweiten Satz eine Ermittlung der dazu zählenden Handlungen deutlich schwieriger – oder ob etwas ganz anderes gemeint ist wie bspw. das ökonomische Wachstum oder die kontinuierliche Integration Europas.

An den vier Beispielsätzen lässt sich zeigen, dass sich ohne Kontext graduelle Unterschiede zwischen besonders leicht zu bestimmenden, nämlich partikularen und deutlich schwerer zu erfassenden, insofern universalen Objekten wahrzunehmen sind, denn bei einigen Gegenständen können die Handlungen, die hierunter fallen, sehr viel konkreter ausformuliert werden. Mit dieser Differenzierung nehme ich jedoch keine Klassifizierung zweier Gegenstandskategorien mit prinzipiell partikularen oder ausschließlich universalen Objekten vor, denn sobald eine Verantwortungskonstellation kontextuell eingebettet ist, wodurch auch der fragliche Gegenstand definiert wird, lassen selbst Sätze wie der vierte verhältnismäßig klare Handlungsangaben zu. Man stelle sich zur Veranschaulichung eine Situation vor, in der ein Wissenschaftler den obligatorischen ‚Knopf drückt', wodurch ein nuklearer Holocaust ausgelöst wird. Besagter Wissenschaftler steht insofern für die Menschheit Rede und Antwort, als durch sein Handeln alles menschliche Leben auf dem Planeten Erde ausgelöscht wird. Der Menschheitsbegriff referiert hier eindeutig auf alle gegenwärtig lebenden Menschen als eine zahlenmäßig abgeschlossene Gruppe und zumindest nicht primär auf weitere Definitionen von „Menschheit" wie z. B. die Idee eines Ideals. Kontextsensitiv wird so in diesem Beispiel aus dem universalen Verantwortungsobjekt der Menschheit ein sehr partikularer Gegenstand.

Woran liegt das? Und inwiefern kann die Unterscheidung zwischen partikularen und universalen Objekten dann überhaupt noch das Relationselement des Verantwortungsgegenstands konkretisieren, wenn die Bezeichnung eines Objekts als partikular oder universal zum einen graduell ist und zum anderen kontextinsensitiv und kontextsensitiv je anders erfolgt? Die kurze Antwort auf diese Fragen lautet, dass hier eine weitere strukturelle Verknüpfung zwischen Subjekt und Objekt der Verantwortung vorliegt (vgl. Kapitel 3.1.1), weil es in manchen Situationen vom potenziellen Verantwortungsträger abhängig ist, ob das fragliche Objekt partikular oder universal ist. Dabei wird das strukturelle Abhängigkeitsverhältnis aus Kapitel 3.1.1, dass manchmal die Art des Gegenstands vorgibt, um welche Form der Verantwortung es sich in diesem Fall handelt, umgekehrt. In einigen Fällen bedingt der Träger den Gegenstand der Verantwortung.[147]

Wenn man sich noch einmal das Gedankenexperiment der EWEP-Perspektive vor Augen führt, wird dieser Punkt vielleicht klarer. Die EWEP-Perspektive gibt kontext*insensitiv* Aufschluss darüber, ob ein Verantwortungsgegenstand nur Objekt einer Kollektivverantwortung sein oder ob auch ein Einzelner dafür Rede und Antwort stehen kann. Alle denkbaren Kontexte, in denen ein Verantwortungssubjekt potenziell auftreten kann, werden unter der EWEP-Perspektive negiert, weshalb sie genau dann von Nutzen ist, wenn ein Verantwortungsobjekt bereits definiert werden konnte, das verantwortliche Subjekt hingegen noch nicht. Die Art des Objekts gibt vor, ob die potenziellen Verantwortlichen im Rahmen einer genuinen Individual- oder in einer Form von Mitgliederverantwortung dafür Rede und Antwort zu stehen haben. Doch in sehr vielen Momenten, in denen von Verantwortung die Rede ist, erhält ein Verantwortungsgegenstand durch einen bereits bestehenden Kontext eine Definition, weshalb der Menschheitsbegriff manchmal eher partikular, in anderen Fällen eher universal ist. D. h. häufig muss in der Vervollständigung eines Verantwortungsmodells kontext*sensitiv* der umgekehrte Weg gegangen werden: nicht wie in Kapitel 3.1.1 vom bereits definierten Objekt zum noch nicht definierten Subjekt, sondern vom bereits definierten Subjekt zu einem nicht eindeutig definierten Objekt. Zu einer Veranschaulichung dieses neuen Bedingungsverhältnisses vom Subjekt zum Objekt der Verantwortung soll der EWEP-Perspektive nun eine zweite Heuristik gegenübergestellt werden, nämlich die „Eine-Welt-ein-Objekt-Perspektive" (EWEO-Perspektive):

> EWEO-Perspektive: Man stelle sich eine Welt vor, in der ein Verantwortungsobjekt nur unter einer ganz bestimmten Definition existiert. Das bedeutet, dass, sobald von dem fraglichen Gegenstand gesprochen wird, dies nur unter exakt einer einzigen Definition möglich ist. Es sind keine Ambiguitäten möglich. Es handelt sich dann um ein partikulares Verantwortungsobjekt, wenn der Träger, der dafür Rede und Antwort stehen soll, über eindeutig ermittelbare Handlungsoptionen verfügt, ist dies nicht der Fall, handelt es sich um einen universalen Gegenstand.

Gleich noch etwas dazu, inwiefern die EWEO-Perspektive kontextsensitiv ist, aber um das Ganze ein wenig anschaulicher zu gestalten, denke man sich zunächst eine Situation, in der mit dem Menschheitsbegriff ausschließlich auf alle gegenwärtig lebenden Menschen referiert wird und unter keinen Umständen auf die Idee von einem Menschheitsideal, die zukünftigen Generationen eingeschlossen oder etwas in der Art. Jetzt sucht man nach einem Verantwortungsträger für dieses Objekt (unter dieser Definition und keiner anderen), d. h. wir

---

[147] Eine Konkretisierung dieses Gedankens verdanke ich dem Austausch mit Wulf Loh.

befinden uns unter der EWEO-Perspektive. In einem zweiten Schritt führe man sich wieder besagten Wissenschaftler vor Augen. Nun stellt die Menschheit als Verantwortungsobjekt, also die konkrete Anzahl aller jetzt lebenden Menschen, einen partikularen Gegenstand dar, da die Handlungen, die unter das Verantwortungsobjekt in dem definierten Kontext fallen, eindeutig auszuformulieren sind, nämlich damit, den obligatorischen ‚Knopf zu drücken' und damit den nuklearen Holocaust auszulösen oder eben nicht. Kommt hingegen nicht der Wissenschaftler, sondern eine große Gruppe, wie bspw. alle gegenwärtig lebenden Menschen, in Betracht, für die Menschheit Rede und Antwort zu stehen, handelt es sich um ein universales Objekt, da die hierunter zu subsumierenden Handlungen sehr viel unbestimmter sind, als im Falle des einzelnen Wissenschaftlers. Wenn alle Menschen die Verantwortung für die Menschheit tragen, sind äußerst verschiedenartige Handlungen denkbar, die man ausführen kann, um damit seiner Verantwortung für die Menschheit gerecht zu werden.

Kontext*sensitiv* ist das Gedankenexperiment der EWEO-Perspektive deshalb, da sich das Verantwortungsobjekt im Gegensatz zum -subjekt nicht allgemein beschreiben lässt, da es nicht ‚den' Gegenstand gibt, so, wie man sich den Träger generell als autonome Person ohne individualisierende Charakteristika denken kann. Die Frage „Wer trägt die Verantwortung für Fälle ungerechter Arbeitsverhältnisse?" ist unter der EWEP-Perspektive zu beantworten, sofern das Verantwortungsobjekt der ungerechten Arbeitsverhältnisse bereits als nichtlinear und genauer als kumulativer Prozess definiert wurde. Hingegen kann man die Frage „Wofür trägt der Wissenschaftler, der vor dem ‚Knopf' sitzt, die Verantwortung?" nicht unter der EWEP-Perspektive beantworten, da hier das Subjekt bereits als dieser spezifische Wissenschaftler bestimmt wurde, der Gegenstand allerdings noch einer Definition bedarf. Soll das Subjekt einer fraglichen Verantwortungszuschreibung ermittelt werden, hilft die EWEP-Perspektive weiter. Wenn nicht nach dem Subjekt, sondern nach dem Objekt gefragt wird, bietet sich das Gedankenexperiment der EWEO-Perspektive an.

Ob ein Objekt als partikular oder als universal zu bezeichnen ist, hängt also von den potenziellen Verantwortungsträgern in einem gegebenen Kontext ab. Je universaler das Objekt der Verantwortung ist, desto ungenauer erscheint eine mögliche Auflistung aller Handlungen, die unter ihm zu subsumieren sind, was davon abhängt, wie konkret die fraglichen Akteure der Verantwortung identifiziert werden können. Je heterogener die Menge der potenziell in Frage kommenden Verantwortungsträger ist, desto geringer ist die Wahrscheinlichkeit, dass man ihre Funktionen, Rollen und Handlungsoptionen im Einzelnen ausmachen, auflisten und den Involvierten direkt zuschreiben kann, desto universaler ist also das fragliche Objekt. Je homogener die Verantwortungssubjekte mit ihren Funktionen, Rollen und Handlungsoptionen sind, desto partikularer ist der fragliche Verantwortungsgegenstand. Zur vollständigen Definition des Relationselements Objekt der Verantwortung genügt also nicht der Verweis auf bspw. das Abendessen oder Pauls Sicherheit, worunter sich, wie man weiß, eine Reihe von Handlungen und Handlungsfolgen verbergen, sondern über eine Auseinandersetzung mit dem Verantwortungssubjekt ist der Gegenstand näher als partikular oder universal zu definieren. Hierdurch erklären sich in vielen Fällen sowohl der psychosoziale Druck, der auf dem Verantwortlichen lasten kann, dem Geforderten nachzukommen, als auch die praktischen Umsetzungsmöglichkeiten eines Verantwortungskonzepts. Die beiden Heuristiken der EWEP- und der EWEO-Perspektive werden in Kapitel 10 an einem etwas ausführlicheren Beispiel gemeinsam wieder aufgegriffen.

3.2.2 Zweite Subkategorie: Prospektivität oder Retrospektivität des Objekts

Bei der Prospektivität und Retrospektivität handelt es sich um die zeitliche Einordnung des Verantwortungsgegenstands entweder in die Zukunft oder in die Vergangenheit (vgl. das in der Einleitung zum dritten Kapitel vorgestellte Beispiel). Die Verantwortung für einen begangenen Diebstahl ist retrospektiv und die Verantwortung für die eigenen Kinder prospektiv.

> „Mit dem Begriff der Ex-post-Verantwortung werden individuellen oder kollektiven Handlungssubjekten vergangene Handlungen und Unterlassungen mitsamt bestimmter ihrer Folgen [...] zugerechnet. [...][Hiervon zu unterscheiden] ist der Begriff der Ex-ante- oder prospektiven Verantwortung, also der Begriff einer auf zukünftige Verhaltensmöglichkeiten bezogenen Verantwortung." (Birnbacher 1995, S. 145 f.)

Zwar ist für gewöhnlich die zeitliche Ausrichtung einer Verantwortlichkeit auch ohne Kontext erkennbar, doch notwendig gilt das nicht wie bspw. in dem Satz „Die Menschen stehen für den Klimawandel Rede und Antwort", der nur auf den ersten Blick eine eindeutig retrospektive Ausrichtung zu implizieren scheint. Der Klimawandel wird dann den Menschen als mindestens zum Teil bereits in der Vergangenheit liegender Prozess bzw. als Resultat eines solchen zugeschrieben. Doch man kann hierunter auch ihre prospektive Verpflichtung verstehen, den gegenwärtigen Zustand des Klimas zu beeinflussen, z. B. in Form einer „Politik zum Klimawandel" (Stern 2006, S. xx).

Prospektive Verantwortungszuschreibung wird dabei häufig in Form von Pflichten vorgenommen.[148] Doch wie kann man seine Pflichten kennen? Auch hier scheint ein Blick auf unsere Rollen und die Funktionen, die wir in selbigen ausüben, hilfreich zu sein (vgl. Kapitel 3.2), sofern sich auch Handlungen hierüber erklären lassen. „We have prospective responsibilities, things it is up to us to attend to: these may attach to particular roles (the responsibilities of, for instance, parents or doctors), or the responsibilities we have as moral agents, or as human beings" (Duff 1998, S. 290). Vor dem Hintergrund dieser Überlegungen zur Prospektivität des Verantwortungsobjekts anhand der Verpflichtungen des Trägers, die aus bestimmten Rollen resultieren, ergibt sich unmittelbar, dass „our retrospective responsbilities are partly determined by our prospective responsibilities" (ebd.). Der Vorwurf an die Subjekte retrospektiver Verantwortlichkeit besteht tatsächlich häufig darin, dass sie ihren Pflichten ungenügend nachgekommen wären, weshalb anzunehmen ist, dass retrospektive Verantwortung oft durch den Grad der Erfüllung der bestehenden prospektiven Verantwortlichkeit bedingt ist. Es bleibt, auf die Fragen zu verweisen, mit denen Kapitel 3.2 abgeschlossen wurde. Denn inwiefern jede retrospektive und prospektive Verantwortung eine Rollenverantwortlichkeit darstellt, ob demzufolge jede Verantwortung durch Pflichten ausformuliert werden kann, hängt von dem zugrunde liegenden Rollenbegriff ab (vgl. die Kapitel 12.1 und 14).

Die Einordnung des Gegenstands in entweder Zukunft oder Vergangenheit zeigt an, wie eine konkrete Verantwortungszuschreibung zu verstehen ist, als Anforderung und Aufgabe (prospektive Verantwortung) oder als Einforderung und ‚Zahlung', oft im Sinne einer Schuld (retrospektive Verantwortung).[149]

3.2.3 Zusammenfassung

Jede Verantwortlichkeit benötigt ein klar definiertes Objekt, will man nicht Gefahr laufen, eine Totalisierung von Verantwortung zu betreiben, die sich als Unter- oder Überbestimmung des Gegenstands äußern kann. Prinzipiell mag man zwar verschiedene Gruppen potenzieller Verantwortungsobjekte differenzieren, nämlich Lebewesen, unbelebte Dinge, Ereignisse sowie Handlungen und Handlungsfolgen, doch ließ sich anhand einiger Beispiele die These plausibili-

---

148 Vgl. WERNER 2006, S. 542.
149 David Miller differenziert in dem Kapitel „Two Concepts of Responsibility" seines Werkes *National Responsibility and Global Justice* „outcome responsibility" (MILLER 2007, S. 84) von „remedial responsibility" (ebd.). Leider wird aus seinen Ausführungen nicht recht deutlich, welchen Vorteil diese Unterscheidung gegenüber den klassischen Konzeptionen prospektiver und retrospektiver Verantwortung hat.

sieren, dass ein Verantwortungsgegenstand für gewöhnlich eine oder mehrere Handlungen und Handlungsfolgen umfasst (vgl. auch Kapitel 2.2). Dabei scheint die Identifizierung des Gegenstands häufig anhand der Rollen des Verantwortlichen zu erfolgen (vgl. Kapitel 3.2).

Das Relationselement zum Objekt der Verantwortung wird durch die Subkategorie der Partikularität oder Universalität konkretisiert. Je heterogener und unkonkreter die Menge der potenziellen Verantwortungsträger ist, desto ungenauer lassen sich auch die Handlungen und Handlungsfolgen, die unter dem fraglichen Objekt zu subsumieren sind, definieren. Je homogener und konkreter hingegen diejenigen sind, die Rede und Antwort zu stehen haben, desto partikularer ist auch der fragliche Gegenstand. Die Subkategorie der Partikularität oder Universalität stellt das strukturelle Äquivalent zur Subkategorie der Individualität oder Kollektivität dar. Sie ist daher auch als weitere Begründung für eine der Kernthesen dieses Buches zu verstehen, dass nämlich der Verantwortungsbegriff über eine Struktur verfügt, in der sich die Relationselemente wechselseitig bedingen. In manchen Kontexten erfolgt die Definition des Trägers über die Art des Gegenstands (Individualität oder Kollektivität des Subjekts, vgl. Kapitel 3.1.1), in anderen Situationen richtet sich die Bestimmung des Objekts nach dem Subjekt (Partikularität oder Universalität des Objekts, vgl. Kapitel 3.2.1). In Kapitel 3.2.1 wurde der kontextinsensitiven Heuristik der EWEP-Perspektive das aus der Subkategorie der Partikularität oder Universalität heraus abgeleitete kontextsensitive Gedankenexperiment der EWEO-Perspektive gegenübergestellt.

Die prospektive oder retrospektive Ausrichtung des Verantwortungsobjekts ermöglicht seine zeitliche Einordnung in Vergangenheit oder Zukunft und wird häufig in Form von Pflichten ausformuliert, was eine Verknüpfung des Verantwortungs- mit dem Rollenbegriff nahe legt (vgl. Kapitel 3.2.2).

3.3 Drittes Relationselement: Die Instanz der Verantwortung

Verantwortung ist die Fähigkeit, Rede und Antwort stehen zu können, weshalb der Träger nicht nur für etwas sondern auch vor jemandem, nämlich der Instanz, verantwortlich ist.[150] Rede und Antwort steht man nicht einfach so, da sich sonst kein Unterschied zum bloßen Antworten ausmachen ließe, gegenüber dem das Verantworten ja gerade eine besondere Steigerung oder Fokussierung zum Ausdruck bringt (vgl. Kapitel 1). Und tatsächlich kann man sagen, dass „im moralphilosophischen Diskurs [Einigkeit] darüber [besteht], daß Verantwortung vor

---

150 Vgl. SCHWARTLÄNDER 1974, S. 1586.

einer Instanz zu vertreten ist" (Ropohl 1994, S. 113), denn außer Alfred Schütz, der Verantwortung als zweistelligen Begriff beschrieben hat (vgl. die Einleitung zum dritten Kapitel), wurde in der Verantwortungsforschung neben Subjekt und Objekt insbesondere die Instanz als Relationselement anerkannt. Ein Grund hierfür ist sicherlich darin zu sehen, dass das Wort „Verantwortung" erstmals im Recht auftauchte und dort Verantwortung prinzipiell vor einem Gericht oder Richter zu tragen ist. Hier stellt sich zuerst die Frage, wer oder was überhaupt Instanz sein kann und welcher Status ihr zukommt, ob es sich in einer Verantwortungskonstellation bspw. per se um absolute und nicht hinterfragbare Instanzen handelt. Daran knüpft sich die Überlegung, ob jede Verantwortungszuschreibungen ein hierarchisches Beziehungsverhältnis abbildet.

Erstens – externe und interne Instanzen: Wenn jemand als Instanz in Frage kommen soll, muss er sich wie der Träger durch die Verantwortungsbedingungen auszeichnen, die da sind Kommunikations- und Handlungsfähigkeit sowie Urteilskraft. Denn nur derjenige, der selbst Verantwortung tragen kann, verfügt über die Kompetenzen, die nötig sind, um über das Verantwortungssubjekt zu urteilen. Man kann bspw. nicht im eigentlichen Sinne des Wortes vor einem Säugling Rede und Antwort stehen, da dieser nicht versteht, was die fragliche Person tut. Er weiß nicht, was es bedeutet, Rede und Antwort zu stehen und kann noch nicht zwischen z. B. einer Erklärung, die man ihm für ein begangenes Unrecht gibt, und einem Märchen unterscheiden. Man stelle sich einen Vater vor, der das Weihnachtsgeld seines zwei Monate alten Sohnes verspielt hat und sich nun bei diesem mit Tränen in den Augen für seine Tat entschuldigt. Vielleicht ‚versteht' der Säugling, dass etwas vor sich gegangen ist, worüber der Mann, der an seinem Bettchen steht, offensichtlich sehr traurig ist. Aber anzunehmen, er könne tatsächlich die Rolle der Instanz, vor der sein Vater Rede und Antwort steht, übernehmen, könne sein Tun bewerten und die Normen prüfen, nach denen er gehandelt hat, ist abwegig. In der geschilderten Situation ist die Instanz, vor der sich der Vater erklärt, nicht sein kleiner Sohn, sondern eigentlich sein eigenes Gewissen, das er in seinem Sohn personifiziert sieht. Vor dem Hintergrund dieser Überlegungen erhellt, dass man sich weder vor Kindern in vollem Sinne erklärt, noch vor Tieren, Pflanzen oder unbelebten Gegenständen. Inwiefern sich Kinder bereits als Instanzen, vor denen man verantwortlich sein kann, begreifen lassen, hängt von ihrem Entwicklungsstand ab (vgl. Kapitel 6). So wie ihnen weder Kommunikations-, noch Handlungsfähigkeit oder Urteilskraft in hinreichendem Maße gegeben sind, kommen Tiere, Pflanzen und Unbelebtes gar nicht als Instanzen in Betracht.

„Als Fragendes muß das ‚Wovor' seinerseits etwas sein, was sprechen kann, und muß als solches mit dem Menschen in der Möglichkeit eines dialogischen Verhältnisses stehen. Tier oder Stein gegenüber kann es demnach keine Verantwortung geben, weil sie nicht sprechen

3 Relationselemente und Subkategorien des Verantwortungsbegriffs

können. Nur vor solchem, was den Menschen ansprechen kann, findet Verantwortung statt." (Weischedel 1972, S. 26)

Die Fähigkeit, ein, mit Weischedels Worten, dialogisches Verhältnis einzugehen, wurde in Kapitel 2.1 allgemeiner mit Kommunikationsfähigkeit übersetzt. Diese Explikationen führen also dazu, dass nur autonome Personen wie z. B. Eltern, Lehrer, Freunde und Träger der öffentlichen Gewalt als Verantwortungsinstanzen in Frage kommen. Neben externen individuellen Instanzen wird anhand des oben gegebenen Beispiels mit dem Vater, der sich vor seinem kleinen Sohn für das Verspielen des Weihnachtsgeldes entschuldigt, eine interne individuelle Instanz präsentiert, nämlich die eigene Person, vor der man sich verantworten kann. Diese Form des Rede und Antwort Stehens wird innerhalb des Verantwortungsdiskurses metaphorisch als Verantwortung vor dem persönlichen Gewissen zum Ausdruck gebracht. Metaphorisch ist diese Redeweise deshalb, da das „*forum internum*, vor dem der Mensch sich auch dann zu verantworten hat, wenn er sich allen äußeren menschlichen Richtern zu entziehen vermocht hat" (Bayertz 1995, S. 18), keine eigenständige Existenz unabhängig vom Verantwortungssubjekt erlangen kann. Die Bedingungen für die Möglichkeit zur Verantwortungsübernahme kommen nicht dem Gewissen, sondern nur der Person, die darüber verfügt, zu. Daher meint der Satz „Peter trägt die Verantwortung vor seinem Gewissen" eigentlich, dass Peter vor sich selbst verantwortlich ist. Selbst wenn außer mir niemand da ist, vor dem ich mich erklären kann, wenn es keine externen Instanzen gibt, bleibt immer noch die eigene Person als interne Autorität.

Die Tradition, das Gewissen als ursprüngliche Verantwortungsinstanz zu betrachten, setzt spätestens mit Weischedels *Das Wesen der Verantwortung* ein, dem zufolge die Selbstverantwortung die erste wirkliche Verantwortlichkeit des Individuums ist und ferner prinzipiell vor dem eigenen Gewissen getragen würde. Mit dem individuellen Gewissen steht und fällt, so der Gedankengang, die Idee von Verantwortung überhaupt, insofern jede zusätzliche Verantwortungsübernahme vor anderen Instanzen nur aufgrund der Selbstverantwortung vor dem eigenen Gewissen möglich sei (vgl. die Kapitel 7 und 8). Die Instanz des eigenen Gewissens stellt den fraglichen Träger allerdings insofern vor Handlungsschwierigkeiten, als dessen normativen Kriterien zum einen willkürlich und zum anderen rein subjektiv sind, d. h., nicht von jedem anerkannt oder geteilt werden. Da ihm keine offizielle Sanktionskraft zukommt, kann man sich ihm mit mehr oder minder großem Aufwand widersetzen. Bei Arendt übernimmt das „stumme Zwiegespräch des Ichs mit sich selbst" (Arendt 2002, S. 80) in manchen Situationen die Funktion des Gewissens, dass insbesondere im Alltag unter den Bedingungen eines schnellen und oft unreflektierten Handelns gefragt ist. Dem Gespräch zwischen mir und mir selbst könne man sich, so

Arendt, wenn man es einmal begonnen hat, sehr viel schwerer entziehen, als dem Gewissen, dessen Normensystem praktisch willkürlich und beliebig austauschbar ist.[151] Die interne Instanz stellt somit im Arendtschen Denken eine Art prozessualer gedanklicher Austausch dar, Denken als Tätigkeit, wohingegen dem klassischen Gewissen nicht viel mehr Bedeutung als einer hypostasierten Version irgendeines willkürlich mit sich ausgehandelten common sense zukommt. Das Gewissen ist Arendt zufolge eher das erstarrte und verknöcherte Resultat der eigentlichen Instanz des inneren Zwiegesprächs, das deshalb verbindlich und nicht willkürlich ist, da es ausschließlich für den gegebenen Moment zu gelten hat. Das ist Arendts Versuch, mit den beiden oben geschilderten Herausforderungen umzugehen, vor die man sich in einer Konfrontation mit dem individuellen Gewissen als interne Verantwortungsinstanz automatisch gestellt sieht.

Auch Weischedel, der mit seiner Konzeption einer „Grundselbstverantwortung" (Weischedel 1972, S. 63) eine radikale Form der Selbstverantwortung vorstellt (vgl. Kapitel 8), gibt dieser ähnlich wie Arendt „den Charakter des Zwiegesprächs [...], der Beratschlagung mit sich selbst" (ebd., S. 53). Er hält fest: Das „‚Ich selbst', das besagt zunächst: ich, nicht ein anderer, [bin es], vor dem die Verantwortung stattfindet" (ebd., S. 56).[152] Dieser Ansatz, in dem Verantwortungsübernahme vor externen Instanzen zwar nicht ausgeschlossen, jedoch stets auf die eigene Person zurückbezogen wird, hat ihm von einigen Verantwortungsforschern den Vorwurf eines radikalen „neuzeitlichen Subjektivismus" (Banzhaf 2002, S. 29) eingehandelt. Diesem zufolge würde Weischedel eine Vorrangstellung der Selbstverantwortung vor jeder anderen Weise, Rede und Antwort stehen zu können, suggerieren und damit eine Gewichtung oder gar Hierarchisierung der verschiedenen Verantwortlichkeiten im Leben eines Menschen zugunsten der Selbstverantwortung nahe legen. Am Ende würde noch jede Verantwortung vor äußeren Instanzen auf die Verantwortung vor dem eigenen Gewissen reduziert – so zumindest die gegenüber dem neuzeitlichen Subjektivismus vorgetragene Sorge.[153]

Dagegen lässt sich generell nicht viel einwenden. Meiner Ansicht nach stellt Arendts Vorschlag, das individuelle Gewissen prozessual, dialogisch und

---

151 Arendt nennt also zwei Instanzen der eigenen Person, nämlich das Gewissen und das innere Zwiegespräch, die z. T. sich überschneidende Kompetenzbereiche haben. Zu Arendts Begriff des Zwiegesprächs vgl. ARENDT 2002, S. 80 und zu ihrem Begriff des Gewissens vgl. ARENDT 2008a, S. 62 f., ARENDT 2002, S. 192, ARENDT 2007, S. 68 sowie ARENDT 2000b, S. 152 ff.
152 Neben Weischedel verstehen auch andere Autoren, wie bspw. Honnefelder in HONNEFELDER 2007, S. 43, Verantwortung in diesem v. a. auf die Instanz des persönlichen Gewissens bezogenen Sinn.
153 Vgl. BANZHAF 2002, S. 29.

3 Relationselemente und Subkategorien des Verantwortungsbegriffs

punktuell auf den fraglichen Kontext zu beziehen, noch die überzeugendste Antwort auf die drei Probleme des individuellen Gewissens, nämlich normative Willkür, keine Verbindlichkeit und Ausschließlichkeit dar. Doch das Gewissen ist nicht das einzige Vermögen der individuellen Person, das als Verantwortungsinstanz in Frage kommt. Daneben können auch weitere Fähigkeiten wie bspw. Vernunft, Urteilskraft[154] oder Rationalität diese Rolle übernehmen. In Kapitel 13.4 wird geschildert, inwiefern der Bezug auf potenziell intersubjektiv teilbare Instanzen wie z. B. die Rationalität, die den Akteuren ggf. auch andere Normen wie bspw. Klugheitsnormen zur Hand gibt, einer etwaigen Berufung auf das individuelle Gewissen vorzuziehen sind.

Zweitens – letzte und vorletzte Instanzen: Welcher Status kommt der Verantwortungsinstanz zu? Ist sie prinzipiell absolut zu setzen, insofern ihr Urteil nicht hinterfragt werden kann? Diese Vermutung überzeugt nicht, auch wenn die traditionellen Anwärter auf die Position der „letzte[n]" (Müller 1992, S. 114) Instanz, wie z. B. Gott,[155] die Natur, Geschichte,[156] Menschheit, Zukunft,[157] „Vorsehung" (Dreier 2000, S. 18) oder sogar das „Neue" (Busse 1998, S. 261), im Nachdenken über Verantwortung bislang sicherlich eine große Rolle gespielt haben. Absolute oder letzte Instanzen sind nie einhellig akzeptiert, sondern in der Verantwortungsforschung tendenziell kritisch beäugt und mit Vorsicht zum Einsatz gebracht worden. So hat bspw. Picht seinen Gedanken einer „Verantwortung vor der Geschichte" (Picht 1969, S. 328) mit dem Hinweis ausgeführt, dass „die Geschichte [nicht als] eine Art von schlechtem Surrogat für Gott [mißverstanden werden]" (ebd., S. 329) soll. Sie „fungiert [...] als Gerichtshof" (ebd.), also eher als zur autonomen Person externalisierter Ort des Arendtschen Zwiegesprächs. Absolute Instanzen bauen auf einem metaphysischen Fundament, dessen Existenz sich nicht beweisen lässt, weshalb wir vielleicht auch nicht einmal wirklich verstehen können, was „Gott" heißt.[158] Bei der Geschichte, Natur, Vorsehung und dem ‚Neuen' handelt es sich gar nicht um Akteure oder gar autonome Personen (vgl. Kapitel 3.1), weshalb überhaupt nicht mit Sicherheit auszumachen ist, was ein etwaiges Rede-und-Antwort-Stehen vor ihnen mit sich führen würde:

---

154 Vgl. hierzu Kants Konzept einer „erweiterten [...] Denkungsart" (Kant 1969b, S. 294).
155 Vgl. Holl 1980, S. 38 und 46.
156 Vgl. Dreier 2000, S. 18 sowie Schlink, der die Entwicklung der Geschichte zu einer Instanz der Verantwortung mit dem Säkularisierungsprozess erklärt: „Für den Atheisten säkularisierte sich die Verantwortung vor Gott im 19. Jahrhundert zur Verantwortung vor der Geschichte, sei es einer Geschichte des Fortschritts, einer Geschichte der Klassenkämpfe oder einer Geschichte der Kämpfe der Rassen und Völker ums Überleben." (Schlink 2010, S. 1047)
157 Vgl. Baran 1990, S. 693.
158 Vgl. Diehl 1999, S. 127 und 129.

> „Philosophischen Ethiken ist es verwehrt, schlicht auf Gott als Rechtfertigungsinstanz zu verweisen. […] Noch problematischer scheint der Vorschlag, die Geschichte oder die Natur als Instanz der moralischen Verantwortung einzusetzen, denn einen echten Rechtfertigungsdialog können wir mit ihnen nicht führen; und welche Lehren wir allenfalls aus ihrer Entwicklung ziehen könnten, ist nicht selbstevident." (Werner 2006, S. 546 f.)

Da diese Beispiele für letzte Instanzen Matthias Kaufmann vor ähnliche Herausforderungen zu stellen scheinen, hat er die beiden bekannten Sätze von Pierre-Joseph Proudhon, „Wer Gott sagt, will betrügen" (Schmitt 1994, S. 13),[159] und von Carl Schmitt, „[W]er Menschheit sagt, will betrügen" (Schmitt 1932, S. 42), um einen dritten Satz erweitert, nämlich „Wer Geschichte sagt, will betrügen" (Kaufmann 2004a, S. 289). Darin kommt die Ideologieträchtigkeit zum Ausdruck, die in der Wahl absoluter Instanzen verdächtig mitklingt. Eigentlich, so die Intention Proudhons, Schmitts und Kaufmanns, stellen diese und vergleichbare Instanzen nicht viel mehr als Phrasen dar, die durch ihren häufigen Gebrauch nicht mehr an Überzeugungskraft gewinnen. Pointiert schließt er, dass „man quasi die Instanz erst mitbringt, vor der man bereit ist, sich zu verantworten" (ebd., S. 288):

> „Man beruft sich da gewöhnlich auf die Verantwortung vor ‚der Geschichte', die über die kleinliche Kritik durch Zeitgenossen erhaben sei. Besonders beliebt ist solches Vorgehen naturgemäß bei Diktatoren verschiedener Provenienz, doch dient es auch anderen, die sich etwa durch die faktische Gerichtsbarkeit und andere irdische Instanzen für ihr politisches Handeln nicht adäquat beurteilt sehen, dazu, jenen gegenüber eine höhere Instanz zu benennen." (Kaufmann 2004a, S. 288 f.)

Vor dem Hintergrund dieser Ausführungen scheinen absolute Instanzen aufgrund ihres metaphysischen Fundaments tatsächlich schwierig zu begründen und wenn man Gertrud Nunner-Winkler Glauben schenkt, sind alle inneren Instanzen, für die sie Gott und das individuelle Gewissen anführt, „transzendent" (Nunner-Winkler 1993, S. 1187). Über die Schwierigkeiten, das Gewissen als Verantwortungsinstanz zu setzen, wurde oben bereits einiges gesagt. Dennoch sehe ich dahingehen einen Unterschied zwischen inneren und absoluten Instanzen, dass man mit autonomen Personen, die über ein Gewissen, Rationalität, Vernunft und Urteilskraft verfügen, also über die oben als Beispiele für interne Instanzen angeführten Autoritäten, in einen Dialog treten, sie direkt ansprechen kann. Mit letzten Instanzen ist Kommunikation, wie ich mit Weischedels Worten zuvor in diesem Kapitel bereits ausgeführt habe, hingegen schwierig bis unmöglich. Daraus erhellt, dass einige davon, wie die Natur, die Geschichte oder die Vorsehung, gar nicht als Instanzen im eigentlichen Sinne

---

159 Schmitt gebraucht diesen ursprünglich durch Proudhon geprägten Satz, ohne die Quelle bei Proudhon anzugeben.

3 Relationselemente und Subkategorien des Verantwortungsbegriffs 111

fungieren können, da sie die Bedingungen für die Möglichkeit zur Verantwortungsübernahme nicht mitbringen. Den absoluten oder letzten Instanzen lassen sich die irdischen oder vorletzten gegenüberstellen:

> „Zum Glück muß konkrete Verantwortung nicht auf die definitive Grundlegung warten. Verantwortungsethik darf auch vorletzte Instanzen benennen. Wie weit sich diese gegenüber den Ansprüchen der letzten Instanz abdichten lassen, ist eine schwierige Frage, doch gerade im Wissen um die Differenz läßt sich verhindern, daß Verantwortung ‚total' wird. Konkrete Instanzen können nur die Institutionen und Autoritäten der menschlichen Gesellschaft sein." (Müller 1992, S. 114)

Mit der Verabschiedung absoluter Instanzen, die auch die Gefahr einer Totalisierung und Verabsolutierung von Verantwortung bergen, zugunsten irdischer Instanzen, wirft Müller die Frage auf, inwiefern Verantwortung gerade aufgrund der Instanz prinzipiell hierarchisch strukturiert sei.

Drittens – Verantwortung und Hierarchie: Müller nimmt an, dass „[d]er Dialog von Frage und Antwort [im Verantwortungsbegriff] nicht symmetrisch [ist]" (Müller 1992, S. 105), sondern sich unter Rekurs auf die Tatsache, dass ein Träger immer vor einer Instanz verantwortlich ist, in der Verantwortung eine prinzipiell „hierarchische Beziehung" (ebd.) begründen lasse. Die Instanz werde dabei „selbst nicht in Frage [ge]stellt" (ebd.). Doch seine Charakterisierung des Verhältnisses zwischen Instanz und Träger der Verantwortung als hierarchisch erscheint mir zweifelhaft, denn bereits seine Behauptung, dass der Verantwortungsinstanz generell nicht widersprochen werden könne, ist fraglich. Inwiefern der Verantwortungsträger seine Instanz kritisieren kann, scheint weniger von Belang zu sein, als der Gedanke, dass eine Verantwortungsinstanz als solche anerkannt sein muss. Eine Instanz erhält ihre Autorität durch Anerkennung, die ihr je nach Kontext leichter oder schwerer wieder aberkannt werden kann. Der Hierarchiebegriff hingegen impliziert ein Machtverhältnis, eine Unterordnung oder gar Unterwerfung des Verantwortungssubjekts unter die Instanz. Einige Verantwortungsforscher wie bspw. Udo die Fabio und Wolfgang Böcher vermuten tatsächlich eine solche Abbildung von Machtkonstellationen in Verantwortungsbeziehungen über das Scharnier der Hierarchie und dass „Verantwortung vor machtlosen Instanzen [...] Rhetorik" (Di Fabio 2002, S. 23) sei:

> „Verantwortung zeigt sich [...] dort, wo ein Überlegener, mit entsprechender Macht Ausgestatteter einem von ihm Abhängigen, einem ihm letztlich Ausgelieferten gegenübersteht. Es ist sogar oft die Frage gestellt worden, inwieweit es überhaupt zwischen Ebenbürtigen Verantwortung geben kann." (Böcher 1996, S. 465 f.)

Ganz im Gegensatz zu diesen unglücklichen Überlegungen sind sich Subjekt und Instanz einer Verantwortungskonstellation doch gerade ebenbürtig, was sich angemessen mit dem Autoritätsbegriff charakterisieren lässt. Die Fähigkeit, Verantwortung zu tragen, geht mit Autonomie einher (vgl. die Kapitel 2 und 3.1), die dem Verantwortungsträger im Akt des Rede-und-Antwort-Stehens von seiner Instanz nicht abgesprochen wird. Indem eine Instanz einen Träger für verantwortlich erklärt, erkennt sie ihn als autonome Person an. Abhängigkeit wird in einem Verantwortungsverhältnis sprachlich markiert und dann rückt Hierarchie an die Stelle von Autonomie. So hält Pauen bspw. fest, dass eine „besondere Rolle die Übernahme von Verantwortung in Hierarchien oder Abhängigkeitsverhältnissen [spielt] – Eltern übernehmen z. B. die Verantwortung für die Erziehung ihrer Kinder" (Pauen 2009, S. 23). Umgekehrt muss eine Instanz als solche erst akzeptiert worden sein, damit sie in dem ihr damit zugewiesenen Kompetenzbereich agieren kann. Ich stimme also vielmehr mit Werner dahingehend überein, dass das Verantwortungsphänomen „eine grundlegende Form von Anerkennung des Gegenübers als eines *gleichberechtigten* [Hervorhebung von mir; J. S.] Dialogpartners [voraussetzt]" (Werner 2006, S. 547). Auch in Kapitel 2.1 wurde bereits darauf hingewiesen, dass der Zurechnungsbegriff hierarchischen Verhältnissen sehr viel näher steht als der Verantwortungsbegriff, da dem Zurechnungssubjekt das fragliche Objekt durch eine Instanz einfach zugeschrieben werden kann.

Müllers, di Fabios und Böchers Verknüpfung von Verantwortung und Hierarchie resultiert vielleicht daraus, dass man häufig genau dann für etwas Rede und Antwort zu stehen hat, wenn es um die Haftung für einen verursachten Schaden, um die Identifizierung eines Täters, um generell negativ zu bewertende Handlungen und Handlungsfolgen geht. Doch man ist nicht nur in negativ, sondern ebenso in positiv konnotierten Kontexten verantwortlich,[160] obwohl dieser Aspekt in der Verantwortungsforschung bislang wenig Aufmerksamkeit erhalten hat. In der dritten Komponente der Minimaldefinition von Verantwortung ist als ihr Umsetzungsmodus Erklärungsfähigkeit enthalten, durch die sich Verantwortungskonstellationen neutral wiedergeben lassen (vgl. Kapitel 1). Neumaier weist darauf hin, „dass wir grundsätzlich auch jemanden für etwas loben können, wenn wir sie als verantwortlich dafür bezeichnen" (Neumaier 2008, S. 17) und auch Montada bemerkt, dass es im Grunde keinen Unterschied macht, ob ich mich im negativ oder im positiv zu bewertenden Sinne zu erklären habe, unabhängig davon, dass ersteres tatsächlich sehr viel häufiger der Fall ist:

> „In the scientific literature, we find significantly more references to responsibility for actions/omissions which have negative consequences than for those which have positive effects, but, structurally, there is no difference between these two types." (Montada 2001, S. 81)

---

160 Vgl. ALBS 1997 und NIDA-RÜMELIN 2007, S. 58 ff.

3 Relationselemente und Subkategorien des Verantwortungsbegriffs 113

In vielen Fällen wird jemandem Verantwortung als positives Werturteil zugeschrieben, wenn er bspw. dem ihm zugedachten Aufgabenbereich äußerst verantwortungsbewusst gerecht geworden ist, was sich in der Rede von der persönlichen Verantwortung, die man für etwas hat, ausdrücken kann (vgl. die Kurzdefinition in Kapitel 3.1.1 und überdies Kapitel 3.5). Insbesondere in solchen Kontexten einer positiv zu bewertenden Verantwortungswahrnehmung kann von einer hierarchischen Beziehung zwischen Träger und Instanz keine Rede sein, sondern im Gegensatz zeigen gerade sie, inwiefern dem Subjekt Autonomie zugesprochen wird. Dies wird an dem von Feinberg vorgestellten Beispiel sehr schön deutlich:

> „Ein Vater kommt früher als sonst nach Hause und entdeckt zu seiner großen Überraschung, wie die für morgen fällige Mathematikhausaufgabe seines Sohnes Fritz – auf dem Wohnzimmertisch eigens so platziert, daß sie ihm ins Auge springen muß – richtig gerechnet ist. [...] Was um alles in der Welt, so fragt er sich vielleicht, hat zu diesem erstaunlichen Ereignis geführt? Könnte gar Fritz selbst dafür verantwortlich sein?" (Feinberg 1985, S. 201)

Vor welcher Instanz man sich jeweils zu verantworten hat, ist von der Einordnung des Gegenstands in einen bestimmten Handlungsbereich abhängig, der durch eine Reihe normativer Kriterien begrenzt wird (vgl. Kapitel 3.5 und 3.5.1). Bevor im kommenden Kapitel der Adressat der Verantwortung besprochen wird, sollte darauf hingewiesen werden, dass die Subkategorie zum Relationselement der Instanz in 3.5.2 thematisiert wird, da Adressat und normative Kriterien über dieselbe Subkategorie verfügen.

3.4 Viertes Relationselement: Der Adressat der Verantwortung

Der Adressat stellt das Gegenüber des Verantwortlichen dar. Er ist der Betroffene der fraglichen Verantwortlichkeit und definiert daher den Grund für das Vorhandensein derselben. Eine Verantwortungszuschreibung, also das, was der Träger zu tun aufgefordert ist, verändert sich in Abhängigkeit von ihrer Begründung in Bezug auf denjenigen, um den es in dieser Verantwortlichkeit geht. Man stelle sich einen Dieb (Subjekt, individuell) vor, der für ein gestohlenes Buch (Objekt, partikular und retrospektiv) vor einem Gericht (Instanz) Rede und Antwort zu stehen hat. Warum geschieht diese ganze Prozedur und für wen ist es von Belang, dass der Dieb seine Verantwortung wahrnimmt? Es scheint, als wäre der Bestohlene Grund dafür, dass der Dieb Rede und Antwort für sein Tun stehen muss, denn er ist vom Diebstahl betroffen. Gäbe es ihn nicht oder würde ein Diebstahl generell keine Straftat darstellen, existierte diese Verantwortlich-

3.4 Viertes Relationselement: Der Adressat d der Verantwortung

keit nicht. Darüber hinaus können die Bürger des fraglichen Landes als sekundäre Adressaten der strafrechtlichen Verantwortung des Diebes angeführt werden bzw. die Norm selbst, denn der Dieb hat gegen ein Gesetz verstoßen, das dem Wohl der Bürger gilt. Er steht primär aufgrund des Bestohlenen und sekundär aufgrund der Bürger Rede und Antwort. Sie sind das Warum seiner Verantwortung.

Doch anders als die Instanz muss der Adressat nicht über die Voraussetzungen zur Verantwortungsübernahme verfügen, weshalb neben Personen auch Tiere, Pflanzen und Abstrakta wie Normen und Werte für diese Rolle in Betracht kommen. Denn bei dem Adressaten handelt es sich häufig um denjenigen, den es durch das Tragen einer Verantwortlichkeit in irgendeiner Weise zu schützen gilt, dem ein besonderer Wert zukommt. Kinder, die Natur und die zukünftigen Generationen stellen Beispiele für unterschiedliche Arten von Verantwortungsadressaten dar, aber auch der Bestohlene, die Bürger und Normen sind schützenswerte Entitäten. Aus der Rede von Verantwortung kann abgeleitet werden, dass es in dem fraglichen Kontext jemanden oder etwas gibt, auf den oder das die Handlungsfolgen des Verantwortungssubjekts potenziell auch negativ zu bewertende Auswirkungen haben können, dass es etwas oder jemanden gibt, dem ein sehr hoher, vielleicht sogar intrinsischer Wert zugeschrieben wird.[161] Anders als man bislang vielleicht vermutet haben könnte, geht es in einer Verantwortungskonstellation also nicht um den Träger oder die Instanz, sondern wir veranstalten den ganzen ‚Zirkus' der Verantwortung eigentlich per se nur aufgrund des Adressaten. Die Definition des Adressaten als Warum der Verantwortung bzw. als Gegenüber des Verantwortlichen leuchtet insbesondere vor dem Hintergrund der zweiten Komponente meiner Minimaldefinition ein, dass Verantwortung als Fähigkeit des Rede-und-Antwort-Stehens ein normatives Konzept darstellt (vgl. Kapitel 1). Deskriptive Zuschreibungssachverhalte bestehen faktisch, normative Verhältnisse hingegen bedürfen einer Begründung. Dies geschieht durch den Adressaten.

Um so mehr irritiert es, dass innerhalb des Verantwortungsdiskurses bislang zwischen Instanz und Adressat nicht hinreichend differenziert wurde, denn entweder wird diese Unterscheidung für irrelevant gehalten und daher aus weiteren Überlegungen ausgeschlossen, oder beide Relationselemente werden synonym gebraucht, selbst dann, wenn es in dem fraglichen Text z. B. explizit nur um die Instanz gehen soll.[162] Als Beispiel für den ersten Fall kann Müller her-

---

161 Ich danke Christian Baatz für diese Überlegung.
162 Vgl. bspw. SCHÜTZ 1972, S. 256 sowie WEISCHEDEL 1972, S. 26. Eine Ausnahme stellt Henning Hahn dar, der in dem Text „Verantwortung für globale Armut" Adressat und Subjekt der Verantwortung zugunsten des Adressaten miteinander verwechselt; vgl. hierfür besonders HAHN 2009, S. 35, letzter Abschnitt.

3 Relationselemente und Subkategorien des Verantwortungsbegriffs 115

angezogen werden, der Verantwortung zwar als vierstelligen Begriff beschreibt, jedoch in einer Fußnote zu folgendem Schluss gelangt:

> „Neuerdings hat Hans Lenk [...] eine ‚mindestens fünfstellige' Relation entdeckt. Er fügt noch ein gegenüber jemandem hinzu. Aber entweder heißt dies das gleiche wie vor oder es ist eine systematisch fragwürdige Übertragung aus dem Bereich reziproker Rechte und Pflichten." (Müller 1992, S. 127)

Bereits bis zu diesem Punkt der Überlegungen sollte deutlich geworden sein, dass es sich bei dem Adressaten der Verantwortung weder um eine heimliche Umschreibung der Instanz noch um eine, wie Müller befürchtet, systematisch fragwürdige Übertragung aus gleich welchem Bereich auch immer handelt. Doch auch Bayertz nennt zunächst nur drei Elemente des Verantwortungsbegriffs, nämlich „a) ein Subjekt der Verantwortung, b) ein Objekt der Verantwortung und c) ein System von Bewertungsmaßstäben" (Bayertz 1995, S. 16) und fügt dann ebenso wie Müller in einer Fußnote hinzu, dass „[e]ine weitere Differenzierung des Verantwortungsbegriffs in zusätzliche Dimensionen natürlich möglich [ist]" (ebd.) (übrigens auch unter Bezugnahme auf Lenk, wobei ihm Bayertz keine fünf-, sondern eine sechsstellige Relation zuschreibt). Jedoch geht er nicht weiter auf diese zusätzlichen Differenzierungen ein, weshalb er sie entweder als unwichtig einstuft oder aber wie Müller die von Lenk getroffenen Unterscheidungen für falsch hält.[163] Lenk, der Müller zufolge ungerechtfertigt zwischen Adressat und Instanz differenziert, sieht im Adressaten als einer der wenigen Verantwortungsforscher tatsächlich ein eigenständiges Relationselement[164] und auch Albs, die sich auf Lenk beruft, widmet ihren Ausführungen zum Adressaten einen eigenen Abschnitt, den sie mit den Worten einleitet, dass „[w]o kein Kläger, da kein Richter" (Albs 1997, S. 27) zu finden sei.

Als Beispiel für den zweiten Fall, dass die Differenzierung zwischen Instanz und Adressat verwischt wird, indem man beide Relationselemente synonym gebraucht, kann Honnefelder dienen, der das „individuelle Ich" (Honnefelder 2007, S. 43) als „de[n] letzte[n] Adressat[en] von Verantwortung" (ebd.) beschreibt, nur um im Folgesatz als Begründung dieser Annahme anzuführen, dass Verantwortung „in einer letzten Weise als Verantwortung vor dem eigenen Gewissen" (ebd.) zu verstehen sei, das er wenig später mit „Instanz" (ebd., S. 44) betitelt. Aus seinen weiteren Schilderungen geht hervor, dass er mit dem individuellen Ich das Gewissen meint. Adressat und Instanz fallen so in seinen Überlegungen in eins.

---

163 Schwartländer mindert in SCHWARTLÄNDER 1974, S. 1587 die Bedeutung der Instanz zugunsten des Adressaten, was deutlich seltener vorkommt als umgekehrt (vgl. auch Fußnote 163).
164 Vgl. LENK/MARING 2007, S. 570.

3.4 Viertes Relationselement: Der Adressat d der Verantwortung

Ich denke, es können mindestens vier Gründe für die bisherige ungenaue Differenzierung zwischen Instanz und Adressat innerhalb des Verantwortungsdiskurses angegeben werden. Es scheint dies zunächst an einer schlichten sprachlichen Verwechselung des Vor und des Gegenüber in einer Verantwortungskonstellation zu liegen. Beide Begriffe, die im ersten Fall auf die Instanz (das Vor wem?) und im zweiten auf den Adressaten (das Gegenüber wem?) verweisen, lassen sehr ähnliche Implikationen zu und können daher in vielen Situationen völlig problemlos ausgetauscht werden. Darüber hinaus scheint die Verantwortungsinstanz in wissenschaftlichen und nicht-wissenschaftlichen Kontexten eine tendenziell wichtigere Funktion zugeschrieben zu bekommen als der Adressat. Sie ist populärer und steht aufgrund ihrer Sanktionsmöglichkeiten weitaus häufiger im Fokus des öffentlichen Interesses. Aufgrund ihrer übermäßigen Präsenz in Situationen, in denen von Verantwortung die Rede ist, wird die Instanz in ihrer Bedeutung überbewertet.

Ferner verlangt die Identifizierung eines Adressaten mehr Abstraktionsfähigkeit, sie ist mühsamer und setzt eine explizite Auseinandersetzung mit dem Verantwortungsobjekt voraus, soll sie doch als Begründung der fraglichen Verantwortlichkeit fungieren. Eine bewusste Reflexion derjenigen, die die Existenz bestimmter Normen und Werte rechtfertigen und vom Handeln der Verantwortlichen betroffen sind, geschieht jedoch recht selten, wird im Alltag zumeist durch Gewohnheiten und unhinterfragtem common sense ersetzt und häufig soll ein Verweis auf etwaige Instanzen als Autoritätsargument genügen. Unter dem Motto, dass die Instanz es schon wissen wird, warum ich Rede und Antwort zu stehen habe, scheint hier eine graduelle Selbstentmündigung stattzufinden, die dem Verantwortlichen gerade so viel Autonomie lässt, damit er seiner Verantwortung gerecht werden kann. Dabei soll ihm der Akt einer eigenständigen Auseinandersetzung, warum er überhaupt Rede und Antwort stehen muss, möglichst abgenommen werden. Es scheint, als degradierten wir uns selbst immer dann wieder zu unmündigen Kindern, die sich von ihren Eltern erklären lassen müssen, warum sie für einen Fehler gerade zu stehen haben, wenn wir nicht in der Lage sind, den Grund anzugeben, warum wir in dem fraglichen Kontext Verantwortung haben, wenn die in einer Verantwortlichkeit dem Träger per definitionem aufgebürdete Selbständigkeit über das ‚bloße Tragen' der Verantwortung hinausreicht und durch eigene und ggf. mühsame Reflexionen ergänzt werden muss. In meinen Augen liegt in dieser fundamentalen Weigerung, sich mit den normativen Grundlagen, dem Warum einer Verantwortlichkeit, auseinanderzusetzen, ein wesentlicher Baustein zur Erklärung unseres Verständnisses von Verantwortung und vielleicht sogar, warum wir sie in zahllosen Momenten zu fliehen scheinen.

3 Relationselemente und Subkategorien des Verantwortungsbegriffs 117

Nebenbei ist mit den normativen Grundlagen hier nicht das fünfte Relationselement der normativen Kriterien gemeint, das Thema von Kapitel 3.5 sein wird und Maßstab (das Inwiefern?) einer Verantwortlichkeit ist. Im Vergleich zum Adressaten geben die normativen Kriterien die Art und Weise an, die normativen Gesetzmäßigkeiten sozusagen, nach denen jemand Rede und Antwort steht. Aber um noch einmal auf den zuletzt angeführten Grund für eine ungenaue Differenzierung zwischen Instanz und Adressat zurückzukommen: Weiter unten in diesem Kapitel wird an einem Beispiel veranschaulicht, warum wir trotz der häufigen Weigerung, uns mit dem Adressaten einer Verantwortlichkeit zu befassen, ganz intuitiv seine Rolle definieren und uns gegen die Benennung eines anderen Adressaten in dem fraglichen Kontext sträuben. Doch zunächst soll der vierte und letzte Grund für eine Überschätzung der Instanz zu Ungunsten des Adressaten, dass sich nämlich in vielen Fällen der Adressat mit weiteren Relationselementen überschneidet und darüber seine Eigenständigkeit als Relationselement verloren zu gehen scheint, erläutert werden.

Ulrich Preuß führt bspw. aus, dass zwar im „Falle der Eltern die Kinder [...] die Adressaten der Verantwortung [sind], aber weder normieren sie die Pflichten, noch können sie Rechenschaft fordern oder gar Sanktionen verhängen" (Preuß 1984, S. 147). Inwiefern kann hier von einer Überschneidung von Relationselementen die Rede sein? Nun, zunächst irritiert das „aber", denn dadurch wird suggeriert, als lägen die Aufgaben einer Verhängung von Sanktionen und Forderung von Rechenschaft durchaus beim Adressaten und nicht etwa bei der Instanz (vgl. Kapitel 3.3). Doch davon einmal abgesehen scheint offensichtlich zu sein, dass nur die Kinder als Adressaten der Verantwortung ihrer Eltern in Frage kommen, denn für sie bzw. wegen ihnen stehen diese Rede und Antwort. Die Kinder sind die Betroffenen und damit Grund für das Vorhandensein der fraglichen Verantwortlichkeit, deren Objekt sie zugleich sind. Um dies noch deutlicher zu machen, stellen wir uns vor, die Verantwortung der Eltern für ihre Kinder mit einem anderen Adressaten zu besetzen, z. B. mit den Eltern selbst. Sollten wir tatsächlich in einem solchen Fall versucht sein, die Eltern als Verantwortungsträger zugleich auch als Adressaten ihrer Verantwortung zu definieren, würden damit die Kinder als Verantwortungsobjekt instrumentalisiert. Die Eltern müssen für ihre Kinder Rede und Antwort stehen können, was bedeutet, dass sie sich um deren Wohlergehen zu sorgen haben. Die Frage, warum dies der Fall ist, kann nur unter Rekurs auf die Kinder und nicht durch die Eltern beantwortet werden.[165] An diesem Beispiel zeigt sich also zum einen, dass Rela-

---

165 Aus der rechtlichen Perspektive, denn das Verhalten der Eltern gegenüber ihren Kindern ist auch gesetzlich geregelt, könnten zudem (ähnlich wie bei meinem Beispiel über den gestohlenen Gegenstand zu Beginn dieses Kapitels) in einem weiten Sinne alle Bürger eines Landes in die Position des Adressaten rücken.

tionselemente in manchen Situationen mehrfach besetzt werden und sich eine solche Doppelbesetzung im Zweifel zuungunsten einer Anerkennung des Adressaten als eigenständiges Relationselement niederschlägt. Zum anderen veranschaulicht es, dass wir intuitiv dem Adressaten sehr wohl eine gewisse Bedeutung zuschreiben, wenn seine Definition nicht willkürlich erfolgen kann.

Anhand des Beispiels der Elternverantwortung für ihre Kinder, in dem diese nicht nur Verantwortungsobjekt, sondern auch -adressat sind, lässt sich die zu Beginn des Kapitels geäußerte Vermutung plausibilisieren, dass es sich beim Adressaten nicht um jemanden handeln muss, der ebenso wie der Verantwortungsträger über die Voraussetzungen zur Verantwortungsübernahme verfügt. Mit anderen Worten muss der Adressat keine autonome Person in dem in Kapitel 3.1 definierten Sinne sein, was in den Worten Gernot Böhmes deutlich wird, der ausführt, dass wir „Verantwortung vornehmlich gegenüber denjenigen [tragen], die einen nicht zur Verantwortung ziehen können: gegenüber Kindern, den Ungeborenen, der Natur" (Böhme 1990, S. 51). Im Rahmen der Überlegungen zur Subkategorie des Adressaten in Kapitel 3.5.2, die zugleich Subkategorie für Instanz und normative Kriterien ist, komme ich auf diesen Aspekt, dass der Adressat kein potenzieller Verantwortungsträger sein muss, zurück.

3.5 Fünftes Relationselement: Die normativen Kriterien

Nach den in Kapitel 1 angestellten Überlegungen zur zweiten Komponente der Minimaldefinition, dass es sich bei Verantwortung als Fähigkeit des Rede-und-Antwort-Stehens um ein normatives Konzept handelt, wofür Urteilskraft benötigt wird (vgl. Kapitel 2.3), sowie nach der Einführung des Adressaten als Warum der Verantwortung, überrascht das fünfte Relationselement nun nicht mehr. Verantwortung in dem hier definierten Sinne bedarf normativer Kriterien, die den Maßstab, den normativen Bezugsrahmen, das Inwiefern einer Verantwortlichkeit darstellen,[166] denn sie bringt, anders, als man vielleicht vermuten würde, ihre Normen nicht mit, sondern muss in einem gegebenen Kontext mit ihnen erst ‚angereichert' werden (vgl. die Filtermetapher in der Einleitung zum ersten Teil). Aus diesen Kriterien, die in vielen Fällen gar nicht explizit genannt, sondern als schlicht bekannt vorausgesetzt werden, lassen sich andere Relationen wie bspw. Instanz und Adressat ableiten, was neben den bereits gegebenen Beispielen in den Kapitel 3.1.1 und 3.2.1 als weiteres Exempel für die These, dass

---

166 Vgl. BAYERTZ 1995, S. 13 und 65, BIERHOFF 1995, S. 236, LENK/MARING 2007, S. 570, ROPOHL 1994, S. 113 und das Kapitel VI „Wert als ontisches Fundament der Verantwortung" in Ingardens *Über die Verantwortung* (INGARDEN 1970, S. 35 ff.)

3 Relationselemente und Subkategorien des Verantwortungsbegriffs

zwischen den Relationselementen strukturelle Abhängigkeitsverhältnisse bestehen, dienen kann.

„Verantwortlichkeit setzt [...] die Geltung von praktischen Gesetzen bzw. Regeln voraus. Diese sagen dem Verantwortlichen, was ihm zu tun geboten, verboten und erlaubt ist und geben der V[erantwortung]sinstanz den Maßstab zur Beurteilung der Handlungen des Verantwortlichen." (Forschner 1989, S. 591)

Im weiteren Verlauf wird zunächst ein kurzer Überblick darüber gegeben, was generell unter normativen Kriterien zu verstehen ist, was Forschner hier mit praktischen Gesetzten und Regeln zusammenfasst. Allerdings werde ich mich dabei maßgeblich auf das Verhältnis von Verantwortung und Pflicht konzentrieren und ein ‚Brückenkonzept' der Verantwortung vorschlagen, das darin besteht, über den Verantwortungsbegriff die drei Traditionslinien eines konsequenzialistischen, deontologischen und tugendethischen Denkens mit einander zu verbinden. Vor diesem Hintergrund geht es um Verantwortung als Wertbegriff, womit insbesondere ihr positiv konnotierter Gebrauch gemeint ist (vgl. auch Kapitel 3.3). Als Vorbereitung für das Konzept der Selbst- als Metaverantwortung in den Kapiteln 7 und 8 wird dann das Letztbegründungsdefizit der Verantwortung bzw. ihrer normativen Kriterien vorgestellt. In einem letzten Abschnitt schlage ich in einem Exkurs eine Art ‚Grundset' normativer Kriterien vor, das nach meiner Ansicht in der Minimaldefinition implizit mit gegeben und daher letztlich auch in jeder Verantwortlichkeit enthalten ist.

Erstens – Verantwortung und Pflicht, Verantwortung als Brückenkonzept: Normative Kriterien können in sehr unterschiedlichem Gewand auftreten, als Maximen, Prinzipien, Gebote, Gesetze, Vorschriften, Befehle, Anweisungen, Aufgaben, Werte und Regeln, doch insbesondere die Pflichten als eine Form normativer Kriterien spielen seit jeher im Verantwortungsdiskurs eine wesentliche Rolle.[167] Dabei ist der Pflicht- deutlich älter als der Verantwortungsbegriff. Eine erste Belegung findet sich bereits bei Martianus Capella (5./6. Jahrhundert) in der Übersetzung von Notker Teutonicus.[168] Die „Vorgeschichte" (Kersting 2007a, S. 405) der Pflicht geht auf „die stoische Lehre von den καθήκοντα und κατορθώματα" (ebd.) zurück, Handlungen des naturgemäßen und des sittlichen Lebens. Entsprechend der herrschenden Meinung lässt sich eine Verantwortlichkeit in sehr vielen Fällen in eine Reihe von Pflichten übersetzen. Doch nur wenige Verantwortungsforscher gebrauchen die Begriffe gleichbedeutend, also Verantwortung „as a synonym for ‚duty'. When we ask about a person's responsibilities, we are concerned with what she ought to be doing or attending to"

---

167 Vgl. bspw. DELHOM 2007, S. 196, DREIER 2000, S. 11, KAUFMANN 2006, S. 54 und SALADIN 1984, S. 35.
168 Vgl. KERSTING 2007a, S. 405 und GRIMM 1854-1961a, S. 1752.

(Williams 2006). Demgegenüber referieren Pflichten zumeist auf konkretere Handlungsanweisungen, und viele wie z. B. Schwartländer sehen im Gegensatz dazu in der Verantwortung ein offeneres und flexibleres Konzept,[169] das den Herausforderungen moderner Gesellschaften sehr viel besser begegnen kann,[170] während der Pflichtenbegriff zu „starr" (Ryffel 1967, S. 286) und letztlich altmodisch sei. Die Offenheit der Verantwortung im Gegensatz zur Pflicht, ihre „Mehrdimensionalität" (Heidbrink 2007a, S. 8),[171] kommt darin zum Ausdruck, dass in vielen Kontexten zwar ein Verantwortungsobjekt definiert, jedoch das, was der fragliche Träger genau zu tun hat, nicht im Einzelnen ausgeführt wird.[172] Die Verantwortung der Eltern für ihre Kinder stellt ein gern verwendetes Beispiel dafür dar, dass sich nicht jede Verantwortlichkeit eins zu eins in Pflichten übersetzen lässt, die für alle Eltern zu jeder Zeit in der gleichen Weise gelten.[173]

Vor dem Hintergrund dieser Ausführungen liegt der Gebrauch des Verantwortungsbegriffs in der deontologischen Ethik nahe, insofern die Verantwortung über das Scharnier der Pflicht in das deontologische Denken gelangt, wobei Kant noch nicht systematisch von Verantwortung spricht.[174] Doch ebenso häufig wird die Verantwortung als konsequenzialistisches Phänomen interpretiert, da es in Kontexten, in denen jemand Rede und Antwort zu stehen hat, insbesondere um die Hervorbringung bestimmter Ergebnisse geht. Das Verantwortungssubjekt sei eben nicht vornehmlich zu einer bestimmten Handlungsweise verpflichtet, und ebenso wenig gehe es um seine etwaigen Intentionen, sondern Verantwortung äußere sich in Handlungsresultaten. Ihren berühmten Einzug in die konsequenzialistische Ethik hielt die Verantwortung durch Max Webers populären Vortrag „Politik als Beruf" in seiner Differenzierung zwischen Gesinnungs- und Verantwortungsethik.[175] Zusammenfassend führt Robert E. Goodin aus, dass „[r]esponsibilities are to consequentialistic, utilitarian ethics what duties are to deontological ones. Duties dictate actions. What responsibilities [...] advocated by utilitarians and consequentialists more generally dictate are, instead, results" (Goodin 1995, S. 81). Darüber hinaus kann der Verantwortungsbegriff nicht nur konsequenzialistisch oder deontologisch gebraucht werden,

---

169 Vgl. BAYERTZ 1995, S. 68, RYFFEL 1967, S. 286 und SCHWARTLÄNDER 1974, S. 1585.
170 Vgl. HEIDBRINK 2003, S. 89.
171 Vgl. ebenso BÜHL 1998, S. 12.
172 Vgl. bspw. FEINBERG 1980, S. 137 f. Leider kann im Rahmen dieses Buches Feinbergs Bemerkung (in ebd.) nicht nachgegangen werden, dass, aufgrund der Offenheit der Verantwortung im Gegensatz zur Pflicht, ein Fehlen des Verantwortungsträgers stärker sanktioniert und negativer bewertet wird.
173 Vgl. MERTEN 1996, S. 15.
174 Vgl. HEIDBRINK 2003, S. 68.
175 Vgl. WEBER 1992, S. 237 f.

3 Relationselemente und Subkategorien des Verantwortungsbegriffs

sondern auch innerhalb tugendethischen Denkens auftauchen, indem damit auf die Autonomie und verantwortungsbewusste Einstellung das Akteurs referiert wird. So beschreibt Böcher an zahlreichen Stellen seines Werkes *Selbstorganisation, Verantwortung, Gesellschaft* eine bestimmte innere Haltung des Akteurs als unhintergehbare Voraussetzung für ‚wahre' Verantwortung.[176] Auch Hans Werner Bierhoff impliziert tugendethische Tendenzen, da ihm zufolge „Verantwortung [...] eine Veränderung zu einem Lebensstil, der mit einem verantwortungsvollen Verhalten konsistent ist" (Bierhoff 1995, S. 225), beinhaltet.[177]

Die dritte Komponente der Minimaldefinition besagt, dass sich der Verantwortliche durch eine besondere psychomotivationale Verfasstheit auszeichnet (vgl. Kapitel 1), und könnte damit eine Interpretation des Verantwortungs- als tugendethischer Begriff nahe legen. Ich vertrete jedoch nicht die Position, dass verantwortliches Handeln per se Tugendhaftigkeit voraussetzt, wenn ich auch den tugendethischen Gebrauch des Begriffs nicht prinzipiell ablehne. Insbesondere in der positiv konnotierten Rede von Verantwortung, wenn wir von jemandem, der seine Aufgabe besonders gut erfüllt hat, als von einem verantwortlichen oder verantwortungsbewussten Menschen sprechen, kann sich der Tugendethiker bestätigt sehen, denn damit kommt zum Ausdruck, dass der fragliche Akteur den geforderten normativen Kriterien in besonderer Weise nachgekommen ist. So wird Verantwortung zu einem „Wertebegriff" (Werner 2006, S. 543):

> „A responsible person is someone who can be trusted to discharge their prospective responsibilities, and to accept their retrospective responsibilities; an irresponsible person is not one who has no responsibilities, but one who does not take their responsibilities seriously." (Duff 1998, S. 291)

Auf diese Weise kommt der Verantwortungsbegriff „as a term of praise" (Williams 2006) in Form eines „Persönlichkeitsmerkmal[s]" (Bierhoff 1995, S. 219) zur Geltung, und obwohl der positiv konnotierte Umgang damit so naheliegend erscheint, hat sich in der Verantwortungsforschung dazu noch kein Diskurs etabliert. „However this may be, it is fair to say that this usage of ‚responsibility' has received the least attention from philosophers. This is interesting given that this is clearly a virtue of considerable importance in modern societies"

---

176 Vgl. BÖCHER 1996, S. 432, 437, 441 und 475, um nur ein paar Beispiele zu nennen. Werner und Williams sehen in Verantwortung eine Tugend; in WERNER 2006, S. 543 und WILLIAMS 2006.
177 Auch in der Diskursethik gehört der Verantwortungsbegriff fest zum Vokabular, insbesondere bei Apel (APEL 1988 und APEL/BURCKHART 2001), Böhler (BÖHLER et al. 2003) und Werner (WERNER 2001). Als aktuelles Beispiel bietet sich die Dissertation von Yuan-Tse Lin an; URL: http://edocs.fu-berlin.de/diss/receive/FUDISS_thesis_000000000990 [Stand: 13.09.2013].

(Williams 2006). Aber um auf die Überlegungen zu Verantwortung als einem Brückenkonzept zurückzukommen: Historisch hat sich bereits gezeigt, dass die Verantwortung nicht das Kennzeichen einer einzigen Ethik, sondern dass sie Bestandteil aller drei klassischen Positionen ist und ihr daher eine konzeptionell verknüpfende Funktion zukommt. Sie scheint dafür prädestiniert, eine ‚Brücke' zwischen den Traditionen zu schlagen.[178]

Ob es sich darüber hinaus lohnt, deshalb gleich eine neue Verantwortungsethik begründen zu wollen, bezweifle ich,[179] denn das scheint die Vorstellung von ‚einer' Verantwortung zu suggerieren, die es höchstens in dem minimalistischen und formalen Verständnis von Kapitel 1 geben kann. In seinem Einführungswerk *Politische Ethik* stellt Peter Fischer den Ansatz einer Verantwortungsethik vor, indem er ausführt, „dass sich Angewandte Ethik als ein Konzept verantwortungsethischer Politik auf demokratischer Grundlage [erweist]" (Fischer 2006, S. 28). Doch bleiben auch bei ihm die normativen Kriterien zur Begründung dieses Ansatzes unerwähnt, darüber, wie seine Verantwortungsethik konkret auszusehen habe, schweigt er sich aus.[180] Es bleibt zu überlegen, ob es sich z. B. leichter gestalten könnte, über einen Ausschluss einiger normativer Kriterien aus dem Kreis der potenziellen Verantwortungsnormen zu den ‚eigentlichen' Normen der Verantwortung zu gelangen. Doch muss dieses Unterfangen an anderer Stelle versucht werden. Ich komme weiter unten in diesem Kapitel in Form eines Exkurses kurz auf diese Möglichkeit zurück.

Zweitens – das Letztbegründungsdefizit der Verantwortung: Thema von Kapitel 8 wird die Selbstverantwortung sein, die dort als Metaverantwortung für die normativen Kriterien definiert wird, denn anders als über den Verantwortungsträger selbst als normgebende Instanz lassen sich die handlungsleitenden Prinzipien eines Menschen nicht letztbegründen. Die folgenden Ausführungen

---

178 Vielleicht kann die Position von Walter Schulz, die er in *Philosophie in der veränderten Welt* vorstellt, als ein solcher ‚Brückenschlag' zwischen konsequenzialistischen, deontologischen und tugendethischen Positionen verstanden werden. Zumindest beschreibt ihn Rainer Beer so, wenn er ausführt, dass mit Schulz ein „Weg beschritten [ist], das einsame Vernunftich insbesondere der Kantischen Tradition zu überwinden, genauer, an ihm ein weitergreifendes Bündel elementarer Bezüglichkeit freizulegen: Die Befindlichkeit des ethisch Handelnden im Bezugsgeflecht der Systeme von Natur, Geschichte, Gesellschaft und Zukunft, seine Vermitteltheit mit den materialen Lebensbedingungen, welche in der durch Wissenschaft und Technik verwandelten ‚Natur', in der Biosphäre ebenso liegen wie im Fortgang der Menschheit in die Zukunft hinein." (BEER 1990, S. 85)
179 Obwohl man sich auch nicht auf solch eine sarkastische Position zurückziehen muss, wie Böhme dies in seinem Text tut in BÖHME 1990, S. 51.
180 Auch bei Beer (in BEER 1990, S. 98) und Farah Dustdar (in DUSTDAR 1996, S. 91) taucht der Begriff der Verantwortungsethik unreflektiert auf. Meiner Ansicht nach stellt Richter das ausführlichste Konzept einer „politischen Ethik als Verantwortungsethik" (RICHTER 1992, S. 166) vor.

3 Relationselemente und Subkategorien des Verantwortungsbegriffs 123

sind als Vorbereitung zu diesen Überlegungen zu lesen, insofern hier das prinzipielle „Grundlegungsproblem" (Müller 1992, S. 106) der Verantwortung vorgestellt wird. In jeder Rede von Verantwortung ist man „gezwungen, eine Metaphysik nachzureichen, die allererst zeigen kann, weshalb die Verpflichtung der Verantwortung gerade vor dieser Instanz oder vor diesen Normen besteht" (ebd.). Auch wenn Müllers Worte, man könne *vor* Normen verantwortlich sein, irritieren, wo er doch eigentlich sagen müsste, man habe *auf der Grundlage* bestimmter Kriterien *vor* einer Instanz Rede und Antwort zu stehen, wird doch deutlich, dass jede Verantwortung auf Normen beruht, die ihrerseits einer Begründung bedürfen.[181]

Auf das „Letztbegründungsdefizit" (ebd.), dass sich hier andeutet, kann selbst mit der Etablierung einer „Metaverantwortung" (Bayertz 1995, S. 65), in der z. B. Bayertz eine „Fürsorge-Verantwortung" (ebd., S. 65 f.) der Philosophen sieht, nicht endgültig zufriedenstellend geantwortet werden. Denn selbst jede etwaige Metaverantwortung für eine kritische Reflexion der normativen Kriterien bedarf wiederum eigener begründungsbedürftiger Maßstäbe. Ob es sich bei den Trägern einer solchen „Verantwortung für die Normen" (Schwartländer 1974, S. 1585) um die Philosophen im Speziellen handelt wie dies Bayertz vorschlägt oder im Rahmen einer „sittliche[n] Verantwortung" (Ryffel 1967, S. 282) um generell alle Menschen einer Gesellschaft wie bei Ryffel, ist dabei ähnlich problematisch. Ryffel gesteht dann auch ein, dass „die in Frage stehenden Normen [ihrerseits wieder] an letzten und obersten Normen gemessen [werden]" (ebd.) müssen:

> „Wenn der Mensch die sozial-kulturellen Normen, insbesondere diejenigen der Moral und der rechtlich-staatlichen Ordnung, frei übernehmen und sich zu eigen machen soll, so muß sich über kurz oder lang die weitergehende Frage einstellen, ob die Ordnungen selbst und ihre Normen eigentlich verantwortet werden können." (Ryffel 1967, S. 282)

Doch selbst im Falle einer eingehenden Prüfung der sozial-kulturellen Normen, wie Ryffel sich hier ausdrückt, an den höchsten Normen eines Systems, kann deren absoluter Status nicht begründet werden. In der Selbstverantwortung als Metaverantwortung für die selbst gesetzten normativen Kriterien stehen weder Philosophen noch sittliche Bürger oder speziell ausgezeichnete Verantwortungs-

---

181 Vgl. auch BAYERTZ 1995, S. 65. Müller nennt drei „Grundformen der Lösung dieses Letztbegründungsproblems: 1. Verantwortungsethiken, die zugleich mit ihrer Ethik eine neue Metaphysik konzipieren (Jonas, Picht), 2. Verantwortungsethiken, die sich als verantwortungsethische Erweiterungen bestehender und als hinlänglich begründeter Ethiken verstehen (Spaemann, Birnbacher, Apel), und 3. Verantwortungsethiken, die das Letztbegründungsdefizit ins Positive wenden und Verantwortung als einen Vermittlungsbegriff verstehen, der einer metaphysischen Grundlegung gar nicht bedarf und gerade die Chance einer Ethik ohne Letztbegründung eröffnet (Weber)." (MÜLLER 1992, S. 106)

subjekte für die Normen Rede und Antwort, sondern sie fällt auf das autonome Individuum zurück (vgl. Kapitel 8). So ergibt sich in der Verantwortung und genauer, in der Selbstverantwortung, ein Begründungszirkel. Anders lässt sich nach meiner Ansicht dem prinzipiellen Letztbegründungsdefizit in jeder Verantwortungszuschreibung zumindest aus einer rein verantwortungstheoretischen Perspektive nicht begegnen.

Drittens – das ‚Grundset' der Verantwortung: Das in diesem Exkurs vorgestellte kleine Projekt ist der Versuch, aus der Minimaldefinition einige Normen abzuleiten, die darin, wie ich denke, implizit enthalten sind und daher auch in jeder Rede von Verantwortung mitklingen.[182] Auch wenn damit das eigentliche Vorhaben einer rein formalen Verantwortungsanalyse gesprengt wird, sollen diese Kriterien in den Kapiteln 12 und 13 dazu dienen, einige etwas konkretere Vorschläge für Handlungsprinzipien vorschlagen zu können. Vor dem Hintergrund der Minimaldefinition werden im Folgenden in aller gebotenen Knappheit drei Normen beschrieben, die wiederum in mehrere Kriterien zu differenzieren sind, nämlich Mündigkeit, Betroffen-Sein (als Konfliktfähigkeit) sowie Rechts- und Unrechtsempfinden. Sie sind in Verantwortung als Fähigkeit des Rede-und-Antwort-Stehens prinzipiell enthalten.

Verantwortung beinhaltet eine psychomotivationale Verfasstheit des Verantwortlichen, die in seiner Ernsthaftigkeit und Integrität zum Ausdruck gelangt und sich in Erklärungsfähigkeit übersetzen lässt (vgl. die dritte Komponente der Minimaldefinition). Jemand, der weiß, was Verantwortung ist, verfügt also über eine Vorstellung von Mündigkeit und diejenigen, die die Übernahme von Verantwortung fordern, setzen bei dem potenziellen Verantwortungsträger Mündigkeit voraus. Mit Mündigkeit sind weitere Normen wie bspw. Achtung, Integrität, Transparenz, Öffentlichkeit, Verbindlichkeit und Zuverlässigkeit gegeben, wobei diese Auflistung keine vollständige Erfassung des Mündigkeitskonzepts leisten kann bzw. soll. Die Bereitschaft zur Auseinandersetzung mit dem, wofür man aufgefordert ist, sich zu verantworten, impliziert darüber hinaus, dass der Verantwortliche Konflikte als solche erkennen kann und auch theoretisch bereit ist, darauf eine Antwort zu geben. Er wird sich ihnen stellen und sich in seinem Rede-und-Antwort-Stehen mit möglichen Lösungsansätzen befassen, was in den Reflexionsvorgang innerhalb einer Verantwortlichkeit eingeht (vgl. die dritte Komponente der Minimaldefinition). In dieser Verantwortungsnorm des Betroffen-Seins als Konfliktfähigkeit sind ferner Normen wie z. B. Kompetenz und Lernfähigkeit enthalten. Als drittes normatives Kriterium der Verantwortung

---

182 Helmut Klages beschreibt in dem Text „Eigenverantwortung als zivilgesellschaftliche Ressource" ein ähnliches Unterfangen, wenn er, da die Verantwortung eine „‚Worthülse'" (KLAGES 2006, S. 114) ist, eine Umfrage zu den Werten, mit denen Verantwortung „verknüpft" (ebd.) ist, anstellt.

lässt sich Rechts- und Unrechtsempfinden aus der Gegebenheit herleiten, dass der Verantwortliche in dem Akt des Rede-und-Antwort-Stehens dazu aufgefordert ist, eine bewertende Haltung einzunehmen. Von Verantwortung ist nur dann die Rede, wenn es gilt, sich zu einem Recht oder Unrecht zu positionieren (vgl. die zweite Komponente der Minimaldefinition). In das Rechts- und Unrechtsempfinden gehen weitere Kriterien wie bspw. Angemessenheit, Gleichheit, Rechtmäßigkeit und Zurechenbarkeit ein.

Von diesen Überlegungen gehen wir direkt den Schritt zur ersten Subkategorie der normativen Kriterien, nämlich zum Verantwortungsbereich. Denn für die vollständige Ausformulierung eines Verantwortungskonzepts genügt die einfache Angabe der fraglichen Normen in einem gegebenen Kontext nicht. Zudem muss für den Verantwortungsträger ersichtlich sein, ob es sich hierbei um eine moralische, politische oder wirtschaftliche Verantwortung handelt bzw. um moralische, politische oder wirtschaftliche Kriterien. Es geht also um die korrekte Auslegung der normativen Kriterien.

3.5.1 Die Subkategorie zum fünften Relationselement: Der Bereich der Verantwortung

In seiner Beantwortung der Frage, welche normativen Kriterien es gibt, differenziert Ropohl zwischen „moralische[n] Regeln[,] gesellschaftliche[n] Werte[n] [und] staatliche[n] Gesetze[n]" (Ropohl 1994, S. 112) und nennt damit zugleich verschiedene Bereiche, in denen Verantwortung zugeschrieben wird, nämlich Moral, Gesellschaft und Politik bzw. Recht. Als Vorgriff auf die folgenden Ausführungen kann man sagen, dass es zum einen verschiedene Arten normativer Kriterien gibt, laut Ropohl eben Regeln, Werte und Gesetze, die sich wiederum in unterschiedliche Bereiche einordnen lassen. Für gewöhnlich sprechen wir ja nicht nur in der Moral von Regeln, sondern ebenso gibt es wirtschaftliche und politische Regeln. Auch Werte ordnet man nicht nur dem Bereich der Gesellschaft zu, sondern klassisch bspw. dem Bereich der Moral. Verantwortungsbereiche sind die Handlungsräume, in denen jemand für etwas Rede und Antwort steht[183] und werden mit den normativen Kriterien begrenzt, die demzufolge je nach Kontext moralische, politische, rechtliche oder wirtschaftliche Kriterien darstellen. Lenk und Maring sehen im Verantwortungsbereich ein eigenständiges Relationselement,[184] doch ist er als Beschreibung einer Verantwortung als bspw. politische und nicht als rechtliche Verantwortung von der Existenz normativer Kriterien abhängig und dient ihrer Präzisierung. Der

---
183 Hans Freyer spricht von „Verantwortungsr[äumen]" (FREYER 1970, S. 199).
184 Vgl. LENK/MARING 2007, S. 81 f. und 570.

Bereich charakterisiert eine ansonsten unbestimmte Norm als moralisch, rechtlich oder wirtschaftlich und präzisiert somit die normativen Kriterien in ihrer Funktion und in ihrem Status.

Man denke sich zur Veranschaulichung den Satz „Man darf niemanden töten", der sich in Abhängigkeit vom Äußerungskontext als moralisches Gebot oder als theologischer Glaubenssatz verstehen lässt oder sogar als ein freilich recht umgangssprachlich formuliertes Gesetz. Dem Verantwortungsbereich als Subkategorie kommt die Funktion zu, dieses normative Kriterium bzw. alle in diesem Satz enthaltenen Kriterien zu spezifizieren, sodass sie gemeinsam mit weiteren Prinzipien und Normen den Handlungsrahmen des fraglichen Akteurs begrenzen. Wenn es sich bei dem angeführten Satz „Man darf niemanden töten" um ein moralisches Prinzip handelt, das z. B. Eltern gegenüber ihrem Kind äußern, dient er mit weiteren Regeln der Begrenzung des Bereiches der moralischen Verantwortung, sodass alle Gegenstände, die hierin fallen, als Objekte moralischer Verantwortungszuschreibung bestimmbar sind. Auf diese Weise sind alle möglichen Gegenstände, bspw. ein Buch, in einem Fall Objekt einer moralischen und in einem anderen Fall Objekt einer strafrechtlichen Verantwortung. Nicht die Gegenstände selbst stellen rechtliche oder moralische Objekte dar, sondern sie werden im Rahmen eines Handlungsbereiches durch eine Reihe normativer Kriterien als rechtliche oder moralische definiert.

Im nächsten Beispiel soll nicht von einem oder mehreren normativen Kriterien in Form eines spezifischen Prinzips, sondern umgekehrt von einem Verantwortungsbereich ausgegangen werden, nämlich dem Bereich der strafrechtlichen Verantwortung. Stellen wir uns die Verantwortung bspw. des Diebes für ein gestohlenes Objekt wie z. B. ein Auto vor. Der Träger (der Dieb, individuell) steht für den Gegenstand (das gestohlene Auto, partikular und retrospektiv) Rede und Antwort. Da es sich um einen Diebstahl handelt und die Verantwortungsübernahme vor einem Gericht (die Instanz) verhandelt wird, und da sich dieser Prozess zudem im Rahmen bestimmter Gesetze auf der Grundlage einer spezifischen Verfassung usw. abspielt, stellt das Verantwortungsobjekt des gestohlenen Gegenstands in diesem Fall einen Gegenstand der strafrechtlichen Verantwortung dar, obwohl Autos und Diebstähle in anderen Kontexten auch Objekte anderer Verantwortlichkeiten sein können. Die normativen Kriterien fallen in den Bereich der strafrechtlichen Verantwortung. Er existiert, da es normative Kriterien gibt, die sich in der gewünschten Weise, nämlich strafrechtlich, interpretieren lassen.

Drei Bereiche der Verantwortung – Moral, Politik und Recht: Im Rahmen der Erläuterungen zur zweiten Komponente der Minimaldefinition wurde Verantwortung als normatives Konzept in der Mitte zwischen einer schwachen, nämlich rein deskriptiven oder kausalen und einer starken, normativen Interpre-

3 Relationselemente und Subkategorien des Verantwortungsbegriffs 127

tation, die bspw. im Sinne Wallaces' Verantwortung prinzipiell als moralische Verantwortung definiert wird, positioniert (vgl. Kapitel 1). Verantwortung als Rede-und-Antwort-stehen stellt die Grundlage dar, auf der dann zwischen verschiedenen Arten und Bereichen normativer Kriterien zu differenzieren ist, also z. B. politischen, moralischen und strafrechtlichen Normen bzw. zwischen politischer, moralischer und strafrechtlicher Verantwortung. Im weiteren Verlauf unterscheide ich genuin moralische Normen auf der einen von anderen Kriterien wie politischen und wirtschaftlichen auf der anderen Seite.[185]

Für eine umfassende Definition aller denkbaren Verantwortungsbereiche ist in diesem Buch kein Raum. Da jedoch innerhalb des Verantwortungsdiskurses insbesondere die moralische, politische und rechtliche Verantwortung eine Rolle spielt und es ebenfalls in den Kapiteln 12 und 13 um diese drei Verantwortungsformen gehen wird, richte ich an dieser Stelle mein besonderes Augenmerk darauf. Genuine moralische Normen sind meines Erachtens nicht notwendig öffentlich verteidigbar und intersubjektiv teilbar, wenn die Möglichkeit ihrer Universalisierung auch nicht per se zu verwerfen ist (eine Definition, die ein wenig an Arendt angelehnt ist). In Abgrenzung zu anderen Verantwortungsbereichen sollen die Kriterien der Moral hier rein negativ und ausschließlich über ihren Status definiert werden. Auf diese Weise sollten auch Positionen wie die von Wallace, der jede Verantwortung moralisch nennt und daher auch alle normativen Kriterien konsequent als moralische einstufen müsste, mit meinem Ansatz kompatibel sein. Politische Kriterien wie bspw. Transparenz und Legitimität zeichnen sich demgegenüber besonders durch ihre öffentliche Vertretbarkeit aus. Den Status öffentlicher Nachvollziehbarkeit und Rechtfertigung müssen genuin moralische im Gegensatz zu politischen Normen nicht erlangen, insofern es moralische Normen gibt, die nicht alle Menschen teilen, aber alle politischen Kriterien per definitionem theoretisch intersubjektiv teilbar und öffentlich sein müssen. Rechtliche Normen zeichnen sich durch Sanktionskraft aus, sie stellen einklagbare Pflichten dar. So kann ein moralisches Kriterium, z. B. dass Mord etwas Schlechtes ist, einen zusätzlichen Status als politische oder rechtliche Norm erlangen.[186] Darüber hinaus soll nicht ausgeschlossen werden, dass moralische private Kriterien öffentlichen Status erhalten können oder es private politische Normen gibt (vgl. Kapitel 3.5.2).

Der Verantwortungsbereich präzisiert also die normativen Kriterien, wodurch die Identifizierung des fraglichen Gegenstands als bspw. moralisch oder

---

185 Piepmeier differenziert in PIEPMEIER 1995, S. 91 bspw. zwischen moralischen und rechtlichen Normen; vgl. überdies ROPOHL 1994, S. 113. Heidbrink unterscheidet in HEIDBRINK 2007a, S. 8 moralische von ökonomischen Normen.
186 Vgl. zur strafrechtlichen Verantwortung bspw. GSCHWEND 2005, S. 291, KLEMENT 2006 und LAMPE 2008a, S. 311.

politisch möglich wird. Doch wie geht das vor sich? Wie erkennt man, ob eine Norm strafrechtlicher oder genuin moralischer Natur ist? Solche Fragen stellen sich praktisch immer dann, wenn z. B. für einen bereits vorliegenden Verantwortungsgegenstand ein Träger gesucht wird. Die Art und Weise, in der wir nach dem Subjekt fragen, macht deutlich, nach welchen normativen Kriterien gehandelt wird, ob man nach einem politischen oder wirtschaftlichen Verantwortungsträger sucht. Dabei lassen sich Ungenauigkeiten in der Identifizierung des richtigen Verantwortungsbereichs nicht immer ausschließen, da die Kriterien, die unseren Überlegungen zugrunde liegen, in mehreren Bereichen parallel geltend sind, da sie vielleicht gar nicht expliziert gemacht wurden oder zwischen den beteiligten Akteuren und vielleicht sogar Instanzen, die die Normen festlegen, Differenzen bestehen.

3.5.2 Die Subkategorie zu den Relationselementen Instanz, Adressat und normative Kriterien: Privatheit oder Öffentlichkeit

Am Ende von Kapitel 3.3 wurde darauf hingewiesen, dass sich die drei zuletzt beschriebenen Relationselemente Instanz, Adressat und normative Kriterien in einem Gesichtspunkt ähneln, nämlich in Bezug auf die Subkategorie der Privatheit oder Öffentlichkeit. Öffentlich ist eine Instanz, ein Adressat oder sind die normativen Kriterien einer Verantwortungszuschreibung dann, wenn sie intersubjektiv geteilt werden und ggf. über Sanktionskraft verfügen. Damit wird also nicht auf die mediale Präsenz, sondern auf die Anerkennung durch die Beteiligten referiert und den hierdurch entstehenden psychosozialen Druck, der auf dem Verantwortlichen lasten kann, dem Geforderten nachzukommen. Anerkennung meint indessen nicht ein inhaltliches Gutheißen z. B. eines Gesetzes oder der Entscheidungen eines Richters, sondern erst einmal die Akzeptanz seines legitimen Zustandekommens, woraus ggf. resultiert, dass die Angesprochenen dem Geforderten nachkommen. Der Bestseller eines bekannten Autors genießt z. B. breite mediale Präsenz, ohne dass die darin zum Ausdruck gebrachten Meinungen notwendig anerkannt werden.

Mit Privatheit ist hingegen nicht gemeint, dass das fragliche Relationselement unkonkret oder ungenau definiert ist. Konventionen stellen bspw. zwar öffentliche, jedoch nicht notwendig klare und eindeutige Maßstäbe dar. Das bedeutet, dass ebenso wie die Charakterisierung eines Verantwortungsobjekts als entweder partikular oder universal eine Frage des Grades ist (vgl. Kapitel 3.2.1), auch Privatheit oder Öffentlichkeit graduell zuzuschreiben ist. Ob Instanz, Adressat oder normative Kriterien privat oder öffentlich sind, hängt manchmal vom Verantwortungsbereich ab, in anderen Fällen von den spezifi-

3 Relationselemente und Subkategorien des Verantwortungsbegriffs 129

schen Kriterien innerhalb des Verantwortungsbereichs, die besagter Verantwortlichkeit zugrunde liegen oder von der Instanz.
Privatheit oder Öffentlichkeit der Instanz: Da eine Instanz, wie oben bereits bemerkt wurde, in manchen Kontexten aufgrund des Verantwortungsbereichs privat bzw. öffentlich ist, differenziert Ropohl zwischen zwei Klassen privater und öffentlicher Instanzen, die er formelle und informelle Instanzen nennt:

> „Als formelle Instanzen kommen beispielsweise Standesorganisationen, Arbeitgeber oder Dienstherren in Betracht; informelle ‚Instanzen' sind die öffentliche Meinung, das Urteil anderer Personen und Kollektive, die vom jeweiligen Handeln betroffen sind, sowie das Urteil bestimmter Personen des Nahbereichs, besonders der Kollegen, Freunde und Verwandten. Schließlich wird von der individualistischen Verantwortungsethik als entscheidende Verantwortungsinstanz das Gewissen [...] genannt." (Ropohl 1994, S. 113)

Ropohl will eine prinzipielle Unterscheidbarkeit zwischen formellen und informellen Instanzen aufzeigen. Der Richter stellt per se eine formelle, ein Freund immer eine informelle Instanz dar. Sofern davon auszugehen ist, dass Ropohls Charakteristika der Formalität und Informalität mit den hier vorgeschlagenen Merkmalen der Privatheit oder Öffentlichkeit übereinstimmen, kann ihm insofern zugestimmt werden, als es Rollen gibt, die an spezifische Bereiche geknüpft sind, wie z. B. die Rolle des Richters an die strafrechtliche Verantwortung, die Rolle des Freundes an moralische oder soziale Verantwortlichkeit. Dennoch treten die Personen, die die fraglichen Rollen ausüben, in unterschiedlichen Bereichen mit ähnlichen Funktionen auf. Man stelle sich einige Freunde vor, die sich zerstritten haben und sich nun zur Beratung über die Lösung ihres Konflikts an jemanden wenden wollen, der nicht involviert ist. In ihrem gemeinsamen Freundeskreis befindet sich jemand, der von Beruf Richter ist. Aufgrund der spezifischen Eigenschaften der Unparteilichkeit und Objektivität, die dieser Beruf erfordert und über die diese Person auch außerhalb des Gerichtssaals verfügt, scheint es nachvollziehbar, dass die streitenden Parteien ihn auch im Bereich moralischer Verantwortung um Rat ersuchen. Der Richter tritt hier nicht in seiner strafrechtlichen Berufsrolle auf, doch immerhin mit seiner richterlichen Funktion als Autorität. Der Richter, der im strafrechtlichen Raum als öffentliche Instanz fungiert, stellt hier eine private Instanz dar, die zwar nicht über die Sanktionsmechanismen, die ihr im strafrechtlichen Bereich zur Verfügung stehen, aber dennoch über Kompetenzen verfügt, die ihn vor anderen Freunden auszeichnet, sofern die Streitenden ihn gerade aufgrund seiner Unparteilichkeit um Rat ersuchen und seinem Urteil eine besondere Autorität zugestehen.

Nicht nur bei einem Wechsel der Verantwortungsbereiche, wie in diesem Beispiel von der strafrechtlichen zur moralischen Verantwortung, verändert sich die Privatheit oder Öffentlichkeit einer Instanz. Bereits innerhalb eines Verantwortungsbereiches kann sie graduell mehr oder weniger privat sein. Ein Vater ist z. B. für seine eigenen Kinder eine moralische öffentliche Instanz, der sie sich im Normalfall beugen, auch wenn sie seine Entscheidungen inhaltlich nicht in jedem Fall gutheißen. Derselbe Vater stellt jedoch im Vergleich für fremde Kinder, die er dazu auffordert, den Müll, den sie haben fallen lassen, aufzuheben, eine sehr viel privatere moralische Instanz dar, die ohne weiteres ignoriert werden kann. Wie an den Beispielen ersichtlich wird, hat die Präzisierung einer Instanz als öffentlich oder privat eine Veränderung der Wahrnehmung der fraglichen Verantwortlichkeit zur Folge. Die Beziehung zwischen Träger und Instanz ist straffer, klarer und ggf. hierarchischer organisiert, wenn es sich um eine öffentliche und nicht um eine private Instanz handelt.[187]

Privatheit oder Öffentlichkeit des Adressaten: Die Wahrscheinlichkeit, mit der ein Verantwortungsadressat expliziter als solcher anerkannt wird, hängt von seiner relativen Öffentlichkeit ab. Man stelle sich einen Politiker vor, der in einer öffentlichen Rede den Satz äußert „Die Kinder der deutschen Bürgerinnen und Bürger, ja, auch meine eigenen Kinder, leiden unter den mangelhaften Ausbildungsmöglichkeiten und dafür tragen wir alle, auch ich, die Verantwortung". Hier stellen die Kinder, die im Rahmen der Verantwortung der Eltern moralische Adressaten sind, politische Adressaten dar und haben damit einen öffentlicheren Status, als dies im Fall der moralischen Verantwortung ihrer Eltern der Fall ist. Über die Kinder des Politikers wird dabei in derselben Weise geurteilt wie über andere Kinder, sie haben denselben Status, es wird eine Verknüpfung zwischen ihnen und den Kindern der Zuhörer hergestellt. Auch innerhalb eines Verantwortungsbereichs variiert die Privatheit oder Öffentlichkeit des Adressaten. Man stelle sich dafür z. B. eine Familie vor, die eine Wanderung unternimmt, in deren Vorfeld die Eltern ihren Kindern, den in diesem Fall privaten Adressaten, das Tragen fester Schuhe vorschreiben. Während einer Nachbarschaftsversammlung, in der über gemeinsame Erziehungsmaßnahmen in nachmittäglichen Betreuungsgruppen für Kleinkinder, die von den Nachbarn abwechselnd eingerichtet werden sollen, beraten wird, sind diese hingegen öffentliche Adressaten und haben hier einen moralisch öffentlicheren Status als im Beispiel der Bergwanderung.

Privatheit oder Öffentlichkeit der normativen Kriterien: Bereits in Kapitel 3.5.1 wurde anhand der Unterscheidung verschiedener Bereiche normativer Kriterien eine erste Einstufung derselben als öffentliche oder private Normen vorgenommen. Moralische sind im Gegensatz zu politischen Normen privat, politische Normen hingegen öffentlich und rechtliche Normen stellen öffentliche Kriterien mit besonderer Sanktionskraft dar. Doch nicht alle moralischen

---

187 Ropohl kennzeichnet in dem Zitat informelle Instanzen mit Anführungszeichen, um dadurch wohl seiner Kritik für die Bezeichnung derselben als Instanzen zum Ausdruck zu bringen.

Kriterien sind gleichermaßen privat, und nicht alle rechtlichen Kriterien gleichermaßen öffentlich, denn sonst müsste ja die zusätzliche Benennung einer Subkategorie der Privatheit oder Öffentlichkeit der normativen Kriterien obsolet erscheinen. Die Normen des Strafgesetzbuches sind bspw. öffentlicher Natur. Es gibt jedoch im Bereich der strafrechtlichen Verantwortung Kriterien, denen nicht die gleiche Sanktionskraft zukommt und die in diesem Sinne nicht in derselben Weise öffentliche normative Kriterien darstellen, so die Normen zahlreicher völkerrechtlicher Verträge. Um zu zeigen, inwiefern die Privatheit oder Öffentlichkeit bestimmter normativer Kriterien zwischen Verantwortungsbereichen variiert, kann auf den Beispielsatz „Man darf niemanden töten" verwiesen werden, der bereits in Kapitel 3.5.1 als Norm bzw. Sammlung von Normen verschiedener Verantwortungsbereiche besprochen wurde. Wird dieser Satz als Erziehungsmaxime gegenüber Kindern geäußert, ist er deutlich privater als z. B. als theologisches Lehrprinzip, das während der Ostermesse vorgetragen wird.

Die Subkategorie der Privatheit oder Öffentlichkeit von Instanz, Adressat und normativen Kriterien veranschaulicht eine Verknüpfung der drei Ebenen des Analysemodells, der Struktur-, Intersubjektivitäts- und Kontextualisierungsebene der Verantwortung. Die Wahrnehmung einer Verantwortungszuschreibung verändert abhängig von ihrer Privatheit oder Öffentlichkeit gewissermaßen ihr Gesicht. Zwar sind die wesentlichen Informationen über die Subkategorie der Privatheit oder Öffentlichkeit innerhalb einer Definition der Relationselemente auf der Strukturebene bereits enthalten, doch die sich hieraus ergebenden Konsequenzen dafür, wie hoch bspw. der psychosoziale Druck ist, der auf dem Verantwortlichen lastet, dem von ihm Geforderten nachzukommen, können wir nur begreifen, da wir wissen, dass die Verantwortung auch eine Fähigkeit darstellt, die man von klein auf zu entwickeln und zu üben hat.

3.5.3 Zusammenfassung

Instanzen sind entweder extern in Form anderer Personen und Gruppen oder intern, wenn es sich um das eigene Gewissen bzw. andere Vermögen wie Vernunft oder Rationalität handelt. Jede Instanz muss einen Mittelweg zwischen den Extremen eines neuzeitlichen Subjektivismus, also einer Reduzierung auf rein individuelle Bewertungsmaßstäbe und der drohenden Gefahr einer Totalisierung von Verantwortung einschlagen, die in der Behauptung absoluter Instanzen liegt. Aufgrund der Macht- und Unterwerfungsimplikationen die mit dem Hierarchiebegriff einhergehen, ist für eine Charakterisierung des Verhältnisses zwischen den Involvierten innerhalb einer Verantwortungskonstellation der Autoritätsbegriff vorzuziehen (vgl. Kapitel 3.3). Der Adressat ist der Betroffene, der- oder dasjenige, worauf der Verantwortliche negativen oder positiven Einfluss ausüben kann. Er wird häufig als Relationselement unterschätzt, da über den Grund, weshalb von Verantwortung in einem gegebenen Moment die Rede ist, meistens wenig nachgedacht wird und er sich manchmal mit anderen Relationselementen, v. a. der Instanz, überschneidet und dadurch an Eigenständigkeit einzubüßen scheint. Adressat kann im Gegensatz zur Instanz auch sein, wer oder was nicht über die Bedingungen zur Verantwortungsübernahme verfügt. Ihm wird jedoch ein äußerst hoher Wert zugesprochen, weshalb nur Organismen und Abstrakta, nicht aber unbelebte Objekte als potenzielle Verantwortungsadressaten in Frage zu kommen scheinen (vgl. Kapitel 3.4).

Es gibt verschiedenartige normative Kriterien wie bspw. Gesetze, Maximen, Regeln oder Aufgaben, wenn auch den Pflichten zumindest historisch eine besondere Rolle in der Verantwortungsforschung zukommt. Zumeist ist die vollständige Übersetzung einer Verantwortlichkeit in eine Reihe von Pflichten nicht möglich, weshalb der Verantwortungs- im Gegensatz zum Pflichtenbegriff tendenziell offener ist. Auch über die Annahme einer Metaverantwortung kann man dem so genannten Grundlegungsproblem der Verantwortung nicht entgehen, insofern jede Verantwortlichkeit auf Kriterien fußt, die durch selbige nicht zirkelfrei zu begründen sind. In Kapitel 3.5 wurde auch ein Brückenkonzept der Verantwortung vorgeschlagen, da dieser Begriff Teil des Vokabulars sowohl des konsequenzialistischen, deontologischen als auch des tugendethischen Denkens ist. Man könnte geneigt sein, sich das für die Begründung einer Verantwortungsethik zu Eigen zu machen, in der die tradierten Zuschreibungskonzepte von Schuld und Pflicht durch die Verantwortung ggf. überwunden werden.

Der Verantwortungsbereich stellt die Subkategorie zu den normativen Kriterien dar. Er bündelt die Normen, die das Relationselement definieren und begrenzt auf diese Weise den Handlungs- und Gegenstandsrahmen. So können bspw. moralische, politische, rechtliche und wirtschaftliche Verantwortlichkeiten voneinander differenziert werden. Da mir im Rahmen dieses Vorhabens nicht an einer Beantwortung der Frage, ob jede Verantwortung – und damit auch die strafrechtliche, wirtschaftliche und politische – ursprünglich eine moralische darstellt, gelegen ist, werden Normen hier lediglich anhand ihres Status voneinander unterschieden (vgl. Kapitel 3.5.1). Genuin moralische Kriterien sind subjektiver Natur und müssen nicht öffentlich rechtfertigbar sein, politische hingegen schon. Rechtliche Normen verfügen darüber hinaus über eine besondere Sanktionskraft und können überdies eingeklagt werden. Die Privatheit oder Öffentlichkeit von Instanz, Adressat und normativen Kriterien beeinflusst als Subkategorie die Wahrnehmung einer Verantwortlichkeit und darüber hinaus kommt durch sie eine Verknüpfung mit den anderen Interpretationsebenen des Analysemodells zustande (vgl. Kapitel 3.5.2).

4 Bedingungsverhältnisse zwischen den Relationselementen

Ich differenziere positiv von negativ zu bewertenden Beziehungsmustern oder Bedingungsverhältnissen zwischen Relationselementen und Subkategorien. Positiv ist ein Verhältnis innerhalb der Struktur eines Verantwortungskonzepts dann zu bewerten, wenn mithilfe eines Elements wie etwa des Objekts eine weitere Relation wie bspw. das Subjekt bestimmt werden kann. Wenn die Definition eines Relationselements Aufschluss darüber gibt, wie mindestens eine weitere Relation zu bestimmen ist und damit zur Vervollständigung des fraglichen Verantwortungskonzepts beiträgt, handelt es sich um ein positiv zu bewertendes Abhängigkeitsverhältnis der betreffenden Elemente. Deshalb folgt nun eine kleine Wiederholung, denn auf den letzten Seiten wurde bereits einiges zu etwaigen positiv zu definierenden Abhängigkeitsverhältnissen zwischen den Relationselementen gesagt. Eine der Kernthesen dieses Buches, dass die Verantwortung über eine Struktur verfügt, in der die Elemente wechselseitig bedingt sind, wurde in den letzten Kapiteln anhand dreier Beispiele zu plausibilisieren versucht: erstmals anhand eines Abhängigkeitsverhältnisses des Verantwortungssubjekts in seiner Subkategorie der Individualität oder Kollektivität von einer Bestimmung des Objekts der Verantwortung (vgl. Kapitel 3.1.1). Eine zweite Begründung wurde in Form eines Bedingungsverhältnisses des Verantwortungsgegenstands in seiner Subkategorie der Partikularität oder Universalität von einer Definition des Trägers vorgestellt (vgl. Kapitel 3.2.1), und weitere Beispiele für die Veranschaulichung einer Struktur der Verantwortung konnten in den Kapiteln 3.5.1 zum Verantwortungsbereich und 3.5.2 zur Subkategorie der Privatheit oder Öffentlichkeit zwischen den normativen Kriterien und anderen Relationen beschrieben werden.

Negativ zu bewertende Bedingungsverhältnisse: Negativ ist ein Verhältnis innerhalb der Struktur eines Verantwortungsmodells dann zu bewerten, wenn sich so genannte Bestimmungslücken auftun, die dazu führen, dass in diesem Kontext nicht eindeutig ausgemacht werden kann, was der Gebrauch des Verantwortungsbegriffs für den oder die potenziellen Träger impliziert. Solche Fälle sind deshalb als negativ bewertbare Bedingungsverhältnisse zwischen Relationselementen und Subkategorien zu charakterisieren, da aufgrund der Schwierigkeit, eines oder mehrere der Elemente zu bestimmen, weitere Relationen ebenfalls nicht hinreichend definiert werden können. Es gibt mindestens drei Arten negativ zu bewertender Verhältnisse innerhalb der Struktur einer Verantwortlichkeit. Im eigentlichen Sinne stellt jedoch nur der dritte hier besprochene Fall, wenn ein Konflikt zwischen zwei Relationselementen vorliegt, ein *Verhältnis* im eigentlichen Sinne dar. Die ersten beiden Beispiele, wenn ein Element nicht oder nur oberflächlich definiert werden kann, zeigen zunächst einfache Bestimmungs*lücken*. Häufig folgt aus diesen jedoch, dass weitere Lücken in einem Verantwortungskonzept entstehen, weshalb zahlreiche Fälle dieser beiden Gruppen letztlich zu Fällen der dritten Art negativ zu bewertender Beziehungsverhältnisse führen.

Erstens – ein Relationselement lässt sich nicht definieren: Hierdurch werden manchmal Schwierigkeiten in der Bestimmung weiterer Relationen oder Subkategorien ausgelöst. In dem Beispielsatz „Die Staaten tragen strafrechtliche Verantwortung für internationale Konstitutionalisierungsprozesse" lässt sich keine Verantwortungsinstanz ausmachen, denn es existiert ganz einfach keine internationale Instanz strafrechtlicher Verantwortung in Bezug auf Staaten und für das genannte Verantwortungsobjekt, nämlich internationale Konstitutionalisierungsprozesse. An der Stelle der Verantwortungsinstanz tut sich hier also eine Bestimmungslücke auf, die nicht geschlossen werden kann, sofern sich nicht die Umstände verändern und eine solche Instanz tatsächlich geschaffen wird. Darüber hinaus rekurrieren die normativen Kriterien des Strafrechts nicht auf Staaten, sondern auf Individuen. Auch hier ergibt sich also eine Bestimmungslücke, die insbesondere zu Unklarheiten hinsichtlich einer genauen Definition des Verantwortungsträgers führt, denn wenn Staaten (durch den Sprecher des Beispielsatzes) als die Verantwortlichen bezeichnet werden, sind sie im Rahmen strafrechtlicher Verantwortlichkeit hier nicht fassbar. Daher kann man ihn auch als Beispielsatz für einen Konflikt zwischen zwei Relationen, nämlich Subjekt und normative Kriterien, was ich weiter unten unter Drittens beschreibe, anführen. Darüber hinaus handelt es sich um einen Ebenenkonflikt, denn zwar ist das Relationselement des Subjekts auf der Strukturebene mit den Staaten definiert, aber auf der Intersubjektivitäts- und der Kontextualisierungsebene lässt es sich inhaltlich nicht bestimmen.

Zweitens – ein Relationselement ist nur oberflächlich bestimmt: In dem Beispielsatz „Die Menschen tragen die Verantwortung für den Klimawandel vor der Natur" ist die Position der Instanz zwar durch die Natur besetzt, allerdings wurde in Kapitel 3.3 bereits ausgeführt, warum als potenzielle Verantwortungsinstanzen nur solche in Frage kommen, die selbst die Voraussetzungen für die Übernahme von Verantwortung mitbringen. Vor demjenigen, der selbst nicht versteht, was es bedeutet, Rede und Antwort zu stehen, kann niemand im eigentlichen Sinne Verantwortung tragen.

Drittens – zwei Relationselemente konfligieren miteinander: Fälle dieser Kategorie stellen Beispiele für wirkliche Verhältnisse zwischen zwei oder mehreren Relationselementen und Subkategorien dar. In dem Satz „Die Menschen tragen die Verantwortung für den Klimawandel vor dem eigenen Gewissen" handelt es sich bei dem Objekt „Klimawandel" um einen kumulativen Prozess und damit um ein dynamisches Gebilde (vgl. Kapitel 3.1.1), wofür nur Kollektive Rede und Antwort stehen können. Für einen solchen Gegenstand nun eine genuin subjektive und individuelle Instanz wie das moralische Gewissen anzuführen, kann nur schwer einleuchten. Dieses Beispiel für einen Konflikt zwischen einem nur kollektiv zu verantwortenden Objekt und einer privaten Instanz wird ausführlich in Kapitel 13.4 besprochen werden. In einem kurzen Vorgriff könnte man allerdings vorschlagen, den Konflikt dahingehend aufzulösen, anstelle der subjektiven Instanz des individuellen Gewissens eine Instanz zu wählen, die tendenziell leichter intersubjektiv teilbar ist wie bspw. die Rationalität oder Urteilskraft.

Positiv zu bewertende Bedingungsverhältnisse: Zu Beginn dieses Kapitels wurde an die aus diesem Buch bereits bekannten Beispiele für positiv bewertbare Abhängigkeitsmuster, über die sich zugleich meine These von einer Struktur der Verantwortung plausibilisieren lässt, noch einmal erinnert. Nun soll versucht werden, zu diesen Einzelfällen Prinzipien zu formulieren, mit denen die Regelhaftigkeit dieser Verhältnisse zwischen den Elementen zum Ausdruck gebracht werden kann, die ja nicht ohne Grund zuvor auch schon als Beziehungs*muster* bezeichnet wurden. Erst wenn gezeigt werden kann, dass die hier besprochenen Beispiele wiederholbar sind, kann gerechtfertigt von einer Verantwortungsstruktur die Rede sein.

Prinzip 1 – Handelt es sich um ein universales Objekt, kommt als Subjekt nur ein Kollektiv in Frage. Anders ausgedrückt, je universaler der Gegenstand, desto größer ist die Wahrscheinlichkeit, dass die Trägerposition besagter Verantwortlichkeit durch ein Kollektiv besetzt ist. Hier wird ein Bedingungsverhältnis zwischen Subjekt und Objekt der Verantwortung beschrieben. Handelt es sich im Rahmen einer konkreten Verantwortlichkeit um einen universalen Gegenstand, steht wohl nur selten ein Einzelner hierfür Rede und Antwort. In Kapitel 3.2.1 wurde die Menschheit als universales Verantwortungsobjekt diskutiert, wobei die Universalität eines Gegenstands darin zum Ausdruck kommt, dass die fraglichen Handlungen und Handlungsfolgen, die hierunter zu subsumieren sind, nur schwer im Einzelnen ausformuliert werden können. Es ist wahrscheinlich, dass die Unbestimmtheit der zu einer Verantwortungszuschreibung zählenden Handlungen und Handlungsfolgen von der Menge der für das fragliche Objekt verantwortlichen Subjekte abhängt. Gegenbeispiele sollen dabei nicht prinzipiell ausgeschlossen werden, sondern es geht eher um die

Erkennung von Mustern in der Zuschreibung von Verantwortung, wodurch für die Beteiligten Nachvollziehbarkeit garantiert und einer Totalisierung von Verantwortung tendenziell vorgebeugt wird. Dabei lässt sich dieses erste Prinzip nicht umkehren, denn ein kollektiver Träger kann durchaus für einen partikularen Gegenstand Rede und Antwort stehen.

Prinzip 2 – Handelt es sich um ein universales Objekt, hat die Instanz öffentlichen Status. Mit anderen Worten, je universaler der Gegenstand, desto öffentlicher ist die Instanz. Dieses Abhängigkeitsmuster bezieht sich auf das Verhältnis zwischen Objekt und Instanz bzw. auf deren Subkategorien, nämlich Partikularität oder Universalität des Gegenstands und Privatheit oder Öffentlichkeit der Instanz. Für ein universales Objekt wie bspw. „Menschheit" werden sich die Verantwortlichen nicht vor privaten Instanzen wie etwa einem Freund oder Familienangehörigen erklären, zudem, wenn laut dem ersten Prinzip dafür eine größere Menge potenzieller Subjekte Rede und Antwort zu stehen hat. Bezogen auf das Beispiel des Verantwortungsgegenstands „Menschheit" wäre das bspw. dann der Fall, wenn alle gegenwärtig lebenden Menschen dafür verantwortlich sein sollen, denn dann stellt die Menschheit nicht nur ein universales Objekt dar, sondern überdies ein dynamisches Gebilde, für das man nur kollektiv Verantwortung tragen kann. Sofern man also dem ersten Prinzip zuzustimmen bereit ist, dass für universale Objekte nur Kollektive Rede und Antwort stehen, ist es wahrscheinlich, dass die Instanz einer solchen Verantwortlichkeit nicht privat ist, sondern öffentlich, was zunächst keine Aussagen darüber beinhaltet, inwiefern sie über Sanktionsmechanismen verfügt. In dem angeführten Beispiel einer Verantwortung der Menschen für die Menschheit könnte als öffentliche moralische Instanz z. B. die Vernunft oder Rationalität angeführt werden, nicht jedoch das persönliche Gewissen, das die private moralische Instanz par excellence darstellt. Umgekehrt besitzt das zweite Prinzip jedoch keine Geltung, denn private Instanzen können für partikulare Gegenstände verantwortlich sein, und ferner ist denkbar, dass Kollektive für besonders universale Objekte zusätzlich, wenn auch nicht ausschließlich, vor privaten Instanzen Rede und Antwort stehen.

Prinzip 3 – Liegen einer Verantwortlichkeit private normative Kriterien zugrunde, sind Adressat und Instanz ebenfalls privat. Oder, je privater die normativen Kriterien einer Verantwortlichkeit, desto privater sind auch Instanz und Adressat derselben. Dieses Prinzip beinhaltet ein Abhängigkeitsverhältnis zwischen den normativen Kriterien und Instanz bzw. Adressat der Verantwortung. Es besagt u. a., dass sich öffentliche Instanzen nicht auf private normative Kriterien berufen. Man stelle sich z. B. ein Gericht vor, das ein Urteil nicht mit Hilfe bestehender Gesetze begründet, sondern ausschließlich über Äußerungen von Freunden oder Familienangehörigen. Auch die Verantwortung der Regierung

4 Bedingungsverhältnisse zwischen den Relationselementen 137

vor der öffentlichen Instanz des Parlaments fällt unter das dritte Prinzip, denn obwohl die normativen Kriterien nicht in Form eindeutiger Normen ausformuliert sind, sondern es hier insbesondere um Fragen des Vertrauens und politische Opportunität geht, handelt es sich um öffentliche und damit im Grunde anerkannte Maßstäbe. Das dritte Prinzip schließt nicht aus, dass sich ein Richter für eine Urteilsverkündung zusätzlich zu den Gesetzen auf sein eigenes Gewissen berufen darf, wenn bspw. die bestehenden Gesetze unscharf sind oder es sich um einen Präzedenzfall handelt. Jedoch dürfen in solchen besonderen oder Ausnahmesituationen private normative Kriterien die bereits bestehenden öffentlichen Maßstäbe nur ergänzen oder auf deren Grundlage zu der Formulierung neuer Kriterien führen, nicht aber diese vollständig umgehen. Dieses letzte Prinzip scheint überdies auch umkehrbar zu sein, denn jede öffentliche Instanz sowie jeder öffentliche Adressat hat sich auf öffentliche normative Kriterien zu berufen.

Die hier angeführten Beispiele für negative und positive Abhängigkeitsverhältnisse zwischen Relationselementen ergeben keine vollständige Liste von Prinzipien zur Bestimmung der Verantwortungsstruktur. Ziel war es, ein Bewusstsein für die Wahrnehmung und Konkretisierung des Strukturbegriffs zu schaffen, der diesem Projekt als tragender Terminus zugrunde liegt.

5 Erste Zwischenbilanz

In der Einleitung habe ich meine Irritation darüber zum Ausdruck gebracht, dass in wissenschaftlichen und nicht-wissenschaftlichen Kontexten zwar von Verantwortung gesprochen wird, doch auch immer wieder Anzeichen einer Flucht vor Verantwortungsübernahme ausgemacht werden können und die Neigung, bestehende Verantwortlichkeiten an andere zu delegieren. Wahrscheinlich, so die Vermutung, wird von Verantwortung geredet, ohne sie eindeutig definiert zu haben. Oder es wird gar behauptet, sie könne prinzipiell gar nicht eindeutig definiert werden. Auf diese Weise kommt es zu Unsicherheiten im Gebrauch des Begriffs, zumal viele Erwartungen hinsichtlich der Übernahme von Verantwortung potenzielle Träger zu überfordern scheinen. Um meine These von einer Struktur der Verantwortung zu begründen, ging es im ersten Teil vornehmlich um eine formale Begriffsbestimmung der Verantwortung auf der Grundlage der Minimaldefinition. Dass die Struktur nicht vollkommen unabhängig von den zwei anderen Ebenen des Analysemodells untersucht werden kann, zu dem Begriff der Verantwortung also nicht nur Wortgebrauch und Etymologie im strengen Sinn gehören, offenbarte sich in der Notwendigkeit, die Funktion einzelner Relationselemente und Subkategorien mittels zahlreicher Beispielen zu veranschaulichen.

Die möglichst inhaltsfreie Strukturanalyse fußt auf einer Minimaldefinition des Verantwortungsbegriffs (vgl. Kapitel 1). Verantwortung ist ein dialogisches sowie v. a. fokussiertes oder zweckgebundenes Antwort-Geben und Ausdruck dafür, dass jemand Rede und Antwort stehen kann (erste Komponente) und deshalb ein normatives und kein rein deskriptives oder kausales Konzept (zweite Komponente), was ebenso eine bestimmte psychomotivationale Verfasstheit des Verantwortlichen voraussetzt (dritte Komponente). Verantwortung als Rede-und-Antwort-Stehen wird in der Ernsthaftigkeit und Integrität des Verantwortlichen in Erklärungsfähigkeit umgesetzt (vgl. hierzu auch die Kapitel 12.2 und 13.4). Die Minimaldefinition diente in einem zweiten Schritt einer Feststellung der notwendigen Voraussetzungen für die Möglichkeit zur Verantwortungsübernahme, nämlich Kommunikations- und Handlungsfähigkeit sowie Urteilskraft (vgl. Kapitel 2).

Nachdem die Minimaldefinition festgelegt und die Verantwortungsbedingungen ausgemacht waren, konnte ich mich einer Bestimmung der Relationselemente und Subkategorien widmen (vgl. Kapitel 3). Schwierigkeiten bei einer

Definition des Verantwortungsbegriffs liegen oftmals weniger in einer eindeutigen Erfassung der Relationselemente, sondern in Ungenauigkeiten bezüglich der Subkategorien. Werden die Relationselemente nicht näher durch ihre Subkategorien bestimmt, kann es vorkommen, dass fälschlicherweise ein vollständiges Verantwortungskonzept suggeriert wird. Überdies konnten Beispiele für Abhängigkeitsverhältnisse zwischen den Relationselementen in Form von Prinzipien vorgestellt und damit eine der Kernthesen des Buches, die These von einer Struktur der Verantwortung, plausibilisiert werden (vgl. Kapitel 4). Zusammengefasst machen die folgenden Relationselemente und Subkategorien die Struktur der Verantwortung aus:

Definition der Struktur der Verantwortung: Verantwortlich ist ein Subjekt oder Träger (individuell oder kollektiv – das Wer?) für ein Objekt oder einen Gegenstand (partikular oder universal, prospektiv oder retrospektiv – das Wofür?) vor einer Instanz (privat oder öffentlich – das Wovor?) gegenüber einem Adressaten (privat oder öffentlich – das Warum?) auf der Grundlage normativer Kriterien (in einem spezifischen Verantwortungsbereich, privat oder öffentlich – das Inwiefern?).

B Verantwortung als Fähigkeit – Kind, Person und Gemeinschaft

Nachdem im ersten Teil aus der Minimaldefinition alle Relationselemente der Verantwortung abgeleitet wurden, um damit diese strukturell zu veranschaulichen, geht es nun um Verantwortung als Fähigkeit, die von klein auf gelernt und geübt werden muss. Denn nicht alles, was wir über den Begriffsgebrauch wissen, leiten wir aus der Struktur der Verantwortung oder gar über das bloße Auswendiglernen von Relationselementen ab. Verantwortungsträger, -instanz und -adressat stellen zwar Relationselemente dar, ganz praktisch aber sind sie Rollen mit unterschiedlichen Kompetenzen und Arbeitsbereichen innerhalb einer Verantwortungskonstellation, die sich Kinder über Beobachtung und Nachahmung mit der Zeit selbst aneignen. Über das Scharnier der Intersubjektivität lässt sich Verantwortung als Fähigkeit begreifen und verändert das Tragen sowie die Wahrnehmung einer Verantwortlichkeit, je nachdem, ob von ‚kindlicher' Verantwortung (vgl. Kapitel 6), der Selbstverantwortung der autonomen Person (vgl. die Kapitel 7 und 8), anderen Formen individueller Verantwortungszuschreibung (vgl. Kapitel 9) oder von einer Mitgliederverantwortung eines Einzelnen in einem Kollektiv (vgl. Kapitel 10) die Rede ist. Bereits anhand der gesteigerten Dialogstruktur der Verantwortung als Rede-und-Antwort-Stehen ließ sich Intersubjektivität in der Minimaldefinition begründen (vgl. Kapitel 1) und im Rahmen meiner Überlegungen die Privatheit und Öffentlichkeit betreffend ging es um eine erste Verknüpfung von Begriffs- und Intersubjektivitätsebene des Analysemodells (vgl. Kapitel 3.5.2). Anhand der potenziellen Öffentlichkeit von Instanz, Adressat und normativen Kriterien ist eine Verantwortlichkeit ggf. hierarchischer organisiert, wodurch auch der sich hieraus ergebende psychosoziale Druck, der auf dem Verantwortlichen lastet, dem nachzukommen, was von ihm gefordert wird, erklärt wird. Dieses Wissen lässt sich nicht strukturell aus dem Verantwortungsbegriff ziehen, sondern zeigt sich in Verantwortung als einer Fähigkeit, die intersubjektiv realisiert und über bestimme Rollen erst gelernt wird.

Kapitel 6 thematisiert die Weise, in der bereits Kinder Rede und Antwort stehen können und wie sich die ‚kindliche' Verantwortung von der Verantwortungsübernahme bei Erwachsenen unterscheidet. In einem zweiten Schritt werde ich über eine Auseinandersetzung mit dem Arendtschen Denken zu einer Konzeption der Selbst- als doppelte Daseinsverantwortung, die erste volle Verantwortung der autonomen Person, gelangen (vgl. die Kapitel 7 und 8). Das Kapitel 9 soll in einem dritten Schritt weitere Formen individueller Verantwortungsübernahme, die von der Selbstverantwortung des Einzelnen zu differenzieren sind, erörtern. Hier wird es dann auch endlich explizit um Intersubjektivität als Moment der Verantwortung gehen, die ich unter Rückgriff auf Überlegungen, die in Kapitel 2.3 eingeleitet wurden, mit den zwischenmenschlichen Institutionen Versprechen, Vertrauen und Verlässlichkeit definiere und die über Rollen-, Arbeits- und Kompetenzteilung in jeder Verantwortlichkeit anders umgesetzt wird. Mit anderen Worten: Intersubjektivität *heißt*, dass Menschen versprechen können, sich vertrauen können und verlässlich sind. Sie *äußert sich* in einer Verantwortlichkeit über Rollen-, Arbeits- und Kompetenzteilung und ist signifikantes *Anzeichen* dafür, dass Verantwortung nicht nur ein Begriff, sondern eine zu erlernende Fähigkeit darstellt. Kapitel 10 wird in Form eines etwas ausführlicheren Beispiels der Mitgliederverantwortung in Kollektiven und über einige Aspekte aus den Kapiteln 3.1.1 und 3.2.1 der Verschränkung von erster und zweiter Ebene des Analysemodells gewidmet werden.

Zwei Fragen ziehen sich wie ein roter Faden durch die folgenden Überlegungen und sollen in Kapitel 11 zum Abschluss des zweiten Teils eine Antwort erhalten: Inwiefern zeigt sich erstens Intersubjektivität in der Verantwortung des Kindes, der Verantwortung der autonomen Person, weiteren Individualverantwortlichkeiten sowie der Verantwortung des Menschen als Kollektivmitglied auf unterschiedliche Weise? Welche Funktion kommt ihr zweitens in der Differenzierung zwischen diesen vier Weisen der Verantwortungszuschreibung im Leben eines Menschen – als Kind, als autonome Person, als Individuum innerhalb von Rollenzuschreibungen und als Kollektivmitglied – zu? Der Verweis auf die Struktur der Verantwortung vermag hier nicht weiterzuhelfen, eine Beantwortung dieser Fragen ist nur über die erlebte Erfahrung einer Entwicklung der Verantwortungsfähigkeit im Menschen und nicht in einer Betrachtung des ‚Skeletts' des Verantwortungsbegriffs möglich.

6 Verantwortungsübernahme bei Kindern

Die Minimaldefinition enthält drei Komponenten, dass nämlich Verantwortung normativ (und nicht rein deskriptiv) die Fähigkeit dargestellt, Rede und Antwort stehen zu können, auf der Grundlage einer psychomotivationalen Verfasstheit des Verantwortlichen. Mit dieser etwas hölzernen Beschreibung ist gemeint, dass der Betreffende ernsthaft Rede und Antwort stehen muss, dafür mit bestimmten kognitiven Vermögen wie Urteilskraft ausgestattet ist und bewusst das Anliegen der Verantwortung annimmt. In Verantwortung als Erklärungsfähigkeit kommt die Ernsthaftigkeit und Integrität der Verantwortungsübernahme als Rede-und-Antwort-Stehen zum Ausdruck, ohne dass dabei der Begriff explizit negativ oder positiv konnotiert wird (vgl. Kapitel 1). Potenzieller Träger der Verantwortungsfähigkeit ist in vollem Sinne die autonome Person (vgl. Kapitel 3.1), wobei Verantwortung in Abhängigkeit eines Vorliegens der nötigen Voraussetzungen Kommunikations- und Handlungsfähigkeit sowie Urteilskraft (vgl. Kapitel 2) graduell auftritt. Überdies können in zahlreichen Kontexten Gründe für eine situative Einschränkung oder gar für eine gänzliche Abgabe von Verantwortung angeführt werden. Ebenso wird demjenigen, der sich in einer (Entwicklungs-)Phase befindet, in der ein hinreichendes Vorliegen der Bedingungen zur Möglichkeit von Verantwortung nicht garantiert ist, nur partielle Verantwortungsübernahme gewährt. Dies ist bei Kindern der Fall und mit Einschränkung auch bei Menschen mit Behinderung sowie u. U. chronisch Kranken, die je nach Ausprägung und Schwere ihres Handicaps fähig sind, Rede und Antwort zu stehen.[188] Für gewöhnlich wird nur das erwachsene Individuum als vollständig ausgebildete autonome Person betrachtet, ausgerüstet mit den Kompetenzen, die volle Verantwortlichkeit gewährleisten. Nida-Rümelins Annahme, auch Kinder könnten bereits in einem frühen Entwicklungsstadium gewissermaßen Rede und Antwort stehen, ist kein Widerspruch hierzu, denn nur weil Kinder noch nicht in vollem Sinne für etwas verantwortlich sein können, besagt dies noch nicht, sie wären in gar keiner Hinsicht zu der Übernahme von Verantwortung in der Lage:

---

188 David Shoemaker diskutiert in dem Text „Responsibility and Disability" den Unterschied zwischen erwachsenen Menschen mit „mild mental retardation" (SHOEMAKER 2009, S. 439) und so genannten Psychopathen sowie die Bedingungen, unter denen dieselben Zugang zur „moral community" (ebd.) haben.

> „Die moralische Verantwortung begleitet die Handlungszuschreibung von den ersten Lebensjahren an. Schon sehr kleine Kinder können Antworten auf die Frage geben, warum sie dies oder das gemacht haben. Sie lernen das Spiel des Begründens, sie lernen verantwortlich sein, im Zuge der wachsenden Kontrolle, sprich: Des [sic!] zunehmenden Handlungscharakters ihres Verhaltens. So wächst die Fähigkeit, ein eigenständiges Leben zu führen, […] und damit die Verantwortlichkeit, bis sie sich zur vollen auch gegenüber der Rechtsgemeinschaft wirksamen Form entwickelt." (Nida-Rümelin 2007, S. 63)

Nida-Rümelin differenziert die Verantwortung, die Kinder für bestimmte Taten und Ereignisse tragen können, von der, wie er sagt, Fähigkeit, ein eigenständiges Leben zu führen. Das bedeutet, dass zwar auch Kinder bereits in manchen Situationen für etwas verantwortlich gemacht werden, jedoch noch keine volle Verantwortung für sich selbst tragen. Doch wofür und in welcher Weise können sie denn Rede und Antwort stehen? Nida-Rümelins Gedankengang weiterführend lautet die These, auf der die weiteren Überlegungen fußen, dass Kinder zwar retrospektiv oder prospektiv für ein konkretes Ereignis, nicht aber umfassend für sich selbst verantwortlich sein können. Im Folgenden wird es um genau diese Unterscheidung zwischen der ‚vollen' Verantwortung, die Kinder für spezifische Einzelereignisse tragen können und der Vollverantwortlichkeit eines Erwachsenen für das eigene Leben gehen.

Die ‚kindliche' Verantwortung: In ihrem Werk *Responsibility and Control* beschreiben Fischer und Ravizza, wie sich Eltern gegenüber ihren Kindern häufig so verhalten, als ob diese in vollem Sinne Rede und Antwort stehen könnten:

> „Even before children are fully responsible for their actions, we often find ourselves taking certain attitudes toward them that are in many respects similar to the full-blown attitudes of indignation and resentment (which are of course only appropriately applicable to morally responsible agents). […] By adopting certain attitudes toward the child (and expressing them suitably) – by acting *as if* the child were a fully developed moral person – we begin to teach the child what it means to be such a person." (Fischer/Ravizza 1998, S. 208)

In vielen Situationen wird ein Kind bereits so behandelt, als trüge es wie ein Erwachsener Verantwortung. Es lernt jedoch verantwortliches Handeln besonders in den Momenten, in denen es tatsächlich bereits verantwortlich handeln könnte und nicht ausschließlich durch etwaige Erfahrungen im unverantwortlichen Handeln, also indem es Fehler macht, für die es in späteren Jahren gerade stehen müsste.[189] Beide Fälle sollen jetzt an einigen Beispielen veranschaulicht werden. Man stelle sich zunächst den kleinen Paul vor, der von seinen Eltern

---

189 Das Thema Erziehung und Verantwortung kann hier nicht ausführlich diskutiert werden. Mir scheint, als wäre der Fundus an empfehlenswerter Literatur neben dem angeführten Werk von Fischer und Ravizza äußerst beschränkt. Das *Friedrich Jahresheft* widmet dem Verantwortungsphänomen eine eigene Ausgabe und enthält auch eine Sparte zu diesem Thema, bspw. FAUSER 1992.

6 Verantwortungsübernahme bei Kindern

ausgeschimpft wird, weil er trotz Verbot eine Vase vom Tisch geschubst hat (Beispiel 1). So jung wie er ist, muss er noch nicht in vielen Fällen Rede und Antwort stehen, und doch werden ihm seine Eltern mit der Zeit auch Aufgaben anvertrauen, die mehr Eigenständigkeit verlangen, wie z. B. auf seinen kleinen Bruder aufzupassen, während sie selbst außer Haus sind (Beispiel 2).

Führt man sich nun die Bedingungen für die Möglichkeit zur Verantwortungsübernahme noch einmal vor Augen (vgl. Kapitel 2), wird deutlich, dass Pauls Eltern davon auszugehen scheinen, dass ihrem Sohn bereits ab einem frühen Zeitpunkt seiner Entwicklung Kommunikationsfähigkeit zugeschrieben werden kann, sonst hätten sie ihm gegenüber kein Verbot hinsichtlich des Umgangs mit der Vase ausgesprochen. Wenn Paul also das Verbot seiner Eltern versteht und in der Lage ist, darauf angemessen zu reagieren, kann auch daraus geschlossen werden, dass er schon über einige Wertvorstellungen und Überzeugungen verfügt wie die, dass es schlecht ist, die Vase kaputt zu machen sowie, dass es gut ist, seinen Eltern zu gehorchen und die Vase nicht zu berühren. Paul ist verantwortlich für ein etwaiges Fehlverhalten und sollte er die Vase zerbrechen, muss er damit rechnen, dafür von seinen Eltern ausgeschimpft zu werden. Auch über Handlungsfähigkeit verfügt er in der geschilderten Situation, denn die Folgen seines Tuns müssen für ihn hinreichend überschaubar sein und so wird nachvollziehbar, warum auch Nida-Rümelin dem Verhalten von Kindern in dem obigen Zitat Handlungscharakter aufgrund wachsender Kontrolle zuspricht. Pauls Eltern können davon ausgehen, dass ihr Sohn in diesem klar umrissenen Fall, in dem die Vase in einem geschlossenen Raum in der Mitte eines großen Tisches steht, kein Wind weht und die Sichtverhältnisse ausreichen, die Folgen und Nebenfolgen seines Tuns kennt wie bspw. während des Spielens gegen den Tisch stoßen, was die Vase zu Fall bringen könnte oder auf den Tisch hinaufklettern und die Vase anstoßen. Doch wird Paul unabhängig von dieser einzelnen Situation in sehr vielen Momenten noch nicht in hinreichendem Maße über die Bedingungen für die Möglichkeit zur Verantwortungsübernahme verfügen, wie Brian Barry in *Why Social Justice Matters* an einem kleinen Beispiel vorführt:

> „[A] child's ‚decision' not to go to school cannot be held to be its responsibility, whatever the cause, because this is not the kind of choice that a child can make in a way that gives rise to responsibility: knowing the consequences and being able to weigh them up, for a start." (Barry 2007, S. 136 f.)

Aufgrund bspw. mangelnder Urteilskraft sind Kinder wie Paul noch nicht prinzipiell verantwortungsfähig, sondern tragen lediglich eine situativ begrenzte ‚volle' Verantwortung. Es handelt sich um die volle Verantwortlichkeit für eine spezifische Tat, für die Paul die notwendigen Kompetenzen bereits mitbringt, wenn er auch noch nicht in jedem anderen Fall alle Konsequenzen seines Tuns abschätzen kann. Verantwortlichkeit bei Kindern ist also situativ auf den fraglichen Kontext beschränkt. Die sukzessive Ausbildung der Verantwortungsfähigkeit besteht in einer Erschließung immer neuer Situationen mit der Möglichkeit, Rede und Antwort zu stehen, bis der Punkt erreicht ist, an dem eine Person theoretisch für alle denkbaren Situationen verantwortlich sein könnte. Fischer und Ravizza beschreiben in der Entwicklung eines Kindes drei Phasen, die es wiederholt durchläuft, die sich überschneiden und verschränkt auftreten, bis es in vollem Sinne Verantwortung tragen kann, nämlich „,training', ,taking responsibility', and ,being held responsible'" (Fischer/Ravizza 1998, S. 210).[190] Die Eltern behandeln ihr Kind manchmal bereits wie eine Person, was eine wichtige Voraussetzung für kindliches Lernen überhaupt ist. Auf diese Weise bewegen sie es zu der Ausbildung einer bestimmten Sichtweise von sich selbst und veranlassen es, sich selbst als verantwortlich zu betrachten.[191] Erst wenn sich das Kind für eine autonome Person hält, kann es auch voll verantwortlich sein, was für gewöhnlich erst im Erwachsenenalter der Fall ist.[192]

Das wesentliche Merkmal ‚kindlicher' Verantwortungsübernahme liegt darin, dass sie entweder rein retrospektiv oder rein prospektiv ist, was mit der graduellen Entwicklung der Verantwortungsfähigkeit erklärt werden kann. Innerhalb der Verantwortungsdebatte wurde dieses Charakteristikum bislang noch nicht reflektiert, doch es stellt in meinen Augen den Unterschied zur ersten umfassenden Verantwortlichkeit der autonomen Person dar (vgl. die Kapitel 7 und 8). Reine Prospektivität bzw. Retrospektivität kann nicht prinzipiell als Unterscheidungskriterium zu anderen Formen individueller Verantwortungsübernahme dienen, denn auch Erwachsene stehen je nach Kontext prospektiv

---

190 Vgl. FISCHER/RAVIZZA 1998, S. 210. Klaus-Jürgen Tillmann stellt in seinem Einführungswerk *Sozialisationstheorien* ein Modell zu den Phasen des Sozialisationsprozesses vor; vgl. TILLMANN 1989, S. 18 ff.

191 Heiner Bielefeld hierzu: „Bei der Erziehung von Kindern, denen Eigenverantwortlichkeit noch nicht zugesprochen werden kann, entfaltet die Leitidee der Autonomie gleichwohl Konsequenzen schon für den Erziehungsprozess selbst, der möglichst weitgehend auf Einsicht und Mitwirkung der Kinder gestützt sein soll. Auch Kinder haben bereits hic et nunc ein Anrecht auf Respekt ihrer noch zu entfaltenden Autonomie, die gleichermaßen das Ziel und die Voraussetzung der Erziehung bildet" (BIELEFELDT 2006, S. 313). Leipold und Greve bemerken zur „erwachenden Identität" (LEIPOLD/GREVE 2008, S. 402) bei Kindern: „Die Untersuchungen der frühesten Stadien der Entwicklung der Grundlagen eines Selbst [...] ist schwierig, weil ohne sprachliche Ausdrucksfähigkeiten die individuelle Selbstwahrnehmung nur indirekt erschlossen werden kann. Zwar gibt es Hinweise auf eine vorsprachliche Auseinandersetzung mit der eigenen Person, etwa durch den Umstand, dass Kinder sich schon im Alter von etwa einem Jahr in besonderer Weise für das eigene Spiegelbild interessieren, aber es ist unklar, ob dies bereits ein basales Selbst-‚Konzept' impliziert." (Ebd., S. 401 f.)

192 Vgl. v. a. FISCHER/RAVIZZA 1998, S. 210 ff. Eine prägnante Zusammenfassung ihres Ansatzes findet sich auf S. 238 f.

oder retrospektiv Rede und Antwort. Doch zeichnet es gerade ‚kindliche' Verantwortung aus, dass sie nur rein retrospektiv oder rein prospektiv sein kann. Dies soll – so weit möglich – nun an ein paar Beispielen veranschaulicht werden. Stellen wir uns wieder Paul vor, der die Vase seiner Eltern vom Tisch geworfen hat (Beispiel 1). Die Struktur dieser Verantwortlichkeit lässt sich wie folgt abbilden:[193]

Subjekt: Paul
   Subkategorie I/K: individuell
Objekt: zerbrochene Vase
   Subkategorie P/R: retrospektiv
   Subkategorie P/U: partikular
Instanz: Eltern
   Subkategorie P/Ö: öffentlich
Adressat: Eltern
   Subkategorie P/Ö: öffentlich
Normative Kriterien: die Regeln der Eltern
   Subkategorie P/Ö: privat
   Subkategorie B: moralisch

In dieser Verantwortlichkeit fallen Instanz und Adressat zusammen, doch es sind auch Situationen vorstellbar, in denen eine Übereinstimmung zwischen Instanz und Adressat nicht der Fall ist, wenn Paul bspw. trotz Verbot seiner Eltern im Nachbarsgarten Kirschen gepflückt hat. Obwohl die Nachbarn den Diebstahl gar nicht bemerkt haben, stellen sie die Betroffenen und damit den Grund für das Vorhandensein dieser Verantwortlichkeit dar (Beispiel 3):

Subjekt: Paul
   Subkategorie I/K: individuell
Objekt: gepflückte Kirschen (Diebstahl)
   Subkategorie P/R: retrospektiv
   Subkategorie P/U: partikular
Instanz: Eltern
   Subkategorie P/Ö: öffentlich
Adressat: Nachbarn
   Subkategorie P/Ö: öffentlich
Normative Kriterien: die Regeln der Eltern
   Subkategorie P/Ö: privat
   Subkategorie B: moralisch

---

193 Im Folgenden stelle ich die Struktur einer Verantwortlichkeit häufig in dieser Weise dar. Die Majuskeln in den Subkategorien beziehen sich auf Individualität/Kollektivität (I/K), Prospektivität/Retrospektivität (P/R), Partikularität/Universalität (P/U), Privatheit/Öffentlichkeit (P/Ö) und den Bereich (B).

Auch das zweite Beispiel in diesem Kapitel, dass Paul auf seinen kleinen Bruder aufpasst, während die Eltern außer Haus sind, ist eine klar umrissene Verantwortlichkeit mit diesmal prospektiver Ausrichtung (Beispiel 2):

Subjekt: Paul
   Subkategorie I/K: individuell
Objekt: der kleine Bruder (sein Wohlergehen, während die Eltern außer Haus sind)
   Subkategorie P/R: prospektiv
   Subkategorie P/U: relativ partikular
Instanz: Eltern
   Subkategorie P/Ö: öffentlich
Adressat: Eltern
   Subkategorie P/Ö: öffentlich
Normative Kriterien: die Regeln der Eltern sowie eigene Maßstäbe
   Subkategorie P/Ö: privat
   Subkategorie B: moralisch

Diese Verantwortlichkeit ist gegenüber der ersten für die zerstörte Vase aus mehreren Gründen anspruchsvoller. Zunächst handelt es sich nicht um ein klar umrissenes Objekt wie das bereits geschehene Unglück, sondern um einen zukünftigen Sachverhalt, der überdies nicht vollständig kalkulierbar ist. Ferner sind die normativen Kriterien wesentlich komplexer als im ersten Fall, denn im Rahmen des ersten Beispiels genügte es, dass Paul das Verbot, die Vase anzurühren, kannte und verstanden hatte. Über diese von den Eltern diktierte Norm hinaus bedurfte er keiner zusätzlichen Maßstäbe, die ihm Handlungsstruktur und Entscheidungssicherheit garantierten. Der zweite Fall ist hingegen deutlich anders gelagert, denn sicherlich haben die Eltern, bevor sie den kleinen Bruder Pauls Obhut anvertrauten, einige Verbote und Gebote ausgesprochen, die für ihre Abwesenheit gelten sollen wie z. B. ihn nicht unbeaufsichtigt im Garten umherkrabbeln lassen und ihm keine heißen Getränke zu geben, an denen er sich verbrühen könnte. Überdies bedarf Paul jedoch eigener Intuitionen. Seine Eltern müssen ihm ein Mindestmaß an Eigeninitiative zugestehen, denn es ist nahezu unmöglich, in auf jede denkbare Situation, die an diesem Abend eintreten könnte, vorzubereiten. Sollte Pauls kleiner Bruder bspw. versuchen, auf den Küchentisch zu klettern, um an die Keksdose auf dem Regal zu gelangen, was er bislang noch nicht versucht hatte, muss Paul selbstständig die Situation bewerten und eine Entscheidung treffen, wie er sich nun zu verhalten habe. Das bedeutet, dass er an diesem Punkt seiner Entwicklung bereits über eigene Handlungskriterien verfügen muss, die natürlich in der Konsequenz mit denen der Eltern übereinstimmen sollten.

Die Beispiele sollen zum einen verdeutlichen, dass die Komplexität ‚voller kindlicher' Verantwortung graduell ist und abhängig vom Entwicklungsstand des fraglichen Kindes. Die Komplexität der erlebten Situation darf einen bestimmten Grad nicht überschreiten, da die potenziellen Verantwortungsträger sonst überfordert werden würden. Zum anderen zeigen die Beispiele, dass Kinder für rein retrospektive oder rein prospektive Gegenstände Rede und Antwort stehen, was freilich noch kein Argument dafür ist, dass sie *nur* rein retrospektiv oder rein prospektiv verantwortlich *sein können*. Dies ist implizit Thema der Kapitel 7-9, in denen eine zugleich retrospektive und prospektive Verantwortlichkeit vorgestellt wird, die klären soll, warum Kinder in dieser Weise noch nicht Verantwortung tragen können.

Volle Verantwortung und Autonomie: Als Weiterentwicklung der hier angestellten Überlegungen zur ‚kindlichen' Verantwortung für konkrete Ereignisse und in Übereinstimmung mit dem, was Nida-Rümelin in dem obigen Zitat ausführt, meint genuine Vollverantwortung des erwachsenen Individuums eine Verantwortung für das eigene Leben und die eigene Person. Eine solche Verantwortlichkeit umfasst mehr, als einzelne prospektive oder retrospektive Ereignisse, nämlich die Kenntnis des eigenen Charakters, der eigenen Fähigkeiten und Schwächen sowie der Welt, in der sich der Verantwortliche bewegt. Die volle Verantwortung einer Person geht mit Autonomie einher, was nicht bedeutet, dass Verantwortung und Autonomie dasselbe sind (vgl. die kurzen Ausführungen dazu in den Kapiteln 2.2 und 3.1). Autonomie ist Selbstbestimmung und damit Voraussetzung für Verantwortung als Rede-und-Antwort-Stehen. Autonomie stellt den Überbegriff oder das Gesamtkonzept der drei Bedingungen für die Möglichkeit zur Verantwortungsübernahme dar, Kommunikations- und Handlungsfähigkeit sowie Urteilskraft, die vollständig ausgebildet die Selbständigkeit der Person konstituieren. Wenn jemand in vollem Sinne Rede und Antwort stehen kann, ist dies Ausdruck seiner individuellen Autonomie, was Eigenständigkeit und Unabhängigkeit bekundet.[194]

Als Ausblick auf die folgenden Kapitel und insbesondere als Vorbereitung auf die in Kapitel 9 angestellten Überlegungen, ist hier festzuhalten, dass sich individuelle Unabhängigkeit durch Autonomie auf der einen und potenzielle Zugehörigkeit zu einer Gemeinschaft durch Verantwortung auf der anderen Seite gemeinsam entwickeln. Das Tragen voller Verantwortlichkeit ist Ausdruck tatsächlicher Autonomie, die ‚Sprache' der Autonomie ist Verantwortung. Eine solche volle Verantwortung der autonomen Person, die Kinder noch nicht haben können, ist über das Merkmal der Intersubjektivität jedoch bereits in der ‚kindlichen' Verantwortung potenziell enthalten. Da, wo sich volle Autonomie erst potenziell, indirekt und situativ bedingt zeigt, erleben Kinder die Intersubjektivität der Verantwortung bereits ganz direkt. Aus der Tatsache, dass sie von den

---

194 Vgl. POHLMANN 2007, S. 701 sowie z. B. LEIPOLD/GREVE 2008, S. 406 f. zum Zusammenhang von Person, Autonomie und Handlung.

ersten Momenten eines Rede-und-Antwort-Stehens dies maßgeblich vor einer externen Instanz tun, nämlich meistens vor ihren Eltern oder Erziehern und dass sie nach und nach die unterschiedlichen Rollen innerhalb einer Verantwortungskonstellation (Träger, Instanz und Adressat) mit deren jeweiligen Aufgaben lernen, erhellt, dass Verantwortung kein einsamer Akt des Geradestehens darstellt (vgl. Kapitel 9). Zumindest in den allermeisten Fällen bleiben insbesondere Kinder mit ihrer Verantwortung nicht allein – es sind andere dar, die über ihr Tun und Lassen urteilen (die Instanz) und wieder andere, um derentwillen sie überhaupt verantwortlich sind (der Adressat). Auch die ersten Normen, die Kinder kennenlernen, haben sie sich nicht selbst gegeben (vgl. die Beispiele 1-3 in diesem Kapitel). In den beiden folgenden Kapiteln soll sich zeigen, inwiefern sich das Verhältnis von Autonomie und Intersubjektivität in der ersten vollen Verantwortlichkeit des erwachsenen Menschen umkehrt, dass Letztere nämlich genau in dem Moment auf ein bloßes Potenzial beschränkt wird, in dem Erstere vollständig ausgebildet ist.

7 Selbstverantwortung als doppelte Daseinsverantwortung bei Hannah Arendt

Die folgenden Überlegungen zu der ersten vollen Verantwortlichkeit der autonomen Person, ihre Selbstverantwortung, werden im Rahmen einer Auseinandersetzung mit Arendts Verständnis von Verantwortung angestellt. Sie hat sich zeitlebens mit dem Thema Verantwortung auseinandergesetzt, ohne dabei jemals einen Ansatz explizit ausformuliert zu haben.[195] In diesem Kapitel werden einschlägige Textstellen interpretiert und das zu einem Verständnis des Arendtschen Denkens notwendige Vokabular definiert, bevor ich in Kapitel 8 mein Konzept der Selbstverantwortung als doppelte Daseinsverantwortung entwickle.

Seit Mitte der 1940er Jahre beherrscht Arendts Nachdenken über Verantwortung – insbesondere die kollektive Verantwortung – in Auseinandersetzung mit einer möglichen Verurteilung derjenigen, die in die schrecklichen Geschehnisse des Holocausts involviert waren, so bspw. in dem Aufsatz „Organized Guilt and Universal Responsibility"[196]. In ihrem *Denktagebuch* hält Arendt Reflexionen über das Verantwortungsphänomen als Gegensatz zur Schuld fest.[197] Ab Mitte der 50er-Jahre befasst sie sich ebenfalls im *Denktagebuch*[198] und insbesondere in ihrem Aufsatz „Die Krise in der Erziehung"[199] mit der politischen Verantwortung und der „Verantwortung für die Welt" (Arendt 2000a, S. 270), die auch an späterer Stelle in diesem Buch noch mal eine Rolle spielen wird (vgl. Kapitel 12.2). Vor dem Erscheinen von *Vita Activa oder Vom Tätigen Leben*[200] ist Arendts Hauptthema in Bezug auf das Verantwortungsphänomen die übernommene Kollektivverantwortung. Diese Schwerpunktsetzung erklärt sich zum einen aus dem Anliegen einer expliziten Differenzierung zwi-

---

195 Einen ersten übersichtlichen Eindruck über Verantwortung bei Arendt gibt WILLIAMS 2011.
196 Erschienen 1945 im *Jewish Frontier*; vgl. ALWEISS 2003, S. 317.
197 So bspw. in einem längerem Eintrag im Juni 1950, in dem es ihr um eine Differenzierung zwischen Schuld und Verzeihen geht; vgl. ARENDT 2003b, S. 7.
198 In einem Eintrag im September 1951, in dem sie Max Webers populäres Begriffspaar einer Gesinnungs- und einer Verantwortungsethik reflektiert; vgl. ebd., S. 136 f.
199 Erschienen 1958 in *Der Monat*; vgl. ARENDT 2000c, S. 416.
200 Wurde 1958 unter dem Titel *The Human Condition* zunächst in den USA publiziert und dann 1960 von Arendt ins Deutsche übersetzt.

schen (nicht möglicher) Kollektivschuld[201] und Kollektivverantwortung und zum anderen aus Arendts speziellem Handlungsbegriff.

Arendts Handlungsbegriff: Einerseits ist das, was Arendt unter Handeln versteht, vom Arbeiten zu differenzieren und alles, was Menschen im privaten Bereich des Haushalts und der Lebenserhaltung tun, ist nicht eigentlich Handeln, sondern Arbeiten, was alle überlebenswichtigen Tätigkeiten, die regelmäßig und in ständiger Wiederholung stattfinden, umfasst.[202] Andererseits unterscheidet sich das Handeln auch vom Herstellen, der dritten Weise menschlichen Tätig-Seins neben Arbeiten und Handeln. Herstellend haben Menschen ein Ziel vor Augen und die Produkte dieser Tätigkeit unterliegen nicht, wie die der Arbeit, einem sofortigen Konsum, sondern weisen eine gewisse Dauerhaftigkeit auf.[203] Die menschliche Welt besteht Arendt zufolge aus zwei Teilen. Den ersten Teil machen die hergestellten Dinge aus, und die „Dingwelt" (Arendt 2008b, S. 16)[204] bildet den Rahmen für den zweiten Teil der gemeinsamen Welt, nämlich das Handeln. Das Ganze des Handelns ist das zwischenmenschliche und interaktive Beziehungsgeflecht der Menschen, das so genannte „Zwischen" (ebd., S. 225). Von Arendts Weltbegriff und ihrem Konzept des Zwischen wird weiter unten noch die Rede sein.

Eigentliches Handeln gibt es nur im öffentlichen Bereich, in dem sich die Menschen als Gleiche unter Gleichen begegnen und niemals gänzlich ohne Sprache. Handeln und Sprechen bilden als die beiden spezifisch menschlichen Fähigkeiten „zusammen das Gewebe menschlicher Bezüge und Angelegenheiten" (ebd., S. 112 f.).[205] Handlungen sind niemals in ihrer Ganzheit überschau-

---

201 Vgl. bspw. ARENDT 1994a, S. 124 und ebenso Arendts häufig wiederholte Aussage: „Where all are guilty, nobody in the last analysis can be judged" (ebd., S. 126). Vgl. hierzu auch FEINBERG 1985, S. 207. Die Auseinandersetzung über Möglichkeit oder Unmöglichkeit von Kollektivschuld führt Arendt insbesondere mit Jaspers über dessen Aufsatz „Die Schuldfrage", in dem er eine metaphysische Kollektivschuld aller Deutschen für die Gräuel des Holocausts definiert. Mittlerweile hat die Idee einer Kollektivschuld an Popularität eingebüßt; vgl. zur Kollektivschuld bspw. den von Nyla R. Branscombe und Bertjan Doosje herausgegebenen Sammelband *Collective Guilt* (BRANSCHOMBE/DOOSJE 2004), ebenso den Aufsatz von Peter Forrest „Collective Guilt; Individual Shame" (FORREST 2006) und Deborah Tollefsen in ihrem Aufsatz „The Rationality of Collective Guilt" (TOLLEFSEN 2006). May hingegen versucht eine kritische Auseinandersetzung mit diesem Phänomen in ihrem Text „Metaphysical Guilt and Moral Taint" (MAY 1991).
202 Zu Arendts Begriff des Arbeitens vgl. ARENDT 2008b, S. 98 ff. und erläuternd MAHRDT 2011, S. 265 f.
203 Zu Arendts Begriff des Herstellens vgl. ARENDT 2008b, S. 161 ff. und erläuternd MAHRDT 2011, S. 265 f.
204 Vgl. ARENDT 2008b, S. 111 ff.
205 Zum Handeln vgl. ebd., S. 33 f. und 213 ff. Arendt behandelt das Sprechen als Teil jeder Handlung nicht ausführlich. Eine übersichtliche Erläuterung des Arendtschen Handlungsbegriffs findet sich in MAHRDT 2011, S. 266 f.

bar, da jede Handlung in das Beziehungsgeflecht der Menschen hineinwirkt und daher eine Vorhersicht aller denkbaren Folgen unmöglich ist. Im Gegensatz zum Herstellen, in dem das Endprodukt den gesamten Prozess berechenbar und überschaubar macht, sind Handlungen nicht intendiert. Wenn uns ein Ergebnis unserer Tätigkeit vorschwebt, kann das, was wir tun, keine Handlung im eigentlichen Sinne sein, sondern nur ein Akt des Herstellens oder Arbeitens. Deshalb haben Handlungen in Reinform großen Seltenheitswert, die drei menschlichen Arten des Tätig-Seins treten zumeist gemischt auf.[206]

Im 31. Abschnitt von *Vita Activa* erläutert Arendt die „Aporien des Handelns" (ebd., S. 279), alles Handeln der Menschen ist immer in seinen letzten Konsequenzen unüberschaubar, insofern eine begonnene Handlung andere zum Handeln motiviert und immer weitere Handlungen initiiert.[207] Deshalb gilt, dass „[w]o immer wir wirklich tun, wissen wir nicht, was wir tun" (Bok 1998, S. 105). Eine Handlung könne zwar im Normalfall auf einen Verursacher zurückgeführt werden, aber die Handlungsfolgen verbleiben zumindest teilweise im Dunkeln, da kein Mensch allein handelt, da er weder über vollständig klare und beschreibbare Intentionen verfügt, noch ein konkretes Ziel mit seinem Tun verfolgt. Hieraus erhellt, dass die Menschen im öffentlichen Bereich auch stets gemeinsam die Verantwortung für ihr Handeln tragen, denn in der „Unabsehbarkeit der Konsequenzen, [dem] Nicht-wieder-rückgängig-machen-Können der einmal begonnenen Prozesse" (Arendt 2008b, S. 279) zeigt sich Arendt zufolge „die Unmöglichkeit, für das Entstandene je einen Einzelnen verantwortlich zu machen" (ebd.). Auch wenn eine bestimmte Handlungs*ursache* einem konkreten Akteur zugeschrieben werden kann, trägt er doch keine alleinige Verantwortung für die *Folgen* der Handlung. Arendt weitergedacht lässt sich bei ihr eine individuelle Handlungsursachen- von einer kollektiven Handlungsfolgenverantwortung differenzieren. Der Hauptverantwortliche für die Verursachung oder Auslösung einer Handlung hat mit anderen gemeinsam eine kollektive Verantwortung für die Konsequenzen derselben.[208] Hierauf werde ich weiter unten in diesem Kapitel zurückkommen.

---

206 Ein kurzes Wort zu Arendts Methode: Ihre scharfe Differenzierung zwischen Arbeiten, Herstellen und Handeln dient der Kritik der gegenwärtigen gesellschaftlichen Zustände. Arendt will nicht nur akademische Begriffsunterschiede treffen, es geht ihr v. a. darum, der Realität mit größerer Phänomen-Sensibilität zu begegnen. Arendt hat es als ihre Aufgabe empfunden, zu ‚übertreiben', denn nur so würden wir aufmerksamer in unserem Umgang mit den Dingen in der Welt. Hierzu äußert sie sich in einem Brief vom 25. Januar 1952 an ihren ehemaligen Lehrer und engen Freund Karl Jaspers: „‚Übertreiben' – natürlich. ‚Sinnzusammenhänge', wie Sie sagen, sind anders kaum darzustellen. Sie übertreiben auch nicht, sie präparieren nur heraus. Denken übertreibt überhaupt immer" (ARENDT/JASPERS 1993, S. 212).
207 Vgl. hierzu insbesondere die Abschnitte 26 und 27 in *Vita Activa*.
208 Arendt nennt die Tatsache der im Handeln begründeten Mitverantwortung „moralische Verantwortungslosigkeit" (ARENDT 2008b, S. 279), was einer Erläuterung bedarf. Sie hat die Be-

Vor dem Hintergrund der Definition des Handlungsbegriffs, die diesem Buch zugrunde liegt, wirkt Arendts Unterscheidung zwischen Arbeiten, Herstellen und Handeln wenig eingängig. Eine Handlung zeichnet sich den Überlegungen in Kapitel 2.2 folgend durch Intentionalität aus, lässt sich in Tun und Unterlassen differenzieren und ist Teil eines Konstruktionskontextes. Handlungsfähigkeit umfasst Folgenbewusstsein, Kontextwahrnehmung als Geschichtlichkeit, Personalität, Einflussmöglichkeit sowie Freiheit und stellt neben Kommunikationsfähigkeit und Urteilskraft eine der drei Bedingungen für die Möglichkeit zur Verantwortungsübernahme dar (vgl. Kapitel 2). Hingegen sind laut Arendt Handlungen im Gegensatz zu Herstellungs- und Arbeitsprozessen prinzipiell nicht intendiert. Ich stimme Arendt in dem Sinne zu, dass eine Handlung häufig tatsächlich nicht mit einer bestimmten Intention einherzugehen scheint, denn oft hat man mehrere unreflektierte und z. T. widersprüchliche Intentionen zugleich, was die Begründung einer Handlung durch eine spezifische Intention erschweren kann. Doch erlaubt Arendts Charakterisierung des Handlungsbegriffs als per definitionem intentionslos keine klare Abgrenzung zu bspw. bloßem Verhalten. Ob unter diesen Bedingungen nicht auch Tiere handeln können und gar potenzielle Verantwortungsträger wären, wäre in diesem Zusammenhang eine Frage, die man Arendt stellen könnte.

Ferner können laut Arendt Handlungsfolgen im öffentlichen Bereich nur von Kollektiven, nicht aber von Individuen verantwortet werden. Doch selbst wenn man ihren Ausführungen zum Zwischen als Handlungsbezugsgewebe insofern zuzustimmen bereit ist, als in der Konsequenz jede Handlung mit jeder anderen Handlung zusammenhängt und Teil eines holistischen Geflechts von Einflussausübung ist, scheint ihre These von den Aporien des Handelns selbst unter chaostheoretischen Bedingungen allzu radikal. Wenn wir der Überzeugung sind, dass im öffentlichen Raum nicht nur Kollektive, sondern auch einzelne Individuen verantwortlich sind, tun wir gut daran, dem in Kapitel 2.2 vorgeschlagenen Mittelweg zwischen der Notwendigkeit absoluter Kontrolle über ein Geschehen auf der einen und bloß zufälligem, nicht intendiertem Einwirken auf der anderen Seite auch weiter zu folgen. Die Überlegung, dass absolute Handlungskontrolle für die Möglichkeit zur Verantwortungsübernahme nicht nötig ist, enthält das Zugeständnis an Arendt, dass Handelnde nicht über absolute Kontrollmöglichkeiten verfügen, da sie im Vorhinein niemals sicher sein können, alle Folgen ihres Tuns zu kennen und in ihre Entscheidungsabwä-

---

reiche der Moral und Politik strikt voneinander getrennt, insofern sich Moral im Kern mit dem menschlichen Individuum beschäftigt, die Politik hingegen mit der Welt; vgl. hierzu bspw. ARENDT o. J.. Arendt spricht im öffentlichen Raum von einer „moralischen Verantwortungslosigkeit", da es hier keine individuelle Verantwortung gibt. Mitverantwortung als politische Verantwortung bedeutet, dass man keine moralische Verantwortung trägt.

7 Selbstverantwortung bei Hannah Arendt 155

gungen mit einbeziehen zu können. Stellte absolute Kontrolle eine Bedingung für Verantwortungsübernahme dar, müsste in zahlreichen Kontexten, in denen gegenwärtig von Verantwortung die Rede ist wie etwa in dem Fall der Verantwortung der Eltern für ihre Kinder davon abgesehen werden, den Verantwortungsbegriff zu gebrauchen. Doch abweichend vom Arendtschen Denken scheint mehr als bloße Einflussnahme für Verantwortungszuschreibung nötig zu sein, damit man nicht zu der Aufgabe von Differenzierungen bspw. zwischen Handeln und Verhalten gezwungen ist. Zumindest einige Folgen sind in den meisten Situationen mit relativer Sicherheit vorhersagbar, nicht nur in Fällen kollektiver, sondern auch individueller Verantwortungszuschreibung. Mit Arendts Handlungsbegriff als Grundlage kann von einer individuellen Verantwortung im öffentlichen Raum z. B. des Politikers nicht mehr die Rede sein.[209] Für die folgenden Überlegungen wird aus diesen Gründen weiterhin an dem in Kapitel 2.2 definierten Handlungsbegriff festgehalten.

Arendts Weltbegriff: Für die folgenden Überlegungen wird immer wieder auf eine bestimmte Stelle in *Vita Activa* rekurriert, auf die ich deshalb mit „Hauptzitat" verweise. Hier spricht Arendt von der Verantwortung des Individuums, was die Grundlage für mein Konzept der doppelten Daseinsverantwortung darstellt:

> „Sprechend und handelnd schalten wir uns in die Welt der Menschen ein, die existierte, bevor wir in sie geboren wurden, und diese Einschaltung ist wie eine zweite Geburt, in der wir die nackte Tatsache des Geborenseins bestätigen, gleichsam die Verantwortung dafür auf uns nehmen." (Arendt 2008b, S. 215)

Ohne zumindest eine Skizzierung des Arendtschen Weltbegriffs bleibt das Hauptzitat unverständlich.[210] Es handelt sich dabei um die menschliche Welt, um den Lebensraum der Menschen, der durch sie selbst geschaffen und erhalten wird und stellt „sowohl ein Gebilde von Menschenhand wie de[n] Inbegriff aller nur zwischen Menschen spielenden Angelegenheiten [dar], die handgreiflich in der hergestellten Welt zum Vorschein kommen" (Arendt 2008b, S. 66 f.). Diese Welt von Dingen zeichnet sich Arendt zufolge durch Dauerhaftigkeit aus und ist damit ein, wie sie sagt, Gebilde von Menschenhand und Produkt direkter Herstellungsprozesse. Die „Dingwelt, [in der] menschliches Leben zu Hause [ist] [...] bietet Menschen eine Heimat in dem Maße, in dem sie menschliches Leben

---

209 Leider habe ich hier keinen Raum für eine sensible Interpretation aller Werke und Texte, in denen sich Arendt mit dem Verantwortungsbegriff und insbesondere mit der kollektiven Verantwortung auseinandersetzt; vgl. bspw. ARENDT 2003a und ARENDT 1994a.
210 Die Facetten von Arendts Weltbegriff werden in JAEGGI 2011 übersichtlich dargestellt.

überdauert" (ebd., S. 16).[211] Die Welt ist der große Handlungsraum, in dem sich alles menschliche Dasein maximal abspielt und die Flüchtigkeit der spezifisch menschlichen Tätigkeiten des Sprechens und Handelns auffängt. Die Welt als öffentlicher Raum, der, in Arendts Worten, Heimat der Menschen, zeichnet sich sowohl durch ihre konstante Daseinsweise in den menschengemachten Gegenständen aus als auch durch die Flüchtigkeit dessen, was die Menschen im wahrsten Sinne des Wortes mit einander tun, wenn sie sprechen und handeln. Die Welt als Heimat umfasst zum einen den Aspekt, dass alles, was existiert, aufgrund seiner Beständigkeit Bezugspunkt für die Menschen ist, das, worauf sie sich verlassen und auf das sie sich zurückbeziehen können. Zum anderen stellt die Welt als Heimat das spezifisch Menschliche dar, das zwar notwendig flüchtig ist, aber dem Rahmengerüst der Dinghaftigkeit erst wirkliche Lebendigkeit und Inhalt einhaucht. Ferner äußert sich im Handeln und Sprechen das ungegenständliche Element des Zwischen;[212] alles Menschliche entsteht zwischen den Menschen und ist nicht ‚dem' Menschen (den es in Arendts Augen nicht gibt[213]) als Attribut oder Merkmal mitgegeben. Öffentlichkeit, Welt und das Politische müssen durch die Menschen geschaffen und erhalten werden.[214] Das Menschliche kann verloren gehen, wenn man sich nicht darum bemüht.

Interpretation des Hauptzitats – die zweite Geburt des Menschen: Den Eintritt des Erwachsenen in die Welt vergleicht Arendt im Hauptzitat mit einer zweiten Geburt, die durch das Individuum bewusst vorgenommen wird.[215] Seine erste Geburt, auf die der Einzelne keinen Einfluss ausüben kann, akzeptiert er durch seine zweite Geburt, sprechend und handelnd in die Menschenwelt eintretend, bekennt er sein Dasein als Mensch in der Welt, die er mit anderen teilt.

---

211 Vgl. zudem ARENDT 2008b, S. 111 ff. Angaben über die Privatsphäre finden sich in ebd., S. 73 ff.
212 Vgl. zu Arendts Begriff des Zwischen ebd., S. 225 sowie erläuternd YANO 2011, S. 310 f. Das Zwischen ist meiner Ansicht nach nicht besonders gut mit sozialen Institutionen übersetzbar. Zwar gehören auch Institutionen Arendt zufolge zumindest zu einem Teil in den Bereich des Handelns, doch für gewöhnlich verbinden wir damit eher das Dauerhafte, Beständige, sich selbst Erhaltende. Institutionen sind jedoch eigentlich Gebilde menschlichen Handelns und existieren nur, solange die Menschen sie durch die Flüchtigkeit einer jeden Handlung inne wohnenden Unbeständigkeit am Leben erhalten. Der Institutionenbegriff ist irreführend, insofern man mit ihm auf beständige menschliche Beziehungsnetze rekurriert, wohingegen das Zwischen den flüchtigen Charakter menschlichen Handelns sehr viel treffender zum Ausdruck bringt.
213 Vgl. Arendts Ausführungen zur Pluralität der Menschen ARENDT 2008b, S. 17 und erläuternd TASSIN 2011.
214 Arendt hat sich wiederholt von Aristoteles' Menschenbild distanziert, z. B. in ARENDT 2005, S. 11 und ARENDT 2008b, S. 33 ff.
215 Harald Bluhm widmet sich ebenfalls der zweiten Geburt; vgl. BLUHM 2001, S. 9. Jedoch halte ich seine Analyse des Hauptzitats für verkürzt. Auch Klaus Harms setzt sich mit der Verantwortung in *Vita Activa* auseinander; vgl. HARMS 2003, S. 321 f.

7 Selbstverantwortung bei Hannah Arendt

„Weil jeder Mensch auf Grund des Geborenseins ein *initium*, ein Anfang und Neuankömmling in der Welt ist, können Menschen Initiative ergreifen, Anfänger werden und Neues in Bewegung setzen" (Arendt 2008b, S. 215). Dies gelingt nur sprechend und handelnd, und für Arendt zeigt die nachträglich und bewusst vollzogene Bestätigung der ersten Geburt, dass das Individuum die Verantwortung für die Tatsache des Geborenseins nun auf sich nimmt, wie sie sich im Hauptzitat ausdrückt. Dieses Auf-sich-Nehmen ist das Akzeptieren einer Verantwortung, die mit der ersten Geburt als Potenzial im Kind angelegt wurde. Indem sich der erwachsene Mensch, der Arendt zufolge Neues in Bewegung setzten kann, dazu entschließt, seine Freiheit[216] in Anspruch zu nehmen, übernimmt er zugleich die Verantwortung für sein eigenes Dasein. Diese Arendtsche Verantwortung für die Tatsache des Geborenseins nenne ich Daseinsverantwortung, und sie hat einen eigentümlichen Doppelcharakter.

Da die Person in der zweiten Geburt ihre erste Geburt bestätigt, sich also nachträglich als verantwortlich für ihr Dasein ausweist, handelt es sich dabei einerseits um eine retrospektive Verantwortung, indem das Individuum nun sagen kann „Ja, *ich* war es, der damals auf die Welt gekommen ist. Es war *meine* Geburt. Hiermit erkläre ich mich bereit, dafür Rede und Antwort zu stehen." Das Kind als noch heranwachsender Mensch kann diese retrospektive Verantwortung für die eigene Person noch nicht tragen (vgl. Kapitel 6 und 9). Andererseits ist die Arendtsche Verantwortung für die Tatsache des Geborenseins prospektiv, indem das Individuum in ihr für sein Dasein in der Welt Rede und Antwort steht. Da der Mensch erst durch die zweite Geburt zur Person wird, indem er durch sie als Person auf die Welt kommt, verpflichtet er sich damit zu einem menschlichen Leben. Der nun zum Handeln überhaupt erst Befähigte sagt gleichsam „Ja, ich bin Handlungssubjekt. Ich bin es, der handelt und handeln wird." Auf dieselbe Weise, in der jemand bspw. durch den Eintritt in ein Dasein als Mutter eine prospektive Verantwortung für das Kind übernimmt, trägt das Individuum prospektive Verantwortung für sein Dasein in der Welt, und so wie das Neugeborene das Kind der Eltern ist, kann metaphorisch von der Welt als dem Kind des Menschen gesprochen werden. Auch diese prospektive Verantwortung des Menschen für sein Dasein in der Welt, d. h. für sein Leben, können Kinder aufgrund ihrer Unselbstständigkeit noch nicht tragen. Sie wird erst mit der gleichzeitigen Annahme auch der retrospektiven Verantwortung für das eigene Dasein übernommen (vgl. Kapitel 8).

Als Übersetzung der im Hauptzitat geschilderten Verantwortlichkeit der autonomen Person bietet sich der Daseinsbegriff an, da sich damit der Doppel-

---

216 Das sich in der „Gebürtlichkeit" (ARENDT 2008b, S. 217) des Menschen offenbarende „Prinzip des Anfangs" (ebd., S. 216) ist seine „Freiheit" (ebd.). Leider kann Arendts Freiheitsbegriff hier nicht besprochen werden.

charakter der Arendtschen Tatsache des Geborenseins ganz gut erfassen lässt. Die Daseinsverantwortung spaltet sich zum einen in eine retrospektive Verantwortung für das eigene Selbst, zu dem der Verantwortliche bis zur Gegenwart geworden ist und zum anderen in eine prospektive Verantwortung für die Person in der Welt. Beide Formen der Daseinsverantwortung treten zugleich auf, prospektiv wird sie durch die gleichzeitige Übernahme der retrospektiven Daseinsverantwortung ermöglicht, und aus der Übernahme Letzterer folgt Erstere. In Kapitel 8 soll das Ganze inhaltlich konkretisiert und auch anhand etwaiger Konflikte zwischen retrospektiver und prospektiver Daseinsverantwortung veranschaulicht werden.

Bislang wurde Arendts Rede von einer zweiten Geburt, durch die der Mensch zur Person wird und in die Welt tritt, noch nicht kritisch reflektiert. Sie scheint eine nahezu kategoriale Trennung zwischen einem Bereich der Nicht-Verantwortung und einem Bereich des öffentlichen Lebens zu evozieren, Ersterer ist dabei Letzterem zeitlich vorgelagert. Doch bereits innerhalb des Arendtschen Denkens über Verantwortung kann eine solche ‚Zwei-Welten-Theorie' mit der ersten, in der die nicht verantwortungsbefähigten Nicht-Menschen (die Kinder) leben[217] und einer zweiten, in der die eigentlichen Menschen, die Verantwortung tragenden Erwachsenen, beheimatet sind, nicht überzeugen. In Arendts Gebrauch des Begriffs des Werdens zur Kennzeichnung des Heranwachsens der Kinder zu Erwachsenen kommt die Gradualität der Verantwortung zum Ausdruck, sodass man die Verantwortungsfähigkeit bereits Kindern in unterschiedlichen Entwicklungsstadien mehr oder weniger zuschreiben kann (vgl. die Kapitel 3.1 und 6). Die zweite Geburt lässt sich daher Arendt folgend auch nicht als zeitlich eng begrenzter und tatsächlicher Zeitpunkt begreifen. Auch intuitiv sind die wenigsten Menschen in der Lage, den Augenblick, in dem sie sich zum ersten Mal für sich selbst verantwortlich gefühlt haben, vor dem dunklen Abgrund kindlicher Nicht-Verantwortlichkeit, eindeutig zeitlich zu markieren.

Zwar kann Arendts zweite Geburt entwicklungspsychologisch nicht überzeugen, doch kultursoziologisch ist es möglich, sie als Metapher für den symbolischen Eintritt in das Erwachsenenalter zu nutzen, was im Recht bspw. mit Erreichen des 18. Lebensjahrs geschieht und in vielen Kulturen mit Initiationsriten zelebriert wird. Auch in der Sozialisationsforschung gibt es die „Redewendung von der ‚zweiten, soziokulturellen Geburt' des Menschen […], mit der die anthropologischen Grundlagen einer sozial getragenen ‚Einführung' Neugeborener in die primäre Bezugsgruppe und schließlich die Gesellschaft umschrieben wird (Claessens 1979)" (Grundmann 2006, S. 61). Mit dem Verweis auf

---

217 Tatsächlich stellen Kinder laut Arendt noch keine wirklichen Menschen dar, es handelt sich um unvollständige und noch im Werden begriffene Menschen; vgl. ARENDT 2000a, S. 267.

Claessens wird in diesem Zitat deutlich, dass das Äquivalent zu Arendts zweiter Geburt in der Sozialisationsforschung gut 20 Jahre später entstanden ist. *Prospektive Daseinsverantwortung – kollektiv oder individuell?* In der Rede von einer zweiten Geburt, durch die der Mensch als Person in die Welt tritt, macht Arendt deutlich, dass es sich bei der Daseins- um eine persönliche und nicht um eine kollektive Verantwortlichkeit handelt. Doch widerspricht das nicht ihrer Überzeugung, dass es im öffentlichen Raum nur kollektive, keine individuelle Verantwortung gibt? Meiner Interpretation des Hauptzitats folgend impliziert jedoch gerade die prospektive Daseinsverantwortung, dass man in der Welt auch individuell Rede und Antwort stehen kann. Wie geht das zusammen?

Es bietet sich an, Arendt dahingehen lesen, dass ihr zufolge die prospektive Daseinsverantwortung zwar eine individuelle Verantwortlichkeit der Person im öffentlichen Raum der Welt ist, jedoch nur für die *Begründung* von Handlungen, für die Handlungs*ursachen* also, nicht aber für die Handlungs*folgen*, die prinzipiell nur kollektiv verantwortet werden können. Dieser Aspekt wurde bereits weiter oben in Auseinandersetzung mit Arendts Handlungsbegriff und den Aporien des Handelns angesprochen. Diese Interpretation würde mit Arendts Überlegungen in *Vita Activa* zusammenpassen, dass „die großen Mächte des Vergessens und Verwirrens" (Arendt 2008b, S. 296) durchaus „den *Ursprung* jeder einzelnen Tat und die Verantwortlichkeit für sie zu verdecken imstande sind [Hervorhebung von mir; J. S.]" (ebd.), dass man demzufolge zwar Ursachen vergessen, aber nicht die Verantwortlichkeit dafür aufheben kann. Jede Handlung hat in einem Individuum ihren *Ursprung*, doch für die *Folgen* können die Menschen nur gemeinsam einstehen. Doch wie kann man sich das vorstellen? Eine denkbare Antwort könnte lauten, dass sich der Einzelne selbst gesetzten Verpflichtungen unterwirft, die ihm seine Handlungsursächlichkeit gewissermaßen vorgeben. Er entscheidet gewissermaßen, für welche Handlungen er die Ursache zu sein bereit ist und für welche nicht. Das macht die prospektive Daseinsverantwortung der autonomen Person aus (vgl. Kapitel 8). Unabhängig davon kann sich jede Handlung anders entwickeln als vorausgeahnt, weshalb die Menschen kollektiv für die Folgen von Handlungen Rede und Antwort stehen, die Individuen allein verursacht haben. Die prospektive Daseinsverantwortung steht damit genau an der Grenze zwischen dem privaten und dem öffentlichen Raum und kommt bereits zum Tragen, noch bevor eine Handlung im eigentlichen Sinne begonnen wurde.

In *Vita Activa* ist auch von einer Verantwortlichkeit für die Welt die Rede:

> „Gegen diese [...] Gefahr [des Zugrunderichtens des menschlichen Lebens durch den Menschen selbst; J. S.] steht die aus dem Handeln sich ergebende Verantwortlichkeit für die Welt, die anzeigt, daß Menschen zwar sterben müssen, aber deshalb noch nicht geboren

werden, um zu sterben, sondern im Gegenteil, um etwas Neues anzufangen [...]." (Arendt 2008b, S. 316)

Gerade weil die Menschen die einzigen Wesen darstellen, die tatsächlich die Initiative ergreifen und selbstständig etwas Neues beginnen können, ist es ihnen möglich, handelnd und sprechend eine gemeinsame Welt zu erschaffen. Die Verantwortung für die Welt scheint aus der Daseinsverantwortung zu folgen, Letztere ist Bedingung für Erstere, das Dasein des Einzelnen ist mit dem Dasein der Welt verknüpft. Indem sich jemand unter Gebrauch seiner menschlichen Fähigkeiten des Sprechens und Handelns zu einer Teilnahme an der Welt entschließt, ist er für sich selbst verantwortlich (vgl. auch Kapitel 12.2, in dem dieser Gedanke erneut aufgegriffen wird).

8 Die doppelte Daseinsverantwortung – Selbstverantwortung als Metaverantwortung für die normativen Kriterien

Kinder können zwar bereits situativ begrenzt Verantwortung tragen, doch da sich ihre Fähigkeiten erst noch entwickeln, sind sie noch nicht in der Lage, in vollem Sinne für sich selbst Rede und Antwort zu stehen (vgl. Kapitel 6). Diese besondere Verantwortlichkeit der autonomen Person wurde im letzten Kapitel über eine Auseinandersetzung mit Arendts Rede von einer zweiten Geburt als doppelte Daseinsverantwortung eingeführt. Dass es sich dabei um eine doppelte Verantwortlichkeit handelt, da sie zugleich retrospektiv und prospektiv ist, macht sie zur Selbstverantwortung im Sinne der ersten vollen Verantwortlichkeit des Menschen. Zusätzlich zu seiner Selbstverantwortung können dem Einzelnen ab jetzt auch spezifischere Verantwortlichkeiten durch das Tragen verschiedener Rollen zugeschrieben werden, denen jedoch prinzipiell die doppelte Daseinsverantwortung zugrunde liegt und *"Verantwortung steht und fällt mit der **Selbstverantwortung**, die jeder notwendig für sich selbst übernimmt"* (Gerhardt 1999, S. 287). Hinzuzufügen bleibt Gerhardts Worten nur, dass es die *volle* Verantwortung ist, die mit der Selbstverantwortung steht und fällt, denn wie bereits ausgeführt, können auch Kinder schon in begrenztem Sinne Rede und Antwort stehen. Auch Weischedel nennt „das Sich-zu-sich-selbst-verhalten des Menschen sein ursprüngliches Verhalten" (Weischedel 1972, S. 53). Er fährt damit fort, dass „[i]n dieser Beziehung zu sich selbst die Selbstverantwortung ihren Ort [hat]" (ebd.). Kinder lernen diese Form des Selbstbezugs erst nach und nach, was wieder ein Anzeichen für die Gradualität der Verantwortung ist.

Anhand der Worte Gerhardts und Weischedels wird ersichtlich, dass sich mein Ansatz nicht dadurch auszeichnet, dass der die Selbstverantwortung als erste umfassende Verantwortlichkeit der autonomen Person umschreibt, sondern durch zwei andere Aspekten, nämlich erstens das Verhältnis der Daseinsverantwortung zu der Weise, in der bereits Kinder Rede und Antwort stehen können (vgl. Kapitel 9) und zweitens ihre Beschreibung als prinzipiell doppelt auftretende Verantwortlichkeit. Innerhalb des Verantwortungsdiskurses wurde der retrospektiven Daseinsverantwortung bislang wenig Aufmerksamkeit geschenkt, zumeist geht es um die prospektive Selbstverantwortung.

Die retrospektive Daseinsverantwortung: Das Individuum, so wurde mit Arendt im letzten Kapitel ausgeführt, akzeptiert im Zuge seiner zweiten Geburt die Tatsache seines Geborenseins und bejaht damit seine Entwicklung bis zur Gegenwart in Form einer Selbstzuschreibung, die alle Erlebnisse und Erinnerungen reflektiert und sich zu eigen macht. Indem der Mensch die retrospektive Verantwortung für sein Selbst annimmt, macht er sich zu einer autonomen Person und wird so auch in den Augen anderer als Person erkennbar. Er erscheint als Person in der Welt – so könnte man Arendtsches Vokabular nutzend auch sagen. In der retrospektiven Daseinsverantwortung steht der Einzelne für den Rede und Antwort, zu dem er geworden ist und zwar *gerade weil* er es nicht ausschließlich selbst war, der sich dazu gemacht hat, sondern auch seine Eltern und sein soziales Umfeld. Eine von Kindern oder Jugendlichen geäußerte Bemerkung wie „Dafür kann ich nichts! Ich habe schließlich nicht darum gebeten, hier zu sein!" wird durch das Akzeptieren der retrospektiven Daseinsverantwortung unmöglich.

Man stelle sich einen Fünfjährigen vor, der mit seinem Roller auf die Straße fährt und dadurch einen schweren Autounfall verursacht. Ein fünf Jahre altes Kind kann in dieser Situation nicht für den Tod von Menschen verantwortlich gemacht oder gar schuldig gesprochen werden, doch oft setzen sich die Beteiligten zu einem späteren Zeitpunkt damit auseinander, und in einigen Fällen kommt es noch nach Jahren zu einer bewussten Reflexion des Ereignisses. Es ist durchaus plausibel, dass z. B. zwanzig Jahre nach dem Autounfall der mittlerweile 25jährige die Anverwandten der Verstorbenen aufsucht, sich als der damals fünfjährige Unfallverursacher vorstellt und mit ihnen gemeinsam des Geschehnisses gedenkt. Dies ist ein Beispiel für die Übernahme retrospektiver Daseinsverantwortung für etwas, das durch den Akteur nicht im eigentlichen Sinne selbst verschuldet worden ist, gerade weil es einen Akteur im vollen Verständnis zum Zeitpunkt des fraglichen Ereignisses noch nicht gegeben hat (Beispiel 1). In einem weiteren Beispiel stellen wir uns nun jemanden vor, der trotz wiederholter ernsthafter Überlegungen, seine Gewohnheiten zu ändern und Vegetarier zu werden vom regelmäßigen Fleischessen nicht lassen kann. Indem er sich mit seinem widersprüchlichen Verhalten auseinandersetzt, sich nicht zu entschuldigen oder seinen Fleischkonsum ‚schön zu reden' versucht, nimmt er seine retrospektive Daseinsverantwortung wahr. Er positioniert sich zu sich selbst als zu der Person, zu der er geworden ist. Dies ist ein Fall für die Übernahme retrospektiver Daseinsverantwortung für etwas, das der Verantwortliche an sich selbst nicht gut heißt, für das er aber nichtsdestotrotz geradesteht (Beispiel 2).

Retrospektiv Daseinsverantwortung zu tragen meint die Entwicklung einer Selbstidentität, unabhängig davon, wie diese zustande gekommen ist, ob voll-

8 Die doppelte Daseinsverantwortung

ständig durch Selbst- oder auch z. T. durch Fremdzuschreibungen.[218] Es geht vielmehr um den Akt der Positionierung zu der eigenen Identität, die durch diese Beurteilung maßgeblich erst konstituiert wird. Durch die Ausbildung einer Selbstidentität über Selbstbezug und -positionierung garantiert die Person Stabilität als Kontinuität in Zeit und Raum, dass man also morgen noch derselbe sein wird, der man heute ist. Man wird jemand, der Versprechen gibt, der daher als verlässlich gelten und dem gegenüber man Vertrauen aufbauen kann (vgl. Kapitel 9). Das Geworden-Sein einer Person beschränkt sich unter dem Fokus der retrospektiven Daseinsverantwortung insbesondere auf die Gründe und Prinzipien, die sich jemand bislang angeeignet hat, ob durch Erziehung, soziales Umfeld oder eigenständige Reflexion:

> „In den Gründen seines eigenen Tuns versteht sich das Selbst als die für das individuelle Handeln verantwortliche *Instanz*, ja, mehr noch: *Es versteht sich **selbst** aus diesen Gründen*. Sie sind […] die ‚Ursachen' des Selbst in seiner eigenen Disposition über die praktischen Probleme. In ihnen gibt sich, metaphorisch gesprochen, das Selbst einen bestimmten ‚Grund', auf dem es ‚stehen', ‚gehen' und somit *selbständig handeln* kann." (Gerhardt 1999, S. 294 f.)[219]

Hier macht Gerhardt nicht nur deutlich, dass in der retrospektiven Daseinsverantwortung mit dem Selbst insbesondere die Gründe, die selbiges bislang ausgemacht haben, gemeint sind, sondern auch, dass die Instanz dieser Verantwortung ebenfalls die eigene Person darstellt. Der Grund als „*Anfang, an den man selber glaubt*" (ebd., S. 295) und der vom Motiv zu differenzieren ist, über das man Gerhardt zufolge ohne bewusste Reflexion einfach verfügt,[220] macht unser Selbstbild und unseren Selbstbezug dazu aus.[221] Die Selbstbewertung in der retrospektiven Daseinsverantwortung erfolgt auch nach selbst gesetzten Normen, die das Individuum dem Nachdenken über sich entnimmt. Darüber hinaus erklärt sich an dieser Stelle der Überlegungen erstmals der Gedanke, mit dem Kapitel 6 geschlossen wurde, dass sich nämlich das Verhältnis von Intersubjektivität und Autonomie in der doppelten Daseinsverantwortung dahingehend umkehrt, als mit der vollständigen Ausbildung Letzterer das nur noch potenzielle Vorliegen Ersterer einhergeht. Indem wir durch Arendts zweite Geburt zu autonomen Personen werden, sind wir zwar erstmals zu einer Übernahme voller

---

218 Peter Prechtl bemerkt: „Konstitutiv für die p[ersonale] I[dentität] ist ein eigenes Selbstverständnis (bzw. eine Selbstdeutung). Die Selbstdefinition einer individuellen Person (als Antwort auf die Frage ‚wer bin ich?') erhält ihren ursprünglichen Sinn erst im Austausch mit anderen. Es ist nie möglich, ein Selbst zu beschreiben, ohne auf diejenigen Bezug zu nehmen, die die Umwelt dieses Selbst bilden." (PRECHTL 1999c, S. 251)
219 Nida-Rümelin beschreibt dies sehr ähnlich in NIDA-RÜMELIN 2007, S. 58 und 64.
220 Vgl. GERHARDT 1999, S. 294 f.
221 Vgl. ebd., S. 298, BOK 1998, S. 127 und WEISCHEDEL 1972, S. 59 hierzu.

Verantwortung für uns selbst in der Lage, jedoch fallen hier –anders als dies noch bei der ‚kindlichen' Verantwortung der Fall ist – alle Relationselemente in eins (vgl. hierzu ausführlich Kapitel 9).

Die Reflexion und Kritik der eigenen Person, ganz häufig in Bezug auf einzelne Aspekte oder Handlungen und gar nicht einmal in generell umfassender Weise, geschieht zumeist so spontan und automatisch, dass die Annahme, man könne zu sich selbst eine komplett neutrale Haltung einnehmen, fast absurd anmutet. Wenn es jemand ablehnt, retrospektiv für sich selbst Rede und Antwort zu stehen, kann er kein „appropriate partner in the conversation" (Fischer/Ravizza 1998, S. 213) mehr sein. Denken wir an einen Raucher vor, der trotz der Tatsache, dass er das Rauchen eigentlich aufgeben möchte, bislang weiter geraucht hat. Sollte sich dieser nun vor anderen mit seiner Sucht zu rechtfertigen beginnen oder sein Rauchen gar ‚schön redet', könnte man ihn zumindest in dieser Angelegenheit nicht mehr ernst nehmen, und das hat nichts damit zu tun, ob Rauchen an sich unverantwortlich ist oder nicht, sondern bezieht sich rein auf die Tatsache des Selbstbetrugs (Beispiel 3). Fischer und Ravizza führen aus, was in einem solchen Fall passiert, dass wir nämlich „stop resenting him as a person, and begin treating him as we would a distasteful object or a dangerous (or annoying) animal" (ebd.). Die drastische Maßnahme, jemanden aufgrund der Ablehnung retrospektiver Selbstverantwortung zum Objekt oder Tier zu degradieren, erläutern Fischer und Ravizza an einem Beispiel: Ein Seemann, der sich selbst nicht für autonom hält und damit in meinen Worten seine retrospektive Daseinsverantwortung ablehnt, verhält sich so, als würde er nicht an das Funktionieren seines Ruders glauben. Er überlässt sein Boot dem freien Spiel des Windes, lenkt es nicht mehr selbst, sodass dessen Bewegungen nun tatsächlich dem Wind zuzuschreiben sind. Fischer und Ravizza folgern, dass „[i]n *not seeing himself* in a certain way, he *fails to be* a morally responsible agent. Lacking the required view of himself, he is essentially passive, buffeted by forces that assail him" (ebd., S. 221).

Die Selbsteinschätzung als autonome Person beginnt bereits im Kindesalter, indem uns unsere Eltern immer häufiger so behandeln, als wären wir bereits dazu in der Lage, in vollem Sinne für uns selbst verantwortlich zu sein und uns auf diese Weise zu einem solchen Selbstbild ermuntern (vgl. Kapitel 6). Indem jemand die Wahrnehmung retrospektiver Daseinsverantwortung verweigert, lehnt er es ab, etwas mit sich selbst zu tun haben und verhält sich wie der oben beschriebene pubertäre Jugendliche, der seinen Eltern vorhält, sie hätten ihn nicht gefragt, ob er zur Welt kommen wollte oder nicht und könnten daher nun nicht verlangen, dass er für sich Rede und Antwort steht. Ein Kind ist zwar nicht für alles, was es tut, zum Zeitpunkt des Geschehens verantwortlich und kann dennoch zu einem späteren Zeitpunkt erkennen, dass es Teil eines Ereignisses war, zu dem es sich nun nicht mehr neutral verhalten kann (vgl. Beispiel 1). Diese Selbstreflexion ist retrospektive Daseinsverantwortung. Das Konzept personaler Identität in ihrem räumlich und zeitlich relativ stabilen Erscheinungsbild, d. h. in ihrer Einheit, die in die Idee von der Handlungsfähigkeit des Menschen eingeht (vgl. Kapitel 2.2), verlangt eine Selbstbejahung, wenn auch nicht euphorisch, sondern lediglich in Form einer akzeptierenden Selbstbezugnahme und Positionierung.[222] Ich sage „*Ich* bin das, der damals auf die Welt gekommen ist. *Ich* bin das, der mit fünf Jahren diesen Autounfall verursacht hat" (vgl. Kapitel 7). In Arendts zweiter Geburt und in jedem Akt retrospektiver Wahrnehmung der Daseinsverantwortung eignen wir uns unsere Vergangenheit an – weniger wie ein Kleid, das wir uns überstreifen und das wir nach Belieben wieder ablegen können, sondern metaphorisch eher mit der Haut vergleichbar, in die wir schlüpfen und aus der wir zumindest unter gewöhnlichen Umständen nicht wieder heraus können.

Doch für gewöhnlich wollen wir aus unserer Haut gar nicht heraus, die Selbsteinschätzung als autonome Person ist für uns selbstverständlich, woraus erhellt, wie natürlich für uns ein Tragen retrospektiver Daseinsverantwortung ist und dass ihre Verweigerung eine Ausnahme von der Regel darstellt. Vielleicht ist das ein Grund dafür, dass innerhalb des Verantwortungsdiskurses die retrospektive Seite der Selbstverantwortung bislang nicht viel Aufmerksamkeit erhalten hat. Normalerweise wollen wir Personen sein, wir wollen Stabilität und Verlässlichkeit garantieren und dies ebenso im Umgang mit anderen erfahren. Aber gerade in den seltenen Momenten, in denen wir uns weigern, uns ein Bild von uns selbst zu machen, zeigt sich, dass die retrospektive Daseinsverantwortung Bedingung für jede weitere Kommunikation und für das Wahrgenommen-Werden als Person ist. Ansonsten läuft man Gefahr eines Ausschlusses aus dem menschlichen Kommunikationsraum.[223]

Die prospektive Daseinsverantwortung: Die Gründe und Standards, zu denen jemand in seiner bisherigen Entwicklung gelangt ist und die Fischer und

---

222 In der retrospektiven Selbstverantwortung erleben wir „Personen als sich in der Zeit durchhaltende Akteure" (NIDA-RÜMELIN 2007, S. 71).

223 Mehrere Texte aus dem von Ton van den Beld herausgegebenen Sammelband *Moral Responsibility and Ontology* (VAN BELD 2000) befassen sich mit dem Thema der „personal identity". Es ist bezeichnend, und auch das macht van den Belds Sammelband insbesondere an dem Text von Wiland deutlich, wie eng die Auseinandersetzung mit dem Personenkonzept für die Möglichkeit eines Innehabens von Verantwortung mit der Diskussion um Freiheit oder Unfreiheit des Menschen geführt wird. In meiner Auseinandersetzung mit der doppelten Daseinsverantwortung stelle ich diese zahlreichen Spielarten nicht im Einzelnen vor, sondern erläutere höchstens einzelne Ansätze und enthalte mich dieser Debatte ansonsten. Denn die Möglichkeit, Verantwortung durch den Personenbegriff metaphysisch zu begründen, ist meiner Ansicht nach ebenso wenig zielführend, wie eine Beantwortung der Frage, ob Freiheit metaphysisch eine notwendige Bedingung für Verantwortung darstellt.

Ravizza ein „cluster of beliefs" (ebd., S. 238) nennen, werden in der prospektiven Selbstverantwortung als gültig oder ungültig für das zukünftige Leben bewertet:

> „Taking responsibility is a matter of having certain beliefs, and it is not evident that an agent can voluntarily control the having of these beliefs. And even if an agent could exert some sort of indirect control of these beliefs, there would be no strong incentive to avoid taking responsibility, for the price of doing so can be as high as that of accepting responsibility." (Fischer/Ravizza 1998, S. 238 f.)

Wie jemand zu bestimmten Meinungen und Gründen gelangt ist, ist Fischer und Ravizza zufolge unwesentlich (vgl. auch Kapitel 2.3), aber die Konsequenz, die aus einer Leugnung dieser Gründe und damit der retrospektiven Daseinsverantwortung resultieren würde, kann extrem hoch sein, wie oben bereits ausgeführt wurde. Prospektive Daseinsverantwortung meint ein Handeln nach diesen selbst gesetzten Gründen. Stellen wir uns jemanden vor, der sich, nachdem er festgestellt hat, dass er das Essen von Fleisch moralisch verwerflich findet, nun vegetarisch ernährt. Sollte er hingegen trotz dieser Feststellung weiterhin Fleisch konsumieren, was wahrscheinlich ein permanentes schlechtes Gewissen und Schuldgefühl zur Folge haben würde, befände sich seine retrospektive mit seiner prospektiven Selbstverantwortung in Konflikt, da er zwar seiner retrospektiven Daseinsverantwortung nachkommt, indem er sich seines Selbstwiderspruchs bewusst wird, die prospektive allerdings weiterhin ablehnt (Beispiel 4). Der Raucher aus Beispiel 3 könnte seine prospektive Daseinsverantwortung auch in der Entscheidung, weiterhin zu rauchen, wahrnehmen, selbst dann, wenn er den gesundheitsschädigenden Aspekt des Rauchens anerkennt aber dennoch das Rauchen als etwas Wertvolles schätzt und es nicht aufgeben möchte (solange er anderen damit nicht schadet). Den Wertekonflikt zwischen Gesundheit und Genuss hat er bewusst zugunsten des Genusses entschieden. In diesem Fall liegt kein Konflikt zwischen retrospektiver und prospektiver Daseinsverantwortung vor, denn in diesem Fall heißt verantwortungsvolles Handeln nicht, mit irgendeinem common sense übereinzustimmen oder der Meinung von Freunden und Experten Folge zu leisten, sondern sich über die selbst gesetzten Gründe bewusst zu werden, sich zu diesen in seiner retrospektiven Daseinsverantwortung zu positionieren und dann auch in Übereinstimmung mit selbigen zu leben. Prospektive Selbstverantwortung ist Konsequenz in der Orientierung an Gründen, die man sich selbst gegeben hat, was mit Weischedels „Selbstverantwortung auf der ersten Stufe" (Weischedel 1972, S. 63) übereinstimmt:

> „‚Selbstverantwortlich' bedeutet hierbei, daß die Tat oder der Vorsatz im Gegenhalten gegen das Vorbild verantwortet werden können. Selbstverantwortlichkeit in diesem Sinne

8 Die doppelte Daseinsverantwortung

gründet also darin, daß das Vorbild als Richtschnur des Existierens festgehalten wird." (Weischedel 1972, S. 62)

Die Orientierung an Vorbildern, wie Weischedel sie nennt, geschieht in der prospektiven Daseinsverantwortung durch Auswahl und Ausschluss von Handlungsoptionen für die eigene Zukunft. Doch über diese erste Stufe der Selbstverantwortung können wir noch auf eine zweite Stufe gelangen, die in der Verantwortung für den eigenen Charakter liegt, denn „because the character is malleable, this interest gives us reason not simply to hope that such a character will descend on us like grace but to try to create it" (Bok 1998, S. 136). Unser Charakter überkommt uns nicht aus heiterem Himmel, sondern wir müssen uns für in einsetzen, an ihm arbeiten uns seine Formung wird sicherlich mit einigen Anstrengungen verbunden sein.[224] Diese Überlegung klang bereits in Kapitel 3.1 an, in dem ich Leipolds und Greves Gedanken von einem pluralen und „dynamische[n] Selbst" (Leipold/Greve 2008, S. 399) zitiert habe, um damit zum Ausdruck zu bringen, dass form- und wandelbare und in manchmal auch konfligierende Vorstellungen, Ansichten, Meinungen und Gefühle den Kern der autonomen Person ausmachen. Vielleicht stimmt es, dass man, um für sich selbst Rede und Antwort stehen zu können, auch zu einer tief greifenden Formung der eigenen Charakterzüge, Wünsche und Gefühle in der Lage sein muss, wobei hier nicht thematisiert werden kann, was und in welchem Maße man im Einzelnen tatsächlich alles zu beeinflussen in der Lage ist. Bok setzt oben eine gewisse Kontrolle voraus, die die gegebenen Umstände zeitlich überdauert und Nida-Rümelin stimmt ein:

> „Verantwortlichkeit verlangt nach Verhaltenskontrolle. Diese Kontrolle ist aber keine punktuelle, keine kurzfristige, auf den Augenblick und seine Stimmungslage bezogene, sondern steht im größeren Kontext des praktizierten Lebens und der dieses Leben steuernden Deliberationen." (Nida-Rümelin 2007, S. 62)

Da es laut Nida-Rümelin hier um eine Form der Kontrolle geht, die der autonomen Person prinzipiell und nicht bloß situativ bedingt zuschreibbar ist, ist nicht anzunehmen, Kinder würden darüber bereits verfügen. Einflusskraft in diesem Sinne bringt nicht nur die Verantwortung für bestimmte Gründe, sondern in gewissem Umfang ebenso die Verantwortung für „Gefühle" (ebd., S. 67) mit sich, zumindest insofern diese als „Ergebnisse praktischer Deliberation" (ebd.,

---

[224] May führt hierzu aus, dass ein Charakter nicht „overnight" (MAY 1992, S. 17) entsteht, sondern sich über die Zeitspanne eines ganzen Lebens entwickelt. Hille Haker bemerkt, dass Identität als „eine Aufgabe bzw. Leistung anzusehen [ist], die von einer Person zeitlebens erfüllt werden muss." (HAKER 2006, S. 401)

S. 68) gelten können.[225] Prospektive Daseinsverantwortung hat auf der zweiten Stufe eine Reflexion der eigenen Gründe zum Gegenstand, die retrospektiv zuvor als die eigenen akzeptiert wurden. Nur vor dem Hintergrund wahrgenommener retrospektiver Daseinsverantwortung kann prospektiv darüber entschieden werden, nach welchen Maßstäben der Verantwortliche im Folgenden zu leben gedenkt, denn „only by reflecting on my past can I learn how to improve on it" (Bok 1998, S. 139) und „[t]o accept some set of standards is [...] to believe that we should act in accordance with them" (ebd., S. 134). Diese weiterreichende Form einer prospektiven Daseinsverantwortung zweiter Stufe nennt Weischedel Grundselbstverantwortung:

> „Das ‚Was' der Grundselbstverantwortung [sein Gegenstand; J. S.] zeigt sich also in einem ersten Aspekt als Vorbild der Existenz. Ein Vorbild seines Existierens hat jeder Mensch, sofern er überhaupt auf etwas zu existiert, und nicht nur den jeweils andrängenden Ansprüchen gehorcht. [...] Dieses Vorbild ist Leitbild der Existenz. Es regelt die Auswahl unter den Möglichkeiten, die der Mensch existierend verwirklichen kann. [...] Ein Leitbild seines Existierens steht nicht von vornherein vor dem Menschen, sondern er hat es sich einmal vorgestellt." (Weischedel 1972, S. 63 f.)

Dieser Akt des Vorstellens eines bestimmten Lebenskonzepts als Grundselbstverantwortung, wie Weischedel sich ausdrückt, betrifft die gesamte Existenz eines Menschen, da sie über die Beurteilung einzelner Handlungen hinausreicht und umfassender auf den Charakter einwirkt. Sowohl die Auswahl von Gründen anhand der Orientierung an einem gegebenen Maßstab (erste Stufe) als auch der Entwurf eines solchen Maßstabs selbst als Leitbild der Existenz (zweite Stufe) sind Inhalt der prospektiven Daseinsverantwortung. Mit Taylor lässt sich daher zwischen einer Person, die sich selbst nur oberflächlich reflektiert und jemandem, der als „strong evaluator" (Taylor 1976, S. 287) eine radikale Selbstbewertung vornimmt, unterscheiden. Erstere befindet sich als „simple weigher of alternatives" (ebd.) auf Weischedels erster Stufe der Selbstverantwortung und lebt damit immerhin konsequent nach ihren selbst gesetzten Gründen, Letzterer hat sich hingegen für die fundamentale Form der Selbstkritik, für Weischedels Selbstverantwortung zweiter Stufe oder Grundselbstverantwortung, entschieden:

---

225 Es bleibt, darüber zu diskutieren, wann dies genau der Fall ist und wann nicht. Nida-Rümelin führt an, dass „[z]wischen Einstellungen und Empfindungen keine scharfe Grenze verläuft" (NIDA-RÜMELIN 2007, S. 69). Doch er betont weiter: „Je deutlicher uns die Rolle praktischer Deliberation ist, desto eher sprechen wir von einer Einstellung und nicht von einer Empfindung. Je stärker die Affektion durch Gründe ist, desto eher sprechen wir von Einstellungen. Je geringer dieses Maß ist, desto eher sprechen wir von Empfindungen" (ebd.). Es kann hier, wie ich bereits ausgeführt habe, nicht darum gehen, die Unterschiede zwischen Gefühlen, Emotionen, Einstellungen, Meinungen und Ansichten im Einzelnen zu diskutieren, um auf der Grundlage einer Differenzierung zwischen diesen Phänomenen zu dem Schluss zu gelangen, welche davon Voraussetzung für Selbstverantwortung sind und welche nicht.

8 Die doppelte Daseinsverantwortung

> „This radical evaluation is a deep reflection, and a self-reflection in a special sense: it is a reflection about the self, its most fundamental issues, and a reflection which engages the self most wholly and deeply [...]; and what emerges from it is a self-resolution in a strong sense, for in this reflection the self is in question; what is at stake is the definition of those inchoate evaluations which are sensed to be essential to our identity." (Taylor 1976, S. 299)

Vor diesem Hintergrund lässt sich darüber nachdenken, auch die retrospektive Daseinsverantwortung in zwei Stufen zu umschreiben, insofern die erste Stufe die bloße Akzeptanz der eigenen Vergangenheit und der Gründe, nach denen man bislang gelebt hat, umfasst, die zweite Stufe hingegen als eigentlicher Akt der Positionierung darüber hinausgeht. Doch würde dies die Möglichkeit einer neutralen Selbstbezugnahme voraussetzen, was zwar theoretisch denkbar, jedoch praktisch unwahrscheinlich ist, wie ich weiter oben bereits angemerkt habe. In Bezug auf die prospektive Daseinsverantwortung erscheint hingegen nach den obigen Ausführungen eine Einteilung in zwei Stufen sinnvoll. Als Formung des eigenen Charakters anhand selbst gesetzter Gründe stellt sie, und dem würde wohl auch Arendt zustimmen, eine Handlungs*ursachen*verantwortung dar. Doch überdies handelt es sich dabei auch um eine Handlungs*folgen*verantwortung, wobei der Begriff des Selbst als Dasein alles umfasst, was das handelnde Individuum aufgrund eines Vorhandenseins der für die Möglichkeit zur Verantwortungsübernahme erforderlichen Bedingungen, nämlich Kommunikations- und Handlungsfähigkeit sowie Urteilskraft, verantworten muss. Das Selbst ist die Summe der zu verantwortenden Handlung(sfolgen) eines Menschen, die sein Leben, seine Person und seinen Charakter betreffen:

> „Ausschlaggebend ist und bleibt der Anspruch des Individuums an sich selbst. Nur was es selbst aufnimmt, nur das, worauf es sich selbst ansprechen und aufmerksam machen läßt, nur was es selbst als Problem erfährt, das geht es wirklich etwas an. Deshalb kommt letztlich alles auf das Individuum selber an – also darauf, wie es sich versteht." (Gerhardt 1999, S. 301)

Gerhardts Worte lassen sich in die Forderung übersetzen, dass jeder die Verantwortung für sich selbst trägt und mit dem Verantwortungsgegenstand des Selbst prospektiv das eigene Leben gemeint ist, das man über die Reflexion der eigenen Vergangenheit in der retrospektiven Daseinsverantwortung gestalten kann – wenn auch nicht vollständig, möchte man dem Einfluss anderer und dem Zufall ihr Recht nicht absprechen. Durch die Akzeptanz einer prinzipiellen Verantwortung für die eigenen Handlungsgründe werden auch zusätzliche und speziellere individuelle Verantwortlichkeiten nicht ausgeschlossen, sondern erst ermöglicht. Praktisch gerät der Einzelne wohl erst aufgrund seiner doppelten Daseinsverantwortung später in Dilemmasituationen, wenn Gegenstand oder

Normen der Selbst- mit denen einer anderen Verantwortlichkeit konfligieren (vgl. zu den Individualverantwortlichkeiten die Kapitel 9 und 10). Überdies verlangt die Wahrnehmung von Weischedels Grundselbstverantwortlichkeit dem Individuum im Alltag sehr viel mehr ab als seine Selbstverantwortung erster Stufe:

> „Ein solches Geschehen, in dem die Existenz im ganzen hinfällig wird, liegt nicht in der Linie des natürlichen Dahinlebens. Vielmehr muß es in das Dasein des Menschen einbrechen, um ihn aufhorchen zu machen. Ein Überfallenwerden des Menschen von seinem Grunde geschieht in Grundstimmungen." (Weischedel 1972, S. 66)

Eine Hinterfragung der eigenen Lebensmaßstäbe ist jederzeit aufs Neue möglich, darf allerdings wohl im Alltag keine Rolle spielen. Denn wäre man ständig damit beschäftigt, sein Handeln auf die ihm zugrunde liegenden Vorbilder zu überprüfen, käme man in den seltensten Fällen tatsächlich zum Handeln. In den allermeisten Situationen ist die Erfahrung des Selbst auf die Daseinsverantwortung erster Stufe reduzierbar, was bedeutet, konsequent nach den selbst gesetzten Gründen zu leben, wenn es auch dem Individuum generell möglich bleibt, über seine Maßstäbe umfassender nachzudenken. Im Gegensatz zu Weischedel halte ich es jedoch nicht für besonders überzeugend, dass man sich hierfür ausschließlich und notwendig in einer etwaigen Grundstimmung befinden muss, für die er beispielhaft die „Verzweiflung" (ebd.) nennt. Der Einzelne muss generell wissen, dass die Reflexion über den eigenen Charakter möglich ist, dass Alternativen zum eigenen Lebensentwurf existieren, dass die Orientierung an unterschiedlichen Normen und das Auswählen verschiedener Gründe Folgen im eigenen Handeln und im Erscheinen als Person zeitigen.[226] So ist zugleich die Möglichkeit einer Hinterfragung auch der Normen des eigenen Elternhauses, des Freundes- und Bekanntenkreises gegeben, ebenso zu einem späteren Zeitpunkt eine Kritik der Arbeits- und Wirtschaftsstrukturen und nicht zuletzt der staatlichen und politischen Grundsätze. Hieraus folgt jedoch keine „bloße Appell-Ethik" (Künzli 1986, S. 139) oder „Nimm-dich-zusammen-Ethik" (ebd.), sondern in Übereinstimmung mit Nida-Rümelin würde ich die Aufgabe der „ethischen Reflexion" (Nida-Rümelin 1998, S. 40) für eine unumgängliche und prinzipiell mögliche individuelle Fähigkeit und Tätigkeit der „Distanzierung" (ebd.) von den eigenen Handlungskriterien halten, die jedem Menschen als autonome Person gegebenen ist.[227]

---

226 Vgl. auch NUNNER-WINKLER 1993, S. 1187 zum Aufbau moralischer Motivation bereits in der Kindheit.
227 Nida-Rümelin schließt, dass dies „die Verantwortung für die moralischen Prinzipien [ist], nach denen ich mein Leben ausrichte" (NIDA-RÜMELIN 1998, S. 40).

8 Die doppelte Daseinsverantwortung

Doch nach welchen Normen wird denn über die Handlungsprinzipien, an die wir uns in Zukunft halten wollen, entschieden? Jeder Begründungsversuch der normativen Kriterien mündet in einen infiniten Regress, was sich im Verantwortungsdiskurs in der Suche nach einer Metaverantwortung niederschlug, einer Verantwortung für die Verantwortung also, einer Verantwortung für die normativen Kriterien der Verantwortung (vgl. Kapitel 3.5). Diesem Begründungsregress der Normen habe ich unter Berufung auf die Minimalbestimmung das Grund-Set normativer Kriterien entgegengesetzt, sodass vor diesem Hintergrund nun ausgeführt werden kann, dass das Individuum aus Mangel an einer allgemein anerkannten obersten Instanz wie etwa einem Gott selbst die Metaverantwortung für die normativen Kriterien trägt. Nur die Selbstverantwortung kommt als Kandidatin für diese Verantwortung für die Verantwortung in Frage. Nur das Individuum kann garantieren, dass es wirklich über die Normen für seine doppelte Daseinsverantwortung verfügt. Die Metaverantwortung für die normativen Kriterien jeder Verantwortlichkeit ist also zirkulär. Es ist die Verantwortung des Selbst für das Selbst vor dem Selbst gegenüber dem Selbst und auf der Grundlage selbst gebildeter Normen. Dieser fundamentale Zirkel in der Verantwortung muss akzeptiert werden, sofern man nicht auf eine oberste Instanz rekurrieren möchte, wobei er konzeptionell weder besser noch schlechter als der infinite Regress oder ein Instanz-Dogmatismus ist.

Definition der doppelten Daseinsverantwortung: Retrospektive Daseinsverantwortung bedeutet die Auseinandersetzung mit sich selbst und die Schaffung einer Selbstidentität durch Selbstbezugnahme. Hier genügt es, Selbstwidersprüche als solche anzuerkennen (vgl. die Beispiele 2 und 3). Prospektive Daseinsverantwortung meint ein konsequentes Handeln in Übereinstimmung mit den Gründen, die das eigene Handeln bestimmen (erste Stufe) sowie die Reflexion der Maßstäbe, nach denen man zu seinen handlungsleitenden Gründen gelangt (zweite Stufe). Ohne die Wahrnehmung retrospektiver ist ein Tragen prospektiver Daseinsverantwortung nicht möglich, und indem man prospektiv für sich selbst verantwortlich ist, hat man bereits retrospektiv für die eigene Person Rede und Antwort gestanden. Daher handelt es sich bei der Selbst- um eine doppelte Daseinsverantwortung.

9 Intersubjektivität und der Mensch als „weltbildendes" Lebewesen

„Sie [die Verantwortung; J. S.] ist zunächst einmal eine Einbeziehung von Welt in die Person und eine Verortung der Person in der Welt." (Freyer 1970, S. 195)

Das letzte Kapitel schloss mit Überlegungen zur Begründungszirkularität in der Selbstverantwortung, insofern hier alle Relationselemente mit dem Träger in eins fallen. Das „Subjekt [muss] die Rolle auch der anderen Elemente übernehmen" (Bayertz 1995, S. 19) und ist zugleich „Angeklagter, Richter und Gesetzgeber" (ebd.). In diesem Kapitel soll zunächst zwischen der doppelten Daseinsverantwortung als der ersten umfassenden Verantwortung des Individuums und weiteren Formen individueller Verantwortungsübernahme differenziert werden. Danach schildere ich, inwiefern Intersubjektivität als Moment der Verantwortung der Gefahr einer Totalverantwortlichkeit vorbeugen kann, um über das Scharnier der Intersubjektivität auch zwischen der Selbstverantwortung und der Weise, in der bereits Kinder Rede und Antwort stehen können, zu unterscheiden. Abschließend wird es darum gehen, was Intersubjektivität eigentlich ist, um ihre signifikanten Aspekte, nämlich Versprechen, Vertrauen und Verlässlichkeit.

Erstens – Selbst- und Individualverantwortung: In der doppelten Daseinsverantwortung steht der Einzelne retrospektiv für die eigene Person bis zur Gegenwart Rede und Antwort, und prospektiv definiert er Handlungsgründe und setzt sich Vorbilder, nach denen er sein Leben auszurichten gedenkt. Retrospektiv trägt er bspw. dafür die Verantwortung, dass er bislang Fleisch gegessen hat (vgl. Beispiel 2 in Kapitel 8) und prospektiv dafür, ob er weiterhin Fleisch essen möchte. Er verantwortet dies zunächst ausschließlich vor sich selbst (vor seinem Gewissen), alle weiteren Instanzen wie Eltern und Freunde sind selbst gesetzt, und er gibt sich selbst den Grund für das Bestehen dieser Verantwortlichkeit; er ist der Adressat und Betroffene, da ohne ihn diese Verantwortung nicht bestehen würde.

Individuelle Verantwortung meint ganz generell, dass ein Einzelner allein und in vollem Sinne für einen Gegenstand Rede und Antwort steht (vgl. die Kurzdefinition zu Beginn von Kapitel 3.1.1), was in der Entwicklung hin zu einer autonomen Person zuerst bei der doppelten Daseinsverantwortung der Fall ist. Aber muss dann nicht auch jede weitere Individual- als Selbstverantwortung definiert werden? Wie kann zwischen einem Gegenstand der doppelten Daseinsverantwortung und dem Objekt einer anderen individuellen Verantwortungszuschreibung differenziert werden? Um die Intuitionen zu dieser Fragestellung zu schärfen, könnte in einem ersten Schritt das Gegenteil angenommen werden: Es gibt gar keinen Unterschied zwischen der Selbst- und weiteren Formen individueller Verantwortung. Individuelle Verantwortung ist generell Daseinsverantwortung, was bedeuten würde, dass jeder Gegenstand, für den ein Einzelner verantwortlich ist, durch ihn selbst definiert wird. Zugleich ist das Individuum als Adressat der Selbstverantwortung auch ‚Ur-Grund' für jede andere Form der individuellen Verantwortungszuschreibung, sodass man zwar primär den Betroffenen in einem anderen Menschen suchen könnte, jedoch sekundär und d. h. hier im eigentliche Sinne im Träger der individuellen Verantwortung selbst. Irgendwie scheint diese Annahme einer Synonymität von doppelter Daseins- und Individualverantwortung nicht recht eingängig. Aber warum?[228] Vielleicht aus dem Grund, weil sie den Einzelnen in mindestens zweierlei Hinsicht überfordern würde, denn erstens könnte ihm auf diese Weise ein Gegenstand auferlegt werden, den ein einzelner Mensch gar nicht allein verantworten kann. Die beiden Gedankenexperimente der EWEP- und der EWEO-Perspektive stellen Möglichkeiten zum Umgang mit dieser Problematik zur Verfügung (vgl. die Kapitel 3.1.1 und 3.2.1). Zweitens kann jemand in der Wahrnehmung seiner Verantwortung auch dadurch überfordert werden, dass er selbst Instanz und Adressat für selbige abgeben und dementsprechend über mehrere Kompetenzen verfügen muss. Hierauf komme ich weiter unten zurück.

Die den weiteren Überlegungen zugrunde liegende These zur Beantwortung der Frage, wie die Daseins- von anderen Formen individueller Verantwortung zu differenzieren ist, lautet, dass sich Letztere gegenüber Ersterer dadurch auszeichnet, dass mindestens ein Relationselement vom Träger verschieden ist (vgl. die Kurzdefinition der Selbstverantwortung zu Beginn von Kapitel 3.1.1 sowie die Definition am Ende von Kapitel 8). Alle Individualverantwortlichkeiten, in denen z. B. nicht der Träger selbst, sondern jemand anderes (auch) Instanz oder Adressat ist, stellen keine Fälle von doppelter Daseinsverantwortung dar, was in den folgenden Beispielen veranschaulicht werden soll.

Auseinanderfallen von Träger und Adressat: Eine allein erziehende Mutter steht für ihre Tochter vor sich selbst moralisch Rede und Antwort. Sie selbst ist Instanz der moralischen Verantwortung für ihr Kind und entscheidet deshalb bspw. über dessen Ernährung oder darüber, ob es Klavierunterricht erhalten soll. Andere Menschen können sie zwar kritisieren, doch zumindest in moralischer Hinsicht wird die letzte Entscheidung nicht von Nachbarn oder Bekannten,

---

228 Nebenbei stimmt diese Beschreibung der Individualverantwortung mit der Position eines neuzeitlichen Subjektivismus überein (vgl. Kapitel 3.3).

9 Intersubjektivität und der Mensch als „weltbildendes Lebewesen" 175

sondern allein durch die Mutter getroffen (sofern sie nicht bestimmte Grenzen überschreitet, die durch die rechtliche Verantwortung definiert werden). Der Adressat besagter individueller Verantwortlichkeit ist hingegen die Tochter und nicht die Mutter, denn sie ist vom Handeln der Mutter betroffen und stellt den Grund für das Vorhandensein ihrer Verantwortung dar. Gerade weil die Mutter nicht Adressat dieser Verantwortlichkeit ist, darf sie nicht in jeder Hinsicht frei über ihr Kind verfügen (vgl. die Ausführungen zum Beispiel der Elternverantwortung in Kapitel 3.4).

Subjekt: Mutter
   Subkategorie I/K: individuell
Objekt: Kind (= Wohlergehen des Kindes)
   Subkategorie P/R: prospektiv
   Subkategorie P/U: relativ partikular
Instanz: Gewissen der Mutter
   Subkategorie P/Ö: privat
Adressat: Kind
   Subkategorie P/Ö: öffentlich
Normative Kriterien: eigene Normen
   Subkategorie P/Ö: privat
   Subkategorie B: moralische Verantwortung

Auseinanderfallen von Träger und Instanz: Stellen wir uns den Fall einer Verantwortlichkeit vor, in dem Träger und Adressat zusammenfallen, die Instanz aber jemand anderes ist. Der Bürger trägt bspw. für die Rechte seines Gemeinwesens die Verantwortung, und zugleich stellt er auch den Rechtsadressaten dar. Die Instanz, vor der er seine Rechte einklagen kann und vor der er für einen Rechtsbruch bestraft wird, ist hingegen das Gericht und nicht der Bürger.

Subjekt: Bürger
   Subkategorie I/K: individuell
Objekt: Rechte
   Subkategorie P/R: prospektiv
   Subkategorie P/U: partikular
Instanz: Richter
   Subkategorie P/Ö: öffentlich
Adressat: Bürger
   Subkategorie P/Ö: öffentlich
Normative Kriterien: Strafgesetzbuch
   Subkategorie P/Ö: öffentlich
   Subkategorie B: rechtliche Verantwortung

Ein weiteres Beispiel zeigt, inwiefern Träger und Instanz nicht miteinander übereinstimmen bei gleichzeitigem Auseinanderfallen von Träger und Adressat:

Die Mutter trägt strafrechtlich die Verantwortung für die willentliche Verletzung ihres Kindes vor dem Richter. Wieder ist das Kind und nicht etwa seine Mutter Adressat besagter Verantwortlichkeit.

> **Subjekt**: Mutter
>   Subkategorie I/K: individuell
> **Objekt**: Verletzung des Kindes
>   Subkategorie P/R: retrospektiv
>   Subkategorie P/U: partikular
> **Instanz**: Richter
>   Subkategorie P/Ö: öffentlich
> **Adressat**: Kind
>   Subkategorie P/Ö: öffentlich
> **Normative Kriterien**: Strafgesetzbuch
>   Subkategorie P/Ö: öffentlich
>   Subkategorie B: rechtliche Verantwortung

Selbstverantwortung unterscheidet sich also von anderen Formen individueller Verantwortungszuschreibung dahingehend, dass in Letzterer mindestens ein Relationselement nicht mit dem Träger in eins fällt. Überdies ist der Gegenstand einer individuellen, die keine Selbstverantwortung darstellt, entweder prospektiv (Beispiel: das Wohlergehen des Kindes) oder retrospektiv (Beispiel: die Verletzung des Kindes). Nur das Objekt der Daseinsverantwortung ist insofern doppelt, als es eine gleichzeitige Prospektivität und Retrospektivität des verantworteten Selbst impliziert.

Zweitens – Intersubjektivität und Totalverantwortung: Intersubjektivität zeigt sich in verschiedenen Entwicklungsphasen des Menschen und markiert dadurch die Weisen, in denen ein Einzelner Verantwortung tragen kann, nämlich entweder in Form der ‚kindlichen' und mithin situativ begrenzten Verantwortung, der ersten umfassenden Verantwortung der autonomen Person (der doppelten Daseinsverantwortung), weiteren Individualverantwortlichkeiten oder als Mitgliederverantwortung, wenn der Einzelne als Teil eines Kollektivs handelt. Oben wurde bereits darauf hingewiesen, dass durch ein Auseinanderfallen der Relationselemente Subjekt, Instanz und Adressat einer Überforderung des Einzelnen vorgebeugt werden kann, sodass Intersubjektivität ein Nicht-allein-Bleiben mit der individuellen Verantwortung gewährleistet. Im Folgenden soll gezeigt werden, inwiefern sie hierdurch auch der potenziellen Gefahr einer Totalverantwortung, die besagt, dass der Einzelne allein für ‚alles' Rede und Antwort steht (vgl. Einleitung), begegnen kann.

Komplexitätsreduktion durch den Gegenstand: Der Verantwortungsträger kann durch das Objekt seiner Verantwortlichkeit überfordert werden. In einem solchen Fall beugt Intersubjektivität der Gefahr einer Totalverantwortung, die hieraus resultieren könnte, vor, denn der Einzelne muss für keinen Gegenstand so umfassend Rede und Antwort stehen wie für sich selbst. Für alle weiteren vorstellbaren Objekte sind auch andere Menschen individuell verantwortlich, weshalb sich ein Verantwortungssubjekt auch immer mit anderen austauschen kann, die um seine Situation wissen und ihm in manchen Fällen vielleicht sogar im Tragen seiner Verantwortung beistehen können. Nur für die eigene Person ist man im Rahmen seiner doppelten Daseinsverantwortung allein zuständig. Jede weitere individuelle Verantwortungsübernahme ist insbesondere durch die intersubjektive Teilbarkeit des Gegenstands vergleichbar und kommunizierbar. In jeder Individualverantwortlichkeit ist der Einzelne gewissermaßen wieder in die Situation eines Kindes versetzt, das Verantwortung prospektiv oder retrospektiv nur für sehr begrenzte Ereignisse haben kann (vgl. Kapitel 6). Im Unterschied zum Kind beruht die individuelle Verantwortung der autonomen Person freilich auf ihrer bereits äußerst umfassenden Daseinsverantwortung, und überdies steht ein Erwachsener für andere Gegenstände zwar nur begrenzt Rede und Antwort, doch hat er bei Weitem mehr Verantwortlichkeiten zu tragen als ein Kind. Ferner sind die Objekte, für die man im Erwachsenenalter verantwortlich gemacht wird, sehr viel komplexer. Dennoch beugt diese inhärente Begrenzung der Verantwortungsübernahme im Gegenstand in entweder prospektiver oder retrospektiver Ausrichtung einer tendenziellen Überforderung des Individuums und der Gefahr einer Totalisierung der Verantwortung vor. Gegenstand der Selbstverantwortung ist ‚nur' die eigene Person, alle anderen potenziellen Verantwortungsobjekte fallen nicht mit dieser in eins.

Kompetenzreduktion durch Kompetenzdelegation: Intersubjektivität als Moment der Verantwortung beugt auch der Gefahr einer Totalverantwortung vor, die aus einer Überforderung durch Rollen entstehen kann, wenn diese alle durch den Verantwortlichen selbst ausgeübt werden müssten. Selbst wenn ein Einzelner allein Verantwortung trägt, teilt er seine Verantwortlichkeit in gewisser Hinsicht mit Zweiten und Dritten, insofern ‚nur' das Tragen der Verantwortung in seinen Kompetenzbereich fällt und er nicht zugleich auch Instanz und Adressat sein muss. Durch die zusätzliche Übernahme der Aufgaben der Instanz, die da sind Kontrolle, Prüfung und Richten des Trägers und der des Adressaten, nämlich Grund des Bestehens einer Verantwortlichkeit, Betroffen-Sein, mithin ‚Sinngebung', könnte dem Verantwortungssubjekt durchaus zu viel abverlangt werden.

Aus der jeder Verantwortlichkeit (außer der Selbstverantwortung) inhärenten Arbeitsteilung, die den Träger vor einer Totalisierung in Form einer Überforderung durch die Ausübung zu vieler Rollen bewahrt, folgt jedoch umgekehrt, dass alle weiteren Beteiligten wie Instanz und Adressat vor einer Ausreizung der Kompetenzen des Subjekts geschützt werden müssen. Würden alle in der Verantwortlichkeit auszuübenden Funktionen nur durch den Verantwortlichen selbst ausgeübt werden, nämlich Handeln (Träger), Kontrolle, Prüfung und Richten des Subjekts (Instanz), Betroffen-Sein und Sinngebung (Adressat), wäre es nicht möglich, dass er seine Kompetenzen übersteigt, denn alle Kompetenzen in dieser Verantwortlichkeit lägen bei ihm. Doch aus der Intersubjektivität, die eine Rollen- bzw. Arbeitsteilung in der Verantwortung gewährleistet, folgt gerade, dass nicht alle Kompetenzen bei dem fraglichen Träger liegen, sondern einige auch durch andere Rollen wie Instanz und Adressat zu übernehmen sind. Daher kann es zu Fällen von Kompetenzüberschreitung und -missbrauch in einer Individualverantwortlichkeit kommen. Der Adressat wird durch den Träger gefährdet, wenn bspw. die Erziehungsberechtigten (Subjekt) ihren Handlungsspielraum in Bezug auf die ihrer Obhut unterstellten Kinder (Adressat) überschreiten. Die Intersubjektivität der Verantwortung garantiert in diesem Fall eine geeignete Schutzmaßnahme, insofern es der Instanz zukommt, die Kinder vor einem möglichen Missbrauch durch die Eltern zu bewahren. Auch eine Gefährdung des Trägers durch die Instanz ist vorstellbar, indem z. B. ein Gericht (Instanz) die ihm zukommenden Kompetenzen in Bezug auf den Angeklagten (Subjekt) überschreitet. Hier sind im Normalfall die normativen Kriterien Garant dafür, dass dies nicht geschieht, doch theoretisch können sie auch die Instanz gefährden. In einem Strafgerichtsprozess hört der Richter (Instanz) normalerweise Zeugen, Experten und Anwälte an, um zu einem wohlüberlegten Urteil zu gelangen. Würde man ihm jedoch zumuten, bereits direkt nach der Schilderung eines komplexen Sachverhalts ein gültiges Urteil zu fällen, ohne ihm die Möglichkeit einzuräumen, über die Dauer eines ganzen Prozesses zu einem wohlbegründeten Schluss zu gelangen, würde man ihn überfordern. Die Menschen eines Rechtssystems (Adressat) garantieren dafür, dass die Normen, auf die sich der Richter berufen kann, ihn auch in seiner Kompetenzausübung schützen.

Potenzielle Verantwortungsträger lernen von den ersten Momenten ‚kindlicher' Verantwortungsübernahme an, was Intersubjektivität in Form von Rollen-, Arbeits- und Kompetenzteilung in einer Verantwortungskonstellation bedeutet. Das Wissen, dass man in keiner Verantwortungsausübung allein gelassen wird, ist nicht aus der Struktur der Verantwortung abzuleiten oder aus dem Auswendiglernen von Relationselementen, sondern man muss es sich praktisch aneignen. In diesem Sinne stellt Verantwortung eine Fähigkeit dar, die geübt werden will.

Drittens – ‚kindliche' Verantwortung und Selbstverantwortung: Bereits in der ‚kindlichen' und kontextuell begrenzten Verantwortung ist Intersubjektivität aufgrund des Vorhandenseins einer Instanz und eines Adressaten direkt gegeben und äußert sich somit zeitlich bereits vor der Selbstverantwortung, in der Instanz

9 Intersubjektivität und der Mensch als „weltbildendes Lebewesen" 179

und Adressat mit dem Träger zusammenfallen (vgl. die Kapitel 6 und 8). Das Kind lernt in den ersten Momenten begrenzter Verantwortungsübernahme, dass es eine Instanz gibt (meistens die Eltern oder Erzieher), die über sein Verhalten urteilen kann. Wenn z. B. Max im Kindergarten seinen Spielgefährten Paul verletzt, wird er dafür vom Betreuer ausgeschimpft und lernt so für sein Handeln gerade zu stehen, indem er sich bspw. bei Paul entschuldigt. Auch die anderen Rollen innerhalb einer Verantwortungskonstellation eignen sich Kinder mit der Zeit an. Stellen wir uns wieder Max (Instanz) vor, vor dem sich sein Freund Paul (Träger) zu entschuldigen hat, wenn beide verabredet waren und Paul zu spät zu dem vereinbarten Treffen kommt. Bevor also Intersubjektivität in der doppelten Daseinsverantwortung auf ein Potenzial beschränkt wird, weiß der Mensch bereits, dass er in der Verantwortung mit anderen gemeinsam ist und es häufig zu einer direkten Arbeitsteilung durch Kompetenzdelegation kommt. Im Moment der Intersubjektivität lernen Kinder, wie sie als werdende autonome Personen auch in einem umfassenden Sinne für sich selbst, vor sich selbst und gegenüber sich selbst Rede und Antwort stehen können. Verantwortung stellt vom ersten Erleben an ein direkt intersubjektives und auch in jeder späteren Form, selbst in der privatesten, subjektivsten und am meisten verinnerlichten Weise (in der Selbstverantwortung), ein zumindest auf Intersubjektivität hin angelegtes Phänomen dar. Die ‚nur' potenzielle Intersubjektivität in der doppelten Daseinsverantwortung ist deshalb möglich, da man bereits im Kindesalter gelernt hat, dass Verantwortung in den meisten Momenten tatsächlich vor einer Instanz, die nicht es selbst ist und gegenüber einem Adressaten, der sich von ihm unterscheidet, getragen wird. Aus tatsächlicher Intersubjektivität folgt die Möglichkeit von Intersubjektivität in der Selbstverantwortung, und da in der ‚kindlichen' Verantwortung Instanz und Adressat praktisch immer auftreten, wird das Kind darauf vorbereitet, später auch vor und gegenüber sich selbst Rede und Antwort zu stehen, wenn diese Rollen ‚nur' strukturell in der Verantwortung mit gegeben sind.

Volle Verantwortung gibt es erst als Selbstverantwortung, wenn alle Relationselemente mit dem Träger in eins fallen und Intersubjektivität ‚bloß' potenziell gegeben ist. Doch bereits in ihrer rudimentärsten Form, nämlich in der begrenzten ‚kindlichen' Verantwortung, stellt Verantwortung eine intersubjektive Erfahrung dar, sodass die hier angestellten Überlegungen damit geschlossen werden können, dass Individualität bzw. Subjektivität und Überindividualität bzw. Intersubjektivität gleichermaßen in der Verantwortung begründet liegen. Individuelle Verantwortung, um auf die Frage, die dieses Kapitel eröffnet hat, eine Antwort zu geben, ist nicht mit Selbstverantwortung gleichzusetzen, sondern zeichnet sich ihr gegenüber dadurch aus, dass mindestens ein Relationselement nicht mit dem Träger zusammenfällt und der Gegenstand entweder prospektiv oder retrospektiv ist, nicht aber beides zugleich.

Viertens – die Aspekte der Intersubjektivität: Bislang wurde Intersubjektivität mit Rollen-, Arbeits- und Kompetenzteilung ausformuliert, was zwar ihre direkten Folgen oder Umsetzungsmodi darstellt, jedoch sie selbst nicht definiert. Im Folgenden ist mit „Intersubjektivität" so viel wie „versprechen können, vertrauen können und verlässlich sein" gemeint.[229] Ich möchte hier meine Überlegungen aus Kapitel 2.3 wieder aufgreifen, wo ich diese zwischenmenschlichen Institutionen über die Urteilskraft als Bedingungen für die Möglichkeit zur Verantwortung eingeführt habe, um dann in einem zweiten Schritt das Moment der Intersubjektivität über Versprechen, Vertrauen und Verlässlichkeit in der Verantwortung zu begründen.

Stabilität der Person im Erscheinen und Handeln wird durch Normen in Form von Gründen gewährleistet, weshalb man Menschen Vertrauen entgegenbringen und, wenn dies auch keine nach Kausalitätsgesetzen funktionierenden Mechanismen sind, sich auf sie verlassen kann.[230] Versprechen geben und einander vertrauen zu können sind Bedingungen für die Möglichkeit von Verantwortung, was bspw. Arendt in dem unveröffentlichten Manuskript „Basic Moral Propositions" deutlich macht,[231] wenn sie ausführt, dass „[t]o breed an animal [der Mensch; J. S.] with the right to make promises - - to stabilize his future by binding himself and the other which is the source of responsibility for the future as contrasted with guilt which relates to the past" (Arendt 1966, S. 24548). Die Quelle prospektiver Verantwortung liegt Arendt zufolge in der stabilisierenden Funktion des Versprechens. Wer ein Versprechen gibt, trägt Verantwortung für sich und denjenigen, dem er selbiges gegeben hat, denn er sucht in gewisser Weise die aufgrund der Aporien des Handelns unvorhersehbare Zukunft festzulegen (vgl. Kapitel 7). Er allein kann die Zukunft so gestalten, wie er sie in seinem Versprechen bereits vorgezeichnet hat,[232] weshalb „nur das Versprechen den Menschen auch für sich selbst ‚berechenbar' und die Zukunft verfügbar macht" (Arendt 2008b, S. 314).[233] So trägt nur der Mensch als einziges Wesen,

---

229 Vgl. auch FREYER 1970, S. 199, MUNZEL 1998, S. 153 f., PANKOKE 2006 und OTTMANN 1993 zu dem engen Verhältnis von Verantwortung und Vertrauen.
230 Vgl. zum stabilitätsgarantierenden „Nutzen von Identität" (LEIPOLD/GREVE 2008, S. 404) auch Leipold und Greve und überdies GRUNDMANN 2006, S. 88 f.
231 Vgl. PIEPMEIER 1995, S. 88. Das auf das Frühjahr 1966 datierte Manuskript „Basic Moral Propositions" aus dem Nachlass der Library of Congress beschäftigt sich an zwei Stellen mit dem Verantwortungsbegriff.
232 In *Vita Activa* diskutiert Arendt die in ihren Augen nahezu unüberbietbare Bedeutung der menschlichen Fähigkeit, Versprechen zu geben; vgl. bspw. ARENDT 2008b, S. 314.
233 Arendt bemerkt zu Verlässlichkeit und Versprechen: „Die Unvoraussehbarkeit der Anderen […] können wir nur ertragen, wenn wir uns wenigstens auf uns selbst verlassen können. Dies realisiert sich im Versprechen und im Versprechen-halten. Ohne diese Verlässlichkeit, die nur

das mit der Fähigkeit, Versprechen zu geben, ausgestattet ist, Verantwortung. Arendt zufolge gewährleistet sogar nur die Fähigkeit zu versprechen, dass sich Menschen in politischen Gemeinschaften zusammenschließen können:

> „This stretching out into the future in the form of promise [...] is [...] the beginning of all action[,] [...] of all organization, organized living together. And of all responsibility. Without promises I'd not know what responsibility is: I take it upon myself." (Arendt 1966, S. 24559)

Die Aporien des Handelns, wodurch die absolute Voraussicht jeder Tat unmöglich gemacht ist, werden durch die Fähigkeit des Versprechens ausgeglichen (vgl. Kapitel 7). Könnten die Menschen nicht zumindest ein wenig auf die Worte anderer vertrauen, wäre Verlässlichkeit nicht garantiert, wären Gesellschaft, Kultur und generell menschliche Organisation undenkbar. Das Versprechen realisiert den öffentliche Raum, weshalb Arendt in *Über die Revolution* diese einmalig sich im Menschen manifestierende Fähigkeit auch „die im politischen Bereich vielleicht […] höchste und bedeutendste aller menschlichen Fähigkeiten" (Arendt 1994b, S. 227) nennt. Jede Verantwortung enthält im Kern ein Versprechen und jedes Versprechen bringt Verantwortung mit sich:

> „Gerade in der Fähigkeit, Versprechen zu geben und zu halten, offenbart sich die weltbildende Fähigkeit des Menschen. Denn so wie jedes Versprechen und jede Vereinbarung auf die Zukunft zielt, die unabsehbar und unvoraussagbar alles verschlingen würde, wenn der Mensch in sie nicht Absehbares und Voraussagbares werfen könnte, so betrifft ja auch das Gründen und Stiften wie alle anderen weltbildenden Fähigkeiten des Menschen niemals so sehr ihn selbst und seine Gegenwart als seine ‚Nachfolger' und ‚Nachkommen'." (Arendt 1994b, S. 227)[234]

Als weltbildendes Lebewesen, wie Arendt den Menschen hier nennt, bewegt er sich zwischen Privatheit und Öffentlichkeit, Subjektivität und Intersubjektivität, Handeln und Bewahren. Er manifestiert im Versprechen einen Schatten, eine Facette der sonst der Flüchtigkeit preisgegebenen Fähigkeit des Handelns und garantiert in diesem „unabsehbaren und unvoraussagbaren" Bereich des „Zwischen" einen Hauch von Stabilität. Verantwortung als Stabilitätsgarant gibt dem Menschen ein Zuhause in der Welt (vgl. Kapitel 7) und leistet eine „Einbeziehung von Welt in die Person", wie es in dem diesem Kapitel vorangestellten

---

der Einer gewordene Mensch im Verkehr mit dem Anderen erfahren kann, ist die Welt der Menschen schlechthin ein Chaos." (ARENDT 2003b, S. 74)

234 In *Über die Revolution* beschreibt Arendt an mehreren Stellen die Bedeutung des Versprechens und Vertrauens für die Möglichkeit der Gründung menschlicher Gemeinschaften und der Errichtung eines öffentlichen Raumes; vgl. hierzu ARENDT 1994b, S. 217, 222 und 235 f. Besonders ausführlich äußert sie sich hier über den Zusammenhang zwischen Gründen, Versprechen und Handeln.

Zitat von Freyer heißt, die der Einzelne im Tragen seiner Verantwortung in jedem Moment neu „gründet" und „stiftet". So wird eine Verbindung zwischen Jetzt und Zukunft, zwischen dem in der Gegenwart lebenden Menschen und den zukünftigen Generationen geschaffen. Versprechen, Vertrauen und Verlässlichkeit stellen über die Urteilskraft Bedingungen für die Möglichkeit zur Verantwortungsübernahme dar und über sie gelangt das Moment der Intersubjektivität in die Verantwortung. Im Rede-und-Antwort-Stehen aktiviert das Individuum seine „weltbildenden Fähigkeiten", geschieht „eine Verortung der Person in der Welt" (Freyer 1970, S. 195). Versprechen, Vertrauen und Verlässlichkeit offenbaren sich als Aspekte der Intersubjektivität in jeder Verantwortlichkeit und in ihnen äußert sich die soziale Integration, die in der Verantwortung geschieht.[235]

Fazit: Verantwortung ist in ihrer umfassenden und zugleich subjektivsten Form intersubjektiv. Intersubjektivität kommt nicht nur potenziell, sondern tatsächlich bereits in der ‚kindlichen' Verantwortung zum Ausdruck und bedeutet die Fähigkeit, Versprechen geben zu können, einander zu vertrauen und sich auf andere zu verlassen. Auch die retrospektive Verantwortung, der Arendt wenig Aufmerksamkeit geschenkt hat, beinhaltet diese zwischenmenschlichen Institutionen, da der Träger aufgrund eines in der Vergangenheit gegebenen Versprechens nun vor einer Instanz und gegenüber einem Adressaten Rede und Antwort steht und diese sich hierauf auch verlassen können. Dass unsere prospektiven Verantwortlichkeiten, d. h. die gegebenen Versprechen, bedingen, wofür wir retrospektiv verantwortlich sind, wird vor diesem Hintergrund nachvollziehbar (vgl. Kapitel 3.2).

---

[235] Diesen Gedanken verdanke ich dem Austausch mit Volker Gerhardt.

10 Mitgliederverantwortung und die Verschränkung von Struktur- und Intersubjektivitätsebene

Auf der Intersubjektivitätsebene wurde in einem ersten Schritt die Selbstverantwortung der autonomen Person von der Weise, in der bereits Kinder Rede und Antwort stehen können, unterschieden und in einem zweiten Schritt die doppelte Daseinsverantwortung von anderen individuellen Verantwortlichkeiten, in denen nicht alle Relationselemente mit dem Träger zusammenfallen. Nun soll in einem dritten Schritt anhand eines etwas ausführlicheren Beispiels genuine Individual- von Mitgliederverantwortung, die jemand im Rahmen eines Kollektivs trägt, differenziert werden. Bereits auf der Strukturebene des Analysemodells hat sich herausgestellt, dass in vielen Kontexten das Objekt festlegt, ob die fragliche Verantwortlichkeit individuell oder kollektiv ist. Deshalb werden nun diese Überlegungen wieder aufgegriffen, insofern im ersten Teil verschiedene Weisen der Verantwortungsübernahme in Kollektiven ausgemacht worden sind, nämlich Voll-, Teil- und Mitverantwortung (vgl. Kapitel 3.1.1). Im Gegensatz zu Individuen können Kollektive für alle möglichen Gegenstände verantwortlich sein, so kann eine Gruppe von Menschen retrospektiv für die zerstörte Wohnung des Freundes Rede und Antwort stehen, in der sie eine wilde Party gefeiert haben (partikularer Gegenstand). Zudem verantwortet das Kollektiv der Erzieher prospektiv das Wohlergehen ihrer Kinder (relativ partikular). Die Deutschen sind retrospektiv für die deutsche Vergangenheit verantwortlich, was deshalb ein relativ universales Objekt ist, da die hierunter fallenden Handlungen ohne zusätzliche Erläuterungen nicht eindeutig auszumachen sind. Schließlich stehen die Deutschen auch prospektiv für Deutschland Rede und Antwort, wobei es sich auch hier bei „Deutschland" um einen universalen Gegenstand handelt, solange nicht ausgeführt wird, was zu tun ist, damit die Deutschen ihrer Verantwortung gerecht werden. Hingegen kann eine Behauptung wie die, dass ein Einzelner allein für die Menschheit, den Klimawandel oder Deutschland Rede und Antwort steht, nicht überzeugen.

Es ist insbesondere dann von Kollektivverantwortung die Rede, wenn das fragliche Objekt zu komplex ist, als dass ein Einzelner dafür Rede und Antwort stehen könnte, genau dann also, wenn es unter der EWEP-Perspektive intuitiv nicht mehr vorgestellt werden kann. Diese Heuristik deckt unsere Intuitionen darüber auf, inwiefern der Gegenstand die Verantwortungsübernahme des Trägers bestimmt, wohingegen die EWEO-Perspektive zeigt, inwiefern das Subjekt das Objekt als universal oder partikular definiert (vgl. Kapitel 3.2.1). Was strukturell also seit Kapitel 3.1.1 bereits bekannt ist, soll nun unter dem Blickwinkel von Verantwortung als einer Fähigkeit dargelegt werden, dass nämlich der verschränkte Gebrauch beider Gedankenexperimente die Differenzierung zwischen genuiner Individual- und Mitgliederverantwortung veranschaulichen kann. Überdies ist eine Differenzierung zwischen individueller und kollektiver Verantwortung nur aufgrund der Tatsache möglich, dass das Tragen von Verantwortung und die zu einer Verantwortungskonstellation gehörigen Rollen erst gelernt werden müssen. Anders als im nächsten Teil auf der Kontextualisierungsebene des Analysemodells soll in diesem Kapitel jedoch keine umfassende Konzeptvervollständigung vorgenommen werden, sondern ich beschränke mich maßgeblich auf das Verantwortungssubjekt und -objekt.

Stellen wir uns zwei Personen A und B vor, die auf einem Spaziergang durch die Nachbarschaft an eine große Kreuzung gelangen, auf der einige Zeit zuvor ein Unfall geschehen ist, denn Krankenwagen, Polizei und Feuerwehr sind zugegen. In den Unfall scheinen mehrere Fahrzeuge involviert zu sein, doch da sie ineinander verkeilt sind, sieht man nicht auf den ersten Blick, wie das Unglück im Einzelnen vonstatten gegangen ist. Einige Kinder haben den Unfall offensichtlich nicht überlebt, was A und B noch erkennen können, bevor dieselben mit Laken verdeckt werden. Da sich A und B in dieser Situation nicht erst auf eine Definition des fraglichen Objekts (der geschehene Unfall) einigen müssen, wird die EWEO-Perspektive nicht eingenommen, sondern es stellt sich hier zunächst die Frage nach dem Subjekt der Verantwortung, was sich nicht nur auf den rein kausalen Verursacher bezieht, sondern insbesondere darauf, wer an dem Geschehen wie beteiligt war (vgl. die zweite Komponente der Minimaldefinition in Kapitel 1). In einem *ersten Schritt* wäre folgender Dialog zwischen A und B denkbar:

> A ruft erschrocken aus: „Ach du liebe Güte, wie konnte das denn passieren?"
> B: „Das musste ja so kommen. Schließlich war die Straße seit Jahren beschädigt und außerdem hatte ich schon seit Wochen das Gefühl, dass die Ampel dort drüben nicht richtig funktioniert."
> A: „Aber die Leute sollten doch auch einfach weniger Auto fahren. Dann geschehen solche schrecklichen Dinge auch nicht. Bestimmt haben die Eltern ihre Kinder auch nicht angeschnallt."

Viele weitere Äußerungen sind vorstellbar, die auf den Versuch einer intuitiven Identifizierung des Verantwortungssubjekts zielen und nicht nur nach dem Verursacher des Schadens suchen, sondern nach zahlreichen auch sekundär und tertiär am Geschehen Beteiligten wie z. B. der Stadt, allgemein den Autofahrern und den Eltern, die sich nicht hinreichend um die Sicherheit ihrer Kinder be-

10 Mitgliederverantwortung

müht haben. Unter der EWEP-Perspektive ist ein solcher Unfall intuitiv nicht mehr vorstellbar, denn für einen einzelnen Verantwortlichen ist er zu komplex. Da der Unfall überdies nicht nur über einen unteren, sondern auch über einen oberen Schwellenwert verfügt sowie über eine additive Natur, tragen die Beteiligten eine partielle Verantwortung für ihren Anteil am Unglück. Es handelt sich um einen linearen, retrospektiven und relativ universalen Gegenstand, da wahrscheinlich eine größere Anzahl an Menschen involviert ist, deren Handlungen nicht im Einzelnen genau bestimmt werden können.

Man stelle sich jetzt in einem *zweiten Schritt* vor, dass Person B noch am Unfallort über ihr Handy Person C anruft und sie über die aus dem Unfall resultierende Straßensperre informiert, damit C auf dem Weg von der Arbeit nach Hause einen Umweg einplanen kann. Am Telefon fragt B: „Hast du schon von dem Unfall gehört?" Bevor Person C, die noch nicht über das Unglück informiert worden war, antwortet, geht sie in dem Bruchteil einer Sekunde verschiedene mögliche Szenarien durch. Hier kommt also die EWEO-Perspektive zum Einsatz, denn die Frage ist zunächst nicht die nach dem möglichen Subjekt, sondern nach dem Gegenstand selbst: C erinnert sich zuerst bspw. an einen kleineren Unfall von Sohn Paul mit dem Fahrrad vor einigen Tagen, bei dem er glücklicherweise mit einem Schrecken davongekommen ist. Weil das Verantwortungssubjekt Paul und sein möglicher Handlungsspielraum (bspw. mit dem Fahrrad gegen einen Baum fahren) klar identifizierbar sind, handelt es sich hier bei besagtem Unfall um einen partikularen Gegenstand. Weiterhin könnte nun von der EWEO- in die EWEP-Perspektive gewechselt werden, um sich darüber zu versichern, dass Paul die Verantwortung für diesen spezifischen Unfall allein trägt, da der kleine Fahrrad-Unfall unter der EWEP-Perspektive intuitiv immer noch vorstellbar ist. Überdies kann in einem weiteren Wechsel, nun von der Struktur- auf die Intersubjektivitätsebene, darauf geschlossen werden, dass es sich bei Pauls Verantwortung für den Fahrradunfall nicht um seine Selbst-, sondern um eine andere Individualverantwortlichkeit handelt, denn der Gegenstand des Fahrradunfalls fällt nicht mit dem Verantwortungsträger zusammen. Auch die Instanz, vor der sich Paul für das Unglück wird verantworten müssen, wenn bspw. das teure Fahrrad beschädigt wurde, ist nicht er selbst, sondern z. B. seine Eltern. Doch zurück zum Telefonanruf.

In einem *dritten Schritt* antwortet Person C nun ihrerseits mit einer Frage: „Ist Paul etwas passiert?" Unter der EWEO-Perspektive müsste sich jedes Verantwortungsobjekt, das Paul potenziell zuschreibbar wäre, als partikular erweisen, denn egal, was er konkret angestellt haben könnte, sind seine Handlungsoptionen verhältnismäßig klar auf einen mehr oder minder eindeutigen Möglichkeitsbereich einzugrenzen. Daraufhin beruhigt sie B: „Nein, nein, mit Paul ist alles in Ordnung. Aber ich hatte dir ja erzählt, dass die Stadt schon lange die

Straße xy hätte wieder instand setzen müssen und dass auch die Ampel an der großen Kreuzung bereits seit Wochen nicht mehr richtig funktioniert. Jetzt hat sich gezeigt, was passiert, wenn man solchen notwendigen Baumaßnahmen nicht schnell genug nachkommt." Nach dem Gesagten ändern sich die Vorstellungen von Person C, sodass sie sich in einem *vierten Schritt* unter der EWEO-Perspektive und abhängig von den durch B vermittelten potenziellen Verantwortungsträgern (z. B. die Stadt) unter dem fraglichen Unfall nun einen universalen Gegenstand vorstellt, der tendenziell alle möglichen Szenarien enthalten kann. Deshalb fragt C endlich: „Aber von welchem Unfall redest du denn eigentlich? Für welchen Unfall ist die Stadt denn verantwortlich?" Erst nachdem Person B sie über das Geschehen in Kenntnis gesetzt hat, kann C das fragliche Verantwortungskonzept vervollständigen (wobei die anderen Relationselemente hier nur beispielhaft bestimmt werden, sofern man sich einen längeren Gedankenaustausch zwischen B und C vorstellt, in dem mehr Informationen als die hier besprochenen vermittelt wurden):

Subjekt: Stadt, Autofahrer, Eltern
    Subkategorie I/K: kollektiv (Teilverantwortung)
Objekt: Autounfall
    Subkategorie P/R: retrospektiv
    Subkategorie P/U: universal
Instanz: Gericht
    Subkategorie P/Ö: öffentlich
Adressat: Unfallopfer
    Subkategorie P/Ö: öffentlich
Normative Kriterien: Strafgesetzbuch
    Subkategorie P/Ö: öffentlich
    Subkategorie B: rechtliche Verantwortung

Nicht alle Informationen zu der vollständigen Bestimmung einer Verantwortungszuschreibung sind der Strukturebene zu entnehmen, sondern einige, wie bspw. ob es sich um eine Selbst- oder um eine andere Form individueller Verantwortung handelt, werden über das Wissen um die Intersubjektivität der Verantwortung vermittelt. Denn ohne z. B. Aufschluss darüber zu haben, wie weit die Kompetenzen einer bestimmten Instanz (wie die Eltern) reichen können, oder was von einem spezifischen Träger (wie Paul) erwartet werden kann, ist kein Verantwortungskonzept zu vervollständigen und kann über die Komplexität des fraglichen Gegenstands nicht viel ausgesagt werden. Dieses Wissen eignen wir uns nicht über das Auswendiglernen von Relationselementen an und können es auch nicht aus der Struktur des Verantwortungsbegriffs ableiten, sondern wir müssen es uns praktisch aneignen.

11 Zweite Zwischenbilanz

Thema des zweiten Teils war Verantwortung als Fähigkeit, wobei dies v. a. Überlegungen zur Intersubjektivität als Moment der Verantwortung umfasste. Da Intersubjektivität in den verschiedenen Verantwortlichkeiten im Leben eines Menschen auf verschiedene Weise realisiert wird, lässt sich hierüber zwischen der ‚kindlichen' Verantwortung, der ersten umfassenden Verantwortung der autonomen Person (die doppelte Daseinsverantwortung), weiteren Formen individueller Verantwortungsübernahme sowie der Mitgliederverantwortung in einem Kollektiv differenzieren. Kinder tragen situativ bedingt und abhängig von der Entwicklung der für die Verantwortungsfähigkeit notwendigen Bedingungen (vgl. Kapitel 2) unterschiedlich komplexe Verantwortlichkeiten, die prinzipiell rein prospektiv oder rein retrospektiv sind, womit einer potenziellen Überforderung des Kindes durch die Zuschreibung von Verantwortung vorgebeugt wird. Kinder lernen neben dem Tragen von Verantwortung ebenso die anderen Rollen innerhalb einer Verantwortungskonstellation, nämlich Instanz und Adressat zu sein. Die erste vollständige Verantwortlichkeit des Menschen stellt die von mir so benannte doppelte Daseinsverantwortung da, die aus einer Auseinandersetzung mit Arendts Verantwortungsansatz entwickelt wurde (vgl. Kapitel 7). Es handelt sich hierbei um die Selbstverantwortung der autonomen Person als eine Metaverantwortung für die normativen Kriterien (vgl. Kapitel 8). Sie ist immer zugleich retrospektive Verantwortung für die Ausbildung einer Selbstidentität durch Selbstbezug und prospektive Verantwortung für die konsequente Orientierung an selbst gesetzten Gründen sowie für die Auswahl von Maßstäben, nach denen man zu diesen handlungsleitenden Gründen gelangt.

Die Selbstverantwortung unterscheidet sich von anderen Weisen individueller Verantwortungsübernahme dahingehend, dass in ihr alle Relationselemente mit dem Subjekt der Verantwortung zusammenfallen (vgl. Kapitel 9), was bei weiteren individuellen Verantwortlichkeiten nicht der Fall ist. Intersubjektivität stellt hier durch ein Auseinanderfallen von Träger, ggf. Instanz und Adressat eine Art Präventivschutz gegen eine mögliche Überforderung durch das Tragen von Verantwortung dar. Dabei hat sich herausgestellt, dass Intersubjektivität bereits in der ‚kindlichen' Verantwortung tatsächlich auftritt, wenn Kinder noch gar nicht als autonome Personen im eigentlichen Verständnis gesehen werden können, wohingegen die doppelte Daseinsverantwortung als erste volle Verantwortlichkeit des Menschen in ihrer größten Subjektivität Intersubjektivität nur als Potenzial aufweist. In Kapitel 10 wurde anhand der bereits im ersten Teil eingeführten Heuristiken der EWEP- und der EWEO-Perspektive die Verschränkung von Struktur- und Intersubjektivitätsebene sowie die Unterscheidung zwischen Individual- und Mitgliederverantwortung an einem etwas ausführlicheren Beispiel veranschaulicht.

In der Einleitung zum zweiten Teil wurden zwei Fragen aufgeworfen, die in den Kapiteln 6-10 implizit auch immer mit enthalten waren. Als Antwort auf die erste Frage, wie sich Intersubjektivität in den verschiedenen Lebensphasen und Formen der Verantwortungsübernahme vom Kind bis zum Kollektivmitglied zeigt, bestätigt sich nun die schon formulierte These, dass Rollen-, Kompetenz- und Arbeitsteilung innerhalb einer Verantwortungskonstellation die verschiedenen Umsetzungsmodi der Intersubjektivität darstellen. Dies sind die Weisen, in denen sich Intersubjektivität zeigt, ob nun direkt in der ‚kindlichen' Verantwortung, bloß auf ein Potenzial beschränkt in der Daseinsverantwortung oder wieder tatsächlich in weiteren Verantwortlichkeiten des Menschen. Welche Funktion ihr dabei zukommt, konnte insbesondere in Kapitel 9 dargelegt werden, wo ich ausgeführt habe, dass dank der Intersubjektivität einer drohenden Totalisierung der Verantwortung vorgebeugt wird, zum einen durch eine eindeutige Begrenzung des Verantwortungsgegenstands und seiner Teilbarkeit mit anderen Menschen, zum anderen durch eine Kompetenzreduktion in Form rollenbedingter Arbeitsteilung innerhalb einer Verantwortungszuschreibung.

C Verantwortung als Aufgabe - Kontextualisierung

„Only as a word is responsibility universal. As a fact, it is an event that happens in the life of this or that particular individual. It consists in the establishment of a felt relation to other people at a specific place under specific circumstances and at a given time." (Kallen 1942, S. 358)

Von Verantwortung ist in wissenschaftlichen und nicht-wissenschaftlichen Kontexten die Rede, als fact oder event, wie es in dem Zitat heißt, wird sie im Alltag erlebt und man gebraucht den Verantwortungsbegriff zur Erklärung von (Zuschreibungs-)Problemen. Die Frage nach Verantwortung stellt sich per se in Situationen, in denen ein Verantwortungskonzept mindestens z. T. bereits definiert wurde. Manchmal existiert bspw. bereits ein Objekt, für das ein Subjekt gesucht wird. Es ergeben sich dann etwa Fragen wie „Wer ist für den Klimawandel verantwortlich?" oder „Wer ist für die Welt-Finanzkrise verantwortlich?". In anderen Fällen sind einem Träger bestimmte Verantwortungsgegenstände zuzuweisen. Dann fragt man evtl. „Wofür kann eine Partei verantwortlich gemacht werden?" oder „Wofür tragen die Bürger die Verantwortung?". In wiederum anderen Situationen können sich Fragen nach der Befugnis einer Instanz stellen in Form von „Über welche Kompetenzen verfügt das Bundesverfassungsgericht?". Die Vervollständigung eines Verantwortungsmodells, bspw. das Konzept der Klimaverantwortung,[236] kann von den vorliegenden Informationen in Form einiger oder mehrerer bereits bekannter Relationselemente ihren Ausgang nehmen, so im Beispiel der Klimaverantwortung vom Objekt Klimawandel. Mittels der bereits definierten Relationen werden noch fehlende Elemente bestimmt (These von der Struktur der Verantwortung; vgl. Einleitung). Häufig übernehmen die normativen Kriterien eine wesentliche Funktion in der Vervollständigung eines Verantwortungskonzepts, weshalb ich auf die Schwierigkeiten, die sich mit einer eindeutigen Nennung insbesondere der normativen Kriterien ergeben, auf den folgenden Seiten wiederholt zu sprechen komme.

Normen-Kategorien unterscheiden sich vornehmlich über den Status der fraglichen Kriterien von einander (vgl. Kapitel 3.5.1). Moralische Normen sind nicht notwendig intersubjektiv teilbar, politische Normen hingegen (ähnlich politischen Rechten) bedürfen der öffentlichen Rechtfertigung, und rechtliche

---

[236] Ich gebrauche die Ausdrücke „Verantwortung für den Klimawandel" und „Klimaverantwortung" gleichbedeutend.

Normen stellen sanktionierbare und einklagbare Rechte bzw. Pflichten dar. Es kann hier jedoch nicht um die verbindliche Festlegung einer Reihe konkreter Normen gehen, bspw. der moralischen Kriterien als Maßstab moralischer Klimaverantwortung, denn aus dem Verantwortungsbegriff kann kein Normenkatalog hergeleitet werden. An mehreren Stellen wird sich zeigen, dass ich mit Vorschlägen zu einer Ausformulierung z. B. der politischen Klimaverantwortung keine eindeutigen Handlungsvorgaben setzen kann, wie etwa „Jeder Bürger sollte sich regelmäßig für die staatliche Finanzierung klimafreundlicher Technologien einsetzen – bspw. durch Demonstrationen". Was im Rahmen einer Kontextualisierung der Verantwortung geleistet werden kann, ist, ein Bewusstsein dafür zu schaffen, inwiefern ein Akteur in Dilemma-Situationen gerät. Für welche Handlung er sich bei begrenzten Ressourcen in einem fraglichen Moment entscheidet – bspw. „Kaufe ich lieber Bio-Produkte und schone damit auch die Umwelt, oder spende ich regelmäßig für Welthungerhilfeprojekte?" –, erklärt eine systematische Untersuchung über die Verantwortung nicht. Nur *das Transparenz-Prinzip* kann der Verschränkung der drei Ebenen entnommen werden: *„Jede eindeutige Verantwortungszuschreibung ist jeder weniger eindeutigen Verantwortungszuschreibung vorzuziehen."* Um ein Beispiel zu geben: Sollte die Analyse der Klimaverantwortung als politische Verantwortung eine eindeutigere Formulierung von Handlungsprinzipien erlauben als eine Analyse derselben als moralische Verantwortung, wäre Erstere Letzterer vorzuziehen.

Entgegen etwaiger Annahmen resultiert die Kontextualisierung der Verantwortung nicht aus der Anwendung der These von ihrer Struktur, sondern sie ist Teil einer umfassenden Analyse der Verantwortung auf drei Ebenen. Einerseits kann die Struktur der Verantwortung nicht isoliert von einem Verständnis von Verantwortung als Fähigkeit sowie ohne konkrete inhaltliche Bestimmung der Relationselemente untersucht werden. Andererseits wird die vollständige Definition eines Verantwortungskonzepts erst möglich, wenn man sich auch ihre begriffliche Struktur in Form der Abhängigkeitsverhältnisse zwischen den Relationselementen und ihren Subkategorien zunutze macht. Keine Verantwortungsstruktur kann vollkommen kontextlos erfasst werden, denn es ist immer für jemanden von Belang, dass Verantwortung in einer bestimmten Situation getragen wird. Umgekehrt lässt sich aber auch kein Kontext, in dem der Begriff gebraucht wird, ohne ein Verständnis der ihm zugrunde liegenden begrifflichen Struktur durchdringen. Verantwortung als Zuschreibungspraxis, als Aufgabe, ist mit Verantwortung als Begriff und Verantwortung als Fähigkeit verschränkt.

Die von mir gewählten Beispiele in den Kapiteln 12 und 13 sind Fälle von Verantwortungszuschreibungen aus der aktuellen Debatte. Im Folgenden soll jedoch keine umfassende Ausformulierung der politischen und der Klimaverantwortung vorgenommen werden. Beide Verantwortungskonzepte könnten

C Verantwortung als Aufgabe - Kontextualisierung

Gegenstand eigenständiger Untersuchungen sein, und obwohl ein Vorteil der Verantwortungsforschung ihre interdisziplinäre Ausrichtung ist, können Grundthemen der Politischen und Sozialphilosophie sowie der Umweltethik hier nicht eigens behandelt werden, auch wenn sie ganz offensichtlich den Hintergrund meiner Überlegungen bilden. An mehreren Stellen wird der reine Verantwortungsfokus – also der Versuch, alle wesentlichen Informationen zur Vervollständigung eines Verantwortungskonzepts ausschließlich aus dem Verantwortungsbegriff zu ziehen – an seine Grenzen stoßen. Um eine Verantwortlichkeit vollständig auszuformulieren, werden Zusatzargumente benötigt, für die mir im Rahmen dieses Buches die Ressourcen fehlen. Insofern handelt es sich um eine beschränkte Definition der politischen und der Klimaverantwortung als eine Bestimmung dessen, was ausgehend von einer Interpretation der Relationselemente und ausschließlich unter der Verantwortungsperspektive über ein spezifisches Verantwortungsmodell ausgesagt werden kann.

In beiden Kapiteln wird zur Veranschaulichung von Verantwortung als Aufgabe unterschiedlich vorgegangen. Der Titel von Kapitel 12 – „Politische Verantwortung" – ist sehr vage formuliert, insofern die Frage danach, was politische Verantwortung ist, nur die Information enthält, dass es sich um einen bestimmten Verantwortungsbereich handelt, nämlich um den der politischen (und nicht bspw. wirtschaftlichen) Verantwortung. Alles Weitere zu einer Vervollständigung dieses Konzepts ist hieraus abzuleiten. Der Verantwortungsbereich ist eine Subkategorie der normativen Kriterien (vgl. Kapitel 3.5.1), d.h. der Bereich der politischen Verantwortung wird durch politische normative Kriterien begrenzt. Es bietet sich deshalb zunächst eine Ermittlung der klassischen Verantwortungsträger im politischen Raum an, um diesen dann Gegenstände, Instanzen, normativen Kriterien und Adressaten zuzuordnen. Ferner wird, da weder Subjekt noch Objekt im Titel von Kapitel 12 auch nur annähernd vorgegeben sind, immer wieder zwischen den Relationselementen gewechselt. Aus ersten Überlegungen zu den potenziellen Verantwortungssubjekten im politischen Raum ergeben sich erste Annahmen zu möglichen Gegenständen, für die sie Rede und Antwort stehen, wonach wiederum eine deutlichere Eingrenzung der Subjekte selbst erfolgt usw. Der Titel von Kapitel 13 stellt mit „Verantwortung für den Klimawandel" eine vergleichsweise präzise Frage. Immerhin wird hier mit „Klimawandel" bereits ein Objekt benannt, über das nun die anderen Relationselemente für eine Vervollständigung des Verantwortungskonzepts zu definieren sind. Aufgrund ihrer unterschiedlichen Fragestellung liegen also zu einer Definition der Relationselemente und ihrer Subkategorien in den Kapiteln 12 und 13 unterschiedliche Informationen vor, die eine jeweils andere Vorgehensweise nahe legen, in Kapitel 12 ausgehend vom Bereich (bzw. vom Träger) und in Kapitel 13 ausgehend vom Objekt der Verantwortung.

12 Politische Verantwortung

Ich bin in der Einleitung bereits kurz darauf eingegangen, dass ich meine Überlegungen zur politischen Verantwortung mit einer Erörterung der potenziellen Träger beginne, weshalb die Kapitel 12.1 und 12.2 im Titel Eigenschaften nennen, die auf das Verantwortungssubjekt (in Abhängigkeit vom Objekt) referieren, nämlich partielle und volle Verantwortlichkeit. Der Bereich der politischen Verantwortung kann in mehrere Subbereiche politischer Verantwortungszuschreibung geteilt werden, bspw. in die der „staatliche[n] Verantwortungsübernahme" (Hoffmann-Riem 2000, S. 49),[237] der Bürgerverantwortung[238] und „parlamentarische[n] Verantwortlichkeit" (Badura 1980, S. 573). Diese und andere Bereiche umfassen keine vollständigen Beschreibungen politischer Verantwortung, sondern lassen sich z. T. durch unterschiedliche Sets normativer Kriterien begrenzen, die aber keine zusätzlichen Normen enthalten, die nicht auch als politische Kriterien angeführt werden könnten. Die Normen etwa der Bürgerverantwortung wären also auch Kriterien der politischen Verantwortung, ohne dass man zugleich daraus schließen müsste, dass sie mit den Normen z. B. der parlamentarischen Verantwortung vollständig deckungsgleich sind.

In der Diskussion darum, wer politisch Rede und Antwort stehen kann, treten innerhalb der Verantwortungsdebatte eine Reihe von Kandidaten auf, so bspw. der Minister[239] oder mit Bezug auf ältere Quellen der Fürst[240]. Allgemeiner spricht man von der Verantwortung des Politikers[241], politischer Führungspersonen[242] oder von der Verantwortung einer Partei als einer Form von politischem Kollektiv. Auch werden Staat[243] und Regierung[244] angeführt, außerdem der Bundeskanzler[245] und das Parlament[246]. Zudem nennen einige Autoren die

---

237 Bei Heidbrink auch die „sozialstaatliche Verantwortung" (HEIDBRINK 2003, S. 221) an.
238 Vgl. DEGENHART 1996 und HEIDBRINK 2003, S. 221.
239 Vgl. BADURA 1980, DREIER 2000, S. 21, DI FABIO 2002, S. 15, ELLWEIN 1978, HEIDBRINK 2003, S. 222, der hier den „Ministerialbeamten" nennt, NIDA-RÜMELIN 2009, S. 411 f., SALADIN 1984, S. 28 und WENGST 1984.
240 Vgl. WELDER 1848a und WELDER 1848b.
241 Vgl. HEIDBRINK 2003, S. 222 und STEGMAIER 2007, insbesondere Abschnitt 4.
242 Vgl. KEOHANE 2010, S. 34, 36 und 217 f.
243 Vgl. KERSTING 2007b, MANDT 1974 und MÜNCH 2007.
244 Vgl. BADURA 1980, DEPENHEUER 1996, S. 93, DREIER 2000, S. 21 und DI FABIO 2002, S. 15.
245 Vgl. BADURA 1980, DREIER 2000, S. 21, HOFFMANN-RIEM 2000, S. 58 f. und SACHS 1995, S. 880.

Verantwortung der Exekutive[247], einer Behörde[248] oder generell eines „Amtsinhabers" (Heidbrink 2003, S. 222) sowie die Verantwortung der Beamten. Im Singular ist vom Bürger, im Plural von den Bürgern oder der Bürgerschaft die Rede, wobei auffällt, dass die Verantwortung des Bürgers häufig als individuelle Verantwortung bzw. als persönliche oder Eigenverantwortung bezeichnet wird.[249] Die kollektive Verantwortung des Staates wird dann der individuellen Bürgerverantwortung entweder positiv als Forderung nach mehr Eigenverantwortung[250] oder negativ als Sorge vor zu viel Eigenverantwortung des Bürgers[251] gegenübergestellt. Nida-Rümelin unterscheidet zwischen politischer Verantwortung im „weiteren Sinne" (Nida-Rümelin 2007, S. 56) und meint damit die Verantwortung „des Vollbürgers" (ebd.) und einer solchen im „engeren Sinne" (ebd.), wenn er auf die Verantwortung „des Politikers in einem öffentlichen Amt, eventuell auch [auf die] Verantwortung eines kollektiven politischen Akteurs, einer Partei, eines Ministeriums, einer Regierung etc." (ebd.) referiert.

Einige der vorgeschlagenen Verantwortungsträger sind verhältnismäßig unstrittig als Kollektive identifizierbar wie der Staat, die Regierung, politische Institutionen, einzelne Ministerien (staatliche Behörden), die Parteien und das Parlament. In die engere Auswahl für klassische individuelle Träger kommen der Politiker, der Minister (Bundeskanzler usw.) und der Bürger. Ob die Bürgerverantwortung individuell oder kollektiv ist[252] und welche Konsequenzen hieraus resultieren, ist Thema des folgenden Kapitels.

12.1 Partielle Verantwortung für das politische Gemeinwesen

Neben den bereits genannten Subjekten der politischen Verantwortung sind weitere denkbar, über die sich der Verantwortungsdiskurs bislang ausschweigt wie z. B. der Staatssekretär, Wahlhelfer und zahlreiche andere Menschen, die innerhalb politischer Institutionen tätig sind oder anderweitig im politischen Raum agieren. Was aus der wiederholten Bezugnahme auf politische Akteure wie den Bürger oder den Politiker geschlossen werden kann, ist, dass sie im politischen Raum bestimmte Gemeinsamkeiten teilen, die sie zu Trägern politi-

---

246 Vgl. BADURA 1980 und ELLWEIN 1978, S. 31.
247 Vgl. ebd., besonders Abschnitt III und SALADIN 1984, S. 27.
248 Vgl. DI FABIO 2002, S. 15, KERSTING 2007b und SALADIN 1984, S. 27.
249 Vgl. DEGENHART 1996 und SACHS 1995.
250 Vgl. DELHOM 2007, S. 209, KLAGES 2007, PIETZCKER 1985, SPAEMANN 2007, S. 50 sowie STEGMAIER 2007, S. 161 und 143.
251 Vgl. DREIER 2000, S. 26, NULLMEIER 2006, S. 153 und überdies PANKOKE 2006.
252 Vgl. SACHS 1995, S. 883.

scher Verantwortlichkeit macht. Hierbei handelt es sich um funktionale Gemeinsamkeiten, insofern die Bezeichnungen „Bürger" und „Politiker" auf Rollen referieren und damit die systematische Referenz eines Trägers auf einen Gegenstand der Verantwortung markieren (vgl. Kapitel 3.2).

Vor dem Hintergrund dieser ersten Intuitionen über politische Verantwortungsträger wird mit der Vervollständigung des Verantwortungskonzepts nun erstens über Rückschlüsse auf politische Verantwortungsgegenstände begonnen. Es wird sich herausstellen, dass das eigentliche Objekt der politischen Verantwortung ein dynamisches Gebilde aus der Gruppe der synergetischen oder nicht-linearen Gegenstände ist (vgl. Schaubild 1 in Kapitel 3.1.1). In Kapitel 3.1.1 wurde zwischen linearen oder additiven Gegenständen wie dem Bau einer Brücke und nicht-linearen oder synergetischen Gegenständen unterschieden. Letztere sind in die Unterkategorien der kumulativen Prozesse wie dem Klimawandel und der dynamischen Gebilde wie einer partnerschaftlichen Beziehung zu differenzieren. Synergetische Verantwortungsgegenstände weisen ein exponentielles Wachstum auf und verfügen nicht über einen oberen Schwellenwert. Obwohl es explizit erst Thema von Kapitel 12.2 ist, wird sich bereits in diesem Kapitel zeigen, dass die Verantwortung, die Personen im politischen Raum haben, keine genuin individuelle, sondern eine Mitgliederverantwortung darstellt.

Nach der Identifizierung des Bürgers als politisches Verantwortungssubjekt sowie ersten sich hieraus ergebenden Informationen zu politischen Verantwortungsgegenständen werden zweitens in einem Exkurs die in der Verantwortungsdebatte hierzu diskutierten Probleme vorgestellt. In einem dritten Schritt definiere ich die politische Gemeinschaft, unter die alle anderen Verantwortungsobjekte mit dem Attribut „politisch" zu subsumieren sind, als politischen Maximalgegenstand. Die doppelte Daseinsverantwortung der autonomen Person (vgl. Kapitel 8) stellt viertens die Metaverantwortung für die Ausbildung der politischen normativen Kriterien dar und das Konzept der partiellen Bürgerverantwortung wird dann fünftens um Instanz und Adressat vervollständigt.

Erstens – Subjekt und Objekt der politischen Verantwortung zwischen Beruf und Rolle: Bislang wurden nur einige der als klassisch geltenden politischen Verantwortungssubjekte benannt, nämlich Bürger und Politiker als individuelle sowie politische Institutionen als kollektive Träger. Welche Schlüsse sind hieraus zur Ermittlung des Objekts zu ziehen, wenn Beiden gemein ist, dass sie Rollen im politischen Raum sind, denen bestimmte Funktionen innerhalb des politischen Gemeinwesens zukommen.[253] Neben dem politischen Gemeinwesen

---

253 Einschlägig ist hier der Text „Social ontology" von John R. Searle, der die Struktur sozialinstitutioneller Realität anhand dreier Aspekte analysiert: „collective intentionality, the assignment of function, and constitutive rules and procedures" (SEARLE 2006, S. 16). Dabei

als geteiltem Referenzpunkt der Bürger- und Politikerrolle ist zu vermuten, dass sie aufgrund irgendeiner Vorstellung von Gemeinwohl existieren, über die sie ihre Funktion beziehen, wenn auch die Konzepte „politisches Gemeinwesen" und „Gemeinwohl" der Politischen Philosophie und Politischen Theorie Gegenstand unterschiedlicher Denkströmungen sind und dahingehend verschieden konnotiert gebraucht werden.[254] Das politische Gemeinwesen bzw. Gemeinwohl können (hier wechsle ich die Perspektive vom Verantwortungssubjekt zum -objekt) nur von kollektiven Akteuren verantwortet werden.[255] Aus zwei Gründen tragen Bürger und Politiker keine individuelle politische Verantwortung dafür:

Der erste Grund lautet, dass diese Verantwortungsgegenstände unter der EWEO-Perspektive sehr partikular definiert werden müssten, damit sie von einzelnen Akteuren verantwortet werden könnten, was wenig plausibel ist. Nur wenn angenommen werden könnte, dass bspw. ein einzelner Wähler mit seiner Wahlhandlung die alleinige Verantwortung für das Schicksal der gesamten politischen Gemeinschaft trüge, könnte behauptet werden, er wäre mit besagtem Wahlakt tatsächlich allein voll verantwortlich für das politische Gemeinwesen. So etwas ist im Normalfall nicht sehr wahrscheinlich, wenn auch logisch nicht generell auszuschließen. Um ein weiteres Beispiel zu nennen: Indem die ukrainische Politikerin Julia Timoschenko mit Russland Verträge über die Lieferung von Erdöl aushandelt, was ein politischer Akt ist, trägt sie nicht die alleinige (sondern höchstens eine Mit-)Verantwortung für das politische Gebilde „Ukraine". Sie ist politisch verantwortlich für ihr Handeln, trägt aber keine genuine Individualverantwortung für das politische Gemeinwesen, auf das sie mit ihrem Handeln zwar Bezug nimmt, das davon jedoch nicht vollständig abhängig ist.

Auch negativ, also nicht im Sinne einer Förderung, sondern als Schädigung des politischen Gemeinwesens durch einen einzelnen Akteur, bspw. im Falle eines Attentäters, kann aus dessen Tun nicht geschlossen werden. Er wäre retrospektiv individuell für eine Schädigung des politischen Gemeinwesens im Ganzen verantwortlich, außer wieder, es handelt sich um einen Sonderfall wie z. B.

---

stellt er die menschliche Sprache und die darauf gründende Fähigkeit zur Repräsentation als wesentliches Merkmal der Sozialisation vor; vgl. besonders ebd., S. 19 f.

254 Vgl. bspw. Will Kymlickas Ausführungen zum Gemeinwohl in seinem Einführungsband *Politische Philosophie heute*; insbesondere KYMLICKA 1997, S. 175 ff. und demgegenüber Gary S. Schaal und Felix Heidenreich über die Idee der Neutralität des Staates bei John Rawls in SCHAAL/HEIDENREICH 2006, S. 109 ff. Vgl. überdies HABERMAS 1996, und auch Sachs geht auf die Schwierigkeiten des Versuchs einer klaren Definition des Gemeinwohlbegriffs ein; vgl. SACHS 1995, S. 878.

255 Im Gegensatz dazu diskutiert bspw. Richard Reich, „daß die Idee der Humanität in ihrer ursprünglichen Konzeption den Begriff der politischen Verantwortung des Einzelnen für die Ordnung des Gemeinwesens mitenthalten [sic!] hat" (REICH 1964, S. 21).

12 Politische Verantwortung

ein Verbrechen gegen die Menschlichkeit. Der norwegische Attentäter Anders Behring Breivik, der am 22. Juli 2011 zunächst im Regierungsviertel in Oslo eine Autobombe zündete, wodurch acht Menschen ums Leben kamen und danach auf der Insel Utøya 69 Teilnehmer eines sozialdemokratischen Jugendlagers erschoss, trägt mit seinen Taten keine retrospektive individuelle Verantwortung für das politische Gemeinwesen der Norweger. Er ist verantwortlich für seine Tat, nicht aber aufgrund dieser Tat für die Gefährdung des Gemeinwesens im Ganzen. Politische Akteure sind nicht mit dem Wissenschaftler zu vergleichen, der nur den ‚roten Knopf drücken' kann (vgl. dieses Beispiel in Kapitel 3.2.1). Manche Taten politischer Akteure mögen große Auswirkungen auf das Gemeinwesen haben, doch unabhängig von Ausnahmefällen kann ein Vergleich der Wirkung ihrer Handlungen mit dem nuklearen Holocaust aus dem Beispiel des Wissenschaftlers nicht überzeugen. Daher ist der Verantwortungsgegenstand „politisches Gemeinwesen" unter der EWEO-Perspektive zumindest im Normalfall universal zu bestimmen, was bedeutet, dass eine größere Menge an Subjekten dafür Rede und Antwort steht und insbesondere, dass deren Handlungen nicht eindeutig eingrenzbar und definierbar sind (vgl. auch das erste von mir in Kapitel 4 vorgestellte Bedingungsverhältnis). Ich komme hierauf weiter unten noch einmal zurück.

Ein zweiter Grund dafür, dass das politische Gemeinwesen kollektiv und nicht individuell zu verantworten ist, lautet, dass selbiges unter der EWEP-Perspektive intuitiv nicht mehr vorstellbar ist. Um welche Form von Kollektivverantwortung es sich dabei handelt (um eine Teil- oder um eine Mitverantwortung), wird Thema von Kapitel 12.2 sein. Nach diesen ersten Ausführungen zum Objekt der politischen Verantwortung wird die Perspektive der Konzeptvervollständigung zwecks einer Fortsetzung der Überlegungen zum Träger wieder gewechselt. Die Rollenzuschreibung als Bürger oder als Politiker lässt sich zwar durch das politische Gemeinwesen erklären, doch die Akteure, die diese Rollen erfüllen, tragen im politischen Raum für die genannten politischen Gegenstände allerdings keine individuelle Verantwortung. Für welche Objekte können Individuen dann allein politisch Rede und Antwort stehen?

In den Kapiteln 3.2 und 3.2.2 habe ich meine Überlegungen zum Rollenbegriff mit zwei Fragen geschlossen, von denen ich die erste bezüglich der verantwortungstheoretischen Relevanz einer Differenzierung zwischen Rolle und Beruf nun wieder aufgreife. Einige politische Rollen wie bspw. die des Beamten können präziser beschrieben werden, da es sich dabei um Berufsbilder mit hinlänglich klar definierten Verpflichtungen handelt, im Gegensatz zu den nicht an spezifische Berufsbilder gebundenen Rollen, so z. B. im Falle des Politikers oder des Bürgers.[256] Die Kennzeichnung einer Rolle als entweder spezifisch oder unspezifisch erfolgt über die Aufgaben, die durch sie dem Rollenträger vorgegeben und die im Rahmen vieler Berufsbilder eindeutig definiert sind. Der Betroffene hat die Verantwortung für die gewissenhafte Erledigung der ihm durch die Rolle auferlegten Aufgaben, die sich innerhalb von Berufsbildern häufig als Bündel von Verpflichtungen ausformulieren lassen, wenn auch nicht grundsätzlich und vollständig.[257]

Nannerl O. Keohane beschreibt in *Thinking About Leadership* die Aufgaben einer (politischen) Führungsperson dahingehend, dass diese „determine or clarify goals for a group of individuals and bring together the energies of members of that group to accomplish those goals" (Keohane 2010, S. 23). Die Rolle des Politikers zeichnet sich demzufolge erstens durch die Definition von Zielen und zweitens durch die Mobilisierung der Kräfte zur Erlangung dieser Ziele der Gruppenmitglieder um besagten Politiker aus. Die praktische Umsetzung liegt in der Hand des betroffenen Politikers und Keohane schildert in dem genannten Werk mehrere Wege, die mit mehr oder minder großem Erfolgspotenzial beschritten werden können. Bei der Verantwortung des Politikers handelt es sich um eine Rollenverantwortlichkeit mit verhältnismäßig klarer Gegenstandsbestimmung, nicht aber um eine Berufsverantwortung.

Vor diesem Hintergrund kann angenommen werden, dass Berufsverantwortlichkeiten für gewöhnlich rechtliche Verantwortungskonzepte mit öffentlichem Status und einem partikularen, prospektiven Objekt sind. Sie stellen eine Untergruppe der Rollenverantwortung dar, die selbst ein universales Objekt haben kann (vgl. Kapitel 3.2.1). Rollenverantwortlichkeiten finden sich in allen Bereichen der Verantwortungszuschreibung als z. B. moralische oder soziale Rollen. Sofern sie auch als Berufe mit vertraglicher Regelung identifizierbar sind, handelt es sich um rechtliche Verantwortlichkeiten,[258] weshalb ich mich im Folgenden nicht näher mit der Berufsverantwortung befasse, da es in diesem Kapitel ja gerade nicht um rechtliche Verantwortung geht.

Wie kann also ermittelt werden (indem der Fokus nun wieder vom Verantwortungssubjekt auf das -objekt verschoben wird), für welche politischen Ge-

---

256 Depenheuer versteht interessanterweise in DEPENHEUER 1996, S. 110 die Bürgerverantwortung als recht eindeutig bestimmbar. Vgl. auch SALADIN 1984, S. 112.
257 Besonders anschaulich beschreibt Wengst in WENGST 1984 die Schwierigkeiten, die sich in der Vergangenheit mit einer Definition des Gegenstands der Ministerverantwortung ergeben haben.
258 Heidbrink differenziert in *Kritik der Verantwortung* verschiedene Verantwortungsformen. So unterscheidet er „*Rollen- und Aufgabenverantwortung*, [...] *Berufs- und Standesverantwortung*, [...] *Vertragsverantwortung* [...] und *Loyalitätsverantwortung*" (HEIDBRINK 2003, S. 205). Mir ist jedoch nicht klar, in welchem Verhältnis Heidbrink die Berufs- zur Rollenverantwortung einordnet.

12 Politische Verantwortung

genstände Individuen Rede und Antwort stehen, wenn es sich nicht um rechtliche Berufsverantwortlichkeiten handelt, bei denen das Objekt festgelegt ist, sondern um vergleichsweise unspezifische Rollenverantwortlichkeiten? Der Bürger hat kein klares Berufsbild und keine eindeutige Aufgabe als Verantwortungsgegenstand. Eine erste These könnte z. B. lauten, dass sich seine politischen Handlungsoptionen in der Bundesrepublik Deutschland zunächst in erster Linie auf die Entscheidung zu wählen oder nicht wählen zu gehen beschränken. Darin bestünde demnach der erste Gegenstand der Bürgerverantwortung, unabhängig davon, ob sie prospektiv oder retrospektiv ist.[259] Im Folgenden wird zunächst prospektiv erörtert, ob es sich bei der Bürger- um eine Individualverantwortung in dem Sinne handelt, dass er für seinen Wahlakt allein Rede und Antwort steht oder ob dieser Teil einer Kollektivverantwortung ist, ebenso wie das Verantwortungsobjekt des politischen Gemeinwesens weiter oben bereits als Kollektivgegenstand identifiziert wurde.[260]

Zweitens – Einführung in die Debatte um die Bürgerverantwortung: Sachs schließt seinen Text „Bürgerverantwortung im demokratischen Verfassungsstaat" mit einer Absage an die wirkungsvolle Zuschreibung individueller Bürgerverantwortung. Ihm zufolge gibt es „grundsätzlich keine individuelle Bürgerverantwortung für staatliche Entscheidungen irgendeiner Art" (Sachs 1995, S. 892):

> „Wollen Bürger die prinzipielle Irrelevanz ihres individuellen Verhaltens für das Gesamtgeschehen nicht hinnehmen, können sie sich entweder hinter Begriffen wie dem der ‚Mitverantwortung' verbergen und fortan im Zustand der Selbsttäuschung fortleben oder sie können versuchen, ihrer (relativen) Bedeutungslosigkeit durch den spektakulären Einzelakt, wie im Extremfall ein Attentat, wenigstens punktuell zu entrinnen und auf diese Weise individuelle ‚Verantwortung' zu übernehmen." (Sachs 1995, S. 892)

Diesen Worten liegen die Thesen zugrunde, dass Mitverantwortung eine Chimäre ist[261] und dass als Individualverantwortung des Bürgers nur außergewöhnliche, äußerst seltene und mithin deutlich negativ konnotierte Alleingang-Aktionen in Betracht kommen, die daher nicht als Attribute der Bürgerrolle bezeichnet werden können. Sachs' Fazit ist unter solchen Voraussetzungen vorhersehbar, wenn er ausführt, dass „dem Bürger ein für die Gesamtentwick-

---

259 Was explizit nur von Otto Depenheuer diskutiert wird; vgl. DEPENHEUER 1996, S. 94.
260 Carl-Friedrich Weizsäcker bemerkt in der Einleitung zu dem Sammelband *Die politische Verantwortung der Nichtpolitiker*: „Die politische Verantwortung ist nicht beschränkt auf die Wahl; sie fordert eine objektive Prüfung der Sachlage, zwingt zu Entscheidungen, die von Verständnis für unsere freiheitliche Ordnung und von der Anteilnahme an der ‚res publica' bestimmt sein müssen." (WEIZSÄCKER 1964)
261 Zusätzlich erklärt Sachs die (nahezuhe) Bedeutungslosigkeit der Kollektivverantwortung der Bürger in SACHS 1995, S. 893.

lung in dem Gemeinwesen, für seine allgemeingültigen Entscheidungen kausales Verhalten, wie es Voraussetzung jeder individuellen Verantwortung ist, nur sehr begrenzt möglich" (ebd., S. 893 f.) sein kann. Einige wie bspw. Walter Berka und Peter Saladin bezeichnen als Antwort auf diese negative Bewertung einer Zuschreibung individueller Bürgerverantwortung selbige von vornherein als Mit- und damit, wenn auch nicht immer explizit, als Kollektivverantwortung. Im Gegenzug zu Sachs nehmen sie an, dass der Bürgerverantwortung gerade als Kollektivverantwortung enorme Relevanz zukomme, da der Einzelne kollektiv gewichtigen Einfluss habe. En passant ergeht dabei ein Appell an die Bürger zu mehr Engagement und Eigeninitiative, und Saladin führt aus, dass „[d]er Staat in weiterem Umfang als bisher seine Bürger und seine ‚Barone' in die Pflicht nehmen, sie zu verantwortlicher Mit-Arbeit verpflichten und zugleich auf ihre Bereitschaft zu freiwilliger, überzeugter Übernahme von Mit-Verantwortung hinwirken [muß]" (Saladin 1984, S. 161).[262] Berka stimmt ein:

> „Auf dieser Grundlage kann ein formaler Begriff der Bürgerverantwortung gebildet werden: Sie ist die Pflicht jedes Menschen, nach Maßgabe der ihm eingeräumten rechtlichen Wirkungsmacht an der Hervorbringung der staatlichen Gemeinschaft und an ihrem Bestand mitzuwirken." (Berka 1996, S. 85)

Berka zufolge ist Bürgerverantwortung formal, da die Weise, in der der Einzelne an der politischen Gemeinschaft partizipiert, inhaltlich nicht vorgegeben werden kann. Daher erwägt auch er „[e]ine Aktivierung des Bürgersinns […] über die geistige Einflußnahme hinausgehend [als] möglich und sinnvoll" (ebd., S. 89). Um den Bürger nicht zu überfordern, sei dabei „Zurückhaltung" (ebd.) geboten. Detlef Merten drückt sich in diesem Punkt noch etwas vorsichtiger aus und warnt vor der Möglichkeit der „Verantwortungsermüdung" (Merten 1996, S. 42) des Bürgers, da dieser „Politik nicht als Beruf ausübt" (ebd.). Das kann freilich kein Argument gegen Bürgerverantwortung per se sein, denn selbst wenn es für Bürger in manchen Situationen anstrengender ist, ihre Verantwortung wahrzunehmen, kann dies nicht prinzipiell von Verantwortungsübernahme entschuldigen. Auch Merten hält „Anregungen, die die Verantwortung des Aktivbürgers […] stärken" (ebd., S. 41) für „erwägenswert" (ebd.).[263] Im Rahmen dieser Ansätze wird die Bürger- weiterhin als Rollenverantwortung, nicht aber als Berufsverantwortung interpretiert.

Eine zweite Reaktion auf die Position von Sachs ist den Überlegungen bspw. von Merten und Saladin[264] zu entnehmen, die, um der Bürgerrolle klarere Konturen zu verleihen, von der Notwendigkeit einer angemessenen Erweiterung

---

262 Vgl. überdies SALADIN 1984, S. 195 und BERKA 1996, S. 58 und 66.
263 Vgl. zudem MERTEN 1996, S. 37 f.
264 Vgl. SALADIN 1984, S. 74 ff., 215 und 217.

der Grundrechte in der Bundesrepublik Deutschland durch einen Katalog an Grundpflichten sprechen:

> „Obwohl sich die unmittelbare Verantwortung des Bürgers auf Wahlen und Abstimmungen reduziert, geht das grundgesetzlich näher ausgestaltete Wahlrecht nicht mit einer ausdrücklichen Wahlpflicht einher. Angesichts der magersüchtigen Grundpflichten im Grundgesetz fehlt es an Anhaltspunkten, die das Abstimmen und Wählen zur verfassungsgesetzlichen Rechtspflicht machen könnten." (Merten 1996, S. 24)

Merten und Saladin teilen mit Berka die Auffassung, dass „[a]ußerhalb des als Normordnung begriffenen Staats der Mensch als Staatsbürger nicht existent ist, und innerhalb des Staats gibt es Bürgerpflichten nur als Rechtspflichten" (Berka 1996, S. 50). Daher würden wir gut daran tun, dem, was legitim vom Bürger gefordert werden kann, eine breitere rechtliche Grundlage zu verleihen. Innerhalb dieser zweiten Positionierung als Reaktion auf das oben angeführte Zitat von Sachs geht es also um die Konkretisierung der Bürger- als Berufsverantwortlichkeit, und damit verknüpft ist die Begrenzung politischer zugunsten einer Ausweitung rechtlicher Bürgerverantwortung.

Die beiden geschilderten Positionen, die als Exkurs die Verantwortungsdebatte umreißen, sind miteinander kombinierbar, weshalb bspw. Saladin zweimal angeführt wird. Es handelt sich eher um unterschiedliche Fokussierungen desselben Problems von Ausmaß und Bedeutung der Bürgerverantwortung, als um sich ausschließende Stellungnahmen. Die erste fasst die Bürgerverantwortung als Mit- und damit als Kollektivverantwortung auf, die an sich zwar das politische Gemeinwesen zumindest theoretisch hinreichend fördert, praktisch allerdings noch mehr durch persönliches Engagement ausgelebt werden könnte. Die zweite Position nimmt an, dass sich die Bürgerverantwortung in ihren rechtlichen Vorgaben erschöpft[265] und genau aus diesem Grund das politische Gemeinwesen nicht hinreichend sichert. Sie sollte deutlichere rechtliche Konturen erhalten, z. B. in Form von Grundpflichten im Grundgesetz.

Dabei ist bezeichnend, dass keine der Positionen die politische Bürgerverantwortung eindeutig als individuell oder kollektiv charakterisiert. Meistens scheint implizit angenommen zu werden, dass sie eine Kollektivverantwortung darstellt, da der Bürger als Einzelner nur über geringe kausale Einflussmöglichkeiten auf den Staat als Ganzes verfügt. Das politische Gemeinwesen wird als Maximalgegenstand der politischen Verantwortung interpretiert, auf den sich alle politischen Handlungen in letzter Instanz beziehen. Auf diesen Aspekt komme ich unten zurück. Nur Depenheuer führt explizit aus, dass es sich bei der Bürger- um eine individuelle Verantwortung handelt:

---

265 Vgl. SACHS 1995, S. 886 f.

> „Fazit: Im demokratischen Verfassungsstaat ist die Bürgerverantwortung als Folge rechtlicher Ausdifferenzierung stets konkret-individuell; nur so ist sie für den einzelnen tragbar und kann gesellschaftlich wirkmächtig sein. Bürgerverantwortung in diesem pragmatischen Sinne beinhaltet die Absage sowohl an jede Form kollektiver Verantwortung als auch an eine diffuse Verantwortung des einzelnen für das Ganze des Gemeinwesens; beide Verantwortungsdimensionen sind nur rhetorisch wirkungsvoll, literarisch ergiebig, psychologisch sinnvoll – sachlich und rechtlich aber ohne greifbare Substanz, gerade deshalb beliebig funktionalisierbar und politisch gefährlich." (Depenheuer 1996, S. 98 f.)

Depenheuer schildert den Gegenstand der Bürgerverantwortung nicht anders als Berka und Merten, nämlich als Form der Mitwirkung am Gesamtgeschehen, dass also „Bürgerverantwortung nie auf das Ganze des Gemeinwesens geht" (ebd., S. 97).[266] Dennoch charakterisiert er selbige als individuelle und nicht als kollektive Verantwortung.

Drittens – der Maximalgegenstand der politischen Verantwortung: Eine Auseinandersetzung mit den vorgestellten Positionen in der Debatte um die Bürgerverantwortung garantiert ganz offensichtlich keineswegs mehr Klarheit in Bezug auf den Diskussionsgegenstand. Das Individuum trägt die Verantwortung für die politische Gemeinschaft nicht allein. Akteure im politischen Raum haben eine genuin individuelle Verantwortung für ihre Aufgabe, die ihnen durch die Rolle mehr oder minder vorgegeben wird (vergleichbar mit den Brückenbauern, vgl. Kapitel 3.1.1), wobei die zu der Bürger- und Politikerrolle zu zählenden Pflichten nicht ohne Schwierigkeiten auszumachen sind. Keohane hat bspw. die Aufgaben des Politikers mit Zieldefinition und Motivation der Partei beschrieben und ich habe den Wahlakt als Aufgabe des Bürgers vorgeschlagen. Dabei verstehe ich die politische Gemeinschaft, die oben als gemeinsamer Referenzpunkt der politischen Rollen eingeführt wurde, als Maximalgegenstand der politischen Verantwortung, d. h., dass sich alle politischen Objekte hierunter subsumieren lassen (vgl. auch Kapitel 12.2). Für die politische Gemeinschaft als Maximalobjekt politischer Verantwortungszuschreibung kann nur ein Kollektiv Rede und Antwort stehen, was bereits über eine Anwendung der EWEO- und EWEP-Heuristiken begründet wurde. Es bleibt noch zu erörtern, ob der Bürger eine politische Individualverantwortung für seinen Wahlakt trägt und ob er für weitere politische Gegenstände individuell Rede und Antwort steht.[267]

Maximalgegenstand: Der Bürger ist – so die These – individuell für seinen Gang zur Wahlurne verantwortlich, da sich dies aus der Definition seiner Rolle als Bürger ergibt. Aber sinnvoll erscheint die Charakterisierung der Handlung des Bürgers als Wahlakt erst, wenn sie in dem größeren Kontext der Wahl be-

---

266 Deutlich macht er dies auch an den folgenden Textstellen: DEPENHEUER 1996, S. 93, 96 und 120.
267 Vgl. hierzu wieder ebd., S. 114 f. und 117.

12 Politische Verantwortung

trachtet wird, denn ein einzelner Bürger ginge nicht wählen, wenn es nichts zu wählen gäbe. In diesem Sinne ist der Gang zur Wahlurne Teil des komplexeren und nur durch das Kollektiv der Bürger (sowie weiterer Beteiligte wie Wahlhelfer etc.) verantworteten Objekts „Wahl". Lediglich in diesem Rahmen kann überhaupt von einzelnen Wahlakten die Rede sein, und die Wahl wiederum existiert nur aufgrund des ihr übergeordneten Verantwortungsgegenstands „politische Gemeinschaft". Wählen gehen die Bürger nur, da sie in einer politischen Gemeinschaft leben und sie in ihrer Rolle ihre Bedeutung aus der Existenz derselben ziehen. Daher verantwortet der Bürger zwar seinen Wahlakt in derselben Weise, in der auch der Brückenbauer seine Handlungen in seiner Funktion als Brückenbauer zu verantworten hat (z. B. einen Kran steuern). Jedoch handelt es sich dabei im eigentlichen Sinne nicht um eine Individual-, sondern um eine Mitgliederverantwortung als Teil einer Kollektivverantwortung. Um welche Form der Kollektivverantwortung es dabei geht (um eine Teil- oder eine Mitverantwortung), wird in Kapitel 12.2 besprochen.

Das Politische dieser Verantwortung macht nicht die Erfüllung der Rollenaufgabe aus, sondern erklärt sich durch den größeren Bezugsrahmen des Kollektivgegenstands. Existierte nicht der gemeinsame Referenzpunkt „Wahl" und mithin „politische Gemeinschaft", könnte in dem Wähler nicht mehr als ein Mensch, der einen Zettel in einen Kasten wirft, gesehen werden. Zwar tragen sowohl einzelne Bürger als auch andere Personen im politischen Raum individuelle Verantwortung, doch sofern sich ihr Handeln lediglich mit Bezug auf einen Gegenstand erklären lässt, der die einzelnen Taten sowie das Handeln anderer im selben Aktionsraum umfasst (hier: die Wahl), ist es keine genuine Individual-, sondern eine Mitglieder- als Teil einer Kollektivverantwortung.[268]

Politische Gemeinschaft: Mit „politische Gemeinschaft" wird nicht auf eine bestimmte Gemeinschaft referiert und auch die Idee einer Weltgemeinschaft im Sinne eines moralischen oder vielleicht sogar institutionellen Kosmopolitismus soll hierunter fallen können. Versteht man das politische Gemeinwesen als etwas, das per se nur deshalb existiert, weil es Vergemeinschaftung gibt, kann dies ebenso für alle weiteren politischen Objekte angenommen werden, die unter den Maximalgegenstand der politischen Gemeinschaft zu subsumieren sind. Das politische Gemeinwesen ist in diesem Sinne mehr, als der institutionelle Rahmen, der auch auf Dauer angelegt ist, insofern es durch die Menschen, die in ihm leben und handeln, definiert wird.[269] Das bedeutet keine Abhängig-

---

268 Vgl. weiterführend Habermas' Ausführungen zum symbolischen Interaktionismus und zur Rollenübernahme durch Individuen bspw. in HABERMAS 2009, S. 168.
269 Einschlägig ist hier Habermas' pluralistischer Ansatz einer deliberativen Politik, den er in dem Text „Drei normative Modelle der Demokratie" beschreibt; vgl. dort insbesondere HABERMAS

keit der Existenz des politischen Gemeinwesens von einem spezifischen Individuum, sondern vielmehr, dass sich das Ganze durch die Partizipation der Personen beständig wandelt, trotz der Tatsache, dass sich dies im Einzelnen nicht immer allen Beteiligten gleichermaßen bemerkbar macht. In Kapitel 12.2 schließe ich von dieser Definition des politischen Gemeinwesens darauf, dass es ein synergetisches dynamisches Gebilde darstellt, für das die Akteure eine Mitverantwortung tragen.

Individualverantwortlichkeiten wie der Wahlakt des Bürgers sind also in einem ersten Schritt unter Kollektivgegenstände wie die Wahl einzuordnen.[270] In einem zweiten Schritt kann angenommen werden, dass es auch diese nur gibt, weil sie sich unter den Maximalgegenstand des politischen Gemeinwesens subsumieren lassen. Man kann von einer politischen Wahl nur dann sinnvoll sprechen, wenn man sich innerhalb einer politischen Gemeinschaft bewegt. Alle einzelnen Handlungen mögen zwar durch Individuen im Rahmen von Rollenverantwortlichkeiten ausgeführt werden, doch gäbe es sie außerhalb einer politischen Gemeinschaft nicht.[271]

1996, S. 285 ff. Auch Jacques Derridas Ansatz zu einer kommenden Demokratie erscheint in einigen Aspekten vergleichbar; vgl. besonders DERRIDA 2003, S. 123 f. und S. 129 ff.

270 Auf einen Aspekt kann ich aus Platzgründen nicht weiter eingehen: Innerhalb des politischen Gemeinwesens als Maximalgegenstand gibt es individuelle und kollektive Akteure. Bürger und Politiker sind politisch handelnde Individuen, politische Institutionen stellen politisch handelnde Kollektive dar. Unter dem Schlagwort der politischen Gemeinschaft lassen sich überdies politische Objekte, für die Individuen Rede und Antwort stehen können, subsumieren (wie z. B. der Wahlakt) aber auch Gegenstände, für die wiederum nur Kollektive verantwortlich sein können (wie eine Wahl). Innerhalb der politischen Gemeinschaft handeln Einzelne und Kollektive in direktem Bezug auf die politische Gemeinschaft. Ferner handeln in ihr Einzelne und Kollektive in direktem Bezug auf andere politische Gegenstände (wie z. B. die Wahl) und nur sekundär in Bezug auf die politische Gemeinschaft. Selbige ist ein nichtlineares dynamisches Gebilde, aber nicht alle politischen Verantwortungsobjekte innerhalb der Gemeinschaft sind ebenfalls nicht-lineare dynamische Gebilde. Innerhalb der politischen Gemeinschaft kann es politische Objekte geben, die als lineare oder additive Verantwortungsgegenstände zu charakterisieren sind wie die Wahl und für welche die politischen Akteure keine Mitverantwortung tragen, sondern eine Teilverantwortung wie die Brückenbauer für ihren Anteil am Brückenbau.

271 In der Sozialisationsforschung wird das Verhältnis von Einzelnem und Gemeinschaft wechselseitig begründet. Klaus Hurrelmann, Matthias Grundmann und Sabine Walper nennen die Gleichursprünglichkeit von Einzelnem und Gemeinschaft auch „‚Doppelnatur'" (HURRELMANN et al. 2008, S. 17) der Sozialisation. Hurrelmann äußert sich zu „Homologisierungen von Erfahrungen" (ebd., S. 18) und zur „Verwobenheit von Individuum und Gesellschaft" (ebd., S. 25). Neyer und Lehnart arbeiten zur „dynamische[n] Wechselwirkung" (NEYER/LEHNART 2008, S. 82) bzw. zur „dynamischen Transaktion zwischen Persönlichkeit und sozialer Umwelt" (ebd., S. 90); vgl. hier überdies GRUNDMANN 2006, S. 17 ff. Tillmann beschreibt die Wechselwirkung zwischen der Makroebene der Gesellschaft und der Mikroebene des Individuums in einem „Vier-Ebenen-Modell" (TILLMANN 1989, S. 18).

12 Politische Verantwortung

„Nur jene gesellschaftlichen Vorgänge, die sich auf eine mehrere Menschen verbindende Aktivität zurückführen lassen, gelangen auf dieses Terrain [der Politik; J. S.]. [...] Folglich lässt sich von Politik in dem Augenblick sprechen, wo es um das bewusste Handeln einer Menge von Menschen nach Maßgabe einer Einheit geht, in der alle im Interesse und der Erhaltung und Entfaltung ihrer Existenz gebunden sind." (Gerhardt 2007, S. 23)

Diese Worte von Gerhardt eignen sich als Fazit der vorherigen Überlegungen, insofern das Gebunden-Sein in einem gemeinsamen Rahmen die politische Gemeinschaft ausmacht, worüber Rollen wie die des Bürgers und Politikers ihren Sinn beziehen. Die Handlungen der politischen Akteure sind insofern an die Existenz einer Gemeinschaft gebunden, als ohne diesen Bezugsrahmen weder vom Bürger oder Politiker, noch von einer Wahl oder einem Parteiziel sinnvoll die Rede sein kann.

Unser Verständnis von Verantwortung wandelt sich mit der Veränderung des Rahmens, in dem wir Personen als verantwortlich betrachten, ob ihre Handlungen als die Taten genuin eigenständiger Akteure oder als Mitglieder eines Kollektivs zu interpretieren sind. Young hat die Durchsetzung eines individualzentrierten Gesellschaftsbildes mit der Entwicklung des Wohlfahrtsstaates beschrieben, in dem einzelne Menschen in ihrem Handeln verhältnismäßig autark voneinander wahrgenommen werden.[272] In unserem Verständnis gesellschaftlicher Rollen spiegelt sich der mitunter hilflos anmutende Versuch, den Einzelnen möglichst unabhängig vom Ganzen zu betrachten (vgl. auch Kapitel 13.3 hierzu). In der aufgabenspezifischen Begrenzung von Rollen kann individuelle Verantwortung oft eindeutig definiert werden, insofern das, was in den Aufgabenbereich einer Person fällt, sich von den Verpflichtungen anderer unterscheidet und auch die Identifizierung eines Schuldigen erleichtert, sobald etwas nicht ordnungsgemäß verläuft. Zahlreiche Rollen sind überhaupt erst aufgrund einer zunehmenden gesellschaftlichen Arbeits- und Aufgabenteilung entstanden. So wird es in vielen Fällen einfacher, mehr Verantwortung an Einzelne zu delegieren, gerade weil die Funktion der Bürger anhand der ihnen gegebenen Rolle in der Gesellschaft bedeutsamer ist, vielleicht, weil sie mehr Schaden anrichten können, vielleicht, weil sie über mehr Handlungsfolgenwissen oder Einflussmöglichkeit verfügen als andere Rollenträger.[273]

Die Zuweisung von Verantwortung wird durch die Zuweisung von Rollen, die sich in begrenztem Umfang miteinander vergleichen lassen, ermöglicht, Rollen erlauben eine scheinbar isolierte Betrachtung des Individuums und der

---

272 In YOUNG 2011, S. 9.
273 Leif Wenar geht bspw. in seinem Text „Responsibility and Severe Poverty" auf die Verknüpfung von „Rolle" und „Risikenkalkulation" unter dem Schlagwort der „general descriptions" ein: „General descriptions help to define simple and public rules of who must take care of what. Having these simple and public rules makes it easier for people to coordinate their actions, and so reduces everyone's risks." (WENAR 2007, S. 9)

ihm zugedachten Aufgaben. Doch – und das ist der wesentliche Punkt, auf den ich über den Verweis auf Young zu sprechen kommen will – zeigen gerade sie die Weise der Verknüpfung des Einzelnen mit der Gemeinschaft und die Bedeutung seiner individuellen Verantwortung, wenn sein Handeln tatsächlich einer Bewertung unterzogen wird.[274] Der Bezugsrahmen einer Bewertung der Handlungsqualität erklärt sich nicht nur *inhärent* durch die pflichtgemäße Erfüllung der Rolle. Darüber hinaus wird die Bewertung auch *extern* gesetzt mit Bezug auf die Gemeinschaft, in der besagte Rolle realisiert wird, die aufgrund der Gemeinschaft überhaupt erst existiert und innerhalb derer der Akteur entweder brillieren oder versagen kann. Die Intersubjektivität der Verantwortung und die Tatsache, dass Verantwortung auch eine Fähigkeit darstellt, die sich das Individuum mehr oder minder gut aneignen kann (vgl. Teil B), kommt also in der sozialen Integration der Person in ihrer Verknüpfung mit der Gemeinschaft durch Rollen zum Ausdruck.

Erstes Zwischenergebnis: Ob von einer Individual- oder von einer Kollektivverantwortung gesprochen werden kann, ist keine grundsätzliche Entscheidung für die eine und gegen die andere (vgl. das hybride Konzept in Kapitel 3.1.1), sondern es handelt sich um eine Frage der Perspektivierung und Gegenstandsbestimmung. Der Bürger trägt keine genuine politische Individualverantwortung, sondern hat eine individuelle Rollenverantwortung für seine Handlungen wie bspw. den Wahlakt. Das Objekt der politischen Verantwortung hängt von der Definition der Aufgabe durch die Rolle ab und in manchen Fällen gelingt dies spezifischer (z. B. bei Berufen als rechtliche Rollenverantwortlichkeiten) und in anderen Fällen unspezifischer. Die Rollenverantwortlichkeit des Bürgers gilt nur insofern als politische Verantwortung, als sie mit Bezug auf den politischen Maximalgegenstand interpretiert wird, weshalb die politische eine Kollektivverantwortung darstellt, denn nur durch die Existenz einer politischen Gemeinschaft innerhalb derer die Individuen Rollenverantwortlichkeiten übernehmen, kann davon die Rede sein, sie seien individuell politisch verantwortlich. Um welche Form von Kollektivverantwortlichkeit es sich bei der politischen Verantwortung handelt (ob um eine Teil- oder um eine Mitverantwortung), wird Thema von Kapitel 12.2 sein. Die Struktur der politischen Verantwortung kann bis zu diesem Punkt der Überlegungen wie folgt veranschaulicht werden:

---

274 Hurrelmann et al. bemerken: „So sind zum Beispiel soziale Rollen als verallgemeinerte Handlungserwartungen einerseits das Produkt einer sozialen Übereinkunft […], an der sich Personen in ihrem Handeln orientieren (nachdem sie die Rollenerwartungen interpretiert, übernommen und internalisiert haben). Indem die Rollen von den Personen übernommen und dadurch reproduziert werden, erfahren sie jedoch zugleich stets eine Modifikation, weil sie von den Handlungssubjekten ausgelegt und den tatsächlichen Bedürfnissen und Lebensverhältnissen angepasst werden müssen." (HURRELMANN et al. 2008, S. 16)

Subjekt: politischer Akteur (Bürger, Politiker)
  Subkategorie I/K: kollektiv (partielle Rollenverantwortung)
Objekt: das politische Gemeinwesen
  Subkategorie P/R: retrospektiv und prospektiv
  Subkategorie P/U: universal (partikular nur innerhalb der partiellen Rollenverantwortung, bspw. der Wahlakt)
Instanz: noch undefiniert
Adressat: noch undefiniert
Normative Kriterien: politische Kriterien
  Subkategorie P/Ö: noch undefiniert
  Subkategorie B: politische Verantwortung

Viertens – Metaverantwortung für die Ausbildung politischer Normen: Politische Akteure tragen Teil- als Rollenverantwortlichkeiten, die unter den Maximalgegenstand der politischen Gemeinschaft einzuordnen sind. Zu einer Konzeptvervollständigung der politischen Teilverantwortung der Individuen müssen noch die normativen Kriterien, Instanz und Adressat ermittelt werden. Eine Möglichkeit, etwas über die politischen Normen auszusagen, liegt in einer erneuten Reflexion der doppelten Daseinsverantwortung als erste volle Verantwortlichkeit der autonomen Person (vgl. Kapitel 7 und 8). Sie ist die Metaverantwortung, die jeder Mensch generell für die Ausbildung der normativen Kriterien trägt, durch die er sein Handeln begründet. Prospektiv bedeutet die Wahrnehmung der doppelten Daseinsverantwortung, dass man sich der selbst gesetzten Normen bewusst wird und ihnen folgt (vgl. Kapitel 8), wozu auch die Reflexion und Setzung politischer Normen gehört. Young führt hierzu aus:

> „The meaning of political responsibility is forward-looking. […] We are in a condition of having such political responsibility, and the fact of having it implies an imperative to *take* political responsibility. […] In this sense political responsibility is forward-looking; it means in the first stance taking up a responsibility to be political." (Young 2011, S. 92)

Anders als Young denke ich, dass die prospektive Verantwortung, durch die jemand politische Verantwortung trägt, nicht selbst bereits politisch ist, sondern in den vorpolitischen Bereich der Selbstverantwortung gehört. Die doppelte Daseinsverantwortung geht der politischen Verantwortung voraus und veranlasst das Individuum erst dazu, die normativen Kriterien zur Übernahme politischer Verantwortung auszubilden. Unabhängig davon können natürlich auch im Rahmen politischer Verantwortungswahrnehmung politischer Normen wiederholt reflektiert und ggf. revidiert werden. Sofern dem zuzustimmen ist, dass kein Mensch zu der Ausbildung persönlicher Handlungsnormen gezwungen werden kann, gilt dies ebenso wenig für die Übernahme politischer Verantwortung.

Menschen können nur zu einem bestimmten Verhalten genötigt werden.[275] In Kapitel 3.5 wurden einige Normen als jeder Verantwortlichkeit grundlegend vorgeschlagen, nämlich Mündigkeit, Betroffen-Sein (als Konfliktfähigkeit) und Rechts- bzw. Unrechtsempfinden. Diese stellen keine genuin politischen Kriterien dar, unabhängig davon, dass sie vielleicht auch als solche interpretierbar sind, insofern bspw. angenommen werden könnte, dass Rechts- und Unrechtsempfinden auch den Maßstab politischen Handelns eines Politikers mit bildet. Doch kann die Annahme, jeder Mensch verfüge bereits von Geburt an über ein ganz bestimmtes Set politischer Kriterien, die seine Verantwortung eindeutig begrenzen, wenig überzeugen. Man muss sich diese Kriterien erst aneignen, denn verhielte es sich anders, würde jede Verantwortlichkeit im Grunde eine politische Verantwortung darstellen.

Immerhin scheint die Überlegung, dass das Leben in einer politischen Gemeinschaft jedes Mitglied dazu veranlasst, sich mit derselben auseinanderzusetzen und eine zumindest rudimentäre Vorstellung von ihr auszubilden, verhältnismäßig unproblematisch zu sein, wobei mit „Vorstellung" kein detailliertes Bild der Gesellschaft, in der jemand idealiter leben möchte, gemeint ist, sondern der Akt der Positionierung selbst. Die persönliche Auseinandersetzung mit der eigenen politischen Gemeinschaft muss dabei nicht notwendig bewusst und ausführlich erfolgen, sondern lässt sich auf die Momente beschränken, in denen man sich in direktem Kontakt mit derselben wahrnimmt. Selbst wenn der politische Akteur die Gemeinschaft nicht eigenständig bewertet, sondern schlicht nicht beschließt, seine Staatsbürgerschaft aufzugeben, in ein anderes Land auszuwandern und damit einer anderen Gemeinschaft beizutreten, hat er eine (freilich in einem solchen Fall recht minimalistische) Vorstellung von der Gemeinschaft, deren Mitglied er ist.[276] Niemand kann gegenüber seiner politischen Gemeinschaft vollkommen neutral bleiben. Auch Desinteresse ist eine Haltung, der die Vorstellung zu Grunde liegt, dass es akzeptabel ist, sich weitestgehend dem politischen Geschehen zu entziehen. Es liegt in der doppelten Daseinsverantwortung des Individuums, sich über diese Einstellung bewusst zu werden und

---

275 Martin Grundmann beschreibt die „Bindung [...] an soziale Bezugspersonen" (GRUNDMANN 2006, S. 20), da der Mensch „in eine vorgefundene Welt hineingeboren" (ebd.) wird: „Durch die Beziehung zu unseren Mitmenschen übernehmen wir wie selbstverständlich Handlungsweisen, die wir als Bestandteil des sozialen Lebens kennen lernen" (ebd.). Vgl. weiterhin auch ebd., S. 50 ff. und 74.

276 Vgl. Habermas' Ausführungen zum Konzept der Lebenswelt, insbesondere in dem Abschnitt „Das Konzept der Lebenswelt und der hermeneutische Idealismus der verstehenden Soziologie" im zweiten Band der *Theorie des kommunikativen Handelns*. Dort stellt er „Lebenswelt" als „Komplementärbegriff zum kommunikativen Handeln" (HABERMAS 1988, S. 182) vor; vgl. ebd., S. 188 ff. und auch Grundmann über die „Idealisierung einer gemeinsamen Lebenspraxis" (GRUNDMANN 2006, S. 85 f.).

12 Politische Verantwortung

zu überprüfen, ob sie der eigenen Position über die politische Gemeinschaft, in der man lebt und leben möchte, entspricht. Politische Verantwortung beginnt mit dem Moment, in dem sich jemand eine Norm gesetzt hat, wie bspw. die, unabhängig von der regelmäßigen Wahl nicht politisch aktiv zu sein. Das Vorliegen eines (minimalistischen) Gesellschaftsbildes und damit normativer Kriterien, nach denen diese Gesellschaft bewertet und theoretisch anhand eines Ideals abgeglichen werden kann, sind die Grundlage für die Übernahme individueller politischer Verantwortung. Zwar kann hierzu kein Mitglied der Gemeinschaft gezwungen werden, doch erscheint die Annahme, jemand wäre in der Lage, sich vollständig jeder politischen Haltung zu verweigern, ebenso unplausibel, wenn selbst Verweigerung als Entscheidung (und sei sie aus Faulheit oder ähnlichen Motiven getroffen) zu werten ist. In seiner doppelten Daseinsverantwortung steht die Person Rede und Antwort dafür, sich eine Vorstellung von ihrer politischen Gemeinschaft zu machen, die dann später im Rahmen politischer Verantwortungsübernahme reflektiert werden kann. Die doppelte Daseinsverantwortung gibt dem Einzelnen seine politische Verantwortung vor, indem sie die Objekte definiert, für die er sich dann bereit erklärt, politisch verantwortlich zu sein. Ob dazu der persönliche Wahlakt oder die Verweigerung desselben gehört, bleibt jedem selbst überlassen. Selbstverantwortung bedeutet nicht, irgendeinem common sense zu folgen, sondern den Kriterien, die man sich selbst gesetzt hat. Jemand trägt dann politisch Verantwortung, wenn er sich seiner politischen Normsetzung nicht nur bewusst ist, sondern ihr gemäß auch handelt, wie dies auch immer konkret aussehen mag.[277]

Die Forderung nach mehr Eigenverantwortung des Bürgers meint, dass er die Vorstellung von seiner politischen Gemeinschaft dahingehend verändern soll, dass er sich zu mehr Initiative in politischen Belangen erklärt. Die Frage, welche normativen Kriterien als politische anzusehen sind und aus denen jeder politisch handelnde Verantwortliche wie aus einem Normen-Pool auswählt, ist

---

277 Jeremy Waldron stellt in dem Text „Cultural Identity and Civic Responsibility" eine „duty of civic participation" (WALDRON 2000, S. 155) vor und formuliert sie als formale Verantwortlichkeit (wobei er die Begriffe „Pflicht" und „Verantwortung" gleichermaßen verwendet): „The inhabitants of any country have a duty to deliberate responsibly among themselves about law and public policy. Each has a duty to play his part in ensuring that those around him […] come to terms with one another, and set up, maintain, and operate the legal frameworks that are necessary to secure peace, resolve conflicts, do justice, avoid great harms, and provide some basis for improving the conditions of life. […] In the case of this duty, the burden of responsibility – civic responsibility – has at least two aspects to it. It means (1) participating in a way that does not improperly diminish the prospects for peace or the prospect that the inhabitants will in fact come to terms and set up the necessary frameworks. And it means (2) participating in a way that pays proper attention to the interests, wishes, and opinions of all the inhabitants of the country" (ebd.). Allerdings setzt er diese Verantwortlichkeit des Bürgers als These und begründet sie nicht.

schwierig zu beantworten und zudem für dieses Projekt nur von sekundärem Interesse. Jedoch sollte anhand des Grund-Sets von Verantwortungsnormen (vgl. Kapitel 3.5) zum Ausdruck gebracht werden, dass etwaige politische Normen demselben nicht widersprechen können, weshalb ich potenzielle politische Kriterien wie „Herrschaft", „Macht" oder „Konflikt" nicht für überzeugend halte, auch wenn dies im Rahmen dieses Vorhabens nicht mehr als eine Vermutung sein kann. Otfried Höffe beschreibt in seinem Werk *Wirtschaftsbürger, Staatsbürger, Weltbürger* eine Reihe von „Bürgertugenden" (Höffe 2004, S. 82) und hält dabei einleitend fest, dass „[k]ein Mensch ein Engagement für sein Gemeinwesen von Geburt an mit[bringt]" (ebd.).[278] Er definiert „drei Tugenden" (ebd.) der Bürger: „Rechtssinn" (ebd.), „Gerechtigkeitssinn" (ebd., S. 84) und „Gemeinsinn" (ebd., S. 86), inklusive deren Zusätze wie „Zivilcourage" (ebd., S. 82) und „Urteilskraft" (ebd., S. 84), die er nicht genuin „demokratiespezifisch, jedoch Bürgertugenden in einem empathischen Sinn" (ebd., S. 82) nennt.[279] Im politischen Raum können nach Höffes Vorschlag insbesondere Kriterien wie Solidarität und Pragmatismus im Vordergrund stehen sowie Unparteilichkeit und Gemeinschaftssinn, die jedoch nur als Beispiele für Normen, die das vorgeschlagene Grund-Set für das Handeln im politischen Bereich erweitern, gelten können.

Doch selbst wenn es so wäre, dass jeder wahrscheinlich mehr oder minder über das Grund-Set normativer Verantwortungskriterien und zudem über die aus Höffes Überlegungen abgeleiteten Normen verfügt, können unter dem Verantwortungsfokus keine spezifischen Handlungsoptionen daraus hergeleitet werden, was den Vorwurf der Beliebigkeit und Willkür der genuinen Verantwortungsperspektive provoziert. Als Antwort auf diesen Vorwurf kann man sich das in Kapitel 3.3 vorgeschlagene Brückenkonzept der Verantwortung zwischen Konsequenzialismus, Deontologischer Ethik und Tugendethik ins Gedächtnis rufen, das als Merkmal einer generellen und positiv zu wertenden Offenheit des Verantwortungsphänomens bezeichnet wurde. Denn ausgestattet mit einem konkreten Normen-Set kann der Verantwortungsbegriff in allen drei Denkströ-

---

278 Höffe ist hier nur ein Beispiel. Aristoteles oder Rawls wären ebenso gut gewesen.
279 Hiervon differenziert Höffe die normativen Kriterien, die „eine demokratische Gesellschaft sinnvollerweise zusammenhalten, daher von einem demokratischen Bildungswesen zu vermitteln sind" (HÖFFE 2004, S. 133). Ausführlich beschreibt er die „[d]emokratischen Bildungseinrichtungen" (ebd., S. 144 ff.), denen seiner Ansicht nach in der Wertbildung eine herausragende Rolle zukommt. Heidbrink führt aus, „daß das politische Verantwortungsbewußtsein auf tugendethische Einstellungen und qualitative Wertschätzungen angewiesen ist, aus einer gemeinschaftlichen Identität der Gesellschaftsmitglieder hervorgeht und in einen geschichtlich gewachsenen Horizont nationaler und kultureller Zugehörigkeit eingebunden bleibt, aus dem die Bereitschaft zur Übernahme verantwortungspraktischer Pflichten und Aufgaben erwächst." (HEIDBRINK 2003, S. 224)

mungen spezifische Handlungsprinzipien generieren. Überdies wurde weiter oben eine vollkommen neutrale Haltung gegenüber der eigenen politischen Gemeinschaft als unplausibel verworfen, selbst wenn diese Haltung bloßes Desinteresse impliziert.

Zweites Zwischenergebnis: Die normativen Kriterien und damit die spezifischen Objekte der individuellen politischen Verantwortung können nicht erzwungen, sondern nur durch den Einzelnen garantiert werden.[280] Das Leben in einer politischen Gemeinschaft stellt jeden vor Herausforderungen, denen man sich nicht gänzlich durch die Abgabe politischer Verantwortung entziehen kann, denn das würde vollständige Entmündigung im Politischen bedeuten.

Subjekt: politischer Akteur (Bürger, Politiker)
   Subkategorie I/K: kollektiv (partielle Rollenverantwortung)
Objekt: das politische Gemeinwesen
   Subkategorie P/R: retrospektiv und prospektiv
   Subkategorie P/U: universal (partikular nur innerhalb der partiellen Rollenverantwortung, bspw. der Wahlakt)
Instanz: noch undefiniert
Adressat: noch undefiniert
Normative Kriterien: politische Kriterien, die das Individuum im Rahmen seiner doppelten Daseinsverantwortung definiert (bspw. Solidarität, Pragmatismus, Unparteilichkeit und Objektivität)
   Subkategorie P/Ö: noch undefiniert
   Subkategorie B: politische Verantwortung

Fünftens – Instanz und Adressat der politischen Verantwortung: Zur Vervollständigung der individuellen politischen Verantwortung fehlen noch zwei Relationselemente, nämlich Instanz und Adressat. Im Rahmen konkreter Rollenverantwortlichkeiten definiert die Instanz die Normen, nach denen in den einzelnen Fällen zu entscheiden ist, ob der Akteur verantwortlich (ge)handelt (hat) oder nicht. Handelt es sich bei der fraglichen Rolle bspw. um einen Beruf, steht der Träger zumeist vor dem Arbeitgeber bzw. dem direkten Vorgesetzten Rede und Antwort, wohingegen sich der Bürger die Normen für die Übernahme politischer Verantwortung selbst gibt und folglich zunächst seine eigene Instanz darstellt. Alle weiteren Instanzen wie Freunde und Bekannte, die den Verantwortli-

---

280 Hurrelmann et al. bemerken: „Personen sind dabei nicht nur als Teil sozialer Bezugssysteme (Bezugsgruppen, Institutionen und Organisationen) anzusehen, sondern gerade deshalb auch als Teil ihrer sozialen Umwelt zu definieren, weil sie ihre eigenen persönlichen Anliegen und Bedürfnisse mit in das ‚System' einbringen" (HURRELMANN et al. 2008, S. 20). In seinem Text „Responsibility and the Deliberative Citizen" bespricht Shane Doheny anhand Habermas' Konzept eines „deliberative citizen" (DOHENY 2007, S. 408), wie der Bürger „grapples with, and defines the particular capacities used to accept, these responsibilities" (ebd.), wie er also „develops the critical mental capacities to become this kind of citizen" (ebd., S. 409); vgl. hierzu zusammenfassend ebd., S. 411 und 419.

chen kritisieren, wenn er z. B. nicht wählen gegangen ist, sind im Rahmen der doppelten Daseinsverantwortung durch ihn selbst gesetzt und in der Subkategorie privat. Doch sobald er aufgrund selbst gesetzter politischer Normen öffentlich handelt, trägt er politische Verantwortung vor der politischen Gemeinschaft, die ihm in der Instanz der politischen Öffentlichkeit gegenübertritt. Mit dem Anspruch, andere Menschen zu erreichen und durch das eigene Tun anzusprechen, wie bspw. im Rahmen einer Demonstration, setzt sich der politische Verantwortungsträger seine Mitmenschen als Instanz, die sein Handeln bewerten können, da er damit an die öffentliche Vernunft appelliert. Er vertritt nun sein Bild von einer politischen Gemeinschaft, das er sich privat gebildet hat.

Der Fall der ukrainischen Politikerin Julia Timoschenko kann hingegen als Beispiel für die unangemessene Setzung einer Instanz herangezogen werden, denn zwar war die Aushandlung von Verträgen mit Russland die Lieferung von Erdöl betreffend ein politischer Akt und Timoschenko hat auf der Grundlage politischer Kriterien gehandelt, weshalb sie dafür auch eine individuelle partielle Verantwortung für das politische Gebilde „Ukraine" trägt. Sie ist gegenüber (Adressat) und vor (Instanz) der ukrainischen Öffentlichkeit verantwortlich, wurde aber von einem Gericht (einer rechtlichen Instanz) aus politischen Gründen verurteilt. Unabhängig davon, dass es in vielen Fällen politischen Handelns vollkommen legitim ist, politische Verantwortlichkeit rechtlich abzubilden, kann dies auf den Fall Timoschenkos nicht zutreffen, da der Prozess selbst durch politische und nicht rechtliche Normen motiviert war.

Der Adressat als Grund für das Vorhandensein politischer Verantwortung ist nicht nur der einzelne Akteur, d. h. betroffen ist nicht nur der Verantwortungsträger selbst, sondern auch die politische Gemeinschaft. Die politische Öffentlichkeit stellt das Gegenüber politischer Verantwortung dar, da sich jede politische Handlung in der Konsequenz auf den Maximalgegenstand der politischen Gemeinschaft bezieht und nur deshalb überhaupt als politische Handlung wahrgenommen wird. Daher erklärt sich auch die Forderung nach der Übernahme von mehr Eigenverantwortung, verstanden als Forderung nach mehr politischem Engagement. Denn würde der Verantwortungsträger selbst den alleinigen Adressaten seiner politischen Verantwortung abgeben, gäbe es keinen Grund, warum andere Menschen sich dafür interessieren sollten, ob er seiner Verantwortung nachkommt oder nicht. Hiermit ist ein schönes Beispiel für den Adressaten als eigenständiges Relationselement gegeben, denn würde man versuchen, sich einen anderen Adressaten anstelle der politischen Gemeinschaft vorzustellen, veränderte dies das Verständnis politischer Verantwortungsübernahme maßgeblich. Man denke sich bspw. einen Politiker, der aus *ausschließlichem* Machtinteresse und Eigennutz Entscheidungen trifft, dessen Adressat politischer Verantwortlichkeit somit ein äußerst radikaler Eigennutz darstellt. Ihn würde wohl in kurzer Zeit die Kritik der politischen Öffentlichkeit treffen. Instanz und Adressat der politischen Verantwortung sind intersubjektiv geteilt und anerkannt und damit in ihrer Subkategorie öffentlich. Die Subkategorie der Privatheit oder Öffentlichkeit bildet den Grad formaler Akzeptanz und Anerkennung ab (vgl. Kapitel 3.5.2), weshalb auch für die politischen normativen Kriterien gilt, dass sie öffentlich sind, was eben nicht bedeutet, dass alle Mitglieder eines politischen Gemeinwesens inhaltlich über die gleichen politischen Normen verfügen.[281] Da jeder politisch Handelnde vor die politische Öffentlichkeit tritt, denen er sein Bild von einer politischen Gemeinschaft präsentiert, sind die Normen, nach denen er dies tut, formal intersubjektiv teilbar. Er muss verstanden werden, unabhängig davon, dass man sich über den Inhalt seiner Vorstellungen streiten kann. Nach diesen Überlegungen kann die Struktur der individuellen politischen Verantwortung vervollständigt werden:

Subjekt: politischer Akteur (Bürger, Politiker)
　Subkategorie I/K: kollektiv (partielle Rollenverantwortung)
Objekt: das politische Gemeinwesen
　Subkategorie P/R: retrospektiv und prospektiv
　Subkategorie P/U: universal (partikular nur innerhalb der partiellen Rollenverantwortung, bspw. der Wahlakt)
Instanz: die politische Öffentlichkeit
　Subkategorie P/Ö: öffentlich
Adressat: die politische Öffentlichkeit
　Subkategorie P/Ö: öffentlich
Normative Kriterien: politische Kriterien, die das Individuum im Rahmen seiner doppelten Daseinsverantwortung definiert (bspw. Solidarität, Pragmatismus, Unparteilichkeit und Objektivität)
　Subkategorie P/Ö: öffentlich
　Subkategorie B: politische Verantwortung

12.2 Volle Verantwortung für das politische Gemeinwesen

Für die politische Gemeinschaft als Maximalgegenstand politischer Verantwortungszuschreibung können die Akteure nicht die alleinige Verantwortung tragen, sondern sie stehen für die ihnen zugesprochenen politischen Aufgaben sowie für die Verpflichtungen, durch die sie ihre politische Verantwortung definieren wie z. B. für den Wahlakt Rede und Antwort. So bestimmen sie ihre

---

281　Hurrelmann et al. bemerken: „Sozialisation wird daher auch keineswegs als ein harmonisches Miteinander, sondern als ein konflikthaftes Geschehen betrachtet [...], da in der Regel mit divergierenden Interessen und ambivalenten Erfahrungen der Akteure umgegangen werden muss" (HURRELMANN et al. 2008, S. 20). Martin Grundmann beschreibt in GRUNDMANN 2006, S. 51 den Sozialisationsprozess als „eine Krisenerfahrung" (ebd., S. 33).

politische Rolle und damit Teilverantwortlichkeit für das politische Gemeinwesen, was auch verdeutlicht, dass es für eine Vervollständigung des Verantwortungskonzepts der politischen Verantwortung auf eine möglichst eindeutige Formulierung des Objekts ankommt. Wie die bisherigen Überlegungen gezeigt haben, macht es einen gewaltigen Unterschied aus, ob behauptet wird, der Bürger trage die Verantwortung für das politische Gemeinwesen oder für seinen Gang zur Wahlurne. Die individuelle Verantwortung für das politische Gemeinwesen kann nur als Rollen- und daher als Teilverantwortung plausibel erscheinen, und umgekehrt bedeutet die Verantwortung für den Wahlakt in der Konsequenz eine Verantwortungsübernahme für die politische Gemeinschaft. In diesem Kapitel wird neben die partielle politische Verantwortung als eine Seite der Mitverantwortung für die politische Gemeinschaft die volle Verantwortung der politischen Akteure gestellt. Jede politische Individual- mündet letztlich in einer Kollektivverantwortung, und Letztere lässt sich vollständig nur unter Berücksichtigung Ersterer erklären, sodass beide in einem Wechselverhältnis zu einander stehen:

> „Wir können uns ohne Politik nicht nur nicht erhalten, wir können uns ohne sie noch nicht einmal erkennen! Die Gesellschaft wüsste nicht, was sie ist und was sie tut, wenn sie nicht das Individuum hätte. Das Individuum aber wüsste allemal zu wenig von sich, wenn es sich nicht immer auch schon in Gesellschaft erfahren könnte. So bilden Institution und Person einen gleichermaßen praktischen wie theoretischen Zirkel." (Gerhardt 2009, S. 101)

Die Ausführungen zur politischen Gemeinschaft als Maximalgegenstand der politischen Verantwortung werden nun zum Zwecke einer Explikation der vollen Verantwortung der politischen Akteure vervollständigt.

Erstens – die politische Gemeinschaft als Kollektivobjekt: Wie bereits im letzten Kapitel festgestellt werden konnte, handelt es sich bei dem Objekt „politische Gemeinschaft" um einen universalen Gegenstand, der unter der EWEP-Perspektive intuitiv nicht mehr vorgestellt werden kann und kollektiv verantwortet wird. Doch handelt es sich dabei um ein lineares oder um ein nichtlineares Objekt? Ersteres erscheint unplausibel, denn lineare Gegenstände zeichnen sich durch eine additive Natur sowie durch das Vorhandensein eines oberen Schwellenwertes aus (vgl. Kapitel 3.1.1). Beide Merkmale treffen auf die politische Gemeinschaft nicht zu, und der Versuch, diejenigen, die im politischen Raum agieren, analog zu den Brückenbauern zu betrachten, kann nicht überzeugen. Weder entsteht sie wie eine Brücke rein aus der Zusammensetzung von Einzelteilen, noch kann sie zu irgendeinem Zeitpunkt zu einem Abschluss gebracht werden, weshalb eine Charakterisierung derselben als nicht-linearer oder synergetischer Verantwortungsgegenstand mit den beiden Merkmalen der Exponentialität und des Fehlens eines oberen Schwellenwertes sehr viel mehr

12 Politische Verantwortung

einleuchtet. Wobei sie kein kumulativer Prozess wie z. B. der Klimawandel, sondern ein dynamisches Gebilde ist, vergleichbar einer Paar-Beziehung (vgl. Kapitel 3.1.1).

So gesehen handelt es sich bei der Verantwortung für das politische Gemeinwesen um eine Mit- und nicht um eine Teilverantwortung für einen linear entstandenen Gegenstand wie z. B. eine Brücke, da sie nicht nur aus einem dauerhaften institutionellen Rahmen, sondern maßgeblich aus ihren Mitgliedern besteht, die ihre politische Gemeinschaft nicht herstellen oder intentional erschaffen. Zwar ist die Gemeinschaft nicht abhängig von spezifischen Individuen (vgl. Kapitel 12.1), aber sie wandelt sich, wann immer Einzelne in ihr agieren oder neue Menschen in sie eintreten, indem sie sich synergetisch mit jedem politischen Akteur verändert. Die politische Gemeinschaft enthält als Verantwortungsobjekt auch nicht inhärent ihr eigenes Ende, es kann nicht zu einer Überdetermination kommen. Mitverantwortung besteht aus der Übernahme einer Teil- sowie einer Vollverantwortung, die in diesem Fall von den politischen Akteuren für den Maximalgegenstand getragen wird. Auf die Teilverantwortung bin ich bereits in Kapitel 12.1 eingegangen, die volle Verantwortung wird Thema der folgenden Überlegungen sein.

Zweitens – volle Verantwortung für die politische Gemeinschaft: Wie kann man sich das vorstellen, dass ein politischer Akteur wie z. B. ein Bürger, ein Politiker oder eine politische Institution volle Verantwortung für die politische Gemeinschaft wahrnimmt? Es soll nun eine Ausformulierung voller Verantwortlichkeit über das Scharnier der öffentlichen Erklärungsfähigkeit versucht werden, die in Kapitel 1 als dritte Komponente der Minimalbestimmung im Rahmen der psychomotivationalen Verfasstheit des Verantwortungsträgers beschrieben wurde. Demnach äußert sich volle Verantwortung der politischen Akteure für das politische Gemeinwesen in Akten öffentlicher Erklärungsfähigkeit. Im Rahmen der weiteren Ausführungen wird die politische Gemeinschaft zunächst als retrospektives, dann als prospektives Objekt definiert. In ihrer Schilderung von Fällen struktureller Ungerechtigkeit beschreibt Young die Verantwortung der Einzelnen dahingehend, das Geschehene zu erinnern:

> „The irrevocability of unrepaired past injustice makes those of us in the present responsible for facing up to its facticity. To the extent that a people, a political community, or a society considers itself to have a collective past – a history of generations dead but continuous with their own – we have *no choice* but to take this past as *given*. In one sense we are not responsible for this past; we rightly say that we ourselves did not commit its unsavory acts, and we cannot be blamed for them; nor can any among us claim directly to be victims of long-past wrongs. The mere unchangeability of historic injustice, however, generates a present responsibility to *deal with* it as memory." (Young 2011, S. 182)

Indem ein politischer Akteur für das politische Gemeinwesen öffentlich erklärungsfähig ist, dealt er, in Youngs Worten, damit wie mit seiner kollektiven Identität. In der öffentlichen Erklärungsfähigkeit der Einzelnen für ihre Gemeinschaft wird die Identität derselben als Ganzheit gewahrt. Zwar können die Taten unserer Vorgänger nicht ungeschehen gemacht werden, doch sie gehen in das kollektive Gedächtnis der politischen Gemeinschaft ein. In derselben Weise, in welcher der Einzelne im Rahmen seiner doppelten Daseinsverantwortung retrospektiv das eigene Selbst als nicht-linear aus der Summe seiner vergangenen Momente entstanden verantwortet, steht er retrospektiv auch für die politische Gemeinschaft Rede und Antwort, indem er sich dafür öffentlich erklärungsfähig zeigt. Verantwortungsübernahme als öffentliche Erklärungsfähigkeit äußert sich retrospektiv in dem Annehmen der kollektiven Vergangenheit der eigenen Gemeinschaft. Genauso wie der Einzelne sich zu sich selbst positioniert und damit seine retrospektive doppelte Daseinsverantwortung annimmt, trägt der politische Akteur retrospektiv die volle Verantwortung für die politische Gemeinschaft, indem er sich mit derselben auseinandersetzt und sich zu ihrer kollektiven Vergangenheit positioniert.

So ist der deutsche Staatsbürger retrospektiv voll verantwortlich für die politische Gemeinschaft der Deutschen, indem er bspw. der Geschehnisse des Zweiten Weltkriegs gedenkt, sie als Teil seiner kollektiven Vergangenheit akzeptiert und sich gegenüber anderen Menschen dazu positionieren kann. Und indem bspw. eine Stadt als kollektiver politischer Akteur ein jüdisches Museum eröffnet, zeigt sie sich retrospektiv öffentlich erklärungsfähig für die kollektive Vergangenheit der politischen Gemeinschaft der Deutschen, für die sie in dem Akt der Museumseröffnung die volle Verantwortung trägt. „Volle Verantwortung des Einzelnen für die politische Gemeinschaft" ist gleichbedeutend mit „Verantwortung im Sinne eines Aktes öffentlicher Erklärungsfähigkeit für die kollektive Vergangenheit und Identität der politischen Gemeinschaft". Neben Young beschäftigt sich auch Arendt insbesondere in dem Text „Die Krise in der Erziehung"[282] mit der personalen Verantwortung für die gemeinsame Vergangenheit. Ihr zufolge sind die Erwachsenen (hier: die Eltern und die Lehrer) „Vertreter der Welt [...], für die sie die Verantwortung übernehmen müssen" (Arendt 2000a, S. 270). Indem sie in der retrospektiven Verantwortungsübernahme ihre Liebe zur Welt zeigen,[283] sichern sie auch „den Fortbestand" (ebd.,

---

282 Bei diesem Text handelt es sich ursprünglich um einen Vortrag, den Arendt am 13. Mai 1958 in Bremen gehalten hat. Noch im selben Jahr wurde er in der Zeitschrift *Der Monat* publiziert, um dann im Herbst übersetzt von Denver Lindley im *Partisan Review* als „The Crisis in Education" zu erscheinen; vgl. ARENDT 2000c, S. 416.

283 Arendt führt aus, dass sich „[i]n der Erziehung [entscheidet], ob wir die Welt genug lieben, um die Verantwortung für sie zu übernehmen" (ARENDT 2000a, S. 276).

12 Politische Verantwortung

S. 266) derselben und erklären sich bereit, ihre Kinder in sie einzuführen.[284] Auf die Schwierigkeiten, die sich an das Arendtsche Konzept einer Verantwortung für die Welt knüpfen, kann hier nicht eingegangen werden, doch Young und Arendt können als zwei Beispiele dafür gelten, dass die retrospektive individuelle Verantwortung für die politische Gemeinschaft in der Verantwortungsdebatte kein unbekanntes Phänomen darstellt.[285]

Die retrospektive volle Verantwortung für das Politische ist übersetzbar in Akte öffentlicher Erklärungsfähigkeit, in denen individuell das kollektive Gedächtnis für die Vergangenheit der politischen Gemeinschaft bewahrt wird. Nur indem sich der Einzelne zu seiner Vergangenheit innerhalb der politischen Gemeinschaft und zu derselben positioniert, trägt er volle Verantwortung für sie und repräsentiert sie in seiner Person. Das meint keineswegs, sich mit der kollektiven Vergangenheit in einem positiven Sinne auszusöhnen, sie gar gänzlich gut zu heißen. Ebenso wie sich auch der Einzelne in seiner retrospektiven Daseinsverantwortung kritisch zu sich selbst positionieren kann (vgl. Kapitel 8, die Beispiele 2 und 3), kann sich auch der politische Akteur in der Wahrnehmung seiner retrospektiven vollen Verantwortung im Widerspruch mit einzelnen Taten seiner Vorgänger oder gar mit der gesamten kollektiven Vergangenheit erfahren. Der Akt der Positionierung selbst ist hier wesentlich, soll davon die Rede sein, dass sich jemand politisch voll verantwortlich für seine politische Gemeinschaft zeigt und bereit ist, sie mit all ihren Widersprüchen durch seine Person zu repräsentieren, da er sich ihr gegenüber ganz einfach nicht neutral verhalten kann.

Prospektiv äußert sich öffentliche Erklärungsfähigkeit bspw. in der Ausformulierung von Aufgaben und Verpflichtungen, die sich jemand in Bezug auf die politische Gemeinschaft stellt, und auch hier ist ein Analogieschluss zu der prospektiven doppelten Daseinsverantwortung möglich. Der Einzelne ist in politischem Sinne voll verantwortlich, indem er sich eine Meinung zu dem bildet, was das politische Gemeinwesen ist und was es tut, was seine Handlungsprinzipien sein sollten und wie er selbst demzufolge konsequent leben müsste. Da die Mitglieder einer politischen Gemeinschaft die einschlägigen Elemente darstellen, aus denen dieselbe besteht, liegt es in ihrem Verantwortungsbereich, als erzwungenermaßen organisch am Ganzen partizipierend eine Haltung dazu

---

284 Zu Arendts Weltbegriff vgl. Kapitel 7.
285 Auch Heidbrink befasst sich mit der „*historische*[n] *Verantwortung*" (HEIDBRINK 2003, S. 224) und „Vergangenheitsverantwortung" (ebd., S. 225). Einige Seiten später formuliert er seinen Ansatz zur Vergangenheitsverantwortung in einem eigenen Kapitel und spricht dort von einer „Pflicht einer andenkenden oder erinnernden Wiedergutmachung" (ebd., S. 228), die den Status einer „Angelegenheit der symbolischen Anerkennung geschädigter und entwürdigter Individuen" (ebd.) hat. Jedoch geht Arendts retrospektive Verantwortung für die Welt über seinen Ansatz deutlich hinaus.

einzunehmen. Bürger tragen ihre prospektive volle Verantwortung für das politische Gemeinwesen in Form öffentlicher Erklärungsfähigkeit bspw., indem sie sich an einer anti-rassistischen Demonstration beteiligen und auf diese Weise für ein Gemeinwesen Stellung beziehen, das keine Form von Rassismus dulden darf. Der politische Akteur trägt prospektiv politische volle Verantwortung in jedem Akt, in dem er in Übereinstimmung mit den Normen handelt, die seiner Ansicht nach Maßstab seiner politischen Gemeinschaft sein sollten.

Drittes Zwischenergebnis: Aufgrund der Interpretation des Maximalgegenstands der politischen Gemeinschaft als nicht-lineares dynamisches Gebilde tragen die politischen Akteure eine Mitverantwortung, die sich in eine Teil- und in eine Vollverantwortung differenziert. Die Teilverantwortung wurde in Kapitel 12.1 als Rollenverantwortlichkeit beschrieben und die volle Verantwortung äußert sich retrospektiv und prospektiv in Form von Akten öffentlicher Erklärungsfähigkeit. Dabei ist es möglich, sie in Analogie zur doppelten Daseinsverantwortung zu beschreiben, denn indem jemand für sich selbst retrospektiv und prospektiv erklärungsfähig ist, kann er auch als retrospektiv und prospektiv politisch erklärungsfähig für die eigene Gemeinschaft gelten. Vor diesem Hintergrund lässt sich die politische volle Verantwortung als Spiegelbild der doppelten Daseinsverantwortung der autonomen Person verstehen. Nach diesen Überlegungen ist das Verantwortungskonzept der politischen Verantwortung vollständig und kann in seiner Struktur vorgestellt werden:

Subjekt: politischer Akteur (Bürger, Politiker)
    Subkategorie I/K: kollektiv (Mitverantwortung: Teil- als Rollenverantwortung und volle Verantwortung im Sinne öffentlicher Erklärungsfähigkeit)
Objekt: das politische Gemeinwesen
    Subkategorie P/R: retrospektiv und prospektiv
    Subkategorie P/U: universal
Instanz: die politische Öffentlichkeit
    Subkategorie P/Ö: öffentlich
Adressat: die politische Öffentlichkeit
    Subkategorie P/Ö: öffentlich
Normative Kriterien: politische Kriterien, die das Individuum im Rahmen seiner doppelten Daseinsverantwortung definiert
    Subkategorie P/Ö: öffentlich
    Subkategorie B: politische Verantwortung

12.3 Zusammenfassung

Die Schwierigkeit, politische Verantwortung zu definieren, liegt erstens in der Problematik einer eindeutigen Gegenstandserfassung und der Identifizierung der Handlungen, die Teil desselben sind. Das ist kein genuines Problem der Ve-

12 Politische Verantwortung 219

rantwortungsperspektive, sondern tritt bei einigen Verantwortungsmodellen auf der Kontextualisierungsebene in Erscheinung und wird dem Leser in ähnlicher Weise noch einmal im folgenden Kapitel zur Klimaverantwortung begegnen. Vielleicht lohnt es sich, darüber nachzudenken, inwiefern die Rede von solch allgemeinen und umfassenden Verantwortlichkeiten, wie eben die politische Verantwortung, für die praktische Ausformulierung von Handlungsprinzipien überhaupt sinnvoll erscheint, sofern dies sowieso nur unter Rekurs auf konkretere Gegenstände wie bspw. die politische Wahl möglich ist (vgl. Schluss). Die politische Verantwortung ist eine Mitverantwortung, die in eine partielle Rollenverantwortlichkeit und eine volle Verantwortung für die politische Gemeinschaft zu differenzieren ist. Die konkreten politischen Verantwortungsobjekte definiert die Person im vorpolitischen Bereich der doppelten Daseinsverantwortung, der jedoch keine zeitlich fassbare Phase des menschlichen Lebens darstellt, sondern hier lediglich als Metapher dient, ohne sie dabei als psychosoziale Realität zu verstehen.

Zweitens können die politischen Normen des Verantwortungsträgers und die Kriterien der ihn beurteilenden politischen Instanz divergieren. Denn das übergreifende Verantwortungsobjekt des politischen Gemeinwesens ist nicht eindeutig durch ein spezifisches Normen-Set begründbar. Politische Verantwortung ist drittens von der doppelten Daseinsverantwortung des Individuums zu unterscheiden. Externe Kritik kann einerseits eine Kritik an der Auswahl bestimmter Normen durch den politischen Akteur bedeuten, was nicht notwendig den Vorwurf enthält, der Verantwortliche sei seiner politischen Verantwortung nicht nachgekommen. Andererseits kann sich hieran eine Kritik knüpfen, der Verantwortungsträger sei bestimmten Normen, die er sich selbst gesetzt hat, nicht gerecht geworden, was im Rahmen politischen Handelns durchaus den Vorwurf impliziert, das betroffene Verantwortungssubjekt habe seine politische Verantwortung nicht entsprechend wahrgenommen.

13 Verantwortung für den Klimawandel

Im letzten Kapitel wurde eine Konzeptvervollständigung aus der Definition des Bereichs der politischen Verantwortung heraus unternommen. Nun geht es darum, wie eine solche Konzeptvervollständigung über das Objekt erfolgen kann, denn im Titel dieses Kapitels wird der Verantwortungsgegenstand bereits genannt. Ebenso wie auf den letzten Seiten wird auch jetzt für mein Projekt einer Analyse der Verantwortung aus einer rein verantwortungstheoretischen Perspektive heraus keine umfassende klimaethische Studie angestellt, um das Konzept der Klimaverantwortung zu definieren. Sondern auf den kommenden Seiten berufe ich mich maßgeblich auf einige wesentliche Positionen, die in der Verantwortungsforschung eine Rolle spielen, ohne dabei den Anspruch erheben zu wollen, eine umfassende Definition der Verantwortung für den Klimawandel zu leisten, die neben verantwortungstheoretischen bspw. auch klimaethische und sozialwissenschaftliche Erwägungen umfassen müsste.

In Kapitel 3.1.1 wurde zwischen drei Weisen der Verantwortungszuschreibung innerhalb von Kollektiven differenziert. Abhängig von der Komplexität des fraglichen Gegenstands habe ich dort zwischen Voll-, Teil- und Mitverantwortung der Mitglieder eines Kollektivs unterschieden und der Klimawandel wurde als Beispiel für einen synergetischen Gegenstand aus der Kategorie der kumulativen Prozesse eingeführt. Der Klimawandel ist kein linear bzw. additiv entstandenes Objekt, wie bspw. ein Brückenbau, wofür die Beteiligten eine reine Teilverantwortung tragen. Es handelt sich auch nicht um ein dynamisches Gebilde, wie z. B. eine Paar-Beziehung oder die politische Gemeinschaft, die Gegenstand des letzten Kapitels war. In Kapitel 3.1.1 konnte inhaltlich noch nicht viel darüber ausgesagt werden, was es für den Einzelnen bzw. für das fragliche Kollektiv bedeuten könnte, für den Klimawandel eine Mitverantwortung zu tragen, denn hier fungierte er lediglich als Beispiel für ein Objekt aus der Kategorie der kumulativen Prozesse. Insofern zeichnet er sich als Verantwortungsgegenstand durch die beiden Eigenschaften synergetischer Objekte aus: Exponentialität sowie das Fehlen eines oberen Schwellenwertes.

Die Vervollständigung des Verantwortungskonzepts der Klimaverantwortung beginne ich mit einer Konkretisierung des Gegenstands, bevor ich aus den Informationen hierzu die übrigen Elemente nebst ihrer Subkategorien ableite.

13.1 Klimawandel als Objekt der Verantwortung

Unabhängig davon, dass eine Bestimmung des Klimawandelbegriffs kontrovers diskutiert wird, besteht darüber, dass der Sachverhalt etwas mit dem anthropogenen Treibhauseffekt zu tun hat, weitgehende Einigkeit.[286] Vor dem Hintergrund der in Kapitel 3.1.1 angestellten Überlegungen differenziere ich nun zwischen drei Interpretationen vom Klimawandel als kumulativer Prozess bzw. zwischen unterschiedlichen Positionen darüber, zu welchem Zeitpunkt der fragliche anthropogene Klimawandel eingesetzt hat, in welchem Zeitraum man von einem Klimawandel sprechen kann und ob er zu einem Ende gelangen wird. Denn diese Aspekte scheinen für eine Bestimmung des Klimawandels als Verantwortungsobjekt wesentlich zu sein:

Erstens – die weite Definition: Einige verstehen unter „Klimawandel" alle Vorgänge anthropogener Emissionen, die seit der Industrialisierung oder bereits früher eingesetzt haben.[287] Dies kann als die allgemeinste Definition gelten, wodurch die meisten lokal und z. T. auch global[288] beobachtbaren Geschehnisse erfasst und unter dem Klimawandel als kumulativer Prozess als vergleichbare Vorgänge eines Gesamtprozesses charakterisiert werden.

---

[286] Stephen M. Gardiner geht in seinem Text „Ethics and Global Climate Change" auf die Schwierigkeit der Wahl eines geeigneten Begriffs für eine eingängige Bezeichnung der Vorgänge, die mit dem Schlagwort „Klimawandel" eingefangen werden sollen, ein; vgl. GARDINER 2004, S. 4. Wie bereits in Kapitel 3.1.1 geht es mir auch hier ausschließlich um den durch Menschen verursachten Klimawandel. Zu den Herausforderungen einer Definition des Klimawandelbegriffs bemerkt Dale Jamieson: „By definition, climate change involves change, but it is not easy to identify either climate or change, either empirically or conceptually. Climate is an abstraction from the weather that people experience. In a highly variable system, it is difficult to distinguish climate change from variability" (JAMIESON 2011, S. 38). Er fährt damit fort, „that even raising the question of climate change involves interpreting the climate record in a particular way. Climate data do not come marked ‚change' or ‚variability,' anymore than the works of fourteenth-century Florentine artists are stamped with the words ‚Renaissance artwork.'" (Ebd., S. 39) Bernward Gesang gibt in dem Band Klimaethik einen Überblick über die Argumente derjenigen, die bestreiten, dass es so etwas wie anthropogenen Klimawandel überhaupt gibt. Mit der Position der so genannten „Klimaskeptiker" (GESANG 2011, S. 18) befasse ich mich hier jedoch nicht näher, da ich die Realität des Phänomens nicht prinzipiell bezweifle. Gesang diskutiert als mögliche Einwände der Klimaskeptiker, dass es die „Erderwärmung" (ebd.) nicht gebe, dass sie, sofern es sie gebe, nicht durch den Menschen verursacht wurde bzw. dass die Konsequenzen des Klimawandels gar nicht als „gravierend" (ebd., S. 32) zu beschreiben sind, sondern dass man aus ihnen sogar einen vorstellbaren „Nutzen" (ebd., S. 38) ziehen könnte. Auch Anthony Giddens erläutert die Positionen der Klimaskeptiker; vgl. in Kurzform GIDDENS 2008, S. 6 und überdies WEART 2011, S. 73 und 75.

[287] Vgl. den *Synthesis Report 2007* des Intergovernmental Panel on Climate Change (IPCC); BERNSTEIN et al. 2008, S. 36: „Global GHG [greenhouse gases; J. S.] emissions due to human activities have grown since pre-industrial times, with an increase of 70% between 1970 and 2004 […]."

[288] Vgl. STEFFEN 2011, S. 22.

Zweitens – die enge Definition: Andere referieren unter „Klimawandel" insbesondere auf den Moment, in dem sich die Erderwärmung um zwei Grad Celsius gesteigert haben wird, denn mit dem Überschreiten dieser ‚2-Grad-Erwärmungsgrenze' werden die prinzipiell bedeutsamen und in ihrer Tragweite sogar verheerenden Ausmaße des Klimaprozesses spürbar.[289] Nach dieser Definition existiert der Klimawandel gegenwärtig noch nicht, sondern aktuelle Ereignisse führen auf ihn eigentlich erst hin, indem sie ihn gewissermaßen vorbereiten.[290] Die Bestimmung eines unteren Schwellenwertes (der ‚Point of no Return') fungiert im Sinne der engen Definition als markanter ‚Startschuss' für den Klimawandel (vgl. das Schaubild 2 in Kapitel 3.1.1). Im Rahmen dieser engen Interpretation scheint „Klimawandel" mit dem Phänomen „global warming" (Gardiner 2004, S. 4) hinreichend erfasst zu sein, doch Gardiner bestreitet dies:

> „For a while, then, the term *global warming* was favored. This term captures the point that it is the effects of increased levels of greenhouse gases that are of concern. However, it also has its limitations. In particular, it highlights a specific effect, higher temperatures, and thus suggests a one-dimensional problem." (Gardiner 2004, S. 4)

Neben einer drastischen Erderwärmung als Grundphänomen des Klimawandels folgen aus dem durch den Menschen produzierten Ausstoß von CO_2 und weiteren Treibhausgasen wie bspw. Methan und Lachgas auch das Schmelzen von Gletschern, der Anstieg der Meeresspiegel und sinkende Ernteerträge.[291] Diese Entwicklungen sind Konsequenzen der anthropogenen Emissionen und treten bereits vor einem Überschreiten der 2-Grad-Erwärmungsgrenze ein. Alle Verantwortungsobjekte haben einen unteren Schwellenwert, der dessen raumzeitlichen Beginn markiert (vgl. Kapitel 3.1.1). Davon ist bei kumulativen Prozessen der ‚Point of no Return' als der maßgebliche „tipping point" zu differenzieren, der in der Klimadebatte hinlänglich mit dem Erreichen der 2-Grad-Erwärmungsgrenze gesetzt wird.[292] Dabei kann noch einmal zwischen einem Kipppunkt, nach dem sich die weitere Entwicklung qualitativ verändert, d. h. unvorhersehbarer und deutlich schwerer zu kontrollieren wird (vgl. Kapitel 3.1.1), und so genannten Kippelementen oder „tipping elements" (Lenton et al. 2008, S. 1786), die das Überschreiten eines solchen Schwellenwertes ‚triggern',

---

289 Vgl. ebd., S. 25
290 Vgl. zu einer solchen Position bspw. BOJANOWSKI 2012, dessen Formulierungen implizieren, dass der Klimawandel im eigentlichen Sinne noch gar nicht eingetreten sei (wobei der Spiegel natürlich keine wissenschaftliche Quelle darstellt).
291 Vgl. STEFFEN 2011, S. 25 und STERN 2006, S. vi.
292 Vgl. GESANG 2011, S. 40.

ihn also mit immer größerer Wahrscheinlichkeit heraufbeschwören, differenziert werden:

> „We offer a formal definition, introducing the term ‚tipping element' to describe subsystems of the Earth system that are at least subcontinental in scale and can be switched – under certain circumstances – into a qualitatively different state by small perturbations. The tipping point is the corresponding critical point – in forcing and a feature of the system – at which the future state of the system is qualitatively altered." (Lenton et al. 2008, S. 1786)

Vertreter der engen Definition von „Klimawandel" sind demnach der Ansicht, dass erst, nachdem einige Kippmomente (z. B. das Schmelzen des Antarktischen Eises, des Grönland-Eises und des Westantarktischen Eises[293]) die Überschreitung des kritischen Schwellenwertes der 2-Grad-Erwärmungsgrenze verursacht haben, im eigentlichen Sinne vom Klimawandel zu sprechen sei. Durch diese Überschreitung werden weitere „tipping elements" erreicht (bspw. der Kollaps des Amazonas-Regenwaldes), die ihrerseits zu der Überschreitung größerer „tipping points" führen.[294] Die angeführten zwei Grad Celsius sind als markanter Einschnitt im Verlauf des Klimaprozesses jedoch nicht mit Eindeutigkeit festzulegen; manche Forscher setzen sie niedriger oder höher an,[295] insofern „Klimaschocks heute selbst bei Temperaturanstiegen von weniger als 1°C Rückschläge für die wirtschaftliche und soziale Entwicklung in Entwicklungsländern [verursachen]" (Stern 2006, S. viii). Dieses Zitat aus dem *Stern-Report* veranschaulicht, dass von einer Bestimmung der Folgen des Klimawandels, die als für Mensch und Natur untragbar eingestuft werden, die Setzung des kritischen Schwellenwertes abhängig ist. Je nachdem, welche politischen, wirtschaftlichen oder sozialen Folgen man als unhaltbar definiert, liegt der kritische Schwellenwert als ‚Point of no Return' höher oder niedriger als zwei Grad Celsius.[296]

---

293 Vgl. LENTON et al. 2008, S. 1788 f.
294 Lenton et al. stellen in einer Tabelle „policy-relevant potential future tipping elements in the climate system" (ebd., S. 1788) vor. Noch etwas übersichtlicher geschieht dies auch im Stern-Report anhand einer Tabelle, in der die „Stabilisierungsniveaus und Wahrscheinlichkeitsbereiche für Temperaturanstiege" (STERN 2006, S. v) angegeben werden. Vgl. auch BERNSTEIN et al. 2008, S. 48 ff. Die Differenzierung zwischen Kipppunkten („tipping points", Kippmomenten oder Schwellenwerten) und Kippelementen („tipping elements") als Auslöser der „tipping points" wird nicht übereinstimmend geteilt. Gesang spricht schlicht von mehreren Kipppunkten, wohingegen Timothy M. Lenton et al. in ihrem Bericht zwischen „tipping points" und „tipping elements" differenzieren, um hierdurch die Möglichkeit einer Prognose des ungefähren Zeitpunkts eines wahrscheinlichen Überschreitens eines solchen Schwellenwertes zu gewährleisten.
295 Vgl. z. B. GESANG 2011, S. 43 und BAER 2011, S. 328.
296 Vgl. STEFFEN 2011, S. 24 und JAMIESON 2011, S. 39.

In Übereinstimmung mit Gardiner halte ich die enge Definition von „Klimawandel" als Synonym zu „Erderwärmung" für unplausibel, denn bereits vor einem Überschreiten der 2-Grad-Erwärmungsgrenze handelt es sich um eine exponentielle Entwicklung. Zwar erhalten die Ereignisse, die mit dem Überschreiten der 2-Grad-Erwärmungsgrenze (oder einer ähnlichen Grenze) ausgelöst werden, eine neue Qualität und werden unvermeidbar, weshalb dieser „tipping point" einen bedeutsamen Wendepunkt als ‚Point of no Return' darstellt. Da zuvor jedoch die Entwicklung hin zu einer Überschreitung besagten Schwellenwertes nicht (wie in dem in Kapitel 3.1.1 angegebenen Beispiel des Brückenbaus) eine lineare, sondern bereits eine exponentielle ist, umfasst das Phänomen des Klimawandels auch diesen Teil der Geschehnisse.

Bereits vor einem Überschreiten des eigentlichen Schwellenwertes (wo auch immer man ihn setzt) können wir nicht mehr ohne weiteres aus dem Gesamtprozess aussteigen und selbigen anhalten, wohingegen die Arbeiter den Bau an der Brücke jederzeit beenden können. Die Brücke käme dann nicht zustande. Ein solcher ‚Ausstieg' aus dem Klimawandel als kumulativer Prozess ist aufgrund der „inescapable causal relationships of climate change" (Baer 2011, S. 326) so einfach nicht möglich. Selbst wenn man sich vorstellte, dass die Menschen von einem Tag auf den anderen alle klimaschädlichen Handlungen einstellten, müsste noch eine gewisse Zeit vergehen, bis davon die Rede sein könnte, dass die von ihnen angestoßenen Entwicklungen zum Stillstand gekommen sind.[297] Dabei besteht eine starke Abhängigkeit zwischen der Schwere der Konsequenzen und der Zeit, die verstreicht sowie der Anzahl der Menschen, die sich an diesem Prozess beteiligen. Solange die kritische Grenze eines ‚Point of no Return' noch nicht überschritten wurde, ist es möglich, die für den Menschen als unhaltbar definierten Konsequenzen abzuwenden, obwohl wir bereits jetzt in einen exponentiellen und nicht in einen linearen Prozess involviert sind. Es macht also Sinn, bereits jetzt davon zu sprechen, dass es ‚den' Klimawandel gibt, der nicht erst mit Überschreiten des unteren Schwellenwertes beginnt.

Drittens – die radikale Definition: Während im Rahmen der engen Definition der Fokus auf die Setzung eines unteren Schwellenwertes gerichtet wird, geht es nun um die Behauptung eines oberen Schwellenwertes (was in Kapitel 3.1.1 bereits verworfen worden war). „Klimawandel" meint im Rahmen der radikalen Definition einen verheerenden Weltzustand, von manchen regelrecht als Weltuntergang prognostiziert, der durch das Überschreiten der 2-Grad-Erwärmungsgrenze praktisch automatisch erreicht würde:

---

297 Jamieson bestätigt dies: „Even if greenhouse gas emissions could be reduced to zero tomorrow, the global average temperature would continue to rise for several decades into the future." (Ebd., S. 22)

"Überschreiten wir zwei Grad, landen wir unaufhaltsam bei sechs oder mehr Grad, so die These von Peter Cox und anderen, die der Wissenschaftsjournalist Mark Lynas plastisch illustriert. Sobald erst einmal der erste überschritten sei, werde das System von Kipppunkten fallen, wie Dominosteine." (Gesang 2011, S. 40)

Der radikalen Definition, mit der im innerwissenschaftlichen Diskurs nur wenige sympathisieren,[298] stimme ich nicht zu, denn selbst wenn das Heraufdämmern eines solchen Weltuntergangsstadiums der Erde als ausgemachte Tatsache gelten könnte, würde dies den Gebrauch des Klimawandelbegriffs für eine einheitliche Erfassung aller darauf zusteuernden Phänomene nicht rechtfertigen. Als kumulativer Prozess ist er gerade nicht durch einen oberen Schwellenwert begrenzt. Es kann nicht zu einer Überdetermination in dem Sinne kommen, dass nach Überschreiten der 2-Grad-Erwärmungsgrenze oder einer ähnlichen Grenze irgendwann ein Zeitpunkt erreicht sein wird, zu dem sich die Intensität des Geschehens durch weitere Handlungen theoretisch nicht weiter steigern könnte. Sollte die Erde tatsächlich nach Erreichen des ‚Point of no Return' dem Untergang geweiht sein, ist dies lediglich als externer (bspw. dem realen Kontext begrenzter Ressourcen geschuldeter Grund), nicht als ein dem Prozess inhärenter oberer Schwellenwert zu verstehen. Ginge die Welt nicht am Tag X unter, könnte auch weiterhin vom Klimawandel ausgegangen werden, der mit jeder neuen Handlung an Intensität zunimmt. In Bezug auf den Brückenbau als linearer Prozess ist die Rede von einer Überdetermination plausibel, wenn bspw. jemand nach Fertigstellung der Brücke behauptet, er wäre noch an ihrem Bau beteiligt, indem er bspw. einen Stein auf diese Brücke legt. Ein solcher Zeitpunkt, zu dem eine weitere Handlung das aktuelle Geschehen nicht mehr intensivieren und daher als Überdetermination dazu gelten kann, wird in Bezug auf den Klimawandel nicht erreicht. Dem Folgenden lege ich aus den angeführten Gründen die weite Definition von „Klimawandel" zugrunde. Dabei möchte ich die Vorstellung von einem gleichwie apokalyptischen Weltszenario nicht prinzipiell verwerfen, wenn dies auch nicht das ausschlaggebende Merkmal in der Interpretation des Klimawandelbegriffs ausmacht.

Wissen und Klimaverantwortung: Kumulative Prozesse sind synergetische Verantwortungsobjekte mit einer exponentiellen Natur, was in der Konsequenz schwere Prognostizierbarkeit und Unkontrollierbarkeit mit sich führt (vgl. Kapitel 3.1.1). Der markante Schwellenwert (hier: die 2-Grad-Erwärmungsgrenze) wird durch ein Überschreiten vorheriger kleinerer Kippmomente bzw. -elemente herbeigeführt. Eine eindeutige Identifizierung dieser „tipping elements" erweist sich als schwer, wenn vielleicht auch nicht als unmöglich:

---

298 Vgl. COX et al. 2000, HANSEN 2010, LYNAS 2008 und WEART 2011, S. 75 f., sowie außerdem Giddens' Anmerkungen zu den Positionen der so genannten Radikalen in GIDDENS 2008, S. 6.

13 Verantwortung für den Klimawandel

> „In climate research and modelling, we should recognise that we are dealing with a coupled non-linear chaotic system, and therefore that the long-term prediction of future climate change is not possible. The most we can expect to achieve is the prediction of the probability distribution of the system's future possible states by the generation of ensembles of model solutions." (Intergovernmental Panel on Climate Change 2001, S. 774)

Häufig wird darin, dass uns keine hinreichenden Mechanismen zu einer eindeutigen Vorhersage der Kippelemente zur Verfügung stehen, die spezifische Problematik des Klimawandels gesehen,[299] doch würde ich dies bestreiten. Die Schwierigkeit einer möglichst konkreten Prognose der eigenen Handlungsfolgen sowie der Tatsache, dass die einzelnen Akteure die Auswirkungen ihres individuellen Handelns nicht spüren, ist innerhalb der Verantwortungsforschung ein bekannter Fall und z. B. in der Debatte um Verantwortungszuschreibung in komplexen und intransparent strukturierten Unternehmen bereits diskutiert worden.[300] Zwar ist der Klimawandel in seiner Existenz nicht von einzelnen Handlungen oder bestimmten Menschen abhängig. Anders als in Bezug auf den Brückenbau partizipieren die Individuen an diesem Prozess in einer Weise, dass sie nicht als Einzelne, auf die das Ganze zurückgeführt werden könnte, identifizierbar sind. Der Ausstoß von CO_2-Gasen durch eine Autofahrt ist für den Handelnden in der ihn unmittelbar umgebenden Atmosphäre nicht wahrnehmbar. Doch selbst eine geringfügige Hinzufügung von Molekülen in die Atmosphäre stellt ein Plus gegenüber dem Zustand vor der Autofahrt dar. Handlungsfolgenwissen als Voraussetzung für Verantwortung ist fast immer begrenzt. Unzweifelhaft sind solche Momente für den Verantwortlichen manchmal schwer zu analysieren, doch gerade aufgrund der Tatsache, dass Menschen häufig gezwungen sind, in Unsicherheit zu handeln und ihnen auch in anderen Situationen Verantwortung nicht vollkommen abgesprochen werden soll, liegt in der Unsicherheit nicht die genuine Herausforderung, vor die der Klimawandel als Verantwortungsobjekt die Menschen stellt. Es muss eine grundsätzliche Differenzierung zwischen Ungewissheit auf der einen und unvermeidbarem Nichtwissen auf der anderen Seite vorgenommen werden, was überdies der Tatsache gerecht wird, dass Verantwortung graduell zuschreibbar ist.[301] Solange davon auszugehen ist,

---

299 Vgl. GARVEY 2009, S. 59 ff. und zu dem Problem wissenschaftlicher Unsicherheit auch GARDINER et al. 2010, S. 7 ff.
300 Vgl. hierzu den Text von Shelly Kagan „Do I make a Difference?", in dem sie die im Titel gestellte Frage mit „I might" (KAGAN 2011, S. 141) beantwortet.
301 Überdies ist die Behauptung einer generellen Unmöglichkeit der Prognose eines Überschreitens der nächsten Schwellenmomente falsch. In den letzten Jahren wurden vermehrt Ansätze publik, Mechanismen zur Einschätzung der näher rückenden Kippmomente vorzustellen, wenn dies auch in umfassender Weise nicht zu leisten ist. Es sei auf jeden Fall „eine grobe Lokalisierung von Kipppunkten möglich" (GESANG 2011, S. 45). Vgl. LENTON et al. 2008, DAKOS et al. 2008, S. 14308, MESSNER/RAHMSTORF 2010, S. 64 und STERN 2006, S. iii.

dass in Bezug auf den Klimawandel nicht ein Fall von notwendigem Nicht-Wissen-Können vorliegt, kann begrenzte Unwissenheit nicht als Argument für vollständige Verantwortungsabgabe herangezogen werden.[302]

Fazit: Der Klimawandel ist ein nicht-lineares Verantwortungsobjekt, da sich seine Bestandteile (die Handlungen der Einzelnen bspw.) wechselseitig in einer Weise beeinflussen, dass ein Überschreiten von Kipppunkten mit der Partizipation von immer mehr Menschen über einen immer längeren Zeitraum hinweg immer notwendiger wird. Der Zeitpunkt eines ‚Point of no Return' rückt mit jeder neuen Handlung mit steigender Wahrscheinlichkeit näher. Bei linear entstandenen Verantwortungsgegenständen ist dies nicht der Fall.

Ob es sich – um auf die beiden Subkategorien des Verantwortungsobjekts zu sprechen zu kommen – beim Klimawandel um einen retrospektiven oder prospektiven Gegenstand handelt, wird Thema von Kapitel 13.3 sein. Was die Partikularität bzw. Universalität anbelangt, scheint es, als sei er unter der EWEO-Perspektive nur als universales Objekt interpretierbar. Denn selbst wenn man sich auf eine der drei Definitionen einigte, können die möglichen Handlungen aller Beteiligten nicht mit absoluter Gewissheit auf eine bestimmte Anzahl an Handlungsoptionen begrenzt werden. Unter jeder vorstellbaren Bestimmung des Klimawandelbegriffs existieren zu viele potenzielle Verantwortliche, als dass deren konkrete Handlungsmöglichkeiten eindeutig aufgeführt werden könnten (im Sinne von „Die Person xy handelt nur in den Weisen a, b und c."). In einem ersten Schritt lässt sich also festhalten, dass das Verantwortungsobjekt „Klimawandel" einen universalen und keinen partikularen Gegenstand darstellt.

---

[302] Heidbrink stellt in seinem Text „Nichtwissen und Verantwortung" Überlegungen zu diesem Thema an: „Ungewissheit ist, anders gesagt, nicht die Abwesenheit von Wissen, sondern hochgradig unsicheres Wissen, das als solches im Rahmen eines sozio-kulturellen Referenzsystems bleibt. Im Unterschied dazu ist Nichtwissen nicht nur eine graduelle Steigerung von ungewissem und unsicherem Wissen, sondern eine Leerstelle und ein blinder Fleck in wissensgeleiteten Handlungsprozessen" (HEIDBRINK 2010, S. 11). Indem Heidbrink „Ungewissheit [als] vermeidbares Unwissen" (ebd., S. 13) und „Nichtwissen [als] unvermeidbares Unwissen" (ebd.) bezeichnet, kommt er zu folgendem Schluss: „Nichtwissen ist dann zurechenbar, wenn es in Ungewissheit überführbar ist. [...] Wenn sie in der Lage sind, ihr Nichtwissen zu beeinflussen, kann ihnen dies zugerechnet werden" (ebd.). Er kommt im Rahmen dieses Aufsatzes zu folgender Einsicht: „Die entscheidende Frage lautet nicht mehr, ob Akteure wissen, was sie tun, sondern inwieweit sie in der Lage sind, auf ihr Nichtwissen Einfluss zu nehmen" (ebd., S. 23). Wenn Stern ausführt, dass „[n]iemand die Folgen des Klimawandels mit völliger Sicherheit vorhersagen [kann]; wir [aber] heute genug [wissen], um die Risiken zu verstehen" (STERN 2006, S. i), kann man in Übereinstimmung mit Heidbrink von Unsicherheit, nicht aber von genuinem Nichtwissen in Bezug auf den Klimawandel sprechen.

13.2 Der Adressat der Klimaverantwortung

Der Klimawandel ist also im Rahmen der weiten Definition ein synergetischer Gegenstand aus der Kategorie der kumulativen Prozesse, der in der ersten Subkategorie (so die These) je nach Kontext retrospektiv oder prospektiv verantwortet werden kann und der in der zweiten Subkategorie (im Normalfall) universal zu bestimmen ist, sofern man der weiten Definition zustimmt. Was kann hieraus für die Bestimmung der anderen Relationselemente geschlossen werden, bspw. in Bezug auf den Adressaten?

Der Adressat erfüllt die Funktion des Betroffenen und stellt den Grund für ein Vorhandensein der fraglichen Verantwortlichkeit dar (vgl. Kapitel 3.4). Wer oder was ist vom Klimawandel betroffen? Offensichtlich wirkt er sich nicht nur auf die aktuell lebenden Menschen, sondern auch auf die zukünftigen Generationen, die Natur und den gesamten Planeten aus. Aus der reinen Verantwortungsperspektive muss daher gefolgert werden, dass, solange keine konkreten Normen eine Eingrenzung des Kreises potenzieller Adressaten auf die (bspw. gegenwärtig lebenden oder zukünftigen) Menschen erlauben, eine solche Beschränkung als rechtfertigungsbedürftige Verkürzung erschiene. Häufig sieht man zwar die zukünftigen Generationen als Hauptadressaten des Klimawandels, weshalb „Klimaschutz" (Meyer/Roser 2007, S. 7) vornehmlich als „Frage der intergenerationellen Gerechtigkeit" (ebd.) diskutiert wird.[303] Doch der Klimawandel greift überdies maßgeblich in die Ökosysteme der Natur ein und verändert in Form globaler Prozesse (z. B. Schmelzen der Gletscher, Kollaps des Amazonas-Regenwaldes) das Gesicht des Planeten. Ohne Zusatzargument kann der Adressat also nicht rein anthropozentrisch definiert werden, in dem Sinne, dass nur dem Menschen ein Eigenwert zuzuschreiben ist.[304] Die verantwor-

---

303 Vgl. GARDINER 2004, S. 21 und zur Übersicht HOWARTH 2011.
304 Es geht hier um einen moralischen und nicht um einen epistemischen Anthropozentrismus. Ersterer meint „die Position, nach der nur der Mensch, nicht aber die Natur einen moralischen Status, moralischen Wert hat, Mitglied des moralischen Universums ist" (KREBS 1997, S. 345). Demgegenüber impliziert der epistemische Anthropozentrismus „die Position, nach der die menschliche Perspektive, insbesondere die menschliche Wertperspektive, mit-konstitutiv ist für unser Bild der Welt: Werte sind relational, Werte für uns" (ebd.). Den epistemischen Anthropozentrismus hinterfrage ich nicht. Auf die Position eines extremen Wertrealismus geht bspw. Konrad Ott in seiner Differenzierung zwischen subjektiven und objektiven Wertlehren ein; vgl. OTT 1993, S. 155 ff. Auf der Basis eines durch Hilary Putnam begründeten „herabgestuften Werterealismus" (MUTSCHLER 2006, S. 71) werde ich im Folgenden die Position vertreten, „daß Fakt und Wert nicht getrennt werden können, weil wir niemals imstande sind, wertfrei zu urteilen" (ebd.). Es ist hieraus zu folgern, dass Werte real existieren und dass sie nicht in ein „separates, für sich existierendes, intelligibles Reich" (ebd.) gehören, ohne dennoch zugleich zu behaupten, ihnen komme ontologische Realität zu. Werte existieren in einem epistemischen, nicht aber in einem ontologischen Sinne – so Putnam. Putnam expliziert seine Theorie in Vernunft, Wahrheit und Geschichte; vgl. hierzu PUTNAM 1990, S. 173 ff.

tungstheoretische These, dass die Natur einen Eigenwert hat, da sie offensichtlich vom Klimawandel betroffen ist, lässt sich dahingehend ausformulieren, dass eine Klimaverantwortung auch dann bestünde, wenn die Menschen davon gar nicht betroffen wären, sondern nur die Natur bzw. der Planet Erde. In dieser Überlegung sind mehrere Prämissen enthalten, die zwar im Rahmen dieses Projekts nicht ausführlich diskutiert werden können, auf die ich hier dennoch zumindest kurz zu sprechen komme.

Es sei also angenommen, dass es sich bei dem Adressaten der Klimaverantwortung um den Planeten Erde handelt, inklusive der Natur und den gegenwärtigen sowie zukünftigen Menschen. Die Subkategorie zum Adressaten (Privatheit oder Öffentlichkeit) kann dann nicht so einfach bestimmt werden, insofern sich hier Fragen der Naturethik bezüglich unseres Verständnisses von „Betroffen-Sein" und einer möglichen Werthaftigkeit der Natur stellen. Denn inwiefern kann behauptet werden, dass der Planet Erde vom Klimawandel betroffen ist, und warum kann es dem Menschen nicht egal sein, wenn sein Handeln die Natur drastisch verändert? Muss er sich nur um den Erhalt der Natur bemühen, da sie (sofern sie) dem Menschen von Nutzen ist, oder ist sie um ihrer selbst willen schützenswert?[305]

Die Setzung des einschlägigen Kippmoments als ‚Point of no Return' ist abhängig davon, welche Folgen als für den Menschen unhaltbar definiert werden (vgl. Kapitel 13.1). Bislang wurde angenommen, dass der kritische „tipping point" mit dem Überschreiten der 2-Grad-Erwärmungsgrenze erreicht sei, er kann allerdings auch höher bzw. niedriger angesetzt werden. Empfindet man es bspw. als unvertretbar, dass der Amazonas-Regenwald kollabiert, wird der kritische Schwellenwert, der nicht überschritten werden darf, da sonst die Kosten des Klimawandels nicht mehr tragbar sind, zu einem anderen Zeitpunkt gesetzt, als wenn der Regenwald für die jeweilige Person keine wesentliche Rolle spielt. Mit der oben formulierten These wird also zum Ausdruck gebracht, dass entweder das Betroffen-Sein des Planeten durch den Klimawandel für den Menschen unvertretbar ist (anthropozentrische Position) oder aber, dass man der Natur nicht schaden dürfe, selbst wenn es den Menschen nicht kümmert, ob ihr geschadet wird oder nicht (physiozentrische Position).[306] Eine Folge des Klima-

---

305 Gardiner bemerkt: „Pretheoretically, most people seem to believe that if we were to protect humanity but nevertheless render the surface of the planet uninhabitable for most other forms of life, this would be a serious ethical problem. Few would be comfortable with the prospect of humanity living in vast domes atop the surface of an otherwise barren Earth" (GARDINER 2011, S. 311). In diesem Zitat kommt im ersten Satz zum Ausdruck, dass dem Planeten Erde sowie der Natur ein Eigenwert zugesprochen werden kann, wohingegen dies im zweiten Satz nicht notwendig der Fall ist.

306 Krebs geht auch auf weitere anthropozentrische Positionen ein wie die, dass der Natur ein Heimat-Wert zugeschrieben werden kann. Die Position des Physiozentrismus besagt, dass der

13 Verantwortung für den Klimawandel

wandels wird bspw. das Untergehen von Pazifik-Inseln aufgrund ansteigenden Meeresspiegels sein.[307] Soll dies ausschließlich deshalb vermieden werden, weil hierdurch Migrationsbewegungen ausgelöst (Klimawandel als soziales und politisches Problem[308]), d. h. die betroffenen Inselbewohner einen anderen Lebensraum benötigen werden (anthropozentrische Position)? Oder halten wir die Pazifik-Inseln selbst für schützenswert, unabhängig davon, ob dort Menschen leben oder nicht (physiozentrische Position)?

Fazit: Über die bislang durch die Kontextualisierung erschlossenen Informationen zum Konzept der Klimaverantwortung lässt sich der Adressat nicht eindeutig als anthropozentrisch oder physiozentrisch definieren. Aus der reinen verantwortungstheoretischen Perspektive kann noch nicht einmal ein Wert des Planeten Erde festgelegt werden – ob ihm bspw. ein instrumenteller, ästhetischer oder eudämonistischer Wert oder gar ein Eigenwert zukommt. Aus dem Verantwortungsbegriff heraus kann nicht darauf geschlossen werden, welche Art von Wert der Planet hat, nur, *dass* ihm (irgend) ein Wert zugeschrieben wird. Wäre dies nicht der Fall, erschiene die ganze Rede von einer Klimaverantwortung nicht mehr nachvollziehbar. An dieser Stelle der Arbeit wird ein weiteres Mal ersichtlich, inwiefern die reine Verantwortungsperspektive an ihre Grenzen stößt. Doch wie bereits in Kapitel 12.1 vertrete ich auch jetzt die Ansicht, dass sich darin weniger eine zu kritisierende Beliebigkeit des Verantwortungsfokusses offenbart, als dass sich hier vielmehr seine konzeptionelle Offenheit gegenüber philosophischen Positionen zeigt und damit gerade eine Stärke des Verantwortungsphänomens. Abhängig von dem Wert des Planeten Erde sowie abhängig davon, ob der Adressat privat oder öffentlich ist (vgl. Kapitel 3.5.2), verlangen die Forderungen einer Klimaverantwortung den Menschen mehr oder weniger ab. Im Sinne eines radikalen Physiozentrismus könnte bspw. gefordert werden, in die Natur nach Umständen nicht einzugreifen.

Natur ein „eigene[r] moralische[r] Wert" (KREBS 1997, S. 342) zukommt. Der „Mensch muß auf sie Rücksicht um ihrer selbst willen nehmen" (ebd.). Die physiozentrische Position impliziert, dass neben dem Menschen auch anderen Dingen ein Eigenwert zukommt, was eine Diskussion darüber eröffnet, wem oder was ein solcher Wert zuzuschreiben ist. Der Physiozentrismus enthält drei Positionen: Haben neben dem Menschen auch Tiere (bzw. alle „empfindungsfähigen Wesen", ebd.) einen Eigenwert (pathozentrische Position) oder zudem „alle Lebewesen" (ebd.), sodass auch Pflanzen hierunter gefasst werden (biozentrische Position), oder muss im Grunde allem, was es gibt, und damit auch Unbelebtem, Landschaften und Ökosystemen, ein Eigenwert zugeschrieben werden (radikal-physiozentrische Position)? Der radikale Physiozentrismus, „der der Natur als ganzer einen moralischen Wert zuspricht […], spaltet sich noch einmal auf in eine individualistische und eine holistische Variante. Nach der individualistischen Variante sind die Einzeldinge der Natur, zum Beispiel Steine und Pflanzen, nach der holistischen Variante ist die Ganzheit der Natur Träger moralischer Werte" (ebd.).

307 Vgl. z. B. STEFFEN 2011, S. 24.
308 Vgl. hierzu bspw. JAMIESON 2011, S. 45.

Weil zu der Vervollständigung des Verantwortungsmodells der Klimaverantwortung in punkto einer Definition des Adressaten zum jetzigen Stand der Überlegungen ohne Zusatzargument nicht mehr gesagt werden kann, bleibt die Subkategorie der Privatheit oder Öffentlichkeit zunächst undefiniert und der Adressat dadurch nur oberflächlich bestimmt. Ich komme hierauf in den nächsten Kapiteln zurück, um dazu unter Rekurs auf potenzielle Verantwortungssubjekte, am Maßstab normativer Kriterien und anhand von Beispielen konkreter zu werden. Ähnlich wie in Kapitel 12 über die politische Verantwortung wird sich auch im Rahmen einer Konzeptvervollständigung der Klimaverantwortung zeigen, dass es manchmal hilfreich ist, zur Definition der Relationselemente und ihrer Subkategorien zwischen den Elementen hin- und herzuwechseln.

13.3 Das Subjekt der Klimaverantwortung

Bei dem Subjekt der Klimaverantwortung handelt es sich mit aller Wahrscheinlichkeit nicht um ein einzelnes Individuum, denn der Klimawandel ist ein synergetischer Verantwortungsgegenstand (von Ausnahmen abgesehen, vgl. Kapitel 3.1.1). In der Klimadebatte divergieren die Positionen über den potenziellen Verantwortungsträger in Abhängigkeit davon, ob Klimaverantwortung retrospektiv oder prospektiv interpretiert wird. Eine weit verbreitete Ansicht lautet, dass für historische Emissionen insbesondere Staaten aufkommen müssen, für die (Finanzierung) zukünftige(r) Vermeidung klimaschädlicher Emissionen bzw. für die Anpassung an klimaschonende Technologien hingegen auch die Bürger direkt gefordert werden können.[309] In diesem Kapitel soll dargelegt werden, inwiefern sich aus meinen Überlegungen zur Mitverantwortung in Kapitel 3.1.1 sowie unter Rekurs auf die weite Definition von „Klimawandel" in Kapitel 13.1 ergibt, dass beide Positionen für sich genommen nicht hinreichend sind. Der ausschließliche Verweis auf Kollektive (Staaten) oder auf Individuen (Bürger) kann die Zuschreibung kollektiver Klimaverantwortung nicht erklären.

Im Grunde sind bei allen Menschen, die Emissionen verursachen, die Voraussetzungen für eine Übernahme von Verantwortung (Kommunikations- und Handlungsfähigkeit sowie Urteilskraft) mehr oder minder gegeben, wenn auch in unterschiedlichem Maße. Es kann bspw. davon ausgegangen werden, dass manche aufgrund ihres Alters, ihrer Erfahrung oder ihres Berufs über einen anderen Wissensstand verfügen als andere Menschen und demzufolge vielleicht verantwortlicher sind als andere. Wie sich ein unterschiedliches Maß eines Vor-

---

309 Vgl. GARDINER 2011, S. 327. Gardiners Sammelband Climate Ethics (GARDINER et al. 2010) sowie das von John S. Dryzek (u. a.) herausgegebene Oxford Handbook of Climate Change and Society (DRYZEK et al. 2011) enthalten viele aktuelle Positionierungen hierzu.

13 Verantwortung für den Klimawandel

liegens der Bedingungen zur Verantwortungsübernahme auf die Zuschreibung von Verantwortung auswirkt, muss in den spezifischen Kontexten ermittelt werden (vgl. Kapitel 13.4). Prinzipiell kann eine radikale Haltung im Sinne von „Ich habe wirklich von nichts etwas gewusst" in solch umfassender Weise, dass sie Verantwortungszuschreibung generell ausschließt, nicht überzeugen (vgl. Kapitel 13.1). Um zu wissen, dass Autofahren oder dass das Ausstoßen von Fabrikgasen dem Klima nicht förderlich ist, bedarf es keines Expertenwissens, obwohl es vielleicht paradox anmuten mag, dass die Folgen des Klimawandels nicht notwendig individuell erlebbar sind:

> „Climate change will have multiple, sometimes paradoxical, indirect effects, and many of its impacts on human welfare will be relatively invisible. [...] Climate change will cause the deaths of many people, but there will be no obituary that will say that Dale Jamieson (for example) died yesterday, cause of death: climate change." (Jamieson 2011, S. 49)

Viele Menschen mögen ihren alltäglichen Handlungen kein besonderes Gewicht beimessen, doch dass „because my actions are so marginal, I am not at all responsible for the aggregate environmental problem, e.g., air pollution, the problem of waste, or climate change" (Fahlquist 2009, S. 110), ist ein Fehlschluss.[310] Sollte es tatsächlich Menschen geben, die in keiner Weise klimaschädlich leben, sind sie insofern nicht gänzlich von ihrer Klimaverantwortung freizusprechen, als sie um die Taten anderer Menschen, ihrer Gesellschaft und Regierung, wissen. Es können ihnen zunächst ebenso wenig, wie denjenigen, die Schadstoffemissionen selbst verursachen, die Voraussetzungen für die Übernahme von Verantwortung prinzipiell abgesprochen werden.

Die These über das potenzielle Subjekt der Klimaverantwortung (alle Menschen) besagt noch nichts Konkretes über das Maß persönlicher Mitverantwortung (vgl. Kapitel 13.4), sondern ist als Basis einer begründeten Identifizierung des Verantwortungsträgers zu sehen. Sie besagt, dass sich aus den bereits vorliegenden Informationen zum Objekt und Adressaten der Klimaverantwortung nur ableiten lässt, dass aus der genuinen Verantwortungsperspektive heraus zunächst kein Mensch aus dem Kreis potenzieller Verantwortungsträger auszuschließen ist und eventuelle Beschränkungen oder Entschuldigungen ihrer Verantwortungsübernahme einer Erklärung bedürfen, die außerhalb des reinen Verantwortungsfokus' liegen mag.

Subjekt: alle Menschen (Staaten, Unternehmen, Bürger etc.)
  Subkategorie I/K: kollektiv (Mitverantwortung)
Objekt: Klimawandel (weite Definition)
  Subkategorie P/R: prospektiv oder retrospektiv

---

310 Vgl. überdies GARDINER 2004, S. 15 und GARDINER 2011, S. 315.

Subkategorie P/U: universal **Instanz**: noch undefiniert **Adressat**: der Planet Erde (inklusive der Natur sowie der gegenwärtig und zukünftig lebenden Menschen) Subkategorie P/Ö: noch undefiniert **Normative Kriterien**: noch undefiniert

Die Konkretisierung des Verantwortungsträgers wird nun über die prospektive und retrospektive Ausrichtung des Verantwortungsgegenstands vorgenommen (vgl. Ende von Kapitel 13.1). Dabei wird sich herausstellen, dass es durch die Setzung eines Verantwortungssubjekts, bspw. staatliche Unternehmen, zu einer unzureichenden Hypostasierung des Objekts der Klimaverantwortung kommt.

Klimawandel als retrospektives Verantwortungsobjekt: Mit Klimawandel als retrospektives Objekt (ich schreibe dann „Klimawandel$_r$", also „Klimawandel" mit einem tiefgestellten „r" am Ende) wird auf historische Emissionen referiert, also solche Emissionen, die in der Vergangenheit getätigt wurden – bspw. vor einem öffentlichen Bekanntwerden des Klimawandelphänomens in den 1980er Jahren[311] – und damit maßgeblich den gegenwärtigen Zustand des Klimas herbeigeführt haben.[312] „Klimawandel$_r$" ist synonym mit „Verantwortung für die Hervorbringung der aktuellen Situation durch historische Emissionen". In dieser Interpretation wird der Klimawandel in der Retrospektive zu einem abgeschlossenen Ereignis erklärt, wobei sein Abschluss nicht durch einen festen oberen Schwellenwert markierbar ist, sondern anhand eines variablen Kippmoments. Diesen variablen Kipppunkt setzt man in Abhängigkeit von dem Zeitpunkt, zu dem retrospektive Verantwortungsübernahme für den Klimawandel eingefordert wird. Retrospektiv Verantwortung für den Klimawandel zu tragen bedeutet somit, für den Klimawandel z. B. von seinem Beginn an bis zur Gegenwart (als der obere Schwellenwert) Rede und Antwort zu stehen. Auch der untere Schwellenwert kann hierbei zu unterschiedlichen Zeitpunkten gesetzt werden, je nachdem, welchen Zeitraum man mit den vergangenen Emissionen abzudecken gedenkt. Der Zeitraum ist also nach Belieben enger oder weiter definierbar. Wenn es z. B. um alle Emissionen einer Reihe von Unternehmen der 90er-Jahre des letzten Jahrhunderts geht, wird der untere Schwellenwert zu Beginn und der obere mit dem Ende der 90er-Jahre bestimmt. In diesem Fall ist „Klimawandel$_r$" gleichbedeutend mit „Verantwortung für alle Emissionen der 90er Jahre des letzten Jahrhunderts", d. h. mit „Verantwortung für alle Emissionen zwischen dem 01.01.1990 (unterer Schwellenwert) und dem 31.12.1999 (oberer Schwellenwert)".

---

311 Vgl. JAMIESON 2011, S. 40 und insbesondere WEART 2011, S. 71 ff.
312 Vgl. bspw. BAER et al. 2010, S. v. a. S. 223, CANEY 2010, GARDINER 2004, S. 14 ff., NEUMAYER 2000 und WEISBACH 2009.

Mit dieser Definition der retrospektiven Klimaverantwortung ergibt sich ein Problem. Denn als ein sowohl durch einen unteren als auch durch einen oberen Schwellenwert raum-zeitlich lokalisierbarer Verantwortungsgegenstand ist der Klimawandel$_r$ nicht als Objekt einer Mitverantwortung identifizierbar, sondern es wird daraus der Gegenstand einer Teilverantwortung konstruiert, vergleichbar mit dem Brückenbau (vgl. Kapitel 3.1.1). In dem Beispiel der Interpretation von „Klimawandel$_r$" als „Verantwortung für alle Emissionen der 90er Jahre des letzten Jahrhunderts" stellen alle später angefallenen Emissionen, z. B. des Jahres 2000, eine Überdetermination dar. Die Beteiligten, auf die referiert wird, bspw. eine Reihe Unternehmen, sind mit den Brückenbauern vergleichbar, die ihren Anteil zum Brückenbau beigetragen haben. Die Retrospektive erlaubt eine Konstruktion des Verantwortungsobjekts Klimawandel als Gegenstand einer Teil- und nicht einer Mitverantwortung, denn nun genügt es, nach denjenigen zu fragen, die wie die Brückenbauer an den fraglichen Emissionen beteiligt waren, um unter ihnen die Verantwortung vollständig aufzuteilen. Klimaverantwortung im Sinne von Klimaverantwortung$_r$ des genannten Zeitraums ist auf eine konkrete Mitgliederanzahl zurückführbar und reduzierbar.

Das Polluter Pays Principle: Wie kann man sich unter der Perspektive, Klimawandel$_r$ als Objekt einer reinen Teil- und nicht einer Mitverantwortung zu bestimmen, die Aufteilung von Verantwortung unter den Beteiligten vorstellen? Aufgrund der Verobjektivierung des kumulativen Prozesses in der Retrospektive wird Klimaverantwortung für historische Emissionen häufig über eine akkurate Zuschreibung des so genannten „Polluter Pays Principle" (Caney 2010, S. 125) (PPP) definiert.[313] Nach diesem Prinzip, das innerhalb der Klimadebatte breite Zustimmung erfährt, wird erstens der Versuch unternommen, die eigentlichen Verursacher des Klimawandels$_r$ ausfindig zu machen und zweitens für Kompensationsleistungen anzusprechen. Das PPP betrachtet diejenigen, die in der Vergangenheit in einem bestimmten Zeitraum, maximal der Zeitraum vom Beginn des Klimawandels bis zur Gegenwart, am Klimawandel$_r$ partizipiert haben, analog zu den Brückenbauern, die einen spezifischen Anteil zum Brückenbau beigetragen haben. Dem PPP zufolge sind die einzelnen Teile und damit das Ausmaß ihrer Verantwortung, aus denen sich der Klimawandel$_r$ ‚zusammensetzt', mehr oder minder klar identifizierbar.

Das PPP widerspricht meiner Ausgangsthese, dass unter der genuinen Verantwortungsperspektive niemandem die Voraussetzungen für die Möglichkeit

---

313 Das PPP ziehe ich als Beispiel heran, zahlreiche andere Prinzipien könnten an dieser Stelle diskutiert werden, so beschäftigt sich bspw. Christian Baatz in dem Text „Responsibility for the Past?" mit einem Alternativprinzip, dem „Beneficiary Pays Principle" (BAATZ 2013, S. 94, URL: http://www.tandfonline.com/doi/abs/10.1080/21550085.2013.768397#.UkgOyX99m70 [Stand: 29.09.2013]).

zur Verantwortungsübernahme gänzlich abgesprochen werden können, nicht grundsätzlich. Es fokussiert diejenigen in dem fraglichen Zeitraum, die mehr oder weniger über die Bedingungen verfügen und schließt diejenigen aus, die unterhalb einer implizit angenommenen Beteiligungsgrenze nicht mehr erfasst werden. In einem ersten Schritt differenziert das PPP das unspezifische Verantwortungskollektiv „alle Menschen" in die Staaten-Kollektive als nächst größere Einheiten. In einem zweiten Schritt wird davon ausgegangen, dass die Staaten, die entweder selbst mehr Emissionen produziert oder andere Staaten dazu genötigt haben, ihren Emissionshaushalt in die Höhe zu treiben,[314] mehr für den Klimawandel$_r$ verantwortlich sind als andere. In einem dritten Schritt gelte es, das Ausmaß ihrer Verantwortung korrekt zu bestimmen. Auch wenn dieses Vorgehen, die Emissionshaushalte der Staaten als ‚Akteure im Großen' miteinander zu vergleichen, durchaus praktikabel ist, umfasst die Gruppe potenzieller Verantwortungsträger aus zwei Gründen noch weitere Akteure:

Erstens kann zumindest nicht ausgeschlossen werden, dass den Mitgliedern der Staaten-Kollektive ebenfalls eine Verantwortung für den Klimawandel$_r$ zuzuschreiben ist.[315] Zweitens existieren neben den Staaten weitere Kollektive wie bspw. Nichtregierungsorganisationen (NGOs), transnationale Konzerne und internationale Organisationen, die in ihrem Handeln zwar nicht vollkommen unabhängig von den Staaten, in denen sie ihren Hauptsitz haben, sind, die aber gleichwohl als eigenständige Akteure über die Zugehörigkeit zu einem bestimmten Staat nicht vollständig erfasst werden können. Das PPP bezieht zumindest Unternehmen in die Rechnung mit ein, schließt jedoch einzelne Individuen weitestgehend aus. Staaten definieren ihren Emissionshaushalt durch Kollektive wie bspw. Fabriken, Unternehmen und das Militär sowie durch die Bürger, die in unterschiedlichem Maß CO_2 produzieren. Selbiges gilt für Kollektive, die neben den Staaten existieren. Eine Reaktion auf die Konzentration des PPPs vornehmlich auf Staaten und Unternehmen würde aus verantwortungstheoretischer Sicht den Hinweis beinhalten müssen, dass für eine vollständige Ausformulierung eines Konzepts von Klimaverantwortung$_r$ weitere Kollektive und überdies Individuen mit zu bedenken sind.

Anwendung des PPPs: Das PPP identifiziert erstens einige Verantwortungsträger als ‚Polluter' und definiert zweitens „Klimawandel$_r$" als das, wofür die Verantwortlichen Rede und Antwort zu stehen haben – zumeist in Form von Wiedergutmachungsleistungen. Das 2002 durch die EU-Umweltminister festgelegte Emissionshandelssystem (ETS) kann hierfür als Beispiel dienen (vgl. auch

---

314 Bspw. Entwicklungsländer, die, um ihr wirtschaftliches Überleben auf internationaler Ebene zu sichern, sich den westlichen Industriestaaten anpassen müssen und d. h., gezwungen sind, selbst klimaschädliche Technologien zu gebrauchen; vgl. BAER 2011, S. 324.
315 Vgl. FAHLQUIST 2009, S. 114.

13 Verantwortung für den Klimawandel 237

Kapitel 13.4). Am Ende eines jeden Kalenderjahres sind die Unternehmen, die nicht hinreichend Zertifikate vorzulegen in der Lage sind, zu Strafzahlungen verpflichtet und kommen so für die durch sie zusätzlich produzierten Tonnen CO_2 retrospektiv auf. Hierbei wird die Verantwortung für den Klimawandel$_r$ auf den Zeitraum des vergangenen Jahres begrenzt. Die Struktur dieser Klimaverantwortung ließe sich nach den bislang vorliegenden Informationen zur Konzeptvervollständigung wie folgt darstellen:

Subjekt: staatliche Unternehmen
  Subkategorie I/K: kollektiv (Teilverantwortung)
Objekt: Klimawandel (Emissionen des vergangenen Jahres x)
  Subkategorie P/R: retrospektiv
  Subkategorie P/U: partikular
Instanz: EU bzw. die Mitgliedstaaten
  Subkategorie P/Ö: öffentlich
Adressat: der Planet Erde (inklusive der Natur sowie der gegenwärtig und zukünftig lebenden Menschen)
  Subkategorie P/Ö: privat
Normative Kriterien: rechtliche oder politische
  Subkategorie P/Ö: öffentlich
  Subkategorie B: rechtliche Verantwortung

Der breite Zuspruch zum PPP lässt vermuten, dass eine retrospektive Hypostasierung von Verantwortungsgegenständen einer Mitverantwortung als Objekte einer reinen Teilverantwortung angemessen erscheint, da es auf diese Weise möglich wird, die Verantwortung unter den Mitgliedern der in Frage kommenden Kollektive vollständig aufzuteilen. Im Rückblick kann man Verantwortungsgegenstände leicht als etwas Gemachtes oder Hergestelltes interpretieren, ähnlich der Brücke (vgl. Kapitel 3.1.1), doch davon bleibt die Schwierigkeit, die sich praktisch mit dem Versuch einer sorgfältigen Zurückverfolgung des angerichteten Schadens auf eine bestimmte Anzahl Staaten oder Unternehmen ergibt, unberührt bestehen. Kausalverhältnisse sind im Nachhinein oft nicht mehr eindeutig nachvollziehbar, wenn auch mit erheblicher Sicherheit anzunehmen ist, dass einige Staaten bzw. Unternehmen im Vergleich zu anderen über einen umfangreicheren Emissionshaushalt verfügten. Auf den ersten Blick scheint also die Charakterisierung des Klimawandels$_r$ als Objekt einer reinen Teilverantwortlichkeit, die Verfechter des PPPs und ähnlicher Strategien vorschlagen, zu überzeugen. Schließlich kann es als ausgemachte Tatsache gelten, dass in der Vergangenheit einige wenige Kollektive mehr und sehr viele andere sehr viel weniger zum aktuellen Zustand des Klimas beigetragen haben.

Warum dennoch die Perspektive des PPPs (und äquivalenter Prinzipien) aus verantwortungstheoretischer Perspektive in der Konsequenz eine verkürzte Sichtweise darstellt, beruht auf der hierdurch hervorgerufenen Suggestion, dass im Nachhinein die zurückliegenden Ereignisse als im Einzelnen bestimmbar und kausal auseinander ableitbar interpretiert werden. Man verliert die Tatsache aus den Augen, dass das gegenwärtige Ausmaß des Klimawandels ein willkürlich gesetzter Moment in der Entwicklung eines kumulativen Prozesses ist. Die Beteiligten sind anders in das Geschehen involviert als bspw. die Arbeiter in den Bau einer Brücke, und jeder Versuch, einen synergetischen Gegenstand in seiner Exponentialität abzubilden, wirkt konstruiert (vgl. Kapitel 3.1.1). Es wird der Eindruck erweckt, als handele es sich nicht um einen kumulativen, sondern um einen linearen Prozess. Vertreter des PPPs charakterisieren Staaten und Unternehmen anhand ihres Emissionsbeitrags retrospektiv als Brückenbauer, indem sie einen unteren und v. a. einen oberen Schwellenwert setzen, der einen raum-zeitlichen Abschluss des fraglichen Verantwortungsgegenstands suggeriert. Die Zuschreibung von Teilverantwortung ist nicht falsch, da sie eine Differenzierung größerer von kleineren Beteiligungsweisen am Klimawandel erlaubt. Doch der Klimawandel ist noch nicht zu einem Ende gelangt (vgl. die weite Definition in Kapitel 13.1). Insofern erfassen die jetzigen Auswirkungen des im PPP fokussierten Zeitraums weder das, was die angesprochenen Unternehmen und Staaten tatsächlich verursacht haben, noch den gegenwärtigen Zustand des Klimas, der jetzt bereits wieder ein anderer ist, als der durch das PPP konstatierte und verantwortete. Mit bspw. einer Wiedergutmachungsleistung für die vergangenen Emissionen zahlen die identifizierten Verantwortlichen für etwas, das so nicht existiert und überdies als ein Verantwortungssubjekt, das als alleinig schuldig auch nicht im eigentlichen Sinne existiert.

Von der übernommenen zur vollen Verantwortung: Die beschränkte Analysekraft des PPPs zeigt sich in einer weiteren Schwierigkeit, denn viele derjenigen, die einen hohen Emissionsbeitrag geleistet haben, leben nicht mehr:[316] „who pays when the polluter is no longer alive" (ebd., S. 127)? Zahlreiche der durch das PPP als ‚Polluter' ausgemachten Akteure stellen also nicht die eigentlichen Verursacher dar. Wie kann mit Recht behauptet werden, sie müssten sich für etwas verantworten, dass sie nicht selbst getan haben? Eine erste Antwort kann mit dem Konzept der öffentlichen Erklärungsfähigkeit gegeben werden (vgl. Kapitel 1), das zeigt, inwiefern die Einzelnen aufgrund ihrer Mitgliedschaft in Kollektiven auch für retrospektive Verantwortungsgegenstände Rede und Antwort stehen, die sie nicht selbst verschuldet haben (vgl. Kapitel 12.2). Man stelle sich bspw. Peter vor, der Max ein Ölgemälde stiehlt und es in seinem Haus in einem geheimen Zimmer verbirgt. Erst nach Peters Tod kann der Diebstahl mit eindeutiger Gewissheit aufgeklärt werden. Trotz der Tatsache, dass der Dieb des Ölgemäldes bereits gestorben ist, müssen es seine Nachkommen Max

---

316 Auch auf dieses Argument gehen viele Autoren ein; vgl. zunächst CANEY 2010, S. 127 ff.

zurückgeben, selbst dann, wenn sie nichts von dem Diebstahl oder von der Existenz des Gemäldes gewusst haben sollten. In diesem Sinne müssen Peters Nachkommen für etwas die Verantwortung tragen, dass sie nicht selbst getan haben, da sie Mitglieder derselben Gemeinschaft sind, der Peter vor seinem Tod angehörte.[317]
In derselben Weise tragen auch die Mitglieder einer politischen Gemeinschaft für die Taten ihrer Vorgänger die Verantwortung (vgl. Kapitel 12.2). In manchen Fällen, wenn es bspw. um Wiedergutmachungsleistungen für historische Emissionen geht, äußert sich dies in der Übernahme einer Teilverantwortung. Diese Teilverantwortung der Staaten und Unternehmen stellt eine Seite der Mitverantwortung der Menschen für den Klimawandel dar, analog der Teilverantwortung der Brückenbauer. Doch über die Forderungen des PPPs hinausgehend ähneln sie in ihrer Vollverantwortung als die andere Seite der Mitverantwortung den Mitgliedern des Erzieherkollektivs, die für das Kind im Einzelnen voll verantwortlich sind (vgl. Kapitel 3.1.1). Ebenso wie in Kapitel 12.2, in dem öffentliche Erklärungsfähigkeit der einzelnen Bürger als Wahrnehmung der Vollverantwortung für das politische Gemeinwesen ausformuliert wurde, meint die Übernahme öffentlicher Erklärungsfähigkeit hier die Akzeptanz voller Verantwortung für den Klimawandel. Auf diese Weise kann sowohl der kollektiven Vergangenheit der eigenen Gemeinschaft, deren Vorgänger bereits klimaschädlich lebten, Rechnung getragen werden, als auch der Tatsache, dass der Klimawandel ein kumulativer und kein linearer Prozess ist.

Wie ist das zu verstehen? Teilverantwortung kann z. B. durch Wiedergutmachungsleistungen expliziert werden, doch was meint öffentliche Erklärungsfähigkeit als Vollverantwortung für den Klimawandel, und wie kann der Einzelne für einen kumulativen Prozess Rede und Antwort stehen? Diese Fragen lassen sich nur in Abhängigkeit von dem Verantwortungsbereich beantworten, in dem Klimaverantwortung getragen werden soll, also abhängig davon, ob sie bspw. als moralische, rechtliche oder wirtschaftliche Verantwortung interpretiert wird. Denn öffentliche Erklärungsfähigkeit nimmt kontextsensitiv eine je andere Gestalt an (vgl. Kapitel 13.4).

Fazit zum Klimawandel$_r$: Das PPP und ähnliche Weisen der retrospektiven Verantwortungszuschreibung, die den Klimawandel$_r$ als Gegenstand einer reinen Teilverantwortlichkeit bestimmen, sind für die Konzeptvervollständigung der Klimaverantwortung nicht hinreichend. Überdies erweckt die Zahlung von Kompensationsleistungen den Eindruck, ein irreversibler Schaden könnte wieder rückgängig gemacht werden. Aufgrund der Struktur des fraglichen Objekts

---

317 An diesem Beispiel wird deutlich, dass die Übernahme von Verantwortung nicht automatisch die Schuldigkeit der Verantwortlichen impliziert. Mit der Differenzierung von Schuld und Verantwortung hat sich Arendt ausführlich befasst; vgl. die Fußnoten 198 und 202.

greift die durch das PPP vorgeschlagene Problemlösungsstrategie sowohl in Bezug auf die Träger (Staaten und Unternehmen), als auch in Bezug auf das Verantwortungsobjekt (Klimawandel$_r$) zu kurz. Sie kann aber in eine umfassende Analyse des Verantwortungsträgers integriert werden, indem Verantwortung für den Klimawandel als Mitverantwortung interpretiert wird, die sich aus einer Teil- und einer Vollverantwortlichkeit zusammensetzt. Deshalb muss das PPP nicht gänzlich verworfen, sondern um die volle Verantwortung der Beteiligten erweitert werden. Die Ausformulierung der vollen Verantwortung für den Klimawandel soll Thema von Kapitel 13.4 sein.

Klimawandel als prospektives Verantwortungsobjekt: „Klimawandel$_p$" (also „Klimawandel" mit einem tiefgestellten „p" am Ende) wird vornehmlich als verantwortlicher Umgang mit der Verursachung von Emissionen interpretiert und als verpflichtende Aufgabe des Vermeidens bzw. der Anpassung verstanden.[318] Ähnlich wie beim Klimawandel$_r$ kommt es auch in Bezug auf den Klimawandel$_p$ zu der Setzung eines willkürlichen Schwellenwertes, wodurch er als raum-zeitlich lokalisierbarer Gegenstand konstruiert wird. Den oberen Schwellenwert als zu vermeidenden ‚Point of no Return' setzt man für gewöhnlich mit einem Überschreiten der 2-Grad-Erwärmungsgrenze (ggf. früher oder später). „Klimawandel$_p$" ist synonym mit „Verantwortung für alle Handlungen und Vorgänge zwischen dem heutigen Tag und dem Erreichen der 2-Grad-Erwärmungsgrenze" und referiert bspw. auf „Verantwortung für den Zeitraum von der Gegenwart bis zum ersten Januar 2050".[319] In jedem Fall erfolgt die Identifizierung eines oberen Schwellenwertes auch prospektiv willkürlich, da nicht von einem tatsächlichen Abschluss des Verantwortungsobjekts die Rede sein kann, sondern festgelegt wird, wann der Klimawandel$_p$ zu einem Abschluss gebracht werden soll. Ähnlich wie in der Retrospektive über das Scharnier des PPPs kommt es auch in der Prospektive zu einer Hypostasierung des Klimawandels, zu der Konstruktion eines scheinbar linearen Prozesses.

Der Vorteil dieser Perspektive liegt darin, dass nun auch in der Prospektive die Definition und Zuschreibung von Rollenverantwortlichkeiten und Pflichten in Form einer ‚Aufteilung' vom Klimawandel$_p$ unter die Zuständigkeitsbereiche der Beteiligten leichter erfolgen kann. Jedoch lässt sich auch prospektiv eine gewisse Willkür in der Setzung der Schwellenwerte nicht vermeiden. Für den Klimawandel$_r$ konnte bereits gezeigt werden, dass man Wiedergutmachungsleistungen als Explikation der Teilverantwortlichkeit verstehen kann, wobei unklar

---

318 Inwiefern dies möglich ist, wird z. B. inklusive einer Kostenkalkulation im Stern-Report beschrieben; vgl. STERN 2006.
319 Der prognostizierte Zeitpunkt für das Erreichen der 2-Grad-Erwärmungsgrenze wird für gewöhnlich Mitte dieses Jahrhunderts angesetzt; vgl. bspw. BOJANOWSKI 2012 und WEART 2011, S. 74.

bleibt, wofür diese Leistungen genau gezahlt werden. Für den Klimawandel$_p$ ergibt sich ein ähnliches Problem, denn zwar sind den Bürgern, Konsumenten und Steuerzahlern mit eben diesen Rollen mehr oder minder spezifische Pflichten und Aufgaben an die Hand gegeben, den Klimawandel$_p$ zu einem festgelegten Zeitpunkt möglichst zu beenden. In diesen Teilverantwortlichkeiten für den Klimawandel$_p$ wird jedoch das exponentielle Wechselspiel der einzelnen Beteiligten, welche die Wirkungen ihres Handelns häufig noch nicht einmal direkt spüren können, unterschlagen.

Fazit: Die Verantwortungssubjekte der Klimaverantwortung (prinzipiell alle Menschen) tragen nicht nur eine partielle, sondern auch eine volle Verantwortung für den Klimawandel, was erst gemeinsam ihre Mitverantwortung ausmacht. Erstere war bereits Thema dieses Kapitels – retrospektiv z. B. in Form von Wiedergutmachungsleistungen und prospektiv in der Erfüllung spezifischer Rollen und Aufgaben. Volle Verantwortung kann in öffentliche Erklärungsfähigkeit übersetzt werden (vgl. die dritte Komponente der Minimalbestimmung in Kapitel 1) und wird Gegenstand des nächsten Kapitels sein. Die willkürliche Setzung von Schwellenwerten, was hier vornehmlich am Beispiel des PPPs diskutiert wurde, wird retrospektiv und prospektiv nur der Teilverantwortung der Beteiligten am Klimawandel gerecht, nicht aber ihrer Vollverantwortung und führt in der Konsequenz zu einer verzerrten Wahrnehmung des Klimawandels als linearem Prozess. Die bislang vorliegenden Informationen über die Struktur der Klimaverantwortung lassen sich wie folgt darstellen:

Subjekt: alle Menschen (Staaten, Unternehmen, NGOs, Bürger etc.)
   Subkategorie I/K: kollektiv (Mitverantwortung)
Objekt: Klimawandel
   Subkategorie P/R: retrospektiv und prospektiv
   Subkategorie P/U: partikularer Gegenstand in Teilverantwortung, universaler Gegenstand in Vollverantwortung
Instanz: noch undefiniert
Adressat: der Planet Erde (inklusive der Natur sowie der gegenwärtig und zukünftig lebenden Menschen)
   Subkategorie P/Ö: noch undefiniert
Normative Kriterien: noch undefiniert

13.4 Instanz und normative Kriterien der Klimaverantwortung

Zu einer vollständigen Konzeptbestimmung der Klimaverantwortung fehlen noch die beiden Relationselemente Instanz und normative Kriterien, die in diesem Kapitel beispielhaft auf drei Weisen definiert werden: moralisch, politisch und rechtlich. Klimaverantwortung ist natürlich auch als soziale oder wirtschaftliche Verantwortung denkbar und eigentlich erfordert eine umfassende Konzeptvervollständigung eine Bestimmung nicht nur der drei von mir gewählten Verantwortungsbereiche, sondern auch aller anderen vorstellbaren, was jedoch den Rahmen dieser Arbeit sprengen würde. Jede der drei Interpretationen der Klimaverantwortung hat ihre eigenen Stärken und Schwächen in Bezug darauf, wie konkret sie den einzelnen Träger anspricht und welche Handlungskonsequenzen sie ihm auferlegt. Es wird sich zeigen, dass die Gefahr einer Totalverantwortung, die bereits an mehreren Stellen dieser Arbeit thematisiert wurde und aus der eine Verantwortlichkeit jedes einzelnen Menschen gleichwie für ‚alles' resultieren würde, vornehmlich auf der Prämisse beruht, die Verantwortung für den Klimawandel stelle eine globale moralische Verantwortung vor dem individuellen Gewissen dar. Im Rahmen der folgenden Überlegungen kommt auch das in der Einleitung zum dritten Teil eingeführte Transparenz-Prinzip in der Konklusion, dass Klimaverantwortung am klarsten als rechtliche Verantwortung ausformuliert werden kann und daher diese Interpretation derselben den anderen vorzuziehen ist, explizit zur Anwendung. Wird sie hingegen als moralische Verantwortung verstanden, besteht die größte Wahrscheinlichkeit, dass das Verantwortungsmodell aufgrund seiner Mehrdeutigkeit den Angesprochenen überfordert.

Moralische Klimaverantwortung: Vor welcher Instanz steht der Verantwortungsträger der moralischen Klimaverantwortung Rede und Antwort? Moralische Kriterien werden dem Verantwortlichen nicht durch den Staat oder richterliche Autoritäten vorgegeben, sondern das Individuum setzt sie sich eigenständig bzw. lernt sie eingebettet in ein Sozialgefüge, indem es zu und mit ihnen erzogen wird. Man identifiziert die moralische Instanz innerhalb der Verantwortungsdebatte klassischerweise mit dem individuellen Gewissen als das *„forum internum*, vor dem der Mensch sich auch dann zu verantworten hat, wenn er sich allen äußeren menschlichen Richtern zu entziehen vermocht hat" (Bayertz 1995, S. 18). Das Gewissen als primäre Instanz moralischer Klimaverantwortung, neben den sekundären Instanzen als diejenigen, welche die Normen des Individuums maßgeblich mit prägen (bspw. Eltern, Freunde, Verwandte, Nachbarn und Arbeitskollegen), scheint nur auf den ersten Blick verhältnismäßig leicht definiert werden zu können. Gerade weil der Mensch hier sein eigener Richter ist, ist das individuelle Gewissen in der Subkategorie privat und damit weder sanktionsfähig noch öffentlich einklagbar. Ein offizielles Zur-Verantwortung-Ziehen des Einzelnen ist auf der Grundlage moralischer Kriterien vor der Instanz des Gewissens nicht möglich (für Erläuterungen zum individuellen Gewissen als Instanz vgl. Kapitel 3.2.3).

Ob es sich bei der moralischen Klimaverantwortung um eine leichte oder schwere individuelle Bürde handelt, hängt maßgeblich von zwei Faktoren ab:

erstens von der Strenge der persönlichen Handlungskriterien, denen sich der Einzelne verschreibt. Umfasst sein Normengefüge etwa einen Imperativ wie „Schädige unter gar keinen Umständen die Umwelt!" und vielleicht sogar ein starkes utilitaristisches Prinzip,[320] fallen die daraus resultierenden Konsequenzen für ihn vielleicht äußerst radikal aus. Zweitens ist die moralische Verantwortung des Einzelnen abhängig von der Klarheit und Eindringlichkeit, mit der das Gewissen Einfluss auf den Verantwortlichen ausübt, welches Metaprinzip also seinem Normenkatalog voransteht. Die durch das Gewissen diktierten Kriterien können mit Metanormen konfligieren wie bspw. einem Prinzip, dass es dem Verantwortlichen erlaubt, alle eventuellen Gewissensbisse zu ignorieren, wenn die Möglichkeit besteht, mit Freunden eine teure Reise zu unternehmen.[321]

Auf der Grundlage moralischer Normen scheint auch der Adressat der Klimaverantwortung privat definiert zu werden, denn dass die Menschen durch ihr Handeln den Planeten Erde verändern, kann jeder Verantwortungsträger für sich individuell bewerten (vgl. Kapitel 13.2). Die moralische Verantwortung vor dem eigenen Gewissen gibt keine spezifische Definition des Adressaten als entweder privat oder öffentlich vor, wodurch nicht generell auszuschließen ist, dass manche moralischen Kriterien privater als andere sind. Auf der Grundlage einer anthropozentrischen Position könnte die Bewertung des Planeten Erde ggf. moralisch öffentlichen Charakter erhalten, im Gegensatz zu bspw. einer radikal physiozentrischen Sichtweise, da der Anthropozentrismus vielleicht mit größerer Wahrscheinlichkeit Ausdruck einer intersubjektiv geteilten Haltung ist. Jeder weitere Versuch zur Konkretisierung des Adressaten übersteigt den Rahmen der reinen Verantwortungsperspektive.

Auch wenn es sicherlich zu Fällen von Überforderung des Einzelnen in seiner moralischen Mitverantwortung für den Klimawandel vor der Instanz des eigenen Gewissens kommen kann, da die psychologische Einbettung eines Erlebens moralischer Verantwortung durchaus Gefahr läuft, den Anschein einer Totalverantwortlichkeit zu generieren, erscheint jeder Versuch, eine individuelle moralische Totalverantwortung vor dem eigenen Gewissen zu konstatieren, unplausibel. Denn da der Verantwortungsgegenstand Klimawandel Objekt einer kollektiven Verantwortungszuschreibung und unter der EWEP-Perspektive

---

320 Als Beispiel kann Peter Singers Prinzip zur Bekämpfung des Welthungers in dem Text „Famine, Affluence, and Morality" angeführt werden: „[I]f it is in our power to prevent something very bad from happening, without thereby sacrificing anything morally significant, we ought, morally, to do it." (SINGER 1972, S. 231)

321 Kallen gelangt zu dem Schluss, dass gerade intersubjektiv nicht teilbare Instanzen (wie bspw. Gott) das betroffene Individuum nicht in einer Weise nötigen, in der öffentliche und offizielle Instanzen hierzu in der Lage wären; vgl. KALLEN 1942, S. 370. Ich denke, dass dies nicht notwendig gelten muss, sondern abhängig davon ist, wie streng sich der Verantwortungsträger solchen ‚höchsten' Instanzen unterwirft.

intuitiv nicht mehr vorstellbar ist, kann dafür nicht einem einzelnen Menschen die alleinige Verantwortung zugeschrieben werden. Aus der Struktur der Verantwortung heraus, genauer: durch den Verantwortungsgegenstand, der einen kollektiven Träger fordert, wird der Gefahr einer Totalverantwortung eine inhärente Grenze gesetzt, selbst wenn sich das Individuum moralisch vor seinem Gewissen für den Klimawandel allein verantwortlich fühlt. Dennoch nährt die moralische Klimaverantwortung des Einzelnen auf der Grundlage selbst gesetzter moralischer Kriterien und primär getragen vor dem eigenen Gewissen am ehesten die Vorstellung einer Totalverantwortung. Das individuelle Gewissen kann den Akteuren vollkommen divergierende Handlungsmaßstäbe vorgeben, sodass ihre moralische Klimaverantwortung konkret je anders aussieht.

Subjekt: alle Menschen (als moralische Akteure)
  Subkategorie I/K: kollektiv (Mitverantwortung = Teil- plus Vollverantwortung)
Objekt: Klimawandel
  Subkategorie P/R: retrospektiv und prospektiv
  Subkategorie P/U: universal
Instanz: individuelles Gewissen
  Subkategorie P/Ö: privat
Adressat: der Planet Erde (inklusive der Natur sowie der gegenwärtig und zukünftig lebenden Menschen)
  Subkategorie P/Ö: privat
Normative Kriterien: moralische Kriterien
  Subkategorie P/Ö: privat
  Subkategorie B: moralische Verantwortung

Es gibt noch einen weiteren Aspekt, der die Interpretation der Klima- als moralische Verantwortung erschwert. Da es sich beim Klimawandel um den Gegenstand einer Kollektivverantwortung handelt, bei dem individuellen Gewissen hingegen um eine private Instanz, scheinen beide Relationselemente miteinander zu konfligieren.[322] Um dem Konflikt zwischen individueller und privater Instanz und öffentlichem Objekt zu entgehen, könnte die Position der moralischen Instanz der Klimaverantwortung durch eine auch für Kollektive gültige und damit öffentliche Autorität besetzt werden. Öffentliche moralische Empörung über klimaschädliches Handeln ist ein Indikator dafür, dass das Gewissen nicht die einzig denkbare moralische Instanz der Klimaverantwortung darstellt. In der öffentlichen Kritik bspw. einzelner Politiker wird gerade nicht an deren Gewissen, sondern an Instanzen wie Urteilskraft und gesellschaftliche Konventionen appelliert. Vernunft, Urteilsvermögen und Rationalität können als Bei-

---

322 Dies ist ein negatives Beziehungsverhältnis in der Verantwortungsstruktur (vgl. Kapitel 4). Im Schlusskapitel gehe ich darauf ein, wie in konkreten Situationen mit solchen Verantwortungsmodellen umgegangen werden kann.

13 Verantwortung für den Klimawandel

spiele für intersubjektiv teilbare moralische Instanzen dienen (vgl. Kapitel 3.2.3). Auch durch das Gewissen diktierte moralische Normen sind theoretisch universalisierbar, dennoch scheint mir die Wahrscheinlichkeit einer globalen Einigung auf moralische Kriterien für den Klimaschutz unter Berufung auf eine gemeinsam akzeptierte und damit öffentliche Instanz deutlich größer zu sein. Klugheitsnormen oder Normen moralischer Praktikabilität, die den Akteuren durch Vernunft und Rationalität an die Hand gegeben werden, lassen sich intersubjektiv wohl leichter verteidigen. Unter der reinen Verantwortungsperspektive ist weder eine ausführliche Diskussion der potenziellen Universalität von Normen möglich, noch über Differenzierungsmöglichkeiten zwischen Klugheitsnormen der Urteilskraft gegenüber moralischen Normen des individuellen Gewissens. In Kapitel 3.5 wurde in einem ersten Versuch ein ‚Grund-Set' von Verantwortungsnormen vorgeschlagen, das die drei Kriterien der Mündigkeit, des Betroffen-Seins (als Konfliktfähigkeit) und des Rechts-, bzw. Unrechtsempfindens enthält, das jedoch über kulturelle Grenzen hinaus seine Überzeugungskraft erst noch unter Beweis stellen muss.

Fazit zur moralischen Klimaverantwortung: Die Zuschreibung moralischer Verantwortung für den Klimawandel kann vor der Instanz des Gewissens nicht überzeugen, denn seine Normen sind individuell, was Universalisierbarkeit logisch nicht ausschließt aber erschwert. Es kann insofern ein Praktikabilitätskonflikt in der Struktur moralischer Klimaverantwortung entstehen, als der Klimawandel Objekt einer kollektiven Verantwortungszuschreibung ist, das Gewissen hingegen eine individuelle und private Instanz darstellt. Vor ‚dem' Gewissen verantworten sich die Menschen nicht, sondern stets nur vor ‚einem', nämlich dem eigenen Gewissen. Aufgrund dieses Konflikts zwischen Objekt und Instanz bietet die Rede von einer moralischen Klimaverantwortung der Idee einer Totalverantwortung des Einzelnen für ‚das Ganze' Nahrung. Es macht dem Transparenz-Prinzip folgend weitaus mehr Sinn, öffentliche moralische Instanzen wie die Urteilskraft zu setzen, wenn hierdurch auch nicht zu gewährleisten ist, dass jeder seine moralische Klimaverantwortung in gleicher Weise wahrnimmt. Je eindeutiger die Instanz intersubjektiv akzeptiert ist, je unumstrittener demzufolge auch ihre Normen sind, desto klarer lassen sie sich ausformulieren und einfordern. Je öffentlicher aber die Normen der Verantwortung charakterisiert werden, desto plausibler – so wird sich herausstellen – erscheint eine Bezeichnung derselben nicht mehr als moralische, sondern als politische Kriterien (vgl. die Kapitel 3.5.1 und 3.5.2).

Subjekt: alle Menschen (als moralische Akteure)
  Subkategorie I/K: kollektiv (Mitverantwortung = Teil- plus Vollverantwortung)
Objekt: Klimawandel
  Subkategorie P/R: retrospektiv und prospektiv

13.4 Instanz und normative Kriterien der Klimaverantwortung

> Subkategorie P/U: universal
> **Instanz**: Vernunft, Urteilskraft, Rationalität
> Subkategorie P/Ö: öffentlich
> **Adressat**: der Planet Erde (inklusive der Natur sowie der gegenwärtig und zukünftig lebenden Menschen)
> Subkategorie P/Ö: öffentlich
> **Normative Kriterien**: moralische Kriterien
> Subkategorie P/Ö: öffentlich
> Subkategorie B: moralische Verantwortung

Politische Klimaverantwortung: Unter Rekurs auf Höffe habe ich bereits eine Reihe potenzieller politischer Normen wie Solidarität, Pragmatismus, Unparteilichkeit und Gemeinsinn vorgeschlagen (vgl. Kapitel 12.1), die meiner Bestimmung politischer Kriterien aus Kapitel 3.5.1, nämlich Intersubjektivität und öffentliche Rechtfertigbarkeit, genügen. Zwar erscheint die eindeutige und für jeden Menschen gleichermaßen verbindlich geltende Ausformulierung eines politischen Normen-Katalogs für klimafreundliches Verhalten wenig wahrscheinlich, da niemand zu der Ausbildung von Normen gezwungen werden kann (vgl. Kapitel 12.1). Dennoch ist anzunehmen, dass diejenigen, denen politisches Handeln wichtig ist, zumindest einige politische Normen mit anderen Menschen ihrer politischen Gemeinschaft teilen. Der öffentliche Diskurs über die Förderung klimafreundlicher Technologien kann zugleich als Austausch über die politisch zu fordernden Maßnahmen verstanden werden sowie als beständiger Abgleich von bzw. Einigung über die Normen der Diskursteilnehmer.

Im Gegensatz zur moralischen Klimaverantwortung (vor dem individuellen Gewissen) ist die politische Klimaverantwortung nicht exklusiv, da sie den Kreis der Verantwortlichen nicht auf den jeweiligen Träger des fraglichen Gewissens beschränkt. Politisch stehen die Verantwortlichen vor der politischen Gemeinschaft bzw. vor der politischen Öffentlichkeit Rede und Antwort (vgl. Kapitel 12.1). Als Beispiele für öffentliche moralische Instanzen wurden im letzten Abschnitt Vernunft, Rationalität und Urteilskraft vorgeschlagen, da die von ihnen gesetzten Klugheitsnormen und Normen moralischer Praktikabilität mit größerer Wahrscheinlichkeit intersubjektiv vertreten werden können als die subjektiven Normen des individuellen Gewissens. Sie ähneln ihrer Funktion nach der genuin politischen Instanz der politischen Öffentlichkeit, denn auch in ihrer intersubjektiven Teilbarkeit sind Vernunft und Urteilskraft letztlich an die fraglichen Träger dieser Kapazitäten gebunden.

Zwar urteilt in zahlreichen politischen Kontexten zunächst die nationale politische Öffentlichkeit, weshalb auch politische Verantwortung zunächst in einem lokalen Rahmen zu denken ist. Die politische Instanz wird sowohl durch Einzelne als auch durch Kollektive repräsentiert, die sich im politischen Raum am Klimadiskurs beteiligen, so z. B. im Sondergutachten des Wissenschaftlichen Beirats der Bundesregierung Globale Umweltveränderungen:

> „Zwar fordert Klimaschutz entschlossenes nationalstaatliches und supranationales Handeln, eine erfolgreiche Klimaschutzpolitik ist aber nur möglich, wenn die Bevölkerungen der Hauptverursacherländer sich selbst als Verantwortliche begreifen. Das erfordert eine für Bürger verständliche Regionalisierung der Klimaschutzziele bis auf die Ebene der Stadtteile und Gemeinden und eine interaktive Rückkoppelung der Klimapolitik bis auf höchste Ebenen staatlichen sowie unternehmerischen Handelns. [...] Wegen der extrem langen Dauer von Klimaprozessen muss ein zeitliches Verantwortungsbewusstsein über Generationen hinweg entwickelt werden. Klimapolitik ‚von unten' muss deshalb selbstreflexive und partizipative Komponenten beinhalten, also die Zielgruppen und ‚Laien' selbst als Wissensgenerierende, Akteure, Verstärker und Multiplikatoren einbeziehen." (Wissenschaftlicher Beirat Globale Umweltveränderungen 2009, S. 1)

Klimaverantwortung wird hier als politische Verantwortung verstanden und der Wissenschaftliche Beirat spricht als selbst gesetzte politische Instanz die durch ihn als Verantwortliche identifizierten nationalen Akteure an. Doch politische Normen machen gerade in klimapolitischen Belangen nicht automatisch Halt an nationalen Grenzen, weshalb für die Rolle der Instanz politischer Klimaverantwortung auch nicht ausschließlich die eigene politische Öffentlichkeit bzw. Vertreter derselben in Frage kommen, wenn auch Handlungsfähigkeit auf der lokalen klimapolitischen Ebene bislang vielleicht eher unter- als überschätzt wurde.[323] Letztlich erfordert der Klimawandel als globales politisches, wirtschaftliches und soziales Problem die Kooperation aller Menschen:

> „Vor allem erfordert die Reduzierung der Risiken des Klimawandels ein kollektives Handeln. Sie erfordert Kooperation zwischen Ländern durch internationale Rahmen, die die Erreichung gemeinsamer Ziele unterstützen. Sie verlangt eine Partnerschaft zwischen dem öffentlichen und dem privaten Sektor, die Zusammenarbeit mit zivilen Behörden und mit Einzelpersonen." (Stern 2006, S. xxxii)

Nicholas Stern, der Klimaverantwortung ebenfalls vornehmlich als politische Verantwortung interpretiert, tritt mit diesem Zitat als Repräsentant der globalen politischen Öffentlichkeit (und damit als Teil einer globalen politischen Instanz) auf. Es scheint Kritik angebracht, wenn sich eine Regierung der Förderung und des Einsatzes klimafreundlicher Technologien generell verwehrt, da eine Lösung der ‚Klimakrise' keine prinzipiell Außenstehenden erlaubt (vgl. Kapitel 13.3) und überdies das, was überhaupt als „Lösung" angemessen definiert werden kann, auch eines globalen Diskurses bedarf.

---

323 Giddens' Entwurf eines politischen Klimaverantwortungskonzepts stellt „a complementary volume of study to that of the Stern Review" (GIDDENS 2008, S. 4 f.) dar und befasst sich vornehmlich mit der nationalen Ebene.

13.4 Instanz und normative Kriterien der Klimaverantwortung

Was, um dem Konzept der politischen Klimaverantwortung anhand einiger Beispiele etwas schärfere Konturen zu verleihen, meint Klimawandel als Gegenstand politischer Mitverantwortung? Allgemein gesprochen bestimmt jeder seine politische Verantwortung zunächst selbst (vgl. Kapitel 12), und dies gilt ebenso für die politische Klimaverantwortung. Ihre Teilverantwortung als eine Seite der Mitverantwortung definieren die politischen Akteure über die Rollen, die sie im öffentlichen Raum ausüben (vgl. Kapitel 12.1), und ihre volle Verantwortung tragen sie in unterschiedlichen Variationen öffentlicher Erklärungsfähigkeit für die kollektive Identität (vgl. Kapitel 12.2).

Die Übernahme *partieller* politischer Klimaverantwortung, also Teil- in Form von Rollenverantwortung, kann sich in äußerst unterschiedlicher Gestalt zeigen, bspw. im Einsatz für Emissionsreduktion oder in Form einer Teilnahme an Demonstrationen für die Förderung klimafreundlicher Technologien. Unabhängig davon jedoch, wie die politischen Akteure ihre Teilverantwortung für den Klimawandel konkret ausformulieren, bewahrt sie dies nicht davor, in Dilemma-Situationen, in denen Werte miteinander kollidieren, zu geraten. Vielleicht erschweren auch persönliche Umstände klimafreundliches Handeln so sehr, dass sich der fragliche Bürger für die klimaschädliche Handlung entscheidet. In anderen Situationen mag der Grund, aus dem man die Wahrnehmung seiner politischen Klimaverantwortung ablehnt, in der Kollision zweier wichtiger Verantwortlichkeiten liegen. Die Tatsache, dass die politischen Akteure eine Mitverantwortung für den Klimawandel tragen, bewahrt sie nicht davor, in Konfliktsituationen zu geraten, die manchmal vor der Übernahme von Verantwortung entschuldigen. Indem die politischen Akteure in Übereinstimmung mit den Normen, die sie sich selbst gesetzt haben, leben, nehmen sie auch ihre politische Klimaverantwortung wahr, sofern diese als Teilverantwortung in den politischen Rollen des fraglichen Akteurs implementiert ist.

Öffentliche Erklärungsfähigkeit als ein Rede-und-Antwort-Stehen für den Klimawandel im Ganzen zeigt an, dass sich der politische Akteur ein Bewusstsein von seiner Partizipation an einem kumulativen Prozess, der sich nicht-linear durch seinen persönlichen Beitrag verändert, gebildet hat. Dies ist generelles Anzeichen dafür, dass er seine *volle* Verantwortung als die andere Seite seiner Mitverantwortung wahrnimmt, und er begibt sich damit in eine Position, die mit der Verantwortung der Mitglieder eines Erzieherkollektivs für ein Kind vergleichbar ist. Öffentliche Erklärungsfähigkeit als Umsetzungsmodus (vgl. Kapitel 1) voller Klimaverantwortung kommt im Akt der Positionierung, Auseinandersetzung, Anteilnahme und Ansprechbarkeit zum Tragen. Ein Beispiel hierfür ist damit gegeben, wenn sich ein Bürger umfassend über den Klimawandel informiert und eine Position darüber ausbildet, wie er und die anderen Mitglie-

13 Verantwortung für den Klimawandel

der seiner politischen Gemeinschaft handeln sollten. Ablehnung voller Klimaverantwortung zeigt sich bspw. in absolutem Desinteresse und Leugnung.

Fazit zur politischen Klimaverantwortung: Politische Mitverantwortung für den Klimawandel meint, dass sich ein politischer Akteur ein Urteil gebildet hat, das er auch vertreten kann (volle Verantwortung) und das er nach eigenen Kriterien eine politische Rolle definiert hat (Teilverantwortung). Die Konzeptvervollständigung der politischen Klimaverantwortung hat keinen Konflikt zwischen Objekt und Instanz ergeben, der ein Tragen dieser Verantwortung erschweren könnte. Denn wenn bereits davon auszugehen ist, dass politische Verantwortung per se kollektiv ist (vgl. Kapitel 12) und wenn dem weiterhin zugestimmt werden kann, dass der Klimawandel Objekt einer kollektiven Verantwortungszuschreibung ist, dann sollte Klimaverantwortung nicht als moralische, sondern als politische definiert werden. Dies ergibt sich aus der höheren Wahrscheinlichkeit, mit der eine intersubjektive Teilbarkeit für globale politische Normen angenommen werden kann, als bei moralischen Normen. Eine solche Überlegung schließt moralische Klimaverantwortung nicht generell aus, sondern ist als Praktikabilitätsargument zu verstehen, das sich das Transparenz-Prinzip zu Nutze macht: Je klarer die Verantwortungszuschreibung formuliert werden kann, desto größer ist die Wahrscheinlichkeit, dass daraus keine Überforderung der Beteiligten resultiert.

Subjekt: alle Menschen (als politische Akteure)
    Subkategorie I/K: kollektiv (Mitverantwortung = Teil- plus Vollverantwortung)
Objekt: Klimawandel
    Subkategorie P/R: retrospektiv und prospektiv
    Subkategorie P/U: universal
Instanz: politische Öffentlichkeit (lokal und global)
    Subkategorie P/Ö: öffentlich
Adressat: der Planet Erde (inklusive der Natur sowie der gegenwärtig und zukünftig lebenden Menschen)
    Subkategorie P/Ö: öffentlich
Normative Kriterien: politische Kriterien (bspw. Klugheitsnormen, Transparenz, Solidarität etc.)
    Subkategorie P/Ö: öffentlich
    Subkategorie B: politische Verantwortung

Rechtliche Klimaverantwortung: Politische Normen werden durch die Instanz der politischen Öffentlichkeit akzeptiert und zuvor durch das Individuum gesetzt (vgl. Kapitel 12), auch wenn diese Kriterien nur allzu häufig inhaltlich unkonkret sind. Immerhin sind politische gegenüber moralischen Normen zumindest ihrer Form nach öffentlich vertretbar, was mitnichten bedeutet, dass alle Politiker über denselben Normenkatalog verfügen, doch dass sie in ihrem Handeln durch die Öffentlichkeit kritisierbar sind. Im Rahmen der kommenden Überlegungen soll gezeigt werden, warum Klimaverantwortung dem Transparenz-Prinzip folgend am eindeutigsten als rechtliche Verantwortung zu definieren ist. Beispiele für eine rechtliche Ausformulierung der Klimaverantwortung existieren bereits auf unterschiedlichen Ebenen, und dies sowohl in retrospektiver wie prospektiver Hinsicht. Erste Schritte hin zu einem rechtlichen Rede-und-Antwort-Stehen der Nationalstaaten bzw. der nationalstaatlichen Unternehmen wurden bspw. mit einer Verpflichtung der EU-Mitgliedsländer zur Emissionsreduktion auf der Grundlage des Kyoto-Protokolls, das während der dritten Weltklimakonferenz 1997 entstanden ist, eingeleitet (vgl. Kapitel 13.3).[324] Im Rahmen eines durch die EU-Umweltminister proklamierten Emissionshandelssystems (ETS), das den Handel mit Emissionsrechten regelt, befinden sich die Mitgliedsstaaten mittlerweile in der zweiten Phase eines Umgangs mit CO_2-Zertifikaten, die zu einem bewussteren Haushalten mit nationalen Emissionen führen sollen.[325] Den Nationalstaaten wird zu Beginn eines jeden Kalenderjahres jeweils eine Anzahl an Zertifikaten gutgeschrieben, und die Unternehmen, „die nicht die ausreichende Anzahl von Zertifikaten vorlegen können, um ihre Emissionen zu decken, müssen für jede zu viel emittierte Tonne CO_2 eine Strafe (bis 2008 40€/t, danach 100€/t) zahlen. Die Betreiber müssen ferner genügend Zertifikate erwerben, um das Defizit im folgenden Jahr auszugleichen. Außerdem werden die Namen dieser Unternehmen veröffentlicht."[326]

Subjekt: nationalstaatliche Unternehmen
  Subkategorie I/K: kollektiv (Teilverantwortung)
Objekt: Klimawandel
  Subkategorie P/R: retrospektiv
  Subkategorie P/U: partikular
Instanz: EU-Umweltminister (für die Staaten), Staaten (für die Unternehmen)
  Subkategorie P/Ö: öffentlich
Adressat: der Planet Erde (inklusive der Natur sowie der gegenwärtig und zukünftig lebenden Menschen)
  Subkategorie P/Ö: öffentlich
Normative Kriterien: rechtliche Kriterien (Kyoto-Protokoll)
  Subkategorie P/Ö: öffentlich
  Subkategorie B: rechtliche Verantwortung

Allerdings wird die rechtliche Klimaverantwortung in dieser Konzeptionierung auf eine retrospektive Teilverantwortung der nationalen Unternehmen und Staaten beschränkt und nicht als eine sowohl retrospektive als auch prospektive

---

324 Vgl. UNITED NATIONS 1998.
325 Vgl. URL: http://www.accc.gv.at/emissionshandel.htm [Stand: 30.09.2013].
326 URL: http://www.vwl.uni-wuerzburg.de/fileadmin/12010500/user_upload/skripte/WS06/Euro fin/eufinchap6.pdf [Stand: 30.09.2013, S. 119].

13 Verantwortung für den Klimawandel

Mitverantwortung aller Menschen als Rechtssubjekte verstanden (vgl. Kapitel 13.3). Es mangelt ihr einerseits an einer Ausformulierung der partiellen Verantwortung der Individuen und andererseits an einer Bestimmung der Vollverantwortung aller kollektiv und individuell Beteiligten als die andere Seite der Mitverantwortung. Auf die Kritik, dass auch Individuen eine rechtliche Teilverantwortung für den Klimawandel tragen, antworten seit einigen Jahren immer wieder Wirtschaftswissenschaftler und andere mit dem Vorschlag der Einführung einer so genannten Klimasteuer, die auch die privaten Haushalte und damit die Endverbraucher träfe.[327] Die Forderung einer solche Klimasteuer unterscheidet sich von der bereits in vielen Ländern existierenden „Öko- oder Umweltsteuer" (Kubsch 2009, S. 3), deren „Bemessungsgrundlage [nicht] direkt oder indirekt der Ausstoß von klimaschädlichen Gasen ist", sondern die allgemeiner „als Bemessungsgrundlage umweltschädigende Tatbestände aufweis[t]" (ebd.):

> „Als Klimasteuern im engeren Sinne (i.e.S.) werden danach reine Steuern definiert, bei denen die Bemessungsgrundlage direkt die Menge des ausgestoßenen THG [Treibhausgases; J. S.] ist. Abgabenlösungen, also Steuern und Gebühren, bei denen der THG-Ausstoß implizit ausschlaggebend ist, aber die Bemessungsgrundlage nicht das Ausstoßvolumen ist, werden als Klimasteuern im weiteren Sinne (i.w.S.) definiert." (Kubsch 2009, S. 3 f.)

Deutschland wäre bei Weitem nicht das erste Land, das sich für die Einführung einer solchen Klimasteuer einsetzte.[328] Diejenigen, die Klimasteuerkonzepte diskutieren – wie der Wirtschaftswissenschaftler Gilbert Metcalf oder der Umweltexperte James Hansen –, sprechen sich für eine Besteuerung fossiler Brennstoffe direkt bei den einschlägigen Unternehmen, wie den Bergwerken oder Raffinerien, aus, denn hiervon wären die Steuerzahler betroffen, die Kohle oder Öl von den fraglichen Unternehmen beziehen.[329] Die Klimasteuer zeichnet sich gegenüber dem ETS durch eine deutlich „geringere Treffsicherheit" (ebd., S. 5) aus, da sich „der Preis für den Ausstoß klimaschädlicher Gase" (ebd.) nicht, wie das im Rahmen des ETSs der Fall ist, „am Markt herausbildet" (ebd.), sondern im Vorhinein „durch staatliche Vorgabe festgelegt" (ebd.) wird.[330] Dennoch ist

---

327 Metcalf schlägt eine „Eingangssteuer von 15 Dollar pro Tonne CO2" (ROTMAN 2009) vor.
328 Vgl. ausführlich KUBSCH 2009, S. 7 hierzu und auch STERN 2006, S. xxi. Südafrika plante im Zuge der UN-Klimakonferenz in Durban 2011 zur Beratung über das Kyoto-Protokoll, 2012 eine Klimasteuer zur Ergänzung des nationalen Emissionshandels einzuführen; vgl. OSMANOVIC 2011. Die Europäische Kommission diskutiert seit geraumer Zeit die Einführung einer europaweiten Klimasteuer; vgl. MUSSLER 2009: URL: http://dokujunkies.org/dokus/geschichte politik/moderne-geschichtepolitik-dokus/kopenhagen-und-die-folgen-hdtvrip-h264.html [Stand: 30.09.2013] sowie URL: http://www.klimawandel.com/html/klimasteuer.html [Stand: 30.09.2013] (wenn dies auch keine wissenschaftlichen Quellen darstellen).
329 Vgl. HANSEN 2011.
330 Hierunter leidet Kubsch zufolge die potenzielle „ökologische Effektivität" (KUBSCH 2009, S. 5) der Klimasteuer. Zur näheren Erläuterung dieses Problems vgl. ebd., S. 6.

mit einer Ergänzung des ETSs um das Konzept einer Klimasteuer ein Beispiel dafür gegeben, wie eine individuelle Teilverantwortung aussehen könnte.

> **Subjekt**: nationalstaatliche Unternehmen, private Haushalte
>   Subkategorie I/K: kollektiv (Teilverantwortung: ETS und Klimasteuer)
> **Objekt**: Klimawandel
>   Subkategorie P/R: retrospektiv und prospektiv
>   Subkategorie P/U: partikular
> **Instanz**: EU-Umweltminister (für die Staaten), Staaten (für die Unternehmen) und nationale Gerichte (für die Haushalte)
>   Subkategorie P/Ö: öffentlich
> **Adressat**: der Planet Erde (inklusive der Natur sowie der gegenwärtig und zukünftig lebenden Menschen)
>   Subkategorie P/Ö: öffentlich
> **Normative Kriterien**: rechtliche Kriterien (Kyoto-Protokoll, Strafgesetzbuch)
>   Subkategorie P/Ö: öffentlich
>   Subkategorie B: rechtliche Verantwortung

Es ist sehr viel einfacher, innerhalb rechtlicher Verantwortungskonzeptionen sowohl Individuen als auch Kollektiven partielle Verantwortung zuzuschreiben als volle Verantwortung. ETS und Klimasteuer geben hierfür nachvollziehbare Beispiele ab. Wie aber kann volle rechtliche Klimaverantwortung ausformuliert werden? Die Vorstellung, einzelne Individuen würden für den ‚ganzen' Klimawandel in irgendeiner Form finanziell aufkommen bzw. steuerliche Abgaben erbringen können, erscheint weder plausibel, noch fair oder überhaupt praktikabel. Wiedergutmachungsleistungen jeglicher Art bspw. für vergangene Emissionen geben ein verzerrtes Bild von der Dynamik des Klimawandels, weil damit suggeriert wird, dass diesen Leistungen in der Realität tatsächlich etwas entspricht. Doch Kompensationszahlungen machen weder etwas Geschehenes wieder rückgängig oder beenden die klimatischen Veränderungsprozesse, noch leisten sie einen Ausgleich für die gegenwärtig schon auftretenden Probleme, die andererseits nicht die zeitverzögert eintretenden und jetzt schon nicht mehr abwendbaren Zukunftsfolgen abbilden können. Die Forderung, dass die Bürger aller Staaten für den Klimawandel bspw. steuerrechtlich aufkommen, überzeugt nur, solange dies als ihre individuelle Teilverantwortung betrachtet wird, die nur in der Ergänzung um eine volle Verantwortung Sinn ergibt. Man kann für ‚den' Klimawandel nicht bezahlen.

Jeder finanzielle Beitrag, den Menschen im Rahmen ihrer vollen Klimaverantwortung leisten, kann also nur symbolischen Charakter haben wie z. B. in Form einer Zusatzleistung zu ETS und Klimasteuer, die von den privaten Haushalten erbracht wird und evtl. in die Entwicklung klimafreundlicher Technologien eingeht. So könnte der Tatsache Ausdruck verliehen werden, dass die am Klimawandel Partizipierenden nicht mit den Arbeitern am Brückenbau vergleichbar sind und das, was sie im Rahmen von ETS und Klimasteuer zur Lösung des Problems beitragen, ihrer eigentlichen Beteiligung nicht gerecht wird. Mit der Wahrnehmung ihrer Teilverantwortung in Form von ETS und Klimasteuer können sie sich nicht von ihrer vollen Verantwortung freikaufen. Die Eigendynamik des Klimawandels ist durch eine reine Zuschreibung von Teilverantwortung nicht einzufangen, doch ein zusätzlicher finanzieller Aufwand zu den durch die partielle Verantwortung geforderten Zahlungen (ETS und Klimasteuer) könnte immerhin symbolisch die volle Verantwortung der Individuen zum Ausdruck bringen.

Ich halte eine fiskalische Ausformulierung der vollen Klimaverantwortung für verzerrend, denn zum einen scheint ein Beitrag, der die steuerlichen Abgaben der privaten Haushalte übersteigt und ‚nur' symbolisch geleistet wird, eben aus diesem Grund für äußerst schwer zu rechtfertigen. Zum anderen wird auf diese Weise der Eindruck verstärkt, die Zahlung eines bestimmten Betrags könne der eigenen Gewissensberuhigung und der Entbindung von persönlicher Auseinandersetzung mit dem Phänomen Klimawandel dienen. Eine nichtfiskalische Ausformulierung der rechtlichen vollen Klimaverantwortung in Form öffentlicher Erklärungsfähigkeit scheint sehr viel angebrachter und praktikabler. Sich in Positionierungs- und Meinungsbildungsakten für den Klimawandel erklärungsfähig zu zeigen, könnte bspw. über regelmäßig stattfindende Workshops und Lehrgänge organisiert werden, an denen die Bürger teilzunehmen hätten, die ihrer Aufklärung über die aktuelle Entwicklung in Bezug auf den Klimawandel dienen und in denen ihnen praktische Ratschläge zur Verwirklichung eines klimafreundlichen Alltags vermittelt werden. Solche Lehrveranstaltungen könnten durch den Arbeitgeber eingerichtet werden und die Teilnahme an ihnen ähnlich der Belehrung im Sinne des Infektionsschutzgesetzes in regelmäßigen Abständen zu bescheinigen sein. Das konkrete Ziel eines solchen Workshops könnte z. B. in der Aufklärung der Bürger über das Konzept des ökologischen Fußabdrucks liegen sowie in der Vermittlung von alltagstauglichen Umsetzungshinweisen.[331] Die rechtliche Mitverantwortung für den Klimawandel lässt sich anhand dieser Beispiele wie folgt ausformulieren:

---

331 Es existieren hinreichend verständliche Tests, die eine Berechnung des ökologischen Fußabdrucks ermöglichen; vgl. bspw. URL: http://www.wwf.ch/de/aktiv/bewusst/footprint/ [Stand: 30.09.2013], URL: http://www.footprint-deutschland.de/ [Stand: 30.09.2013] und URL: http://www.mein-fussabdruck.at/ [Stand: 30.09.2013]. Überdies sind eine Reihe von Schriften im Internet frei zugänglich; vgl. BAYERISCHES LANDESAMT FÜR UMWELT 2008 sowie BUNDESMINISTERIUM FÜR WIRTSCHAFTLICHE ZUSAMMENARBEIT UND ENTWICKLUNG 2010.

> **Subjekt**: nationalstaatliche Unternehmen, private Haushalte
>   Subkategorie I/K: kollektiv (Mitverantwortung = Teilverantwortung: ETS und Klimasteuer plus Vollverantwortung: bspw. regelmäßige Beteiligung an Workshops und Lehrgängen)
> **Objekt**: Klimawandel
>   Subkategorie P/R: retrospektiv und prospektiv
>   Subkategorie P/U: universal
> **Instanz**: EU-Umweltminister (für die Staaten), Staaten (für die Unternehmen) und nationale Gerichte (für die Haushalte)
>   Subkategorie P/Ö: öffentlich
> **Adressat**: der Planet Erde (inklusive der Natur sowie der gegenwärtig und zukünftig lebenden Menschen)
>   Subkategorie P/Ö: öffentlich
> **Normative Kriterien**: rechtliche Kriterien (Kyoto-Protokoll, Strafgesetzbuch)
>   Subkategorie P/Ö: öffentlich
>   Subkategorie B: rechtliche Verantwortung

Fazit zur rechtlichen Klimaverantwortung: Auch in diesem Abschnitt konnten nur Beispiele für eine konkrete Ausformulierung von Teil- und Vollverantwortung vorgestellt werden. Da aus dem Verantwortungsbegriff selbst kein Katalog eindeutiger Normen hervorgeht, weder rechtliche noch sonstige Kriterien, mussten die Überlegungen für jeden, der eine umfassende Bestimmung der Klimaverantwortung verfolgt, mindestens einen Schritt vor dem Ziel im Vagen verbleiben. Wenn man mir darin zustimmt, dass der Klimawandel Verantwortungsobjekt einer Mitverantwortung ist, genügt das gegenwärtige Programm des ETS nicht, damit die Individuen als CO2-Emittenten ihrer Verantwortung gerecht werden. Es ist sowohl um die individuelle Ausformulierung der partiellen als auch um die Zuschreibung voller Klimaverantwortung zu erweitern. Für die Konkretisierung letzterer bieten sich fiskalische, v. a. aber auch nicht-fiskalische Möglichkeiten an.

13.5 Zusammenfassung

Nur auf der Grundlage der weiten Definition von Klimawandel als kumulativer Prozess werden sowohl die ungerechtfertigte Fokussierung auf den Zeitpunkt eines Überschreitens des unteren Schwellenwertes vermieden, als auch die Prognose eines apokalyptischen Weltzustands als willkürliche Setzung eines oberen Schwellenwertes (vgl. Kapitel 13.1). Da alle Individuen die Bedingungen für die Möglichkeit zur Verantwortungsübernahme prinzipiell, wenn auch in unterschiedlichem Maße, mitbringen, ist zunächst niemand generell aus dem Kreis der potenziellen Verantwortungsträger auszuschließen. Über den Adressaten der Klimaverantwortung, der Planet Erde, inklusive der Natur sowie den gegenwärtig lebenden und zukünftigen Menschen (vgl. Kapitel 13.2) konnte im

Rahmen der hier angestellten Konzeptvervollständigung noch am wenigsten ausgesagt werden, denn eine Bestimmung dessen, was „Betroffen-Sein" durch den Klimawandel genau bedeutet, hat sich unter dem reinen Verantwortungsfokus als schwierig erwiesen. Die Überlegungen haben nur dahin geführt anzunehmen, dass der Adressat im Rahmen einer moralischen Verantwortlichkeit eher privat, innerhalb politischer sowie rechtlicher Verantwortlichkeit hingegen öffentlich ist.

Innerhalb einer Diskussion des PPPs stellte sich heraus, dass eine prospektive oder retrospektive Begrenzung des Verantwortungsgegenstands jeweils durch eine willkürliche Setzung von Schwellenwerten erfolgt, wodurch allgemein gesprochen kumulative Prozesse zu etwas Gegenständlichem werden. Die Definition von Aufgaben, Pflichten, Schuldigkeiten und Rollenverantwortlichkeiten scheint innerhalb eines festen raum-zeitlichen Horizonts sehr viel einfacher zu sein. Die Hypostasierung eines kumulativen Prozesses ruft neben ihrer offenkundigen Praktikabilität jedoch den Eindruck hervor, die am Klimawandel Partizipierenden verhielten sich ausschließlich analog zu den Arbeitern, die gemeinsam eine Brücke bauen. Durch die zusätzliche Übernahme voller Verantwortung kann man der Tatsache gerecht werden, dass der Klimawandel ein synergetischer Gegenstand ist.

Vor der Instanz des Gewissens birgt die moralische Klimaverantwortung leicht die Gefahr einer Totalisierung, da aufgrund der Schwierigkeit, die fraglichen Normen zu universalisieren, ein Konflikt zwischen Instanz und Objekt entstehen kann. Dem Transparenz-Prinzip folgend überzeugt eine Bestimmung der moralischen Klimaverantwortung vor Instanzen wie Vernunft, Urteilskraft oder Rationalität sehr viel mehr. Sofern man diesen Weg wählt, fehlen nur noch wenige Schritte, um die moralische als politische Klimaverantwortung zu definieren. Die Übernahme politischer Klimaverantwortung auf der Grundlage intersubjektiv teilbarer Normen genügt dem Anspruch öffentlicher Rechtfertigung. Gleichzeitig entsteht kein Konflikt zwischen Instanz und Objekt. Die politischen Akteure tragen ihre volle Verantwortung in Form öffentlicher Erklärungsfähigkeit mittels Handlungen, die Ausdruck ihrer eigenständigen Positionierung sind. Innerhalb der Konzeptionierung der Klima- als rechtliche Verantwortung kann der Teilverantwortung durch ETS und Klimasteuer Ausdruck verliehen werden. Dagegen bieten sich für die Möglichkeit einer Konkretisierung der Vollverantwortung insbesondere nicht-fiskalische Umsetzungsmodi an.

Es stellt sich abschließend die Frage, ob die sehr unspezifische Rede von einer Klimaverantwortung oder einer Verantwortung für den Klimawandel generell überhaupt praktikable Schlüsse zulässt, wenn alle dazugehörigen Relationselemente dann auch nur sehr allgemein definiert werden können. Schließlich umfasst, ohne an dieser Stelle die Überlegungen der letzten Seiten vollständig wieder aufrollen zu wollen, das Verantwortungssubjekt der Klimaverantwortung ohne zu rechtfertigende Einschränkungen alle Menschen und der Adressat stellt den ganzen Planeten inklusive der Natur und den zukünftigen Generationen dar. Macht es unter diesen Voraussetzungen überhaupt Sinn, von einer Klimaverantwortung zu sprechen, wenn wir für die Ausformulierung von Handlungsprinzipien dann doch konkretere Verantwortungsobjekte wie etwa die anthropogenen Emissionen eines bestimmten Zeitraums angeben müssen?[332] In Kapitel 3.5 wurde das Verhältnis von Verantwortung und Pflicht besprochen und ausgeführt, dass Erstere im Gegensatz zu Letzterer offener ist und als Konzept historisch bereits von Anfang an besonders für die Erklärung intransparenter und komplexer Kontexte diente. Es scheint sich nun abzuzeichnen, dass wir genau dann wieder auf den Pflichtbegriff zurückgreifen, wenn die Sachverhalte zu allgemein und unübersichtlich werden. Vielleicht gibt es eine Verantwortung für den Klimawandel gar nicht, sondern nur Verantwortlichkeiten (in Form von Pflichten) für Gegenstände, die keine kumulativen Prozesse darstellen? Noch grundsätzlicher ist zu fragen, ob man überhaupt für kumulative Prozesse Rede und Antwort stehen kann oder ob es das Denken in Verantwortlichkeiten gerade mit sich bringt, dass wir das Wofür einer Verantwortung im Zweifel ungerechtfertigt vergegenständlichen.

Dieser sehr nachvollziehbaren Skepsis kann im Rahmen meines Projekts jedoch leider nicht begegnet werden, denn sie rührt tiefer an das Verhältnis von Verantwortung und Pflicht und die Möglichkeit, das eine durch das andere zu ersetzen. Aus der in diesem Buch gewählten verantwortungstheoretischen Perspektive heraus ging es nicht darum, vollständige Verantwortungskonzepte zu kritisieren, sondern es sollte gezeigt werden, dass der Gebrauch unvollständiger Verantwortungsmodelle problematisch ist. Sofern das Konzept der Verantwortung für den Klimawandel vollständig bestimmt ist, und sei es auch noch so allgemein, steht aus meiner Sicht einem Begriffsgebrauch an dieser Stelle nichts im Weg. Es bedarf einer zusätzlichen Untersuchung, um auszumachen, in welchen Kontexten die Rede von Verantwortung sinnvoll erscheint, wenn tatsächlich alle Relationselemente nebst ihren Subkategorien definiert worden sind.

---

332 Diese Überlegung habe ich gemeinsam mit Christian Baatz entwickelt.

14 Dritte Zwischenbilanz

Die dritte Ebene, auf der Verantwortung als Aufgabe (Kontextualisierung) verstanden wird, vervollständigt das in diesem Buch vorgeschlagene Analysemodell, in dem es zuerst um Verantwortung als Begriff ging (Struktur, vgl. Teil A) und dann um Verantwortung als Fähigkeit (Intersubjektivität, vgl. Teil B). Auf zwei Aspekte, die in den Kapiteln 12 und 13 angesprochen worden sind, soll hier noch eingegangen werden, nämlich auf das Verhältnis von individueller Rolle und sozialer Integration des Verantwortungsträgers und auf die Analogie zwischen doppelter Daseinsverantwortung und Mitverantwortung in Akten öffentlicher Erklärungsfähigkeit.

Erstens – Rolle und Integration: Die Überlegungen, dass eine Verantwortlichkeit häufig in einer Reihe von Pflichten ausformuliert werden kann und sich Pflichten aus mehr oder minder konkreten Rollenkonzepten ergeben, wurden in Kapitel 3.2 mit zwei Fragen zum Verhältnis von Verantwortung und Rolle abgeschlossen. Zur ersten über die verantwortungstheoretische Funktion einer Differenzierung zwischen Rolle und Beruf konnte bereits gesagt werden, dass Berufe rechtliche Rollen mit einem partikularen Objekt und deshalb eine Unterkategorie der Rollenverantwortlichkeiten darstellen, die selbst über einen universalen Gegenstand verfügen können (vgl. Kapitel 12.1).

Vor diesem Hintergrund lässt sich die zweite Frage, ob es Verantwortung auch ohne Rollenzuschreibung gibt, nun intuitiv mit „nein" beantworten. Denn zwar kann nicht jede Verantwortlichkeit in eine Reihe fest umrissener Pflichten übersetzt werden wie bspw. die Verantwortung der Eltern für ihre Kinder, doch es scheint, als würde jede Verantwortungszuschreibung ihrem Träger auch eine mehr oder minder spezifische Rolle zuweisen, zumindest dann, wenn man gewillt ist, auch Institutionen wie Freundschaft und moralisch-idealisiert selbst das Mensch-Sein als Rollen zu begreifen. So bemerkt etwa Duff, dass wir neben unseren retrospektiven auch prospektive Verantwortlichkeiten haben, „things it is up to us to attend to: these may attach to particular roles (the responsibilities of, for instance, parents or doctors), or the responsibilities we have as moral agents, *or as human beings* [Hervorhebung von mir; J. S.]" (Duff 1998, S. 290). Diese Feststellung leistet jedoch für ein Verständnis des Verantwortungsphänomens keinen Mehrwert, denn bereits in der Etymologie des Begriffs ist die Rolle desjenigen, der Rede und Antwort zu stehen hat, implizit enthalten. Nebenbei garantiert sie auch keine Hilfestellung für Situationen, in denen wir aufgrund verschiedener Rollen in Konflikte geraten,[333] denn die Hierarchisierung und Bewertung von Rollen ist von den Normen, die ihnen als Maßstab dienen, abhängig.

Folgt man diesen Ausführungen, wirkt der Gebrauch des Verantwortungsbegriffs in Bezug auf das Verhältnis von Verantwortung und Rolle widersprüchlich, da eine Verantwortungszuschreibung über Rollen zwar Komplexitätsreduktion ermöglicht, doch auf diese Weise dort Autonomie suggeriert wird, wo eigentlich keine existiert. Das Subjekt wird in seinem rollengemäßen Verhalten hypostasiert und durch seine Rolle in der Interaktion mit anderen Akteuren beschränkt, da sein Kompetenzbereich durch den anderer begrenzt wird. Positiv gewendet zeichnet sich der Rollenträger durch eine Reihe von Verpflichtungen aus, die nur ihm eigen sind; nur der Bürger als Bürger kann wählen. Negativ gewendet kann er innerhalb seiner Rolle über eine spezifische Reihe an Aufgaben nicht hinausgelangen, solange er in der fraglichen Rolle verbleiben möchte; der Bürger als Bürger kann keine Rede vor dem Parlament halten, sondern nur als Politiker. Überdies suggeriert die Definition von Rollen bspw. in Bezug auf den Klimawandel aufgrund der willkürlichen Setzung von Schwellenwerten den Anschein seiner Abgeschlossenheit (vgl. Kapitel 13.3), was einerseits die Zuschreibung reiner Teilverantwortlichkeiten erleichtert, andererseits jedoch automatisch zu einer eingeschränkten Sicht auf den Klimawandel als kumulativer Prozess führt, für den die Menschen eine Mitverantwortung tragen. Hierdurch entsteht erstens der Eindruck, dass die Dinge in der Welt, für die Verantwortung übernommen wird, der Kontrolle des Menschen vollständig unterliegen und dass zweitens aus diesem Grund dafür Verantwortung übernommen werden muss. Doch weder ist absolute Kontrolle eine notwendige Bedingung für die Möglichkeit zur Verantwortungsübernahme (vgl. Kapitel 2.2), noch ist es möglich, alle Verantwortungsobjekte vollständig zu kontrollieren wie z. B. synergetische Gegenstände. Das Konzept der Mitverantwortung verdeutlicht die enge Verknüpfung des Menschen mit seiner Umwelt, wohingegen eine Zuschreibung reiner Teilverantwortung in manchen Kontexten eine verkürzte Sicht auf die Dinge generieren und die Zuschreibung reiner Vollverantwortung in einer Überforderung der potenziellen Träger resultieren würde.

Rollen bedingen und begrenzen unser Verständnis vom Verantwortungssubjekt (vgl. Kapitel 12.1) sowie vom Verantwortungsobjekt (vgl. Kapitel 13.3). Auf der Intersubjektivitätsebene wurde hingegen auf die soziale Integration des Menschen durch Verantwortung abgestellt, die bereits in der ‚kindlichen' Verantwortungsübernahme direkt erfahren wird und die der Hypostasierung des

---

333 Schlink differenziert zwischen unterschiedlich wichtigen „Kernverantwortungen" (SCHLINK 2010, S. 1050), „Randverantwortungen" (ebd.) und supererogatorischen Verantwortlichkeiten „als Liebhaberei" (ebd.).

14 Dritte Zwischenbilanz

Akteurs und seiner Handlungsoptionen in der Zuschreibung von Rollen gegenübergestellt werden kann. Intersubjektivität ermöglicht gerade eine Komplexitätsreduktion und eine Kompetenzdelegation, da der Verantwortliche nicht alle Aufgaben, die innerhalb einer Verantwortungskonstellation erfüllt werden müssen, allein zu bewältigen hat, sondern an andere wie etwa Instanz und Adressat abgeben kann. Intersubjektivität und Rolle – Hypostasierung, Verobjektivierung und Vereinfachung – bedingen sich gegenseitig und ermöglichen ein Nichtallein-Bleiben in der Verantwortung.

Zweitens – doppelte Daseins- und Mitverantwortung: Von der doppelten Daseins- zur Mitverantwortung ist ein Analogieschluss möglich (vgl. Kapitel 12.2), denn in der Vollverantwortung der Kollektivmitglieder als eine Seite ihrer Mitverantwortlichkeit äußert sich derselbe Gedanke, der auch für die Selbstverantwortung der autonomen Person grundlegend ist, dass man nämlich retrospektiv und prospektiv für sich selbst Rede und Antwort zu stehen hat. Insofern kann die volle Verantwortung eines Kollektivmitglieds als überindividuelle Spiegelung der doppelten Daseinsverantwortung des Individuums begriffen werden, als das „Selbst" auf beiden Ebenen vorkommt, nämlich einmal als individuelle und dann als kollektive Identität. Der Einzelne ist in seiner Selbstverantwortung in derselben Weise in einen persönlichen Erfahrungshintergrund eingebettet, wie er in seiner Mitverantwortung für die eigene Gemeinschaft in einen kollektiven Lebensraum integriert ist.

Retrospektiv verantwortet das Individuum in der Selbstverantwortung sein Dasein und seine Person bis zur Gegenwart und akzeptiert die Vergangenheit als die eigene, ohne die keine persönliche Gegenwart und keine Zukunft denkbar wäre. Ebenso erfordert die retrospektive politische Verantwortung in Form öffentlicher Erklärungsfähigkeit ein Handeln aus einer gemeinsamen Vergangenheit heraus und die Bereitschaft, diese als geteilten kulturellen Erfahrungshintergrund anzunehmen sowie die Bildung einer kollektiven Identität. *Prospektiv* verantwortet der Einzelne in der doppelten Daseinsverantwortung sein zukünftiges Leben, seinen Charakter und sein Dasein in der Welt ab dem jetzigen Zeitpunkt. Diese Aufgabe kann ihm niemand vollständig abnehmen und sie stellt sich ihm auf der überindividuellen Ebene in seiner vollen Verantwortung als politisch Handelnder noch einmal im Rahmen der Mitverantwortung für die eigene Gemeinschaft, zu der er seinen individuellen Beitrag leistet, von der er sich nicht vollständig distanzieren und zu der er sich nicht absolut neutral verhalten kann.

Individuelle und kollektive Identität sind in diesen beiden Verantwortlichkeiten – der doppelten Daseinsverantwortung und der vollen Verantwortung als Kollektivmitglied – verankert.

Schluss

Ein Analysemodell wie das in diesem Buch beschriebene kann naturgemäß nicht in jeder Hinsicht voll zufrieden stellen und dass es sich als „ein schwankendes Gebilde zwischen System und Katalog" (Jaspers 1971, S. 18) zu verstehen versucht, wie Jaspers in seiner *Psychologie der Weltanschauungen* vorschlägt, klingt vielleicht eher nach einer Entschuldigung, denn nach einer Erklärung. Auf der anderen Seite müsste es verwundern, wenn sich ein Konzept, dem wir in wissenschaftlichen und nicht-wissenschaftlichen Kontexten so viel abverlangen, das in den unterschiedlichsten normativen Bereichen Sensibilität für den Sachverhalt zeigen und auch noch möglichst konkrete Handlungsprinzipien generieren können muss, in ein sehr viel simpleres Bild übersetzen ließe. Die Rede von miteinander verschränkten Ebenen, auf denen wir uns im Gebrauch des Verantwortungsbegriffs zugleich aufhalten, stellte den Versuch dar, der Komplexität des Phänomens gerecht zu werden, zu zeigen, dass „die Sache vieldimensional ist" (ebd., S. 17) und „problematisch viele Zentren hat" (ebd.). Aber natürlich, in diesem Punkt unterscheidet sich die Verantwortung sicherlich nicht von vielen anderen philosophischen Konzepten, die fester Bestandteil auch unseres Alltagsvokabulars sind und demzufolge häufig unreflektiert zum Einsatz kommen, vielleicht sogar in dieser Weise zum Einsatz kommen *müssen*, sollen sie nicht verknöchern und jeden Bezug zur Spontanität des Handelns verlieren. Und dennoch lohnt sich vielleicht hin und wieder ein kurzer Blick ‚hinter die Kulissen', ein Hinterfragen unseres Umgangs mit Begriffen dieser Art, gerade weil sie ja in so vielen Kontexten Tragfähigkeit beweisen sollen. Ein solcher Blick kann unsere Wahrnehmung des Phänomens sowohl maßgeblich verändern, als auch uns in unseren Intuitionen bestärken.

Der Umgang mit lückenhaften Verantwortungsmodellen: Mein Analysemodell der Verantwortung auf drei Ebenen sollte ein wenig für Ordnung sorgen, zum einen in der Rede von Verantwortung und zum anderen im Verantwortungsdiskurs, bezüglich des Vokabulars, der Positionen und Strategien ein wenig ‚aufräumen'. Dabei konnte in diesem Buch naturgemäß nur ein kleiner Ausschnitt der Verantwortungsforschung betrachtet werden, weshalb ich auf den kommenden Seiten noch ein paar Themen in aller Knappheit aufgreife, die zwar mehrfach angesprochen wurden, aber den Rahmen dieses Vorhabens sprengen. Es sollen noch ein paar Worte zu dem Verhältnis von Verantwortung und Gerechtigkeit fallen, und zum anderen ist zwischen totaler und globaler Verantwortung zu differenzieren. Doch zunächst sollte es ja darum gehen zu zeigen, wie sich ein Verantwortungskonzept vervollständigen lässt, indem sich die Relationselemente wechselseitig definieren. Wo das nicht gelingt, entstehen Bestimmungslücken (vgl. Kapitel 4). Grundsätzlich treten Defizite dieser Art in Verantwortungsmodellen dann auf, (1) wenn ein Relationselement nicht zu bestimmen ist, (2) wenn es nur oberflächlich definiert ist und (3) wenn zwei Relationselemente miteinander konfligieren. Nun kann man auf unterschiedliche Weise mit Sätze umgehen, die in die Kategorien (1) bis (3) fallen, in denen also von Verantwortung in einer Weise die Rede ist, die darauf schließen lässt, dass der fraglichen Äußerung ein unvollständiges Verantwortungskonzept zugrunde liegt.

Erstens – Verwerfen: Wirklich problematisch sind Sätze der Kategorie (1), denn zwar mag ein Relationselement auf der Strukturebene definiert sein, ohne, dass es sich auf der Intersubjektivitäts- und Kontextualisierungsebene inhaltlich bestimmen ließe. In Kapitel 4 wurde als Beispiel für einen solchen Fall die strafrechtliche Verantwortung der Staaten für den Prozess der Konstitutionalisierung auf der globalen Ebene angeführt, da hier die Position der Instanz nur strukturell, nicht aber kontextuell erfasst ist. Man kann in diesem Sinne nur hypothetisch von Verantwortung reden, etwa „Stellen wir uns vor, es gäbe tatsächlich eine strafrechtliche Instanz, vor der die Staaten für den Prozess der Konstitutionalisierung international strafrechtlich Rede und Antwort stehen müssten". Nun geschieht folgendes: Wir übersetzen den fraglichen Satz aus Kategorie (1) in einen aus Kategorie (2), von einem Satz mit einem Ebenenkonflikt, in dem sich ein Relationselement nicht definieren lässt, in einen Satz, in dem eine Relation nur oberflächlich bestimmt ist. Sofern wir allerdings gar nicht vorhaben, einen solchen Satz hypothetisch zu gebrauchen, sondern ihn ernst meinen, sollten wir ihn ganz einfach nicht äußern.

Zweitens – Hypothetischer Gebrauch: Sätze, die in die Kategorien (2) und (3) fallen, können, wie im letzten Absatz beschrieben, hypothetisch geäußert werden, wie etwa, wenn jemand von der Verantwortung vor der Natur oder vor der Geschichte oder von der Verantwortung eines Einzelnen für den Klimawandel spricht. Der hypothetische Einsatz solcher Verantwortungszuschreibungen kann sowohl positiv als auch negativ zu bewertende Folgen haben. Man kann damit zu verantwortlichem Handeln motivieren, aber die potenziell Angesprochenen auch überfordern, Verantwortung totalisieren oder zur Mystifizierung dieses Begriffs beitragen. Und hierin liegt meiner Ansicht nach auch genau die Gefahr eines hypothetischen Gebrauchs lückenhafter Verantwortungskonzepte, wobei ich die Kosten für gewöhnlich für höher einschätze als den Nutzen. Nicht zuletzt liegt ein Anlass für dieses Projekt gerade in der Tatsache, dass hieraus mit hoher Wahrscheinlichkeit negative Folgen resultieren. Motivation zur Übernahme von Verantwortung ist auch mit einer klaren Verwendungsweise des Verantwortungsbegriffs möglich, was bspw. die positive Konnotation von Attributen wie „verantwortlich" in Sätzen wie „Er hat verantwortlich gehandelt" veranschaulicht. Nur um ‚Werbung' für die Verantwortung zu machen, würde ich den zweiten Lösungsweg eines hypothetischen Gebrauchs oberflächlicher oder konfligierender Verantwortungssätze nicht einschlagen, da mir der Preis, also Überforderung, Mystifizierung, Flucht und Totalisierung, tendenziell zu hoch erscheint.

Drittens – Überprüfung: Wenn allerdings bereits der Versuch unternommen wurde, ein fragliches Verantwortungskonzept auf allen drei Ebenen zu bestimmen und dies trotzdem zu unklaren Ergebnissen geführt hat, bleibt neben dem Verwerfen dieses Satzes oder seinem hypothetischen Gebrauch noch dies: Noch einmal von vorne beginnen. Die in den Kapiteln 12 und 13 angestellten Überlegungen lassen sich meines Erachtens als hervorragende Beispiele für die Komplexität einer umfassenden Verantwortungsanalyse und -definition begreifen. Es ist nicht unwahrscheinlich, dass es hierbei zu Missverständnissen und Fehlern kommt. Fälle aus den Kategorien (2) und (3) sind also durchaus als Resultat fehlerhafter Verantwortungsuntersuchungen zu interpretieren. In den Klimadiskursen unterschiedlicher Disziplinen und Lager befinden wir uns gegenwärtig bspw. in einem solchen Prozess der Feststellung klarer Verantwortungskonstellationen. Ein solches Unterfangen mag nicht ohne Hürden möglich sein, aber oftmals rechtfertigt die Bedeutsamkeit des Zweckes die Geduld in der Analyse. Überdies handelt es sich bei diesen Debatten, anders als bei dem Vorhaben dieses Buches, nicht um die Definition von Verantwortungsmodellen aus einer genuinen verantwortungstheoretischen Perspektive. Auf den letzten Seiten hat sich häufig gezeigt, inwiefern ein solches Projekt irgendwann notgedrungen an seine Grenzen stößt, da es, je konkreter es sein soll, immer zusätzlicher Argumente bedarf, die aus der Verantwortungsforschung heraus nicht zu geben sind. Sollte der dritte Lösungsweg dennoch wiederholt zu Fällen der Kategorien (2) und (3) führen, liegt es nahe, sich einen nur noch hypothetischen Gebrauch des fraglichen Verantwortungsmodells zu überlegen. Sofern diese Möglichkeit verworfen wird, sollte man vielleicht tatsächlich von einem weiteren Gebrauch dieses zweifelhaften Verantwortungskonzepts absehen.

Verantwortung und Gerechtigkeit: Von Gerechtigkeit war in diesem Buch bspw. in Form eines Rechts- und Unrechtsempfindens die Rede, als eine der drei ‚Grundnormen' der Verantwortung (vgl. Kapitel 3.5). Darüber hinaus scheint Verantwortung intuitiv viel mit Gerechtigkeit zu tun zu haben und auch umgekehrt wird in vielen Texten z. B. über Klimagerechtigkeit sehr schnell von Verantwortung gesprochen, ohne dass dies aus dem Verwendungskontext heraus unbedingt sofort verständlich ist. In der Verantwortungsforschung taucht die

Gerechtigkeit in zweierlei Weise auf, nämlich erstens als Objekt und zweitens als normatives Kriterium, wobei die Verknüpfung von Verantwortung und Gerechtigkeit in dem zuerst genannten Sinn populärer zu sein scheint und in der Vergangenheit bereits in mehreren philosophischen und politikwissenschaftlichen Werken eine Rolle gespielt hat. Klassisch lässt sich hier Michael Walzers *Just and Unjust Wars* zitieren, wo er ausführt, dass „[t]here can be no justice in war if there are not, ultimately, responsible men and women" (Walzer 1977, S. 288). Verantwortung als Voraussetzung für Gerechtigkeit, hier als jus in bello, bedeutet Walzer zufolge, für die Herstellung gerechter Zustände verantwortlich zu sein. Das Objekt verantwortlichen Handelns ist also Gerechtigkeit. Noch ausdrücklicher formuliert dies Young in ihrem Buchtitel *Responsibility for Justice*. Auch hier wird politische Verantwortung innergesellschaftlicher Vorgänge als Grundlage für die Herstellung gerechter gesellschaftlicher Strukturen gesehen. Gerechtigkeit stellt bei Young den politischen Verantwortungsgegenstand par excellence dar.[334] Und auch in der *Allgemeinen Erklärung der Menschenpflichten* klingt in der Präambel eine Einordnung von Gerechtigkeit als politisch-soziales Verantwortungsobjekt mit, wenn es heißt, dass „alle Menschen nach bestem Wissen und Vermögen eine Verantwortung haben, sowohl vor Ort als auch global eine bessere Gesellschaftsordnung zu fördern" (Schmidt 1997, S. 25 f.), auch wenn hier von einer besseren und damit nur indirekt von einer gerechteren Gesellschaft die Rede ist.

In der zweiten Weise, in der im Verantwortungsdiskurs von Gerechtigkeit die Rede ist, wird Gerechtigkeit als eines der normativen Kriterien für Verantwortung interpretiert, wobei dies eigentlich die Voraussetzung für die erste Verwendungsweise, Gerechtigkeit als Objekt der Verantwortung, darzustellen scheint. Nur wenn Gerechtigkeit ein normatives Kriterium von Verantwortung darstellt, kann sie dann auch Gegenstand verantwortlichen Handelns sein. Dieser Gedanke bildet sich auch in meinem Vorgehen in diesem Buch ab, insofern zunächst Urteilskraft als Verantwortungsbedingung beschrieben wurde (vgl. Kapitel 2.3). In einem zweiten Schritt konnten nun die normativen Kriterien als eines der fünf Relationselemente vorgestellt werden, um dann Rechts- und Unrechtsempfinden als Bestandteil des ‚Grund-Sets' der Verantwortungsnormen vorzuschlagen (vgl. Kapitel 3.5). Vor diesem Hintergrund erhellt, dass eine spezifische Konzeption von Gerechtigkeit erst aus einem allgemeineren Rechts- und Unrechtsempfinden heraus resultiert. Gerechtigkeit als Maßstab für Verantwortung meint, dass sie die normativen Kriterien dieser Verantwortlichkeit definiert. Zugleich folgt aus einem gerechtigkeitskonformen verantwortlichen Handeln wieder Gerechtigkeit, d. h., wenn Gerechtigkeit die normative Basis

---

334 Vgl. YOUNG 2011, S. 113.

einer Verantwortungszuschreibung konstituiert, ist sie zugleich auch der Gegenstand verantwortlichen Handelns.

Auf den ersten Blick, und ohne Frage muss der folgende Gedankengang eigentlich Gegenstand einer eigenen Untersuchung sein, scheint die Verantwortung über eine komplexere Struktur zu verfügen als die Gerechtigkeit. Gerechtigkeit ist ein vierstelliger Begriff, insofern ein Subjekt (das Wer?) auf der Grundlage bestimmter normativer Kriterien (dem Inwiefern?) gegenüber einem menschlichen Adressaten (dem Warum?) in einer bestimmten Weise, also das Objekt der Gerechtigkeit (das Wofür?), gerecht handelt. Gerechtigkeit bedarf keiner Instanz. Aber erst durch die Instanz kann eine Verantwortlichkeit immanent reflektiert werden und wahrscheinlich liegt hierin ein Grund dafür, dass von Verantwortung zuerst im Recht die Rede war, bevor sie in Philosophie und Politik übernommen wurde. Vielleicht lohnt es sich, darüber nachzudenken, inwiefern die Verantwortung bzw. eine begrifflich ältere, also eigentlich ‚vorverantwortliche', Idee von Verantwortung als ‚Tor' der Gerechtigkeit zum Recht interpretiert werden könnte, da die Gerechtigkeit strukturell nicht über eine Instanz verfügt und deshalb zunächst als genuin moralisches Phänomen zu charakterisieren ist. Die Frage lautet also, inwiefern erst durch die Verantwortung aus der moralischen Vorstellung von Gerechtigkeit ein rechtliches Gerechtigkeitskonzept wird, ohne an dieser Stelle den Raum zu haben, zwischen moralischer und rechtlicher Gerechtigkeit zu differenzieren.

Was ist globale Verantwortung? Als letzten Punkt führt die Agenda dieses Buches die Unterscheidung zwischen totaler und globaler Verantwortung, um letztlich den Bogen zur Einleitung zu schließen. In nahezu jedem Kapitel habe ich mich gegen Formen etwaiger Totalisierungen von Verantwortung gewendet, denn die Zuschreibung totaler Verantwortung mündet in individueller Handlungsüberforderung. Doch im Gegensatz zu einer totalen Verantwortung, die der Einzelne gleichwie für ‚alles' zu tragen hat, gibt es globale Verantwortlichkeiten. Globale Verantwortung wurde auch in diesem Buch an mehreren Stellen zumindest implizit thematisiert. Das Globale einer Verantwortung liegt nicht prinzipiell in ihren normativen Kriterien, denn anders als die Ausdrücke moralisch, politisch, rechtlich oder sozial, referiert „global" nicht automatisch auf einen bestimmten Bereich normativer Kriterien wie z. B. politische, rechtliche oder wirtschaftliche Verantwortung. Das Globale einer Verantwortlichkeit liegt zunächst in ihrem Objekt, insofern globale Verantwortung übersetzt eine Verantwortung für die Welt meint, die mindestens in zweierlei Hinsicht definiert werden kann, nämlich einmal als die Verantwortung eines bestimmten Bereichs und dann als Verantwortung für ein Problem globalen Ausmaßes.

Als Beispiel für eine globale Verantwortung in dem zuerst genannten Sinn kann die politische Verantwortung im Arendtschen Denken dienen, denn hier ist das Politische deckungsgleich mit der menschlichen Welt. Politische Verantwortung ist globale Verantwortung, was nicht bedeutet, dass alle Verantwortungssubjekte nach denselben normativen Kriterien handeln, dass also die Normen einer politischen globalen Verantwortung hiernach auch global wären, sondern dass jeder Bürger, indem er politisch handelt, seiner globalen Verantwortung für die Welt als politischer Bezugsraum gerecht wird. Globale Verantwortung in dem zweiten genannten Sinn liegt in Fahlquists Rede von einer wirtschaftlichen Verantwortung, indem „the individual consumer is [...] seen as not only responsible for herself, but directly responsible for the world" (Fahlquist 2009, S. 110). Aus diesen Worten lässt sich eine Interpretation von Welt herleiten, die den Bezugsrahmen des verantwortlichen Konsumenten darstellt, bspw. als Verantwortung für die Weltarmut. Diese Interpretation von globaler Verantwortung erfolgt vor dem Hintergrund eines Problems globalen Ausmaßes und betrifft den Einzelnen nur in seiner Rolle als Konsument. Die Welt wird dann unter dem Aspekt der Weltarmut betrachtet. Globale Verantwortung meint also nicht die Verantwortung eines jeden Menschen für die Welt als solche, sondern eine Verantwortung, die die Welt entweder als einen spezifischen, nämlich bspw. politischen, Handlungsraum ausweist oder aber eine Verantwortung, die die Welt unter dem spezifischen Aspekt eines globalen Problems definiert.

Nichtsdestotrotz sollten wir gerade im globalen Handlungsraum Verantwortlichkeiten nur dann zuschreiben, wenn sie den Einzelnen oder das fragliche Kollektiv nicht überfordern. „Responsibilities do not exist in a vacuum" (Heidbrink 2008c, S. 4), drückt sich Heidbrink treffend aus, sondern „they refer to certain problems, require certain standards and rules and depend on certain actors and institutions that are in the position to influence them" (ebd.). Verbleibt eine globale Verantwortlichkeit im Unbestimmten, droht sie zu einer totalen Verantwortung zu degenerieren, die auf Nichts und Niemanden mehr konkret Bezug nimmt und einzelnen Menschen als etwas auferlegt wird, dem sie unmöglich gerecht werden können. Der Verantwortungsbegriff entstand gerade, um Zuschreibungsprobleme auch zumindest potenziell globalen Ausmaßes lösen zu können, als sich die Akteure vor dem Hintergrund wachsender Komplexität und Intransparenz nicht mehr als ‚Herren der Lage' begriffen (vgl. Kapitel 1). Die Verantwortung ist ein Werkzeug. Wenn uns dieses Werkzeug nicht entgleiten soll, sollten wir nicht versuchen, es über die Grenzen des Greifbaren hinaus anzuwenden, dort, wo im Ungegenständlichen ein (Rede und Antwort) Stehen tatsächlich jeglichen Grund und Bodens beraubt ist.

Literaturverzeichnis

Albs, Birgit (1997): *Verantwortung übernehmen für Handlungen und deren Folgen*. Dissertation Universität Trier. Hamburg: Kovac.
Alweiss, Lilian (2003): "Collective Guilt and Responsibility: Some Reflections". *European Journal of Political Theory 2. 3*, S. 307–318.
Annerl, Felix (1986): "Die zunehmend verantwortungslose Rede von der Verantwortung". In: Leinfellner, Werner/Wuketits, Franz M. (Hrsg.): *Die Aufgaben der Philosophie in der Gegenwart. Akten des 10. Internationalen Wittgenstein Symposiums - 18. bis 25. August 1985 Kirchberg am Wechsel (Österreich)*. Wien: Hölder-Pichler-Tempsky, S. 272–274.
Apel, Karl-Otto (1988): *Diskurs und Verantwortung. Das Problem des Übergangs zur postkonventionellen Moral*. Frankfurt am Main: Suhrkamp.
Apel, Karl-Otto/Burckhart, Holger (Hrsg.) (2001): *Prinzip Mitverantwortung. Grundlagen für Ethik und Pädagogik*. Würzburg: Königshausen & Neumann.
Arendt, Hannah (o. J.): "Kollektive Verantwortung". In: Heinrich-Böll-Stiftung (Hrsg.): *Debatte. Politik und Moderne. Band IV*. Bremen, S. 4–16.
— (1966): "Basic Moral Propositions". The Hannah Arendt Papers at the Library of Congress. URL: http://memory.loc.gov/ammem/arendthtml/ [Stand: 17.09.2013].
— (1994a): "Organized Guilt and Universal Responsibility". In: Kohn, Jerome (Hrsg.): *Essays in Understanding, 1930 - 1954*. New York: Harcourt Brace & Co, S. 121–132.
— (1994b): *Über die Revolution*. 4. Auflage. München: Piper.
— (1995): *Macht und Gewalt*. 10. Auflage. München: Piper.
— (2000a): "Die Krise in der Erziehung". In: Ludz, Ursula (Hrsg.): *Zwischen Vergangenheit und Zukunft. Übungen im politischen Denken*. München: Piper, S. 255–304.
— (2000b): "Über den Zusammenhang von Denken und Moral". In: Ludz, Ursula (Hrsg.): *Zwischen Vergangenheit und Zukunft. Übungen im politischen Denken*. München: Piper, S. 128–155.
— (2000c): *Zwischen Vergangenheit und Zukunft. Übungen im politischen Denken*. Ludz, Ursula (Hrsg.). 2. durchgesehene Auflage. München: Piper.
— (2002): *Vom Leben des Geistes. Das Denken, das Wollen*. McCarthy, Mary/Vetter, Hermann (Hrsg.). 2. Auflage. München: Piper.
— (2003a): "Collective Responsibility". In: Kohn, Jerome (Hrsg.): *Responsibility and Judgment*. New York: Schocken Books, S. 147–158.
— (2003b): *Denktagebuch. 1950-1973*. Ludz, Ursula/Nordmann, Ingeborg (Hrsg.). 2. Auflage. München: Piper.
— (2005): *Was ist Politik?* 2. Auflage. München, Zürich: Piper.
— (2007): *Über das Böse. Eine Vorlesung zu Fragen der Ethik*. Kohn, Jerome/Ludz, Ursula/Augstein, Franziska (Hrsg.). München: Piper.
— (2008a): *Eichmann in Jerusalem. Ein Bericht von der Banalität des Bösen*. Granzow, Brigitte (Hrsg.). 3. Auflage. München: Piper.
— (2008b): *Vita activa oder Vom tätigen Leben*. 7. Auflage. München: Piper.
Arendt, Hannah/Jaspers, Karl (1993): *Briefwechsel 1926-1969*. Köhler, Lotte/Sahner, Hans (Hrsg.). 3. Auflage. München: Piper.
Attfield, Robin (1999): *The Ethics of the Global Environment*. Edinburgh: Edinburgh University Press.

Austin, John Langshaw (1962): *How to do Things with Words*. The William James Lectures delivered at Harvard University in 1955. 2. Auflage. Oxford, New York: Oxford University Press.
Baatz, Christian (2013): "Responsibility for the Past? Some Thoughts on Compensating Those Vulnerable to Climate Change in Developing Countries". *Ethics, Policy & Environment 1. 16*, S. 94–110.
Badura, Peter (1980): "Die parlamentarische Verantwortlichkeit des Ministers". *Zeitschrift für Parlamentsfragen 4. 11*, S. 573–582.
Baer, Paul (2011): "International Justice". In: Dryzek, John S./Norgaard, Richard B./Schlosberg, David (Hrsg.): *Oxford Handbook of Climate Change and Society*. Oxford: Oxford University Press, S. 323–337.
Baer, Paul/Athanasiou, Tom/Kartha, Sivan/Kemp-Benedict, Eric (2010): "Greenhouse Development Rights. A Framework for Climate Protection That is 'More Fair' Than Equal per Capita Emissions Rights". In: Gardiner, Stephen Mark et al. (Hrsg.): *Climate Ethics. Essential Readings*. Oxford, New York: Oxford University Press, S. 215–230.
Banzhaf, Günter (2002): *Philosophie der Verantwortung. Entwürfe, Entwicklungen, Perspektiven*. Heidelberg: Winter.
Baran, Pavel (1990): "Verantwortung". In: Sandkühler, Hans Jörg/Regenbogen, Armin (Hrsg.): *Europäische Enzyklopädie zu Philosophie und Wissenschaften*. Hamburg: Meiner, S. 690–694.
Barry, Brian (2007): *Why Social Justice Matters*. Reprinted 2005. Cambridge: Polity Press.
Bayerisches Landesamt für Umwelt (2008): "Der Ökologische Fußabdruck". URL: http://www.lfu.bayern.de/umweltwissen/doc/uw_86_oekologischer_fussabdruck.pdf [Stand: 17.09.2013].
Bayertz, Kurt (1995): "Eine kurze Geschichte der Herkunft der Verantwortung". In: Bayertz, Kurt (Hrsg.): *Verantwortung. Prinzip oder Problem?* Darmstadt: Wissenschaftliche Buchgesellschaft, S. 3–71.
Beer, Rainer (1990): "Das Problem 'Verantwortung' in der philosophischen Gegenwartsdiskussion". In: Schäfer, Philipp (Hrsg.): *Verantwortung und Wissenschaft. Ein Symposion an der Universität Passau vom 11.-12.1.1990*. Passau: Universität Passau, S. 81–101.
Berka, Walter (1996): "Bürgerverantwortung im demokratischen Verfassungsstaat". In: Degenhart, Christoph (Hrsg.): *Bürgerverantwortung im demokratischen Verfassungsstaat. Berichte und Diskussionen auf der Tagung der Vereinigung der Deutschen Staatsrechtslehrer in Wien vom 4. bis 7. Oktober 1995*. Berlin, New York: de Gruyter, S. 48–83.
Bernasconi, Robert (2006): "Von wem und wofür? Zurechenbare Verantwortlichkeit und die Erfindung der ministeriellen, hyperbolischen und unendlichen Verantwortung". In: Heidbrink, Ludger/Hirsch, Alfred (Hrsg.): *Verantwortung in der Zivilgesellschaft. Zur Konjunktur eines widersprüchlichen Prinzips*. Frankfurt am Main: Campus Verlag, S. 221–246.
Bernstein, Lenny/Pachauri, R. K./Reisinger, Andy (2008): *Climate Change 2007. Synthesis Report*. Geneva, Switzerland: IPCC.
Bielefeldt, Heiner (2006): "Autonomie". In: Düwell, Marcus/Hübenthal, Christoph/Werner, Micha H. (Hrsg.): *Handbuch Ethik*. Stuttgart: Metzler, S. 311–314.
Bierhoff, Hans Werner (1995): "Verantwortungsbereitschaft, Verantwortungsabwehr und Verantwortungszuschreibung. Sozialpsychologische Perspektiven". In: Bayertz, Kurt (Hrsg.): *Verantwortung. Prinzip oder Problem?* Darmstadt: Wissenschaftliche Buchgesellschaft, S. 217–240.
Bijnsdorp, Liz (1996): *Die 147 Personen, die ich bin. Drama und Heilung einer multiplen Persönlichkeit*. Stuttgart: Urachhaus.
Birnbacher, Dieter (1995): "Grenzen der Verantwortung". In: Bayertz, Kurt (Hrsg.): *Verantwortung. Prinzip oder Problem?* Darmstadt: Wissenschaftliche Buchgesellschaft, S. 143–183.
— (2003): *Analytische Einführung in die Ethik*. Berlin: de Gruyter.

Literaturverzeichnis 269

Bluhm, Harald (2001): "Handeln und Verantwortung. Hannah Arendts Konzept politischen Denkens". In: Ballestrem, Karl Graf et al. (Hrsg.): *Politisches Denken Jahrbuch 2001*. Stuttgart, Weimar: Verlag J. B. Metzler, S. 1–17.

Böcher, Wolfgang (1996): *Selbstorganisation, Verantwortung, Gesellschaft. Von subatomaren Strukturen zu politischen Zukunftsvisionen*. Opladen: Westdeutscher Verlag.

Böhler, Dietrich/Kettner, Natthias/Skirbekk, Gunnar/Schamberger, Christoph (Hrsg.) (2003): *Reflexion und Verantwortung. Auseinandersetzungen mit Karl-Otto Apel. 1618*. Frankfurt am Main: Suhrkamp.

Böhme, Gernot (1990): "Brauchen wir eine neue Ethik? - Verantwortung in der Risikogesellschaft. 8 Aphorismen". In: Gamm, Gerhard/Kimmerle, Gerd (Hrsg.): *Ethik und Ästhetik. Nachmetaphysische Perspektiven*. Tübingen: Edition Diskord, S. 51–57.

Bojanowski, Axel (2012): "Forscher finden einfachste Wege zur Klimakühlung". Spiegel Online Wissenschaft. URL: http://www.spiegel.de/wissenschaft/technik/0,1518,808824,00.html [Stand: 17.09.2013].

Bok, Hilary (1998): *Freedom and Responsibility*. Princeton, NJ: Princeton University Press.

Branschombe, Nyla R./Doosje, Bertjan (Hrsg.) (2004): *Collective Guilt. International Perspectives*. Cambridge: Cambridge University Press.

Brieskorn, Norbert (2000): "Verantwortungsstrukturen in sozialethischer Sicht". In: Neumann, Ulfrid (Hrsg.): *Verantwortung in Recht und Moral. Referate der Tagung der Deutschen Sektion der Internationalen Vereinigung für Rechts- und Sozialphilosophie vom 2. bis zum 3. Oktober 1998 in Frankfurt am Main*. Stuttgart: Steiner, S. 193–215.

Brotherston, Bruce Wallace (1929): "The Conception of Responsibility". *International Journal of Ethics 4. 39*, S. 469–480.

Buber, Martin (1962): *Das dialogische Prinzip*. 7. Auflage. Darmstadt: Wissenschaftliche Buchgesellschaft.

Bühl, Walter L. (1998): *Verantwortung für Soziale Systeme. Grundzüge einer globalen Gesellschaftsethik*. Stuttgart: Klett-Cotta.

Bundesministerium für wirtschaftliche Zusammenarbeit und Entwicklung (2010): "Großer Fuß auf kleiner Erde? Bilanzieren mit dem Ecological Footprint. Anregungen für eine Welt begrenzter Ressourcen". URL: http://www.conservation-develoment.net/Projekte/ Nachhaltigkeit/DVD_10_Footprint/Material/pdf_Serie_Nachhaltigkeit/10_Footprint_de.pdf [Stand: 17.09.2013].

Burkard, Franz-Peter (1999): "Person". In: Prechtl, Peter/Burkard, Franz-Peter (Hrsg.): *Metzler Philosophie Lexikon. Begriffe und Definitionen*. Stuttgart, Weimar: Verlag J. B. Metzler, S. 431–432.

Burkhardt, Björn (2003): "Und sie bewegt uns doch: die Willensfreiheit". *Das Magazin. Bildgebende Verfahren der Hirnforschung. 2*, S. 21–24.

Busse, Karl Heiner (1998): "Even the bad Times are Good. Kleine Polemik zum Kulturbetrieb und anderen Abwegigkeiten". In: Neubauer, Bernd (Hrsg.): *Eigenverantwortung. Positionen und Perspektiven*. Waake: Licet Verlag, S. 254–261.

Caney, Simon (2010): "Cosmopolitan Justice, Responsibility, and Global Climate Change". In: Gardiner, Stephen Mark et al. (Hrsg.): *Climate Ethics. Essential Readings*. Oxford, New York: Oxford University Press, S. 122–145.

Clark, John A. (1939): "The Structure of Responsibility". *Ethics 4. 49*, S. 466–483.

Cooper, David E. (1991): "Collective Responsibility". In: May, Larry/Hoffman, Stacey (Hrsg.): *Collective Responsibility. Five Decades of Debate in Theoretical and Applied Ethics*. Savage, Md: Rowman & Littlefield, S. 35–46.

Copp, David (2002): "Social Unity and the Identity of Persons". *The Journal of Political Philosophy 4. 10*, S. 365–391.

Cox, Peter M./Betts, Richard A./Jones, Chris D./Spall, Steven A./Totterdell, Ian J. (2000): "Acceleration of Global Warming due to Carbon-Cycle Feedbacks in a Coupled Climate Model". *Nature. 408*, S. 184–187.

Dakos, Vasilis/Scheffer, Marten/van Nes, Egbert H./Brovkin, Victor/Petoukhov, Vladimir/Held, Hermann (2008): "Slowing Down as an Early Warning Signal for Abrupt Climate Change". *Proceedings of the Annual Meeting (American Society of International Law) 38. 105*, S. 14308–14312.

Degenhart, Christoph (Hrsg.) (1996): *Bürgerverantwortung im demokratischen Verfassungsstaat. Berichte und Diskussionen auf der Tagung der Vereinigung der Deutschen Staatsrechtslehrer in Wien vom 4. bis 7. Oktober 1995*. Berlin, New York: de Gruyter.

DeGeorge, Richard T. (1986): *Business Ethics*. 2. Auflage. New York: Macmillan.

Delhom, Pascal (2007): "Staat und Politik aus Verantwortung". In: Heidbrink, Ludger/Hirsch, Alfred (Hrsg.): *Staat ohne Verantwortung? Zum Wandel der Aufgaben von Staat und Politik*. Frankfurt am Main: Campus Verlag, S. 193–214.

Depenheuer, Otto (1996): "Bürgerverantwortung im demokratischen Verfassungsstaat". In: Degenhart, Christoph (Hrsg.): *Bürgerverantwortung im demokratischen Verfassungsstaat. Berichte und Diskussionen auf der Tagung der Vereinigung der Deutschen Staatsrechtslehrer in Wien vom 4. bis 7. Oktober 1995*. Berlin, New York: de Gruyter, S. 90–123.

Derrida, Jacques (2003): *Schurken. Zwei Essays über die Vernunft*. Aus dem Französischen von Horst Brühmann. Frankfurt am Main: Suhrkamp.

Di Fabio, Udo (2002): "Verantwortung als Verfassungsinstitut". In: Knies, Wolfgang (Hrsg.): *Staat, Amt, Verantwortung. Friedrich Karl Fromme zu Ehren*. Stuttgart, München: Deutscher Taschenbuch Verlag, S. 15–40.

Diehl, Ulrich (1999): *Personalität und Humanität*. Heidelberg: Winter.

Diening, Deike (2009): "Die große Freiheit". *Der Tagesspiegel 20 394*, S. 3.

Doheny, Shane (2007): "Responsibility and the Deliberate Citizen: Theorizing the Acceptance of Individual and Citizenship Responsibilities". *Citizenship Studies 4. 11*, S. 405–420.

Döpfner, Mathias (2009): "Revolution für die Freiheit. Und warum sie zum 20. Jahrestag gerade erst begonnen hat". *Berliner Morgenpost 306*, S. 1.

Dreier, Horst (2000): "Verantwortung im demokratischen Verfassungsstaat". In: Neumann, Ulfrid (Hrsg.): *Verantwortung in Recht und Moral. Referate der Tagung der Deutschen Sektion der Internationalen Vereinigung für Rechts- und Sozialphilosophie vom 2. bis zum 3. Oktober 1998 in Frankfurt am Main*. Stuttgart: Steiner, S. 9–38.

Dryzek, John S./Norgaard, Richard B./Schlosberg, David (Hrsg.) (2011): *Oxford Handbook of Climate Change and Society*. Oxford: Oxford University Press.

Duff, R. A. (1998): "Responsibility". In: Craig, Edward (Hrsg.): *Routledge Encyclopedia of Philosophy*. London: Routledge, S. 290–294.

Dustdar, Farah (1996): *Abschied von der Macht. Demokratie und Verantwortung*. Frankfurt am Main: Fischer.

Düwell, Marcus/Hübenthal, Christoph/Werner, Micha H. (Hrsg.) (2006): *Handbuch Ethik*. 2. Auflage. Stuttgart: Metzler.

Ellwein, Thomas (1978): *Über politische Verantwortung*. Konstanz: Universitäts-Verlag.

Engel, Malte (2011): *Kognitive Fähigkeiten als Bedingung moralischer Verantwortung*. Dissertation Humboldt-Universität zu Berlin. Würzburg: Königshausen und Neumann.

Engelsing, Jörg (2009): "Der Wandel beginnt innen und die Verantwortung bei uns selbst". *Sein 169. 9*, S. 24–26.

Eshleman, Andrew (2009): "Moral Responsibility". Stanford Encyclopedia of Philosophy. URL: http://plato.stanford.edu/entries/moral-responsibility/ [Stand: 17.09.2013].

Etzioni, Amitai (1999): *Die Verantwortungsgesellschaft. Individualismus und Moral in der heutigen Demokratie*. Berlin: Ullstein.

Evans, E. P. (1906): *The Criminal Prosecution and Capital Punishment of Animals*. London: William Heinemann.
Fahlquist, Jessica Nihlén (2009): "Moral Responsibility for Environmental Problems - Individual or Institutional?". *Journal of Agricultural and Environmental Ethics 2. 22*, S. 109–124.
Fauser, Peter (1992): "Kann die Schule zur Verantwortung erziehen?". *Friedrich Jahresheft. 10*, S. 7–9.
Feinberg, Joel (1980): *Rights, Justice, and the Bounds of Liberty. Essays in Social Philosophy*. Princeton, NJ: Princeton University Press.
— (1985): "Handlung und Verantwortung". In: Meggle, Georg (Hrsg.): *Analytische Handlungstheorie. Band I. Handlungsbeschreibungen*. Frankfurt am Main: Suhrkamp, S. 186–224.
— (1991): "Collective Responsibility (A Defense)". In: May, Larry/Hoffman, Stacey (Hrsg.): *Collective Responsibility. Five Decades of Debate in Theoretical and Applied Ethics*. Savage, Md: Rowman & Littlefield, S. 53–76.
Fenner, Dagmar (2008): *Ethik. Wie soll ich handeln?* Tübingen: Francke.
Fischer, John Martin (1988): "Responsiveness and Moral Responsibility". In: Schoeman, Ferdinand David (Hrsg.): *Responsibility, Character, and the Emotions. New Essays in Moral Psychology*. Cambridge: Cambridge University Press, S. 81–106.
Fischer, John Martin/Ravizza, Mark (1998): *Responsibility and Control. A Theory of Moral Responsibility*. Cambridge: Cambridge University Press.
Fischer, Peter (2006): *Politische Ethik. Eine Einführung*. München: Fink.
Forrest, Peter (2006): "Collective Guilt; Individual Shame". In: French, Peter A. (Hrsg.): *Shared Intentions and Collective Responsibility*. Boston, MA: Blackwell, S. 145–153.
Forschner, Maximilian (1989): "Verantwortung". In: Görres-Gesellschaft (Hrsg.): *Staatslexikon: Recht, Wirtschaft, Gesellschaft. Band 5, Sozialindikatoren - Zwingli*. Freiburg im Breisgau, Basel, Wien: Herder, S. 589–593.
Frankfurt, Harry G. (1969): "Alternate Possibilities and Moral Responsibility". *The Journal of Philosophy 23. 66*, S. 829–839.
— (1971): "Freedom of the Will and the Concept of a Person". *The Journal of Philosophy 1. 68*, S. 5–20.
French, Peter A. (1991): "The Corporation as a Moral Person". In: May, Larry/Hoffman, Stacey (Hrsg.): *Collective Responsibility. Five Decades of Debate in Theoretical and Applied Ethics*. Savage, Md: Rowman & Littlefield, S. 133–150.
— (2006): *Shared Intentions and Collective Responsibility*. Boston, MA: Blackwell.
Freyer, Hans (1970): "Verantwortung - Heute". In: Freyer, Hans (Hrsg.): *Gedanken zur Industriegesellschaft*. Mainz: von Hase & Koehler, S. 195–221.
Führ, Martin (1996): "Eigen-Verantwortung oder Öko-Staat? Sicherung der Selbstverantwortung in Unternehmen". In: Roßnagel, Alexander (Hrsg.): *Reformperspektiven im Umweltrecht. Dokumentation der "Haydauer Hochschul-Gespräche 1995"*. Baden-Baden: Nomos, S. 211–253.
Gardiner, Stephen M. (2004): "Ethics and Global Climate Change". *Ethics 3. 114*, S. 555–600.
— (2011): "Climate Justice". In: Dryzek, John S./Norgaard, Richard B./Schlosberg, David (Hrsg.): *Oxford Handbook of Climate Change and Society*. Oxford: Oxford University Press, S. 309–322.
Gardiner, Stephen Mark/Caney, Simon/Jamieson, Dale/Shue, Henry (Hrsg.) (2010): *Climate Ethics. Essential Readings*. Oxford, New York: Oxford University Press.
Garvey, James (2009): *The Ethics of Climate Change. Right and Wrong in a Warming World*. London: Continuum.
Gerhardt, Volker (1999): *Selbstbestimmung. Das Prinzip der Individualität*. Stuttgart: Reclam.
— (2007): *Partizipation. Das Prinzip der Politik*. München: C. H. Beck.

— (2009): "Person und Institution. Über eine elementare Bedingung politischer Organisation". In: Wittwer, Héctor (Hrsg.): *Existentieller Liberalismus. Beiträge zur Politischen Philosophie und zum politischen Zeitgeschehen*. Berlin: Duncker & Humblot, S. 83–102.

Gesang, Bernward (2011): *Klimaethik*. Berlin: Suhrkamp.

Giddens, Anthony (2008): "The Politics of Climate Change. National Responses to the Challenge of Global Warming". Policy Network. URL: http://www.fcampalans.cat/images/noticias/The_politics_of_climate_change_Anthony_Giddens%282%29.pdf [Stand: 17.09.2013].

Glannon, Walter (2006): "Neurobiology, Neuroimaging, and Free Will". In: French, Peter A./Wettstein, Howard K./Fischer, John Martin (Hrsg.): *Free Will and Moral Responsibility*. Boston, Mass.: Blackwell, S. 68–82.

Glei, Reinhold f. (2007): "Schuld". In: Ritter, Joachim (Hrsg.): *Historisches Wörterbuch der Philosophie*. Band 8. Basel: Schwabe, S. 1442–1446.

Goodin, Robert E. (1995): *Utilitarianism as a Public Philosophy*. Cambridge, New York: Cambridge University Press.

Grimm, Jacob und Wilhelm (1854-1961a): "Pflicht". In: Grimm, Jacob und Wilhelm (Hrsg.): *Deutsches Wörterbuch. Band 13*. Leipzig: Verlag Von S. Hirzel, S. 1752–1763.

— (1854-1861): "Rede". In: Grimm, Jacob und Wilhelm (Hrsg.): *Deutsches Wörterbuch. Band 14*. Leipzig: Verlag Von S. Hirzel, S. 450–460.

— (1854-1961b): "Verantworten". In: Grimm, Jacob und Wilhelm (Hrsg.): *Deutsches Wörterbuch. Band 25*. Leipzig: Verlag Von S. Hirzel, S. 79–82.

Grisebach, Eberhard (1924): *Die Grenzen des Erziehers und seine Verantwortung*. Halle/Saale: Verlag von Mar Niemeyer.

Grundmann, Matthias (2006): *Sozialisation. Skizze einer allgemeinen Theorie*. Stuttgart: UVK Verlagsgesellschaft mbH.

Gschwend, Lukas (2005): "Verantwortung und Strafrecht". In: Schmidinger, Heinrich/Sedmak, Clemens (Hrsg.): *Der Mensch - ein freies Wesen? Autonomie - Personalität - Verantwortung*. Darmstadt: Wissenschaftliche Buchgesellschaft, S. 289–304.

Günther, Klaus (2006): "Aufgaben- und Zurechnungsverantwortung". In: Heidbrink, Ludger/Hirsch, Alfred (Hrsg.): *Verantwortung in der Zivilgesellschaft. Zur Konjunktur eines widersprüchlichen Prinzips*. Frankfurt am Main: Campus Verlag, S. 295–329.

Habermas, Jürgen (1988): *Theorie des kommunikativen Handelns. Band 2. Zur Kritik der funktionalistischen Vernunft*. Frankfurt am Main: Suhrkamp.

— (1996): "Drei normative Modelle der Demokratie". In: Habermas, Jürgen (Hrsg.): *Die Einbeziehung des Anderen. Studien zur politischen Theorie*. Frankfurt am Main: Suhrkamp, S. 277–292.

— (2009): "Erläuterungen zum Begriff des kommunikativen Handelns". In: *Philosophische Texte. Band 1. Sprachtheoretische Grundlegung der Soziologie*. Frankfurt am Main: Suhrkamp, S. 157–196.

Hahn, Henning (2009): *Globale Gerechtigkeit. Eine philosophische Einführung*. Frankfurt am Main: Campus Verlag.

Haker, Hille (2006): "Identität". In: Düwell, Marcus/Hübenthal, Christoph/Werner, Micha H. (Hrsg.): *Handbuch Ethik*. Stuttgart: Metzler, S. 400–405.

Hansen, James (2011): "Eine Klimasteuer muss her. Interview mit der Zeit". Zeit Online Wirtschaft. URL: http://www.zeit.de/2011/44/GL-Interview-Hansen [Stand: 17.09.2013].

Hansen, James E. (2010): *Storms of my Grandchildren. The Truth About the Coming Climate Catastrophe and our Last Chance to Save Humanity*. London: Bloomsbury.

Harms, Klaus (2003): *Hannah Arendt und Hans Jonas. Grundlagen einer philosophischen Theologie der Weltverantwortung*. Berlin: WiKu-Verlag.

Literaturverzeichnis 273

Hattenhauer, Christian (2011): "'Der Mensch ist als solcher rechtsfähig' - Von der Person zur Rechtsperson". In: Klein, Eckart/Menke, Christoph (Hrsg.): *Der Mensch als Person und Rechtsperson. Grundlage der Freiheit.* Berlin: Berliner Wissenschafts-Verlag, S. 39–66.

Heidbrink, Ludger (2003): *Kritik der Verantwortung. Zu den Grenzen verantwortlichen Handelns in komplexen Kontexten.* Weilerswist: Velbrück Wiss.

— (2006): "Grenzen der Verantwortungsgesellschaft: Widersprüche der Verantwortung". In: Heidbrink, Ludger/Hirsch, Alfred (Hrsg.): *Verantwortung in der Zivilgesellschaft. Zur Konjunktur eines widersprüchlichen Prinzips.* Frankfurt am Main: Campus Verlag, S. 129–150.

— (2007a): "Marktwirtschaft und Moral. Das Verantwortungsprinzip als Reflexionskategorie ökonomischer Prozesse". *Working Papers des CRR 1.* URL: http://www.responsibility-research.de/resources/WP_1_Marktwirtschaft_und_Moral.pdf [Stand: 17.09.2013].

— (2008a): "Das Schicksal der Verantwortung. Warum der Mensch auch dort verantwortlich ist, wo er keine Schuld trägt". *Magazin des Thalia Theaters in Hamburg,* S. 4–5.

— (2008b): "Die Zukunft ist uns abhanden gekommen. Ein Gespräch mit dem Philosophen Ludger Heidbrink durch Jan Wenzel". *spector,* S. 5–7.

— (2008c): "The Limits of Responsibility in the Age of Globalisation". *Working Papers des CRR 4. 2.* URL: http://www.responsibility-research.de/resources/WP_5_+Limits_of_Responsibility.pdf [Stand: 17.09.2013].

— (2010): "Nichtwissen und Verantwortung. Zum Umgang mit unbeabsichtigten Nebenfolgen". *Working Papers des CRR 8.* URL: http://www.responsibility-research.de/resources/WP_8_Nichtwissen_und_Verantwortung.pdf [Stand: 17.09.2013].

— (2007b): *Handeln in der Ungewissheit. Paradoxien der Verantwortung.* Berlin: Kulturverlag Kadmos.

Heiland, Stefan/Regener, Maren/Stratmann, Lars/Hauff, Marianne/Weidenbacher, Silvia (2006): "Kumulative Auswirkungen in der Strategischen Umweltprüfung". *UVP-Report 3. 20,* S. 122–126.

Höffe, Otfried (2004): *Wirtschaftsbürger, Staatsbürger, Weltbürger. Politische Ethik im Zeitalter der Globalisierung.* München: Beck.

Hoffmann-Riem, Wolfgang (2000): "Verantwortungsteilung als Schlüsselbegriff moderner Staatlichkeit". In: Kirchhof, Paul et al. (Hrsg.): *Staaten und Steuern. Festschrift für Klaus Vogel zum 70. Geburtstag.* Heidelberg: C. F. Müller, S. 47–65.

Hohl, Sabine/Roser, Dominic (2011): "Stepping in for the Polluters? Climate Justice under Partial Compliance". *Analyse & Kritik. 2,* S. 477–500.

Holl, Jann (1980): *Historische und systematische Untersuchungen zum Bedingungsverhältnis von Freiheit und Verantwortlichkeit.* Habilitations-Schrift Universität Freiburg. Königstein (Ts.): Forum Academicum in der Verlags-Gruppe Athenäum Hain Scriptor Hanstein.

Honnefelder, Ludger (2007): *Was soll ich tun, wer will ich sein? Vernunft und Verantwortung, Gewissen und Schuld.* Berlin: Berlin University Press.

Howarth, Richard B. (2011): "Intergenerational Justice". In: Dryzek, John S./Norgaard, Richard B./Schlosberg, David (Hrsg.): *Oxford Handbook of Climate Change and Society.* Oxford: Oxford University Press, S. 338–352.

Hurrelmann, Klaus/Grundmann, Matthias/Walper, Sabine (2008): "Zum Stand der Sozialisationsforschung". In: Hurrelmann, Klaus/Grundmann, Matthias/Walper, Sabine (Hrsg.): *Handbuch Sozialisationsforschung.* Weinheim, Basel: Beltz, S. 14–31.

Illhardt, Franz Josef (1989): "Verantwortung". In: Eser, Albin (Hrsg.): *Lexikon Medizin, Ethik, Recht.* Freiburg: Herder, S. 1221–1228.

Ingarden, Roman (1970): *Über die Verantwortung. Ihre ontischen Fundamente.* Stuttgart: Philipp Reclam junior.

Intergovernmental Panel on Climate Change (2001): "Climate Change 2001: The Scientific Basis". URL: http://www.ipcc.ch/ipccreports/tar/wg1/pdf/TAR-14.PDF [Stand: 17.09.2013].

Irwin, T. H. (1980): "Reason and Responsibility in Aristotle". In: Oksenberg Rorty, Amélie (Hrsg.): *Essays on Aristotle's Ethics*. Berkeley, Los Angeles: University of California Press, S. 117–155.

Isaacs, Tracy (2011): *Moral Responsibility in Collective Contexts*. Oxford, New York: Oxford University Press.

Jaeggi, Rahel (2009): "Was ist eine (gute) Institution?". In: Forst, Rainer/Hartmann, Martin/Jaeggi, Rahel (Hrsg.): *Sozialphilosophie und Kritik*. Frankfurt am Main: Suhrkamp, S. 528–544.

— (2011): "Welt/Weltentfremdung". In: Heuer, Wolfgang/Heiter, Bernd/Rosenmüller, Stefanie (Hrsg.): *Arendt-Handbuch. Leben, Werk, Wirkung*. Stuttgart: Metzler, S. 333–335.

Jamieson, Dale (2011): "The Nature of the Problem". In: Dryzek, John S./Norgaard, Richard B./Schlosberg, David (Hrsg.): *Oxford Handbook of Climate Change and Society*. Oxford: Oxford University Press, S. 38–54.

Jaspers, Karl (1971): *Psychologie der Weltanschauungen*. 6. Auflage. München, Zürich: Piper.

Jonas, Hans (2003): *Das Prinzip Verantwortung. Versuch einer Ethik für die technologische Zivilisation*. Frankfurt am Main: Suhrkamp.

Kagan, Shelly (2011): "Do I Make a Difference?". *Philosophy and Public Affairs 2. 39*, S. 105–141.

Kallen, H. M. (1942): "Responsibility". *Ethics 3. 52*, S. 350–376.

Kane, Robert (1999): "Responsibility, Luck, and Chance: Reflections on Free Will and Indeterminism". *The Journal of Philosophy 5. 96*, S. 217–240.

Kant, Immanuel (1969a): "Kritik der reinen Vernunft". In: Königlich Preußische Akademie der Wissenschaften der DDR (Hrsg.): *Gesammelte Schriften*. Band 3. Berlin: Reimer.

— (1969b): "Kritik der Urteilskraft. Band 5, Abteilung 1: Werke. Kritik der praktischen Vernunft, Kritik der Urteilskraft". In: Königlich Preußische Akademie der Wissenschaften der DDR (Hrsg.): *Gesammelte Schriften*. Band 5, Abteilung 1: Werke. Kritik der praktischen Vernunft, Kritik der Urteilskraft. Berlin: Reimer, S. 165–485.

— (1969c): "Recension von Schulz's Versuch einer Anleitung zur Sittenlehre für alle Menschen, ohne Unterschied der Religion, nebst einem Anhange von den Todesstrafen". In: Königlich Preußische Akademie der Wissenschaften der DDR (Hrsg.): *Gesammelte Schriften*. Band 8, *Abteilung 1: Werke. Abhandlungen nach 1781*. Berlin: Reimer, S. 10–14.

Kaufmann, Franz-Xaver (2006): "'Verantwortung' im Sozialstaatsdiskurs". In: Heidbrink, Ludger/Hirsch, Alfred (Hrsg.): *Verantwortung in der Zivilgesellschaft. Zur Konjunktur eines widersprüchlichen Prinzips*. Frankfurt am Main: Campus Verlag, S. 39–60.

Kaufmann, Matthias (2004a): "Die Grenzen der Zurechnung". In: Kaufmann, Matthias (Hrsg.): *Zurechnung als Operationalisierung von Verantwortung*. Frankfurt am Main: Lang, S. 283–293.

— (2004b): *Zurechnung als Operationalisierung von Verantwortung*. Frankfurt am Main: Lang.

Kaufmann, Matthias/Renzikowski, Joachim (2004): "Vom Nutzen der Zurechnung". In: Kaufmann, Matthias (Hrsg.): *Zurechnung als Operationalisierung von Verantwortung*. Frankfurt am Main: Lang, S. 7–14.

Keil, Geert (2007): *Willensfreiheit*. Berlin: de Gruyter.

Kelsen, Hans (1941): *Vergeltung und Kausalität. Eine soziologische Untersuchung*. The Hague: Van Stockum & Zoon.

Keohane, Nannerl O. (2010): *Thinking About Leadership*. Princeton, N.J: Princeton University Press.

Kersting, Wolfgang (2007a): "Pflicht". In: Ritter, Joachim (Hrsg.): *Historisches Wörterbuch der Philosophie*. Band 7. Basel: Schwabe, S. 405–433.

— (2007b): "Sicherheit, Freiheit, Gerechtigkeit – Zur Verantwortlichkeit des Staates in der neueren Staatszieldiskussion". In: Heidbrink, Ludger/Hirsch, Alfred (Hrsg.): *Staat ohne Verantwortung? Zum Wandel der Aufgaben von Staat und Politik*. Frankfurt am Main: Campus Verlag, S. 87–117.

Literaturverzeichnis 275

Kierkegaard, Sören (1987): *Entweder / Oder. Zweiter Teil. Band 1. Zwei erbauliche Reden, 16.5.1843.* Hirsch, Emanuel/Gerdes, Hayo (Hrsg.). 2. Auflage. Gütersloh: Gütersloher Verlagshaus Mohn.

Klages, Helmut (2006): "Eigenverantwortung als zivilgesellschaftliche Ressource". In: Heidbrink, Ludger/Hirsch, Alfred (Hrsg.): *Verantwortung in der Zivilgesellschaft. Zur Konjunktur eines widersprüchlichen Prinzips.* Frankfurt am Main: Campus Verlag, S. 109–126.

— (2007): "Ist politische Folgenverantwortung unter Globalisierungsbedingungen möglich? Die Arbeitslosigkeit als Beispiel". In: Heidbrink, Ludger/Hirsch, Alfred (Hrsg.): *Staat ohne Verantwortung? Zum Wandel der Aufgaben von Staat und Politik.* Frankfurt am Main: Campus Verlag, S. 283–307.

Klement, Jan Henrik (2006): *Verantwortung. Funktion und Legitimation eines Begriffs im Öffentlichen Recht.* Tübingen: Mohr Siebeck.

Klimesch, Wolfgang (2005): "Verantwortung und Persönlichkeit aus psychobiologischer Sicht". In: Schmidinger, Heinrich/Sedmak, Clemens (Hrsg.): *Der Mensch - ein freies Wesen? Autonomie - Personalität - Verantwortung.* Darmstadt: Wissenschaftliche Buchgesellschaft, S. 125–134.

Kodalle, Klaus-M (1994): "Verantwortung". In: Hastedt, Heiner/Martens, Ekkehard (Hrsg.): *Ethik. Ein Grundkurs.* Reinbek bei Hamburg: Rowohlt Taschenbuch Verlag, S. 180–197.

Korsgaard, Christine M. (2009): *Self-Constitution. Agency, Identity, and Integrity.* Oxford: Oxford University Press.

Krämer, Sybille (2001): *Sprache, Sprechakt, Kommunikation. Sprachtheoretische Positionen des 20. Jahrhunderts.* Frankfurt am Main: Suhrkamp.

Krawitz, Werner (2007): "Globalisierung rechtlicher Verantwortung?". In: Heidbrink, Ludger/Hirsch, Alfred (Hrsg.): *Staat ohne Verantwortung? Zum Wandel der Aufgaben von Staat und Politik.* Frankfurt am Main: Campus Verlag, S. 309–341.

Krebs, Angelika (1997): "Naturethik im Überblick". In: Krebs, Angelika (Hrsg.): *Naturethik. Grundtexte der gegenwärtigen tier- und ökoethischen Diskussion.* Frankfurt am Main: Suhrkamp, S. 337–379.

Kubsch, Sebastian (2009): "Mit Klimasteuern die Haushalte sanieren? Zur Debatte in der EU". Deutsche Bank Research. URL: http://www.foes.de/pdf/DBR_Kllimasteuer.pdf [Stand: 17.09.2013].

Kuhl, Julius (2008): "Der Wille ist frei und determiniert: Funktionsanalyse und Diagnostik von Selbstbestimmung und Verantwortlichkeit". In: Lampe, Ernst-Joachim/Pauen, Michael/Roth, Gerhard (Hrsg.): *Willensfreiheit und rechtliche Ordnung.* Frankfurt am Main: Suhrkamp, S. 99–125.

Künzli, Arnold (1986): "Strukturelle Verantwortungslosigkeit". In: Meyer, Thomas/Miller, Susanne (Hrsg.): *Zukunftsethik und Industriegesellschaft.* München: J. Schweitzer, S. 139–148.

Kutz, Christopher (2000): *Complicity. Ethics and Law for a Collective Age.* Cambridge, New York: Cambridge University Press.

— (2002): "Responsibility". In: Coleman, Jules L. (Hrsg.): *The Oxford Handbook of Jurisprudence and Philosophy of Law.* Oxford: Oxford University Press, S. 548–587.

Kymlicka, Will (1997): *Politische Philosophie heute. Eine Einführung.* Frankfurt am Main, New York: Campus Verlag.

Lampe, Ernst-Joachim (2008a): "Die Bedeutung der menschlichen Freiheit in der neueren Lehre vom Strafrecht". In: Lampe, Ernst-Joachim/Pauen, Michael/Roth, Gerhard (Hrsg.): *Willensfreiheit und rechtliche Ordnung.* Frankfurt am Main: Suhrkamp, S. 304–331.

— (2008b): "Einleitung. Teil II: Juristische Beiträge". In: Lampe, Ernst-Joachim/Pauen, Michael/Roth, Gerhard (Hrsg.): *Willensfreiheit und rechtliche Ordnung.* Frankfurt am Main: Suhrkamp, S. 16–37.

Leipold, Bernhard/Greve, Werner (2008): "Sozialisation, Selbstbild und Identität". In: Hurrelmann, Klaus/Grundmann, Matthias/Walper, Sabine (Hrsg.): *Handbuch Sozialisationsforschung*. Weinheim, Basel: Beltz, S. 398–409.
Leist, Anton (1989): "Kollektive Güter und individuelle Verantwortung". *Analyse & Kritik 2. 11*, S. 179–196.
Lenk, Hans (1992): "Verantwortung zwischen Individualismus und Institutionalismus". In: Lenk, Hans (Hrsg.): *Zwischen Wissenschaft und Ethik*. Frankfurt am Main: Suhrkamp, S. 101–116.
Lenk, Hans/Maring, Matthias (1992): "Deskriptive und normative Zuschreibung von Verantwortung". In: Lenk, Hans (Hrsg.): *Zwischen Wissenschaft und Ethik*. Frankfurt am Main: Suhrkamp, S. 76–100.
— (1995): "Wer soll Verantwortung tragen? Probleme der Verantwortungsverteilung in komplexen (soziotechnischen-soziökonomischen) Systemen". In: Bayertz, Kurt (Hrsg.): *Verantwortung. Prinzip oder Problem?* Darmstadt: Wissenschaftliche Buchgesellschaft, S. 241–286.
— (2007): "Verantwortung". In: Ritter, Joachim (Hrsg.): *Historisches Wörterbuch der Philosophie*. Band 11. Basel: Schwabe, S. 566–575.
Lenton, Timothy M./Held, Hermann/Kriegler, Elmar/Hall, Jim W./Lucht, Wolfgang/Rahmstorf, Stefan/Schellnhuber, Hans Joachim (2008): "Tipping Elements in the Earth's Climate System". *Proceedings of the National Academy of Sciences 6. 105*, S. 1786–1793.
Lévinas, Emmanuel (1992): *Die Spur des Anderen. Untersuchungen zur Phänomenologie und Sozialphilosophie*. Krewani, Wolfgang Nikolaus (Hrsg.). 3. Auflage. Freiburg (Breisgau): Alber.
Lévy-Brühl, Lucien (1884): *L'Idée de Responsabilité*: Librairie Hachette.
Lewis, H. D. (1991): "Collective Responsibility". In: May, Larry/Hoffman, Stacey (Hrsg.): *Collective Responsibility. Five Decades of Debate in Theoretical and Applied Ethics*. Savage, Md: Rowman & Littlefield, S. 17–33.
Locke, John (1823): "Some Considerations of the Consequences of the Lowering of Interest and Raising the Value of Money. In a Letter to a Member of Parliament in the Year 1691". In: *The Works. Volume V*. London: Scientia Verlag, S. 1–116.
— (1988): *Versuch über den menschlichen Verstand. In vier Bänden. Band I: Buch I und II*. 4. durchgesehene Auflage, unveränderter Nachdruck mit erg. Bibliogr. Hamburg: Felix Meiner.
Lohmar, Achim (2005): *Moralische Verantwortlichkeit ohne Willensfreiheit*. Frankfurt am Main: Klostermann.
Löwith, Karl (1981): "Das Individuum in der Rolle des Mitmenschen". In: Löwith, Karl/Stichweh, Klaus (Hrsg.): *Mensch und Menschenwelt. Beiträge zur Anthropologie*. Stuttgart: Metzler, S. 9–198.
Lübbe, Weyma (1998): *Verantwortung in komplexen kulturellen Prozessen*. Freiburg: Alber.
Lynas, Mark (2008): *Six Degrees. Our Future on a Hotter Planet*. London: Harper Perennial.
Lyons, David (1965): *Forms and Limits of Utilitarianism*. Oxford: Clarendon Press.
Mader, Elke (2005): "Mensch, Person, Weltbild. Zur kulturellen Konstruktion des Menschlichen zwischen Verantwortung und Freiheit". In: Schmidinger, Heinrich/Sedmak, Clemens (Hrsg.): *Der Mensch - ein freies Wesen? Autonomie - Personalität - Verantwortung*. Darmstadt: Wissenschaftliche Buchgesellschaft, S. 163–181.
Mahrdt, Helgard (2011): "Arbeiten/Herstellen/Handeln". In: Heuer, Wolfgang/Heiter, Bernd/Rosenmüller, Stefanie (Hrsg.): *Arendt-Handbuch. Leben, Werk, Wirkung*. Stuttgart: Metzler, S. 265–268.
Mandt, Hella (1974): "'Responsible Government' und kontinentale Demokratietheorie". *Civitas. Jahrbuch für Sozialwissenschaften. 13*, S. 84–103.

Mathiesen, Kay (2009): "Wir sitzen alle in einem Boot. Die Verantwortung kollektiver Akteure und ihrer Mitglieder". In: Schmid, Hans Bernhard/Schweikard, David P. (Hrsg.): *Kollektive Intentionalität. Eine Debatte über die Grundlagen des Sozialen.* Frankfurt am Main: Suhrkamp, S. 738–764.

May, Larry (1991): "Metaphysical Guilt and Moral Taint". In: May, Larry/Hoffman, Stacey (Hrsg.): *Collective Responsibility. Five Decades of Debate in Theoretical and Applied Ethics.* Savage, Md: Rowman & Littlefield, S. 239–254.

— (1992): *Sharing Responsibility.* Chicago, London: The University of Chicago Press.

May, Larry/Hoffman, Stacey (Hrsg.) (1991): *Collective Responsibility. Five Decades of Debate in Theoretical and Applied Ethics.* Savage, Md: Rowman & Littlefield.

McKeon, Richard (1957): "The Development and the Significance of the Concept of Responsibility". *Revue Internationale De Philosophie 6. 39*, S. 3–32.

Merten, Detlef (1996): "Bürgerverantwortung im demokratischen Verfassungsstaat". In: Degenhart, Christoph (Hrsg.): *Bürgerverantwortung im demokratischen Verfassungsstaat. Berichte und Diskussionen auf der Tagung der Vereinigung der Deutschen Staatsrechtslehrer in Wien vom 4. bis 7. Oktober 1995.* Berlin, New York: de Gruyter, S. 7–43.

Messner, Dirk/Rahmstorf, Stefan (2010): "Tipping Points in the Earth System and Their Implications for World Politics and Economy". In: Debiel, Tobias et al. (Hrsg.): *Global Trends 2010. Peace - Development - Environment.* Bonn: Stiftung Entwicklung und Frieden, S. 63–80.

Meyer, Lukas H./Roser, Dominic (2007): "Intergenerationelle Gerechtigkeit - Die Bedeutung von zukünftigen Klimaschäden für die heutige Klimapolitik". *Bundesamt für Umwelt BAFU.*

Meyer-Drawe, Käte (1992): "Nachdenken über Verantwortung". *Friedrich Jahresheft. 10*, S. 14–16.

Miller, David (2007): *National Responsibility and Global Justice.* Oxford: Oxford University Press.

Miller, Seumas (2006): "Collective Moral Responsibility: An Individualist Account". In: French, Peter A. (Hrsg.): *Shared Intentions and Collective Responsibility.* Boston, MA: Blackwell, S. 176–192.

— (2009): "Gemeinsames Handeln". In: Schmid, Hans Bernhard/Schweikard, David P. (Hrsg.): *Kollektive Intentionalität. Eine Debatte über die Grundlagen des Sozialen.* Frankfurt am Main: Suhrkamp, S. 194–223.

Montada, Leo (2001): "Denial of Responsibility". In: Auhagen, Ann Elisabeth/Bierhoff, Hans-Werner (Hrsg.): *Responsibility. The Many Faces of a Social Phenomenon.* London: Routledge, S. 79–92.

Morse, Stephen J. (2007): "The Non-Problem of Free Will in Forensic Psychiatry and Psychology". *Public Law and Legal Theory Research Paper Series*, S. 203–220.

Müller, Christian (1992): "Verantwortungsethik". In: Pieper, Annemarie (Hrsg.): *Geschichte der neueren Ethik.* Tübingen: Francke, S. 103–131.

Münch, Richard (2007): "Die Konstruktion von politischer Verantwortung zwischen Staat und Zivilgesellschaft". In: Heidbrink, Ludger/Hirsch, Alfred (Hrsg.): *Staat ohne Verantwortung? Zum Wandel der Aufgaben von Staat und Politik.* Frankfurt am Main: Campus Verlag, S. 415–442.

Munzel, Michael (1998): "Lebendigkeit und Selbstverantwortung - Erfahrungen aus der Körperpsychotherapie". In: Neubauer, Bernd (Hrsg.): *Eigenverantwortung. Positionen und Perspektiven.* Waake: Licet Verlag, S. 140–154.

Mussler, Werner (2009): "Kommission will Einheits-Klimasteuer". Frankfurter Allgemeine Wirtschaft. URL: http://www.faz.net/aktuell/wirtschaft/wirtschaftspolitik/europaeische-union-kommission-will-einheits-klima-steuer-1873200.html [Stand: 17.09.2013].

Mutschler, Hans-Dieter (2006): "Gibt es Werte in der Natur?". In: Köchy, Kristian/Norwig, Martin (Hrsg.): *Umwelt-Handeln. Zum Zusammenhang von Naturphilosophie und Umweltethik.* Freiburg, München: Verlag Karl Alber, S. 69–88.

Nass, Gustav (1964): *Person, Persönlichkeit und juristische Person*. Berlin: Duncker & Humblot.
Neumaier, Otto (2008): *Moralische Verantwortung. Beiträge zur Analyse eines ethischen Begriffs*. Paderborn: Schöningh.
Neumayer, Eric (2000): "In Defence of Historical Accountability for Greenhouse Gas Emissions". *Ecological Economics 2. 33*, S. 185–192.
Neyer, Franz J./Lehnart, Judith (2008): "Persönlichkeit und Sozialisation". In: Hurrelmann, Klaus/Grundmann, Matthias/Walper, Sabine (Hrsg.): *Handbuch Sozialisationsforschung*. Weinheim, Basel: Beltz, S. 82–91.
Nida-Rümelin, Julian (1998): "Über den Respekt vor der Eigenverantwortung des anderen. Interview mit Julian Nida-Rümelin, Professor für Philosophie an der Universität Göttingen". In: Neubauer, Bernd (Hrsg.): *Eigenverantwortung. Positionen und Perspektiven*. Waake: Licet Verlag, S. 31–41.
— (2007): "Politische Verantwortung". In: Heidbrink, Ludger/Hirsch, Alfred (Hrsg.): *Staat ohne Verantwortung? Zum Wandel der Aufgaben von Staat und Politik*. Frankfurt am Main: Campus Verlag, S. 55–85.
— (2009): *Philosophie und Lebensform*. Frankfurt am Main: Suhrkamp.
Nullmeier, Frank (2006): "Paradoxien der Eigenverantwortung". In: Heidbrink, Ludger/Hirsch, Alfred (Hrsg.): *Verantwortung in der Zivilgesellschaft. Zur Konjunktur eines widersprüchlichen Prinzips*. Frankfurt am Main: Campus Verlag, S. 151–164.
Nunner-Winkler, Gertrud (1993): "Verantwortung". In: Enderle, Georges (Hrsg.): *Lexikon der Wirtschaftsethik*. Freiburg im Breisgau: Herder, S. 1185–1192.
Osmanovic, Armin (2011): "Klimasteuer und Emissionshandel in Südafrika. Im Vorfeld des UNO-Klimagipfels in Durban sucht das Land am Kap neue Wege für die Energieversorgung". Neues Deutschland. URL: http://www.ag-friedensforschung.de/regionen/Suedafrika/klima2.html [Stand: 17.09.2013].
Ott, Konrad (1993): *Ökologie und Ethik. Ein Versuch praktischer Philosophie*. Tübingen: Attempto Verlag.
— (1998): "Verantwortung". In: Grupe, Ommo/Mieth, Dietmar (Hrsg.): *Lexikon der Ethik im Sport*. Herausgegeben im Auftrag des Bundesinstituts für Sportwissenschaften. Schorndorf: Verlag Karl Hofmann, S. 578–587.
Ottmann, Henning (1993): "Verantwortung und Vertrauen als normative Prinzipien der Politik". In: Schnädelbach, Herbert (Hrsg.): *Philosophie der Gegenwart - Gegenwart der Philosophie. [Grundlage dieser Veröffentlichung ist der 15. Deutsche Kongreß für Philosophie, den die Allgemeine Gesellschaft für Philosophie in Deutschland im September 1990 in Hamburg ausrichtete]*. Hamburg: Junius, S. 367–376.
Pankoke, Eckart (2006): "Arenen - Allianzen - Agenden: Netzwerke und Lernprozesse zivilen Engagements". In: Heidbrink, Ludger/Hirsch, Alfred (Hrsg.): *Verantwortung in der Zivilgesellschaft. Zur Konjunktur eines widersprüchlichen Prinzips*. Frankfurt am Main: Campus Verlag, S. 85–108.
Parfit, Derek (1984): *Reasons and Persons*. Oxford: Oxford University Press.
Pauen, Michael (2001): "Freiheit und Verantwortung. Wille, Determinismus und der Begriff der Person". *Allgemeine Zeitschrift für Philosophie. 26*, S. 23–44.
— (2008a): "Einleitung. Teil I: Philosophische und psychologische Beiträge". In: Lampe, Ernst-Joachim/Pauen, Michael/Roth, Gerhard (Hrsg.): *Willensfreiheit und rechtliche Ordnung*. Frankfurt am Main: Suhrkamp, S. 9–15.
— (2008b): "Freiheit, Schuld und Strafe". In: Lampe, Ernst-Joachim/Pauen, Michael/Roth, Gerhard (Hrsg.): *Willensfreiheit und rechtliche Ordnung*. Frankfurt am Main: Suhrkamp, S. 41–71.
— (2009): "Verantwortung". *Humboldt Spektrum 2-3. 16*, S. 20–26.
Picht, Georg (1969): "Der Begriff der Verantwortung". In: Picht, Georg (Hrsg.): *Wahrheit, Vernunft, Verantwortung. Philosophische Studien*. Stuttgart: Ernst Klett Verlag, S. 318–342.

Piepmeier, Rainer (1995): "Zum philosophischen Begriff der Verantwortung". In: Hermanni, Friedrich/Steenblock, Volker (Hrsg.): *Philosophische Orientierungen. Festschrift zum 65. Geburtstag von Willi Oelmüller.* München: Fink, S. 85–102.

Pietzcker, Jost (1985): "Mitverantwortung des Staates, Verantwortung des Bürgers". *Juristenzeitung 40. 5*, S. 209–216.

Platon (1990): *Werke. In 8 Bänden, griechisch und deutsch.* Eigler, Gunther (Hrsg.). 2. Auflage. Darmstadt: Wissenschaftliche Buchgesellschaft.

Pohlmann, Rosemarie (2007): "Autonomie". In: Ritter, Joachim (Hrsg.): *Historisches Wörterbuch der Philosophie.* Band 1. Basel: Schwabe, S. 701–719.

Prechtl, Peter (1999a): "Autonomie". In: Prechtl, Peter/Burkard, Franz-Peter (Hrsg.): *Metzler Philosophie Lexikon. Begriffe und Definitionen.* Stuttgart, Weimar: Verlag J. B. Metzler, S. 56–57.

— (1999b): "Normativ". In: Prechtl, Peter/Burkard, Franz-Peter (Hrsg.): *Metzler Philosophie Lexikon. Begriffe und Definitionen.* Stuttgart, Weimar: Verlag J. B. Metzler, S. 406.

— (1999c): "Personale Identität". In: Prechtl, Peter/Burkard, Franz-Peter (Hrsg.): *Metzler Philosophie Lexikon. Begriffe und Definitionen.* Stuttgart, Weimar: Verlag J. B. Metzler, S. 250–251.

Preuß, Ulrich K. (1984): *Politische Verantwortung und Bürgerloyalität. Von den Grenzen der Verfassung und des Gehorsams in der Demokratie.* Frankfurt am Main: Fischer.

Putnam, Hilary (1990): *Vernunft, Wahrheit und Geschichte.* Übersetzt von Joachim Schulte. Frankfurt am Main: Suhrkamp.

Quante, Michael (1999): "Personale Identität als Problem der analytischen Metaphysik. Eine Einleitung". In: Quante, Michael (Hrsg.): *Personale Identität.* Paderborn: F. Schöningh, S. 9–29.

— (2011): "Die Bedeutung des Personenbegriffs für den moralischen Status der Person". In: Klein, Eckart/Menke, Christoph (Hrsg.): *Der Mensch als Person und Rechtsperson. Grundlage der Freiheit.* Berlin: Berliner Wissenschafts-Verlag, S. 69–87.

Reich, Richard (1964): "Humanität und politische Verantwortung". In: Reich, Richard (Hrsg.): *Humanität und politische Verantwortung.* Erlenbach-Zürich, Stuttgart: Eugen Rentsch Verlag, S. 17–36.

Richter, Emanuel (1992): "Politische Ethik als Verantwortungsethik. Die Folgenabschätzung als Begründungsfundament?". *Archiv für Rechts- und Sozialphilosophie. 78*, S. 166–182.

Richter, Emaunel (2007): "Nachhaltige Politik - Systematisierungshilfen für die Begründungsprobleme der 'Verantwortung'". In: Heidbrink, Ludger/Hirsch, Alfred (Hrsg.): *Staat ohne Verantwortung? Zum Wandel der Aufgaben von Staat und Politik.* Frankfurt am Main: Campus Verlag, S. 443–465.

Ricœur, Paul (2005): *Das Selbst als ein Anderer.* Greisch, Jean (Hrsg.). 2. Auflage. München: Fink.

Risser, David T. (2006): "Collective Moral Responsibility". The Internet Encyclopedia of Philosophy. URL: http://www.iep.utm.edu/c/collecti.htm [Stand: 17.09.2013].

Ropohl, Günter (1994): "Das Risiko im Prinzip Verantwortung". *Ethik und Sozialwissenschaften. Streitforum für Erwägungskultur 1. 5*, S. 109–120.

Roskies, Adina (2006): "Neuroscientific Challenges to Free Will and Responsibility". *TRENDS in Cognitive Sciences 9. 10*, S. 419–423.

Rotman, David (2009): "Emissionshandel reicht nicht. Interview mit Gilbert Metcalf". Technology Review. URL: http://www.heise.de/tr/artikel/Emissionshandel-reicht-nicht-276022.html [Stand: 17.09.2013].

Rötzer, Florian (1998): "Eigenverantwortung in komplexen Systemen und als komplexes System". In: Neubauer, Bernd (Hrsg.): *Eigenverantwortung. Positionen und Perspektiven.* Waake: Licet Verlag, S. 12–30.

Ryffel, Hans (1967): "Verantwortung als sittliches Phänomen. Ein Grundzug der Moderne". *Der Staat. Zeitschrift für Staatslehre, öffentliches Recht und Verfassungsgeschichte 3. 6*, S. 275–292.

Sachs, Michael (1995): "Bürgerverantwortung im demokratischen Verfassungsstaat". *Deutsches Verwaltungsblatt 17. 110*, S. 875–894.

Saladin, Peter (1984): *Verantwortung als Staatsprinzip. Ein neuer Schlüssel zur Lehre vom modernen Rechtsstaat*. Bern: Haupt.

Sartre, Jean-Paul (2008): *Das Sein und das Nichts. Versuch einer phänomenologischen Ontologie.* König, Traugott/Wroblewsky, Vincent von (Hrsg.). 14. Auflage. Reinbek bei Hamburg: Rowohlt-Taschenbuch-Verlag.

Schaal, Gary S./Heidenreich, Felix (2006): *Einführung in die politischen Theorien der Moderne*. Opladen: Budrich.

Schlink, Bernhard (2010): "Die Zukunft der Verantwortung". *Merkur. Deutsche Zeitschrift für europäisches Denken 738. 64*, S. 1047–1058.

Schmidt, Helmut (1997): *Allgemeine Erklärung der Menschenpflichten. Ein Vorschlag*. München: Piper.

Schmitt, Carl (1932): *Der Begriff des Politischen. Mit einer Rede über das Zeitalter der Neutralisierungen und Entpolitisierungen*. München, Leipzig: Duncker & Humblot.

— (1994): *Gespräch über die Macht und den Zugang zum Machthaber. Gespräch über den neuen Raum*. Berlin: Akademie Verlag.

Schott, Rüdiger (1989): "Heil, Unheil und Verantwortung bei schriftlosen Völkern". In: Lampe, Ernst-Joachim (Hrsg.): *Verantwortlichkeit und Recht*. Opladen: Westdeutscher Verlag, S. 97–120.

Schütz, Alfred (1972): "Einige Äquivokationen im Begriff der Verantwortlichkeit". In: Schütz, Alfred (Hrsg.): *Gesammelte Aufsätze. Band 2. Studien zur soziologischen Theorie*. Den Haag: Nijhoff, S. 256–258.

Schwartländer, Johannes (1974): "Verantwortung". In: Krings, Hermann/Baumgartner, Hans Michael/Wild, Christoph (Hrsg.): *Handbuch philosophischer Grundbegriffe. Band 6, Transzendenz - Zweck*. München: Kösel, S. 1577–1588.

Searle, John R. (2006): "Social Ontology. Some Basic Principles". *Anthropological Theory 1. 6*, S. 12–29.

Searle, John R./Vanderveken, Daniel (1987): *Foundations of Illocutionary Logic*. Cambridge, New York, New Rochelle, Melbourne, Sydney: Cambridge University Press.

Seebass, Gottfried (2001): "Kollektive Verantwortung und individuelle Verhaltenskontrolle". In: Wieland, Josef (Hrsg.): *Die moralische Verantwortung kollektiver Akteure*. Heidelberg: Physica-Verlag, S. 79–99.

Shoemaker, David (2009): "Responsibility and Disability". *Metaphilosophy 3-4. 40*, S. 438-361.

Singer, Peter (1972): "Famine, Affluence, and Morality". *Philosophy and Public Affairs 3. 1*, S. 229–243.

Smiley, Marion (2005): "Collective Responsibility". Stanford Encyclopedia of Philosophy. URL: http://plato.stanford.edu/entries/collective-responsibility/ [Stand: 17.09.2013].

Sombetzki, Janina (2012): "Politische Mitverantwortung für den Prozess der Konstitutionalisierung: Öffentliche Erklärungsfähigkeit und Partizipation politischer Akteure". In: Müller, Manuel/Pernice, Ingolf/Peters, Christopher (Hrsg.): *Konstitutionalisierung jenseits des Staates. Zur Verfassung der Weltgemeinschaft und den Gründungsverträgen internationaler Organisationen*. Baden-Baden: Nomos, S. 129–160.

Spaemann, Robert (1977): *Zur Kritik der politischen Utopie. Zehn Kapitel politischer Philosophie*. Stuttgart: Klett.

— (2007): "Grenzen der Verantwortung". In: Heidbrink, Ludger/Hirsch, Alfred (Hrsg.): *Staat ohne Verantwortung? Zum Wandel der Aufgaben von Staat und Politik*. Frankfurt am Main: Campus Verlag, S. 37–53.

Steffen, Will (2011): "A Truly Complex and Diabolical Policy Problem". In: Dryzek, John S./Norgaard, Richard B./Schlosberg, David (Hrsg.): *Oxford Handbook of Climate Change and Society*. Oxford: Oxford University Press, S. 21–37.

Stegmaier, Werner (2007): "Gesichter der Politik - Verantwortung zwischen rechtlicher, politischer und ethischer Orientierung". In: Heidbrink, Ludger/Hirsch, Alfred (Hrsg.): *Staat ohne Verantwortung? Zum Wandel der Aufgaben von Staat und Politik*. Frankfurt am Main: Campus Verlag, S. 143–164.

Stern, Nicholas (2006): "Stern Review: Der wirtschaftliche Aspekt des Klimawandels. Zusammenfassung/Executive Summary". URL: http://www.dnr.de/publikationen/eur/archiv/Stern_Review_148906b_LONG_Executive_Summary_GERMAN.pdf [Stand: 30.09.2013].

Sturma, Dieter (2006): "Person". In: Düwell, Marcus/Hübenthal, Christoph/Werner, Micha H. (Hrsg.): *Handbuch Ethik*. Stuttgart: Metzler, S. 457–464.

Tassin, Étienne (2011): "Pluralität/Spontanität". In: Heuer, Wolfgang/Heiter, Bernd/Rosenmüller, Stefanie (Hrsg.): *Arendt-Handbuch. Leben, Werk, Wirkung*. Stuttgart: Metzler, S. 306–307.

Taylor, Charles (1976): "Responsibility for Self". In: Rorty, Amélie Oksenberg (Hrsg.): *The Identities of Persons*. Berkeley, California: University of California Press, S. 281–299.

— (1996): *Quellen des Selbst. Die Entstehung der neuzeitlichen Identität*. Frankfurt am Main: Suhrkamp.

Thomä, Dieter (2009): "Rede und Antwort stehen. Die Finanzkrise lässt sich auch als Verantwortungskrise begreifen". Neue Züricher Zeitung Online (Hrsg.). URL: http://www.nzz.ch//nachrichten/kultur/aktuell/rede_und_antwort_stehen_1.2805991.html [Stand: 17.09.2013].

Tillmann, Klaus-Jürgen (1989): *Sozialisationstheorien. Eine Einführung in den Zusammenhang von Gesellschaft, Institution und Subjektwerdung*. Reinbek bei Hamburg: Rowohlt.

Tollefsen, Deborah (2006): "The Rationality of Collective Guilt". In: French, Peter A. (Hrsg.): *Shared Intentions and Collective Responsibility*. Boston, MA: Blackwell, S. 222–239.

Tuna, Soner (1998): "'Es ist besser, das Leben als die Ehre zu verlieren'. Eigenverantwortung aus transkultureller Perspektive". In: Neubauer, Bernd (Hrsg.): *Eigenverantwortung. Positionen und Perspektiven*. Waake: Licet Verlag, S. 48–56.

Tuomela, Raimo (2007): *The Philosophy of Sociality. The Shared Point of View*. Oxford, New York: Oxford University Press.

United Nations (1998): "Kyoto Protocol to the United Nations Framework Convention on Climate Change". URL: http://unfccc.int/resource/docs/convkp/kpeng.pdf [Stand: 17.09.2013].

van Beld, Ton den (Hrsg.) (2000): *Moral Responsibility and Ontology*. Dordrecht: Kluwer Academic Publication.

Velasquez, Manuel (1991): "Why Corporations are not Morally Responsible for Anything They do". In: May, Larry/Hoffman, Stacey (Hrsg.): *Collective Responsibility. Five Decades of Debate in Theoretical and Applied Ethics*. Savage, Md: Rowman & Littlefield, S. 111–131.

Vossenkuhl, Wilhelm (2007): "Normativ/deskriptiv". In: Ritter, Joachim (Hrsg.): *Historisches Wörterbuch der Philosophie*. Band 6. Basel: Schwabe, S. 931–932.

Waldenfels, Bernhard (1992): "Antwort und Verantwortung". *Friedrich Jahresheft*. *10*, S. 130–132.

Waldron, Jeremy (2000): "Cultural Identity and Civic Responsibility". In: Kymlicka, Will/Norman, Wayne (Hrsg.): *Citizenship in Diverse Societies*. Oxford, New York: Oxford University Press, S. 155–174.

Wallace, R. J. (1994): *Responsibility and the Moral Sentiments*. Cambridge, Mass.: Harvard University Press.

Wallacher, Johannes/Rugel, Matthias (Hrsg.) (2011): *Die globale Finanzkrise als ethische Herausforderung.* Stuttgart: W. Kohlhammer.

Walzer, Michael (1977): *Just and Unjust Wars. A Moral Argument With Historical Illustrations.* New York: Basic Books.

Watson, Gary (1975): "Free Agency". *The Journal of Philosophy 8. 72*, S. 205–220.

— (2004): "Reasons and Responsibility". In: Watson, Gary (Hrsg.): *Agency and Answerability. Selected Essays.* Oxford: Clarendon Press, S. 289–317.

Weart, Spencer (2011): "The Development of the Concept of Dangerous Anthropogenic Climate Change". In: Dryzek, John S./Norgaard, Richard B./Schlosberg, David (Hrsg.): *Oxford Handbook of Climate Change and Society.* Oxford: Oxford University Press, S. 67–81.

Weber, Leo (1964): "Verantwortung und Menschlichkeit". In: Reich, Richard (Hrsg.): *Humanität und politische Verantwortung.* Erlenbach-Zürich, Stuttgart: Eugen Rentsch Verlag, S. 279–307.

Weber, Max (1992): "Politik als Beruf". In: Mommsen, Wolfgang (Hrsg.): *Wissenschaft als Beruf. 1917/1919. Politik als Beruf: 1919.* Tübingen: Mohr, S. 156–252.

Weisbach, David A. (2009): "Responsibility for Climate Change, by the Numbers". URL: http://papers.ssrn.com/sol3/papers.cfm?abstract_id=1324857 [Stand: 17.09.2013].

Weischedel, Wilhelm (1972): *Das Wesen der Verantwortung. Ein Versuch.* Frankfurt am Main: Vittorio Klostermann.

Weizsäcker, Carl-Friedrich (Hrsg.) (1964): *Die politische Verantwortung der Nichtpolitiker.* München: Piper.

Welder, Carl (1848a): "Verantwortlichkeit der Fürsten und der Minister". In: Rotted, Carl von/Welder, Carl (Hrsg.): *Das Staats-Lexikon. Enzyklopädie der sämmtlichen Staatswissenschaften für alle Stände.* In Verbindung mit vielen der angesehensten Publicisten Deutschlands. Altona: Verlag von Johann Friedrich Hammerich, S. 709–711.

— (1848b): "Verantwortlichkeit der Landestände und der Mitglieder der Landestände". In: Rotted, Carl von/Welder, Carl (Hrsg.): *Das Staats-Lexikon. Enzyklopädie der sämmtlichen Staatswissenschaften für alle Stände.* In Verbindung mit vielen der angesehensten Publicisten Deutschlands. Altona: Verlag von Johann Friedrich Hammerich, S. 711–726.

Wenar, Leif (2007): "Responsibility and Severe Poverty". In: Pogge, Thomas W. (Hrsg.): *Freedom From Poverty as a Human Right. Who Owes What to the Very Poor?* Oxford: Oxford University Press, S. 255–274.

Wengst, Udo (1984): "Ministerverantwortlichkeit in der parlamentarischen Praxis der Bundesrepublik Deutschland. Eine historische Bestandsaufnahme". *Zeitschrift für Parlamentsfragen 4. 15*, S. 539–551.

Werner, Micha H. (2001): "Die Verantwortungsethik Karl-Otto Apels: Würdigung und Diskussion". In: Apel, Karl-Otto/Burckhart, Holger (Hrsg.): *Prinzip Mitverantwortung. Grundlagen für Ethik und Pädagogik.* Würzburg: Königshausen & Neumann, S. 123–144.

— (2006): "Verantwortung". In: Düwell, Marcus/Hübenthal, Christoph/Werner, Micha H. (Hrsg.): *Handbuch Ethik.* Stuttgart: Metzler, S. 541–548.

Williams, Garrath (2006): "Responsibility". The Internet Encyclopedia of Philosophy. URL: http://www.iep.utm.edu/r/responsi.htm [Stand: 17.09.2013].

— (2011): "Verantwortung". In: Heuer, Wolfgang/Heiter, Bernd/Rosenmüller, Stefanie (Hrsg.): *Arendt-Handbuch. Leben, Werk, Wirkung.* Stuttgart: Metzler, S. 325–327.

Wissenschaftlicher Beirat Globale Umweltveränderungen (Hrsg.) (2009): *Kassensturz für den Weltklimavertrag - der Budgetansatz. Sondergutachten.* Berlin: WBGU.

Wittgenstein, Ludwig (1995): "Philosophische Untersuchungen". In: Schulte, Joachim (Hrsg.): *Werkausgabe Band 1.* Frankfurt am Main: Suhrkamp, S. 225–580.

Literaturverzeichnis

Wolf, Susan (1988): "Sanity and the Metaphysics of Responsibility". In: Schoeman, Ferdinand David (Hrsg.): *Responsibility, Character, and the Emotions. New Essays in Moral Psychology*. Cambridge: Cambridge University Press, S. 46–62.

Yano, Kumiko (2011): "Politischer Raum/'Zwischen'". In: Heuer, Wolfgang/Heiter, Bernd/Rosenmüller, Stefanie (Hrsg.): *Arendt-Handbuch. Leben, Werk, Wirkung*. Stuttgart: Metzler, S. 309–311.

Young, Iris Marion (2004): "Responsibility and Global Labor Justice". *The Journal of Political Philosophy 4. 12*, S. 365–388.

— (2006): "Responsibility and Global Justice: A Social Connection Model". *Social Philosophy and Policy Foundation*, S. 102–130.

— (2011): *Responsibility for Justice*. New York: Oxford University Press.

Druck:
Customized Business Services GmbH
im Auftrag der
KNV Zeitfracht GmbH
Ein Unternehmen der Zeitfracht - Gruppe
Ferdinand-Jühlke-Str. 7
99095 Erfurt